# Rituale
## Ich bin noch hier

## Hinweis & Trigger-Warnung

In diesem Buch werden sensible Themen angesprochen. Neben Tod und Trauer finden auch depressive Episoden einhergehend mit suizidalen Gedanken Beachtung. Solche Schilderungen können bei manchen Menschen schmerzhafte Erinnerungen wecken, daher möchte ich euch vorab über diese Inhalte informieren.

Desweiteren beruht die Darstellung der indigenen Kultur in Nordamerika auf meiner Recherche, ist der Realität entlehnt, aber dennoch fiktiv. Das gilt auch für alle Inhalte, die sich auf die Herztransplantation beziehen.

# RITUALE

## HOLLY

*Bibliografische Information der Deutschen Nationalbibliothek: Die Deutsche Nationalbibliothek verzeichnet diese Publikation in der Deutschen Nationalbibliografie; detaillierte bibliografische Daten sind im Internet über dnb.dnb.de abrufbar.*

1. Auflage
© 2020 Holly Oh
ohhollyholly@gmail.com


Lektorat: P.K.

Font Design: *Concetta Kalvani*
dedukvic@gmail.com


© 2020
Herstellung und Verlag:
BoD - Books on Demand, Norderstedt

ISBN: 9783751900362

*Für P.*
*Moosfreund & Worterfinder*

*Die Stromschnellen sprangen in weißer Gischt über die Steine. Den Kindern erzählte man seit jeher, es wären weiße Pferde, die über den Fluss galoppierten. Das Trommeln ihrer Hufen wurde vom Gesang des Windes begleitet und ließ Samenkörner zerspringen, die sich tief in der Erde verbargen. Daraus wuchsen Süßgräser bis in den Himmel.*

NATIVIA

The old has passed away.
Behold, the new has come.

# Marblemount

Alles erwachte. Die Tage waren für diese Jahreszeit ungewöhnlich warm. Der Wind wehte sanft, die Strahlen der Sonne waren zart und kitzelten kleine Pflänzchen aus dem Boden. Auch der Schnee, der die Berghänge bedeckte, taute allmählich auf. Dadurch war das Wasser des Flusses angestiegen. Nun war er noch lebendiger, wirbelnder und sprudelnder als sonst. Begleitet wurde sein Rauschen von den Vögeln, die aus den Wäldern und von den Dächern zwitscherten. Wenn man ganz still wurde und sich konzentrierte, konnte man manchmal sogar das Summen der Insekten hören. Das war die Musik des Frühlings, die bei jedem Taktschlag daran erinnerte, dass der zähe Winter endlich vorüber war.

Heute war Olivia für ihre Verhältnisse ungewöhnlich heiter aus dem Bett gekrochen. Das lag sicherlich nicht nur am Frühling, aber auch. Sie wollte kein noch so winziges Blinzeln der Sonne verpassen. Aus diesem Grund hatte sie auch ihre dicke Gemütlichkeitsjacke angezogen, sich einen Schal um den Hals gewickelt und war mit einer dampfenden Tasse Tee und einem Buch hinaus auf die Veranda getreten. Eigentlich hatte sie sich wieder in die Sonne setzen wollen, aber dann war ihr der Tod dazwischen gekommen. Überraschend – wie so oft.

»Oje, was mache ich jetzt mit dir?«, sie stellte die Tasse vorsichtig auf dem Fenstersims ab und verzog das Gesicht. Mitleidig, aber auch mit einem gewissen Ekel. »Es tut mir wirklich leid, aber ich kann dich nicht anfassen.«

Auf dem Stuhl, der unter einem dichten Efeudach auf der Veranda stand, war sie erst gestern noch gesessen und hatte den ganzen Nachmittag in ihrem Buch geschmökert. Doch heute lag auf der Sitzfläche ein nackter Vogel, der aus seinem Nest gefallen war. Er war tot. Grünschillernde Fliegen krochen über den Kadaver mit der zartrosafarbenen Haut. Die Augen drückten sich schwarz darunter hervor.

Olivia blieb lange vor dem Stuhl stehen, starrte das tote Tier an und nagte an ihrer Unterlippe, während sich ihre Gedanken verselbstständigten. Der Tod war ihr nicht fremd. Sie hatte sein Angesicht gesehen, wenn sie sich im Spiegel betrachtet hatte. Damals, als sie monatelang im Krankenhaus liegen musste und alle Götter angefleht hatte, weiterleben zu dürfen. Sie wollte wenigstens noch ein bisschen von diesem Leben kosten, das sich wie eine süße Frucht angeboten hatte. Wenigstens noch ein bisschen. Irgendwann – nach Monaten, die sich wie Kaugummifäden gezogen hatten und immer dünner geworden waren - war das Wunder geschehen. Olivia hatte ein neues Herz erhalten. Deswegen lebte sie. Jeder einzelne Herzschlag triumphierte über den Tod und trotzdem erschrak sie immer, wenn er sich so unmittelbar zeigte.

Auch wenn sie das Vogelkind gerne beerdigt hätte, wagte sie nicht, es anzufassen. Auch nicht mit den dicken Gartenhandschuhen, durch die sie nichts gespürt hätte. Schließlich schleppte sie einen anderen Stuhl herbei und stellte ihn daneben. Eine Weile versuchte Olivia noch, sich auf das Buch zu konzentrieren, doch es war unmöglich, weil sie ständig das penetrante Surren dieser ekelerregenden Fliegen im Ohr hatte und sich dabei vorstellte, wie das Vogelkind gelitten haben musste - hilflos, blind und allein - bis der Tod es schließlich erlöst hatte. In der Sonne würde die Verwesung rasch voranschreiten, weshalb sie mit dem Stuhl noch etwas weiter ins Eck rutschte, doch nach wenigen Minuten ergriff sie die Flucht. Sie konnte weder die Nähe zum Tod noch dieses Surren länger ertragen. Außerdem wollte sie ohnehin noch einen Brief schreiben. Das vierte Jahr war angebrochen.

In ihrem Arbeitszimmer, das dringend mal wieder aufgeräumt werden sollte, setzte sie sich an den Schreibtisch vor dem Fenster und betrachtete einen Berg aus Büchern, Zeitschriften und Notizblöcken. Es sah aus, als wäre ein Wirbelsturm durch das Zimmer gefegt. Das lag unter anderem daran, dass sie versucht hatte, sich irgendwie *Klallam* beizubringen. Eine ziemlich komplizierte Sprache mit Lauten, die sie in ihrem ganzen Leben noch nie gehört hatte. Es war ihr schleierhaft, wie man Wörter mit mehr als zwei Silben aussprechen sollte. So sehr sie sich auch bemühte, es klang immer, als hätte sich ihre Zunge verknotet. Irgendwann resignierte sie. Es wären sowieso Worte ohne Bedeutung geblieben, da es niemanden gab, mit dem sie hätte sprechen können.

Aus der untersten Schublade zog sie das Kraftpapier, das sie auch in den letzten Jahren für ihre Briefe verwendet hatte. Mit angestrengtem Gesichtsausdruck verteilte sie den Kleber auf der Rückseite des Fotos und positionierte es auf dem Papier, dann stand sie auf, um das Fenster zu schließen. Selbst hier hörte man das Surren der Fliegen. Eine Weile überlegte sie, ob sie dieses Jahr etwas anderes schreiben sollte. Sollte sie Fragen stellen? Mehr von sich preisgeben?

Olivia hatte noch nie Antwort auf ihre Briefe erhalten. Wahrscheinlich lag das nicht an ihren Worten, sondern hatte andere Gründe. Sie beschloss, den Satz zu schreiben, den sie schon immer geschrieben hatte:

*Ich bin noch hier.*
*Herzliche Grüße*
*sendet Ihnen in tiefer Dankbarkeit*
*Olivia*

Auf der Vorderseite sah man die Fotografie einer gespaltenen Schwarznuss – das Gehäuse sah aus wie ein Herz. Sie hatte die Nuss selbst aufgesammelt, die Schale geknackt und das Bild geknipst. Auch wenn sie wusste, dass sie auf keine Antwort hoffen konnte, würde Olivia niemals damit aufhören, diese Briefe zu schreiben. Sie tat es für sich und die Nacht, in der man ihr gesagt hatte, dass sie weiterleben durfte.

Olivia notierte die Adresse auf dem Kuvert. Es war nur ein Postfach. Sie kannte nicht mal den Namen des Besitzers.

P.O. Box 5001 STN C
Blackwater, WA, 0512-7719

Der Mensch, dem sie schrieb, lebte mitten in der Einsamkeit, die von endlosen Wäldern eingeschlossen wurde. Nicht weit von hier und trotzdem unerreichbar. Diese Postfachadresse war die einzige Information, die sie je erhalten hatte. Am Anfang hatte es sie noch traurig gestimmt, dass niemand auf ihre Briefe reagierte, doch mit der Zeit lernte sie, dass dieses Ritual vor allem der Heilung ihres eigenen Herzens diente.

Nachdem sie nochmal die Adresse kontrolliert hatte, schnappte sich Olivia ihre Handtasche, steckte den Brief vorsichtig ein und wollte gerade die Haustür öffnen, als sie von ihrem Spiegelbild aufgehalten wurde. Seit einigen Monaten war sie nicht mehr ganz bei sich, schusselig und zerstreut - nicht ständig, aber oft genug, um sich immer wieder in peinliche Situationen zu manövrieren, indem sie beispielsweise den Pullover verkehrt herum trug oder statt ihres Telefons die Fernbedienung in die Tasche steckte.

An der jungen Frau, die ihr aus dem Spiegel entgegen sah, konnte Olivia heute jedoch nichts Auffälliges entdecken. Die Jeans waren vielleicht etwas sehr *used* und das Shirt etwas verwaschen und aus der Form geraten, aber daran störte sie sich nicht. Mit beiden Händen versuchte sie, ihr Haar zu ordnen, dann kramte sie einen Lippenstift aus der Handtasche. Sorgfältig bemalte sie ihre Lippen in einem satten Beerenton. Ihre Mutter sagte immer, sie hätte ein gewinnendes Lächeln, doch sie fand, dass es eher ein ulkiges Lächeln war. Zwischen ihren Schneidezähnen befand sich nämlich eine kleine Lücke, dank der sie lustige Geräusche machen konnte, wenn sie Luft dadurch einsog. Von ihrem Vater hatte sie das nachtschwarze Haar, die dunkle Haut und die mandelförmigen Augen geerbt. Selbst wenn sie es gewollt hätte, so hätte sie ihre Wurzeln nicht verleugnen können. Die hohen Wangenknochen, die Sommersprossen und Grübchen hatte sie hingegen eindeutig ihrer Mutter zu verdanken – einer blonden Amerikanerin, die beim ersten Blinzeln der Sonne krebsrot wurde. Olivia war eine wilde Mischung und dann kam noch das Herz dazu.

Seufzend öffnete sie die Tür und trat hinaus auf die Straße. Die Sonne schien so sehr, dass sie blinzeln und den

Blick senken musste. Olivia beschloss, den alten Ford in der Garage stehen zu lassen und stattdessen einen Spaziergang zu machen. Bis zum Post Office waren es nur zwei Meilen und sie hatte Lust, sich an der frischen Luft zu bewegen.

•

Früher hatte Olivia eine Weile in Seattle gelebt, um dort zu studieren. An jedem einzelnen Tag hatte sie gespürt, dass sie in der Stadt niemals glücklich werden würde. Ihr winziges Appartement befand sich in einem baufälligen Wohnkomplex, in dem es nur kleine Fenster gab, die kaum Licht hineingelassen hatten. Alles war zu eng und zu laut, weswegen sie immer das Gefühl gehabt hatte, die Luft anhalten zu müssen - als könnte sie nicht frei atmen, als lägen Felsbrocken auf ihrer Brust. Die Menschen blieben ihr fremd, Olivia blieb einsam. Noch dazu war das Studium staubtrocken und langweilte sie, weswegen sie bereits nach einem Jahr in die Heimat zurückgekehrt war.

Wie so viele andere Außenposten der Zivilisation war auch Marblemount zu Zeiten des *Frontier Movements* einer erbarmungslosen Natur abgerungen worden. Damals, als die Europäer immer tiefer in das Land vorgedrungen waren, um es zu besiedeln. Der Goldrausch hatte Menschen von überallher in die Berge gelockt. Trapper und Träumer. Vom einstigen Glanz der Stadt war jedoch nicht mehr allzu viel übrig geblieben. Mit den Jahren war Marblemount ein recht verschlafenes Nest geworden, in dem der Altersdurchschnitt jährlich anstieg, weil die Jugend bei der ersten Gelegenheit auszog, um in den großen Städten ihr Glück zu versuchen.

Trotzdem hatte Olivia die Rückkehr nie bereut. Nach einigen Startschwierigkeiten konnte sie bei einem kleinen Lokalblatt einen Job ergattern. Seither kümmerte sie sich um Kreuzworträtsel, Traueranzeigen und Veranstaltungen – »*Traditionelles Häkeln und Sticken im Gemeindezentrum*«. Außerdem schrieb sie gelegentlich Portraits über die Menschen, die in der Region lebten. Dadurch hatte sie eines Tages Jacob Labelle kennengelernt. Er arbeitete in einem Familienunternehmen, das schon in dritter Generation den berühmten *Mountain Juice* herstellte, einen süßen Apfelwein. Olivia wurde die huldvolle Aufgabe zuteil, Jacob anlässlich eines neuen Produktes zu interviewen. Der große Mann mit den breiten Schultern, der sie in seinem Büro empfing, gefiel ihr auf Anhieb. Auch wenn er in einem feingebügelten Anzug steckte und die Haare streng zurückgekämmt hatte, war er lässig und brachte sie mit flapsigen Sprüchen zum Lachen. Es dauerte keine fünf Minuten und der Grund ihres Besuches war vergessen. Anstatt das neue Produkt zu bewerben, erzählte Jacob mit glühenden Augen von seinem größten Hobby. Olivia inhalierte seine Worte, weil sie nach einem Abenteuer klangen und den Eindruck vermittelten, dass Jacob ein mutiger Mensch war. Einer, der den Nervenkitzel suchte, um zu spüren, dass er am Leben war.

»Es geht darum, möglichst schnell den Berg runter zu fahren. Da hast du schnell mal 100 Sachen drauf. Man bremst echt nur im Notfall oder zum Pinkeln.«

Schließlich lud er Olivia in ein Restaurant ein, in dem sie bei Kerzenschein ihr Gespräch fortsetzten. Es zog sich bis tief in die Nacht und ein halbes Jahr später führte er sie zum Traualtar. Olivia hätte nicht glücklicher sein können. Alle Träume, die sie seit ihrer Kindheit gehegt hatte, schienen sich zu erfüllen. Doch es war nur ein Wimpernschlag.

♦

»Schickes Shirt, Olivia. Sind das *The Doors?*«, Ben grinste sie breit an und lehnte das Skateboard gegen die Wand, an dessen Rollen er gerade rumgefummelt hatte.

»So ist es«, sie trat an den Tresen und hielt ihm den Brief unter die Nase. »Den würde ich gerne verschicken.«

Er nickte. Seine Augen glitten von ihrem Gesicht hinab zu ihrer Brust und verharrten dort einen Moment. Sie war an solche Blicke gewohnt und ignorierte sie geflissentlich.

»Heute ist's wieder soweit.«

»Das stimmt. Wie jedes Jahr.«

Er kramte eine halbe Ewigkeit in der Schublade herum, die vor lauter Unrat fast überquoll, um schließlich mit sichtlichem Stolz eine Briefmarke hervorzuziehen.

»Feiern wir später bei euch?«, erkundigte er sich, nachdem er ihren Brief frankiert und in die Kiste unter dem Tresen fallen gelassen hatte.

»Ich habe niemanden eingeladen. Hat dir Paula das nicht gesagt? Wir lassen das Fest ausfallen. In den letzten Jahren wurde wirklich genug Wirbel darum gemacht.«

»Naja, aber immerhin ist heute ein wichtiger Tag und... Nein, sorry, ich verstehe, dass du das hinter dir lassen willst.«

»Hinter mir lassen? Ja, vielleicht. Kannst du Paula sagen, dass ich sie nachher anrufe?«

»Kann ich machen, aber es wird ihr sicher nicht gefallen, wenn sie dich heute nicht sehen kann.«

»Sie soll froh sein, dass sie mich überhaupt noch sehen kann«, versuchte sie zu scherzen, doch erntete nur einen ziemlich betroffenen Blick.

Als sie schließlich wieder auf die Straße trat, atmete sie auf. Sie war froh, dass ihr das rauschende Fest erspart bleiben würde und sie nicht den ganzen Abend im Mittelpunkt der Aufmerksamkeit stehen musste. Keine rührseligen Geschichten - »Gott, weißt du noch, als du im Badezimmer zusammengeklappt bist?« - keine Fotografien, die alle mit verzerrten Gesichtern betrachteten, keine Umarmungen, keine aufmunternden Worte.

Olivia fühlte sich schuldig, weil sie trotz des neuen Herzens einfach nicht mehr richtig glücklich sein konnte. So sehr sie sich auch anstrengte - etwas fehlte und sie wusste nicht, wo sie es finden konnte. Sie wusste ja noch nicht mal, was es war. Vielleicht fehlte ihr das trügerische Gefühl, dass der Tod in ferner Zukunft lag, nur andere betraf und nichts mit ihrem eigenen Leben zu tun hatte. Vielleicht war sie immer noch traumatisiert - sehr sicher sogar - und nur die Zeit konnte diese Wunden heilen. Sie musste einfach nur geduldig sein, einfach nur das Geschenk annehmen, das sie erhalten hatte: Leben, leben, leben. Olivia versuchte, niemanden mit ihrer Melancholie zu belasten. Und so wusste auch niemand, dass sie manchmal weinend im Bett lag und sich selbst verteufelte, weil es ihr so schwer fiel, wieder in den Alltag ihres alten Lebens zurückzukehren. Es war, als würde sie immer noch um jeden Tag kämpfen müssen. Nicht, dass sie undankbar gewesen wäre - nur so seltsam verloren.

# Chinook Pass

In einer Nacht vor drei Jahren hatte sein Leben eine neue Gestalt angenommen. Sie war unförmig und passte nicht mehr in die Welt, die sich unbeeindruckt um ihre eigene Achse drehte. Doch das wusste er damals noch nicht, als er in rasender Geschwindigkeit über den Highway gedonnert war. Es war weit nach Mitternacht und es fiel ihm schwer, die Augen offenzuhalten. Erschöpft massierte er seine Nasenwurzel und atmete tief durch. Nur noch ein paar Meilen, nur noch ein paar Minuten, höchstens eine Stunde.

Er konnte nicht sagen, wie lange sie schon unterwegs waren, aber es kam ihm vor wie eine Ewigkeit. Die letzte Ortschaft hatten sie vor einer Stunde passiert. Seither gab es da draußen nichts als Schwärze. Keine Tankstelle, keinen Gegenverkehr, nicht das kleinste Licht. Die Dunkelheit und das Dröhnen des Motors lullten ihn ein. Regen klatschte an die Frontscheibe. Tropfen zerplatzten auf dem Dach. Monoton pendelten die Scheibenwischer vor seinen Augen. Hin und her. Hin und her.

Er hätte einfach an der Seite anhalten und Eva fahren lassen können, doch stattdessen starrte er verbissen auf die Fahrbahn, umklammerte das Lenkrad und trat noch kräftiger aufs Gaspedal. Meile um Meile. Je früher er aus diesem Wagen steigen konnte, desto eher würde er sich ins Bett fallen lassen können.

Er hatte eine verdammt anstrengende Zeit hinter sich und freute sich auf den Urlaub. Eine Woche süßes Nichtstun am *Belwood Lake*. Eine Woche bei Vollverpflegung in schönster Umgebung. Er hatte noch nie so eine üppige Natur gesehen wie hier nahe der kanadischen Grenze. Manchmal sahen die Wälder aus, als hätte Gott die Farben kübelweise darüber ausgeleert. Die Flüsse führten kristallklares Wasser, das aus Quellen hoch in den Bergen hinab ins Tal rauschte, um dort in Seen zu münden, in denen sich die Fische tummelten. Es gab Schwarzbären, Kojoten, Wapitis, Elche, Karibus. Die Natur strotzte vor Kraft. Es war eine einzige Explosion. Wie damals in seiner Jugend wollte er durch die Wälder streifen, um sich ein bisschen wie Jack London zu fühlen und um die Natur, aber vor allem die Menschenstille, zu genießen. Er hatte das GPS-Gerät, die *Bear Bells* und seine Wanderstiefel eingepackt und konnte es kaum erwarten, endlich loszuziehen. Aber davon ganz abgesehen, stand ihm auch eine Woche bevor, in der er sich endlich der Frau widmen wollte, die gerade neben ihm im Auto saß. Die Beziehung hatte es bitter nötig. Deswegen hatte er Eva auch zu diesem Trip überredet. Vielleicht eine Art der Wiedergutmachung und ein Beweis dafür, dass sich von nun an alles ändern würde.

Nat war in den letzten Monaten ständig unterwegs gewesen, obwohl er genau wusste, dass sie ihn gebraucht hätte. In ihrer Hilflosigkeit hatte sie angefangen, ihn immer häufiger anzurufen. Sie wollte nur wissen, was er gerade machte, wollte ihm nur irgendeine Kleinigkeit erzählen, nur seine Stimme hören. Er hatte ihre Anrufe immer als Versuch verstanden, ihm die Luft abzuschnüren. Nicht selten war deswegen ein fürchterlicher Streit zwischen ihnen entbrannt. Dann sagte er hässliche Dinge, die er später bereute, dann drohte sie damit, erstmal zu ihren Eltern zu ziehen, heulte und schrie. Irgendwann war er nicht mehr ans Telefon gegangen, wenn sie anrief. Zu anstrengend, zu nervenaufreibend. Stattdessen schickte er kurze Nachrichten.

*Sorry, babe.*

Doch dann realisierte er schlagartig, dass er zu weit gegangen war. Das war der Moment, in dem Eva ihm gesagt hatte, dass sie schwanger war. Eine innere Stimme brüllte ihn an, dass er sich jetzt verdammt nochmal zusammenzureißen und Verantwortung übernehmen musste. Er sollte verdammt nochmal froh sein, eine Frau wie Eva abbekommen zu haben. Er sollte verdammt nochmal aufhören, zu glauben, dass es da draußen etwas Besseres für ihn gab. Das, was sich falsch anfühlte, war vielleicht nur die Angst vor tiefgreifenden Veränderungen. Und deswegen saß er nun neben ihr im Wagen und versuchte, sich auf seine Zukunft einzuschwören.

Sie würden heiraten und er würde Vater sein – einer, der Zeit hatte und sich um sein Kind kümmerte. Spielplatz, Gute-Nacht-Geschichten. Solche Dinge. Vielleicht war es das, wonach er sich gesehnt hatte? Ein Meilenstein in seiner Biographie. Sein Blut in einem anderen Menschen. Seit letzter Woche wussten sie, dass es ein Mädchen war.

Er nahm die Hand vom Schaltknüppel und streckte sie aus, um den Bauch zu berühren, der sich unter ihrem mitternachtsblauen Etuikleid wölbte. Eva schlief. Trotzdem legte sie ihre Hand auf seine und seufzte.

Sein Blick glitt über ihr Gesicht. Obwohl es dunkel war, erkannte er, dass sie im Schlaf lächelte und plötzlich erfüllte ihn die Gewissheit, dass am Ende alles gut werden würde.

## Marblemount

»Linda, welches Pferd aus der griechischen Mythologie ist auch ein Sternbild?«, Olivia reckte sich, um ihrer Freundin über den Bildschirm hinweg einen prüfenden Blick zuzuwerfen. Linda, die gerade an einem Strohhalm nuckelte, weil sie sich den Lippenstift nicht ruinieren wollte, stöhnte auf. Seit Olivia für die Kreuzworträtsel zuständig war, nervte sie ihr Umfeld, indem sie ständig Fragen stellte, von denen sie hoffte, dass keiner außer ihr selbst sie beantworten konnte.

»Irgendwas mit Gyros vielleicht?«

»Falsch. Die richtige Antwort lautet: Pegasus. Sieben Buchstaben waagerecht. Welches Instrument spielte Paul McCartney bei den Beatles?«

»Xylophon?«

»Falsch. Vier Buchstaben senkrecht. Es war der Bass«, triumphierend ließ sich Olivia zurücksinken und warf einen Blick auf die Uhr. Gleich würde sie sich ins Auto setzen, fürs Wochenende einkaufen und auf dem Heimweg noch ein paar Medikamente aus der Apotheke abholen.

»Hey, was ich dich noch fragen wollte«, Linda rollte mit dem Stuhl um den Tisch herum, sodass sie nicht durch den ganzen Raum schreien musste. »Hat sich Paula eigentlich wieder beruhigt? Sie war echt sauer, dass du dieses Jahr niemanden eingeladen hast.«

»Ich habe seither noch nicht mit ihr gesprochen«, Olivia hob die Schultern und dachte an den Streit mit ihrer Schwester. Paula hatte ihr vorgeworfen, undankbar zu sein. Sie konnte nicht nachvollziehen, dass sich für Olivia auf einen Schlag alles verändert hatte und dass es ihr unmöglich war, einfach in ihr altes Leben zurückzukehren. Sie war nicht mehr der Mensch von damals. Sie wusste selbst noch nicht genau, wer sie war - wie sollte sie das ihrer Schwester jemals verständlich machen?

»Kein Wunder, dass sie so empfindlich reagiert. Es war die schrecklichste Zeit ihres Lebens, denke ich«, Linda fuhr sich mit beiden Händen durch die schwarzen Locken, dann schüttelte sie den Kopf. »Für Paula ist eine Welt zusammengebrochen. Und für mich auch. Für uns alle. Mein Gott, weißt du noch, wie wir uns darüber unterhalten haben, welche Musik wir für deine Beerdigung...ach, sorry.«

Sie verstummte und Olivia erkannte in den Augen ihrer Freundin ein verräterisches Glitzern. Es tat ihr leid. Wenn sie den Schmerz in den Gesichtern der Menschen erkannte, die ihr nahe standen, wurde ihr bewusst, dass auch sie verwundet worden waren. Sie nahm Lindas Hände so behutsam in ihre, als wären es winzige Vogeleier.

»Und weißt du noch, dass du vor Freude fast durchgedreht wärst, als Jacob dich angerufen hat?«, versuchte sie hellere Erinnerungen zu wecken.

»Das war der schönste Moment meines Lebens«, wisperte ihre Freundin, dann runzelte sie die Stirn. »Oder nein. Das war, als mich Marc Páez bei den Fahrradständern hinter der Schule geküsst hat.«

»Wie bitte?«, Olivia ließ die Hände ihrer Freundin los und lachte ungläubig auf. »Marc Páez hat dich geküsst? Wann war das? Im Tiefschlaf?«

»*Sprimenz.*«

»Wie bitte?«

»Spring Dance. Er hat mich auf dem Gepäckträger mitgenommen und dann hat er mich auf die Wange geküsst.«

»Warum erfahre ich erst jetzt davon?«, Olivia kicherte. »So etwas muss ich doch wissen, wenn ich jemals eine Rede anlässlich deiner Hochzeit schreiben soll.«

»Weil er am nächsten Tag knutschend mit dieser Sandy auf dem Basketballplatz herumgestanden ist und so getan hat, als hätte es diesen Kuss nie gegeben und als wäre ich nur die kleine Babyschwester seines Kumpels?«

»Du warst viel zu gut für ihn«, Olivia lächelte ihre Freundin an. »Ich habe schon damals nicht verstanden, weshalb alle Mädchen auf ihn abgefahren sind. Er sah zwar gut aus, klar, aber wenn er den Mund aufgemacht hat, kam da nur heiße Luft raus.«

»Er war ein arrogantes Würstchen, ich weiß, aber damals war ich eben noch völlig naiv«, Linda seufzte. »Nun aber zurück zu dir, meine Liebe. Mir ist da nämlich noch etwas eingefallen, worüber wir schon lange nicht mehr gesprochen haben. Hattest du wieder einen deiner Träume?«

»Ne, die Nächte bleiben in letzter Zeit immer schwarz«, Olivia griff nach ihrer Tasse und trank einen Schluck lauwarmen Früchtetee. »Leider. Ich habe in meinem ganzen Leben noch nie so poetisch geträumt, glaube ich. Wenn ich die Bilder malen könnte, wenn ich dafür Worte fände –«

»Ich glaube, dass es Botschaften sind.«

»Aha, und von wem?«

Linda hob ihre winzige Hand, streckte den Zeigefinger aus und wollte damit auf Olivias Brustbein tippen, als diese auflachte und sich rasch von ihrer Freundin abwendete.

»Träume sind hirngemacht, du alte Esoterikerin!«

Ihre Träume waren ein Nachttheater, in dem sie zu einem Licht wurde, das selbst in die dunkelsten Winkel kroch. Es war, als würde sie in einem Kosmos schweben, in dem es keine Grenzen mehr gab. Sie war der Kosmos. Manchmal begegneten ihr Tiere: Hirsche, Vögel und Wölfe. Manchmal sah sie Silhouetten von Menschen, die sich durch einen fließenden Nebel bewegten. Es waren unbekannte Gestalten, die an ihr vorbeizogen. Sie hörte Gesang aus tausend Kehlen und das Schlagen von Trommeln – dumpf und gleichmäßig wie ihr eigener Herzschlag. Glitzernder Tau, sanfter Wind. Sie hätte in diesem diffusen Nebel bleiben wollen, doch immer wieder riss das Licht auf und alles lag in unmittelbarer Klarheit vor ihr.

»Wahrscheinlich sind es die ganzen Medikamente, die mir völlig den Kopf verdrehen«, überlegte Olivia.

»Quatsch. Es sind deine Vorfahren, die aus der Vergangenheit nach dir rufen«, säuselte Linda und stand sogar auf, um ihrer Darbietung die nötige Dramatik zu verleihen. »Uuuuuh. Folge unseren Spuren, junge Squaw. Wir warten auf dich bei Sonnenaufgang in *Wounded Knee*.«

»Oh, das wäre magisch. Dann würde ich sie endlich mal kennenlernen.«

Es war nicht so, dass ihr Vater seine Herkunft verleugnet hätte, doch er verschwieg, dass sein Leben in einem Reservat an der Pazifikküste begonnen hatte. Er schwieg, weil er seiner Mutter nicht verzeihen konnte – sie war mit sich selbst und dem Leben heillos überfordert gewesen. Manchmal ließ sie ihren Jungen stundenlang alleine zurück. Manchmal schlug sie ihn, bis er keinen Mucks mehr von sich geben konnte. Sie schlug aus Hilflosigkeit und Verzweiflung, aber auch aus blinder Wut. Aus diesem Grund blendete er die Vergangenheit bis zu dem Punkt aus, an dem seiner Mutter das Sorgerecht entzogen worden war.

»Ich hatte keine Kindheit«, wies er jede Frage nach den ersten Jahren seines Lebens brüsk ab. »Ich hatte ja nicht mal ein richtiges Bett. Kennst du einen Hunger, der so groß ist, dass du Steine essen würdest, nur um deinen Magen zu füllen? Und eine Angst, die ihn dir wieder umdreht, sodass du immer leer bleibst?«

Lange Zeit war es Olivia einerlei gewesen, dass auch sie mit den Urvölkern verbunden war. Es interessierte sie nur insofern, als dass sie immer wieder auf ihr Aussehen angesprochen wurde, weil Menschen es liebten, andere Menschen in Schubladen zu stecken.

»*Hey Pocahontas, bist du so eine Art Indianerin oder so?*«
»*Nein.*«
»*Was bist du dann? Irgendwas Asiatisches? Eine Latina?*«
»*Ich bin ein Mensch.*«
»*Aber ein indianischer Mensch. Du bist eine Native, oder?*«

Doch ihr Vater war niemals mit einem Tipi durch die Prärie gezogen oder mit den anderen Männern seines Stammes zum Walfang aufs Meer hinaus gefahren. Er kannte keine Lieder und keine Geschichten, die das kollektive Gedächtnis seines Volkes geformt hatten. Olivia war fern dieser Kultur aufgewachsen, doch seit einigen Jahren fühlte sie sich wie magisch davon angezogen. Sie konnte nicht genau sagen, woran es lag. Manchmal war es, als würde eine Stimme tief aus ihrem Innern zu ihr sprechen, ohne dass sie ihre Sprache verstand. Manchmal loderten Gefühle auf, die sie nicht benennen konnte und immer wieder entstanden in der Nacht verschwommene Bilder. Es war eine tiefe Sehnsucht, die durch ihren ganzen Körper pulsierte. Ihr Blut entsprang einer Quelle, die so alt war wie das Land, in dem sie lebte.

•

Die Luft war immer feucht wegen der vielen Niederschläge hier im Tal, wegen des Flusses und der Bäume, die das Wasser über ihr Wurzelwerk in sich aufsogen und auf ihren Blättern verdunsten ließen. Es kam ihr vor, als wäre die Luft an diesem Abend besonders zäh, besonders würzig und angereichert mit Gerüchen aus den Wäldern.

Vollbepackt schleppte sich Olivia die Treppe der Veranda hoch, schmiss die Tüten auf die Hollywoodschaukel und rannte nochmal zurück zum Briefkasten. Sie zog einen ganzen Stapel Prospekte und Briefe hervor und überflog beim Zurückgehen zum Haus die Kuverts. Eine Telefonrechnung, irgendein Schreiben von ihrem Stromversorger und ein ziemlich lädiertes Kuvert, auf dem lediglich ihre Adresse notiert worden war. Ihr Herzschlag beschleunigte sich. Olivia setzte sich auf die Treppe und riss das Kuvert ungeduldig auf. Sie wusste es, ohne auch nur ein einziges Wort gelesen zu haben. Ihre Hände zitterten so sehr, dass sie für einen Moment die Augen schließen musste, um sich zu sammeln.

*Hey Olivia,*
*nun ist also das vierte Jahr angebrochen. Bitte verzeihen Sie, dass ich Ihnen erst jetzt schreiben kann. Ich habe es davor einfach nicht geschafft. Es war eine harte Zeit. Eigentlich ist sie das noch immer, aber ich wollte mich endlich bei Ihnen melden, damit Sie wissen, dass die Briefe angekommen sind. Ich freue mich darüber. Auch wenn es immer die gleichen Briefe sind, habe ich jeden einzelnen aufgehoben. Bitte schreiben Sie mir, wann immer Ihnen danach ist. Es ist ein gutes Gefühl, zu wissen, dass Sie leben. Es ist ein Trost.*
*Sie haben ein gutes Herz.*
*N*

Inzwischen war das Schlagen ihres Herzens zu einem Rauschen angeschwollen, das in ihren Ohren dröhnte. Dann kamen die Tränen. Sie weinte, weil es sich anfühlte, als hätte sie etwas wiedergefunden, das sie verloren geglaubt hatte. Das Gefühl, das durch ihre Adern strömte, erinnerte sie an die Nacht, in der man ihr gesagt hatte, dass sie noch eine Chance hatte. Hoffnung. Auch jetzt verspürte sie Hoffnung in sich aufkeimen. Da draußen gab es einen Menschen, mit dem sie durch diese Nacht vor drei Jahren verbunden war, ohne ihn zu kennen. Endlich hatte er auf ihre Botschaften reagiert. Und er hatte Recht: Es war ein Trost.

Kurz hielt Olivia inne, weil das Herz in ihrem Brustkorb den Rhythmus verloren hatte. Ein kräftiger Schlag, dem ein unregelmäßiges Pochen folgte. Schläge, die einander nachzujagen schienen. Sie blinzelte und atmete tief durch, dann blickte sie wieder auf die Zeilen.

Sie saß immer noch auf der Treppe und dachte fieberhaft darüber nach, was sie antworten sollte, als Jacob von der Arbeit nachhause kam. Er parkte den alten Chevrolet in der Einfahrt, stieg aus und stürzte mit besorgtem Gesicht auf sie zu.

»Was ist mit dir? Geht's dir nicht gut?«

Er ging vor ihr in die Hocke und griff nach ihren Händen. In seinen Augen konnte sie den grauen Schleier erkennen, den die Angst darüber gelegt hatte. Ein Gefühl, das ihn immer noch nicht losgelassen hatte, das ihn vielleicht nie mehr verlassen würde.

»Nein, nein. Mir geht es gut«, sie bemühte sich, ihn anzulächeln. »Es ist nur -«

»Hast du Fieber?«, er betastete vorsichtig ihre Stirn.

»Nein«, sie schüttelte den Kopf, dann reichte sie ihm den Brief. »Jemand hat geschrieben.«

»Jemand?«

Jacob entfaltete das Papier und fing an, zu lesen. Seine Mundwinkel zuckten vor Anspannung und Olivia konnte nicht sagen, ob er gerührt war oder jeden Moment lachen musste.

»Sie haben ein gutes Herz. Das wollen wir hoffen, ja. Wie geht es dir damit? Ist es okay?

»Es berührt mich. Es ist schön und traurig.«

Er beugte sich so weit vor, dass sie den Geruch seines Körpers deutlich wahrnehmen konnte. Etwas verschwitzt mit einem Hauch Aftershave. Seine grünen Augen wanderten so forschend über ihr Gesicht, als hätte er sie noch nie zuvor gesehen.

»Warum hast du denn geweint? Freust du dich nicht?«

»Doch, aber es tut mir leid, weil das Herz, nein...«

»Dieser Mensch hätte sowieso sterben müssen, aber mit seinem Tod konnte er dein Leben retten«, er legte seine Hände auf ihre Schultern. Es waren kräftige Pranken, deren Hitze durch den Stoff ihrer Bluse drang.

»Es tut mir trotzdem leid«, erschöpft ließ sie sich an seine Brust sinken. »Es war ein kerngesunder Mensch, der einfach aus dem Leben gerissen wurde. Plötzlich weg. Stell dir vor, wenn ich damals gestorben wäre, dann hättet ihr mit dieser Trauer leben müssen.«

»Aber du bist hier«, er streichelte liebevoll über ihren Rücken und küsste ihr Haar. »Das ist alles, was zählt. Du bist noch hier.«

Eine Weile hielt er sie im Arm und flüsterte tröstende Worte in ihr Ohr. Sie kannte diese Worte aus den unzähligen Gesprächen, die sie schon geführt hatten. Es ging darum, dankbar zu sein.

»Ich liebe dich.«

Anstatt ihm zu antworten, küsste sie ihn. Olivia wollte ihn lieben und trotzdem kamen ihr die Worte seit langer Zeit nicht mehr über die Lippen.

»Sorry, aber ich habe einen Bärenhunger«, Jacob löste sich von ihr und stand auf. »Die Meetings waren heute wieder sehr anstrengend. Mein Kopf dröhnt. Wir können doch im Haus über diesen Brief reden, oder?«

Olivia nickte. Auch sie war völlig erschöpft. Insgeheim sehnte sie den Moment herbei, an dem Jacob vor dem Fernseher die Augen zu fielen und sie in ihr Arbeitszimmer huschen konnte.

◆

»Willst du nicht ins Bett kommen? Es ist schon spät«, Jacob lehnte im Türrahmen, rieb sich den Bauch und gähnte herzhaft. Er trug nur Shorts. Dieses Exemplar, auf dem kleine rote Ahornblätter abgebildet waren, hatte Olivia ihm vergangenes Jahr zu Weihnachten geschenkt.

»Ich will noch ein bisschen lesen«, sie hob das Buch empor, in dem sie gerade schmökerte. »Gerade geht es um die beiden Geistertanzbewegungen.«

»Sind das immer noch diese Indianergeschichten?«

»Ja, es ist total faszinierend. Sie haben versucht, die Büffelherden und ihre verlorenen Krieger aus dem Jenseits zurückzuholen«, sie schenkte ihm ein Lächeln, dann winkte sie ihn zu sich heran. »Soll ich dir ein bisschen vorlesen?«

»Heute nicht«, er küsste ihre Stirn. »Ich schaue mir die Championship an. So wie's aussieht, könnte das auch eine verflucht gruselige Angelegenheit werden. Bleib nicht so lange wach, ja? Du brauchst den Schlaf.«

»Ich komme bald.«

»Ach, und hast du schon deine Tabletten genommen?«

Er lächelte zufrieden, als sie nickte, dann trottete er aus dem Wohnzimmer. Kaum war die Tür hinter ihm ins Schloss gefallen, zerrte sie den Brief aus ihrer Hosentasche.

Jetzt, da sie Antwort erhalten hatte, konnte sie ihre Neugier kaum mehr zügeln. Sie wollte N kennenlernen. Sie wollte erfahren, unter welchen Umständen der Mensch gestorben war, der ihr Leben gerettet hatte. Das Indianerbuch flog auf den Sessel und Olivia eilte ins Arbeitszimmer. Hastig räumte sie den Schreibtisch auf, stapelte einfach alles aufeinander und verfrachtete es auf Jacobs Bürostuhl, dann legte sie eine Platte auf und lauschte den ersten Tönen, die sich knirschend aus den Lautsprechern drückten.

Kraftpapier. Stift. Olivia düste in die Küche und kam kurz darauf mit einem Glas Wein zurück. Für die Nerven. Andächtig legte sie den Brief vor sich auf den Tisch, dann atmete sie tief durch und lächelte. Das war der erste Schritt.

*Guten Abend,*

*Sie können nicht ahnen, wie sehr ich mich über Ihren Brief gefreut habe. Ich hatte die Hoffnung schon fast aufgegeben. Es bedeutet mir so viel, dass Sie mir geschrieben haben. Vielleicht finden Sie es eigenartig, dass ich postwendend antworte, aber ich konnte nicht länger warten, weil ich mich so sehr gefreut habe. Allerdings weiß ich nicht, welche*

*Fragen angemessen wären? Ich möchte keine Wunden aufreißen.*

*Vielleicht erzähle ich Ihnen einfach ein wenig von mir? Und vielleicht erzählen Sie mir dann etwas, das Ihnen angemessen erscheint? Ich werde Ihnen keinen trübsinnigen Brief schreiben. Ich möchte, dass Sie wissen, wie dankbar ich bin, am Leben zu sein und dass ich jeden Morgen die Augen aufschlage und denke: Ich bin noch da! Das denke ich sehr oft. In schönen und traurigen Momenten. An der Supermarktkasse, wenn ich Auto fahre, den Müll raustrage, mir die Zähne putze. Ich bin noch da!*

*Meinen Namen kennen Sie ja bereits und Sie wissen auch, dass ich in Marblemount lebe. Manchmal kommen Regisseure hierher, um düstere Hinterland-Filme zu drehen, in denen alles so wirkt, als gäbe es in der ganzen Stadt keinen einzigen Funken Licht. Zwar verschwinden die Wälder tatsächlich oft im Nebel und viele Häuser geraten ins Wanken, sobald es zu sehr windet, aber so finster ist es hier gar nicht. Marblemount ist nur ein wenig verschlafen und vergisst, sich die Sägespäne aus dem Haar zu zupfen, wenn Besuch vor der Tür steht. Ich bin hier aufgewachsen und habe den Ort nur kurz verlassen, um in Seattle mein Glück zu versuchen. Dort habe ich studiert. Das Studium habe ich nicht abgeschlossen, aber für einen Job bei der Lokalzeitung hat es dennoch ausgereicht. Nun konzipiere ich Kreuzworträtsel und setze Traueranzeigen. Es ist ein kleiner Job und ich warte insgeheim darauf, dass mein Chef mich vor die Tür setzt. Aber hier ticken die Uhren anders. Ich glaube, er weiß nicht mal, dass man sich Kreuzworträtsel einfach im Internet generieren lassen kann. (Aber das mache ich natürlich nicht. Ich nehme meine Aufgabe sehr ernst.)*

Olivia ließ den Stift sinken, lehnte sich zurück und starrte zum Fenster, in dem sich ihr Gesicht geisterhaft spiegelte. Aus dem Innern des Hauses hörte sie knackende Leitungen und meinte trotz der Musik ein leises Gebrabbel auf dem

Schlafzimmer zu vernehmen. Jacob ließ immer den Fernseher laufen, um einzuschlafen, weil er die Stille nicht ertragen konnte. Er liebte den Trubel, war ein Anpacker, ein Stürmer, ein Beschützer. Eine Weile dachte sie darüber nach, ob er schon immer so gewesen war oder ob auch er sich womöglich verändert hatte. Es war ihr unmöglich, darauf eine Antwort zu finden. Schließlich beugte sie sich wieder über das Papier.

*Mit meinem Mann Jacob lebe ich etwas außerhalb in einem hübschen Haus. Wir haben keine Kinder und keine Haustiere. Jacob liebt Sport und ist eigentlich ständig unterwegs, um sich irgendwelche Berghänge runter zu stürzen. Ich lese sehr gerne und liebe es, stundenlang in unserer winzigen Bibliothek zu sitzen. Dort riecht es immer so gut und es ist ganz still. Manchmal gehen wir zum Karaoke – das einzige Spektakel hier im Ort. Ich bin zwar keine gute, aber dafür eine sehr passionierte Sängerin.*
*Ich habe noch eine ältere Schwester. Sie heißt Paula und arbeitet als Kosmetikerin. Das ist sehr praktisch, wie Sie sich vielleicht vorstellen können. Meine Augenbrauen sind immer picobello, weil sie regelmäßig mit der Pinzette anrückt und mich damit malträtiert. Paula ist gerade schwanger. Es wird ein Junge und ich versuche, sie davon zu überzeugen, ihn Noah zu nennen – das ist nämlich mein Lieblingsname. Er bedeutet Trost.*
*Ich hoffe, Sie nicht gelangweilt zu haben. Mir ist wichtig, dass Sie wissen, dass ich mein Herz wie einen Schatz hüte. Es würde mir unwahrscheinlich viel bedeuten, wieder von Ihnen zu lesen.*

*Von Herzen*
*Olivia*
*P.S. Wer hört alles und sagt nichts? (Drei Buchstaben)*

♦

Ausgerechnet in dieser Nacht träumte sie wieder. Ein goldenes Licht glomm in der Schwärze. Sie flog darauf zu und blickte hinein. Der Mann, der dort saß, hatte ihr den Rücken zugekehrt und starrte auf eine Karte, auf der sie nur wilde Pinselstriche in einem Koordinatensystem erkennen konnte. Vor ihm standen drei Bierflaschen auf dem Tisch und im Aschenbecher qualmte eine Zigarette träge vor sich hin. Nur der Rauch schlängelte sich durch die Luft – ansonsten war dieses Bild ein Stillleben, das im Museum ihres Geistes ausgestellt wurde. Gerade wollte sie durch das Fenster in den Raum schlüpfen, um sein Gesicht zu sehen, als die Nacht wie ein Vorhang vor ihre Augen fiel. Alles wurde schwarz – zwei Herzschläge – dann erfasste sie ein gleißendes Licht.

Plötzlich stand er direkt vor ihr und blickte über den Wald hinweg zu den Berghängen, die grau in den Himmel stiegen. Sein Haar war dunkel, aber glänzte im Licht der Sonne golden. Er war ihr so vertraut, dass sie glaubte, es müsse Jacob sein. Sie berührte seinen nackten Rücken, spürte die Wärme, doch er drehte sich nicht zu ihr um. Stattdessen hob er die Schultern, als wollte er sie abschütteln. Sie blickte zu seiner Hand hinab. Blut floss aus einer Wunde und tropfte auf den Boden zu einem wilden Muster. Er ballte die Hand zur Faust, dann spreizte er die Finger. Sie konnte seine Knochen knacken hören, dann wachte sie auf.

# Blackwater

Die Trauer kam in Wellen, das wusste er.
»Erst verschluckt sie dich, schleudert dich an Felswände, raubt dir den Atem und du glaubst, nie wieder auftauchen zu können, doch mit der Zeit flachen die Wellen ab«, sagten die Menschen. »Dann sammelst du die schönen Erinnerungen wie Treibgut, dann tut es nicht mehr weh.«

Die Trauer, die Nat empfand, war anders. Sie war eine lange Nacht, wurde nicht kleiner oder erträglicher. Sie hatte ihn vollkommen ausgehöhlt. Nat war erschöpft. So müde und mutlos. Deswegen war er fortgegangen.

Eigentlich hatte er sich vorgestellt, weit in die Wälder vorzudringen und dort in einer vergessenen Hütte zu leben. Stille. Er sehnte sich nach vollkommener Stille.

In letzter Konsequenz hatte ihm jedoch der Mut gefehlt, alles hinter sich zu lassen und nur auf sich selbst zurückgeworfen zu sein. Das Leben in der Wildnis war hart und erbarmungslos. Die Romantik, von der so viele Menschen träumten, war nicht real. Es war reiner Zufall, dass er schließlich in Blackwater gelandet war. Ein Ort in den Wäldern mit 34 Häusern, wenn man die zerfallenen Hütten mitzählte, einem kleinen Gemischtwarenladen und einem Pub namens *Good Neighbor*.

Nat zog in ein Holzhaus, das sein Cousin ihm günstig verkauft hatte, dann suchte er sich irgendeinen Job und endete als Nachtportier in einem Motel - mitten im Nirgendwo, direkt an der Interstate nach Kanada. Es war eine schäbige Unterkunft mit Brandlöchern von Zigaretten in den Vorhängen, durchgelegenen Matratzen und Essen, das man sich bei einem Automaten kaufen musste. Die Gäste waren verlorene Seelen und zwielichtige Typen, die sich auf der Durchreise nach Irgendwo befanden. Es wurde nie viel gesprochen und das war gut, denn Nat hatte die meiste Zeit seine Ruhe. Er las ein Buch nach dem anderen, zappte durch das Fernsehprogramm oder hörte Musik.

Das war alles.

Schwer zu sagen, was ihn dazu bewogen hatte, an diesem Tag zum Stift zu greifen und der Frau zu antworten, die ihm nun schon zum dritten Mal geschrieben hatte. Die Jahre zuvor hatte er sich an diesem Tag einfach betäubt. Er saß in der Küche und leerte eine Flasche nach der anderen, während er die alten Fotos anstierte, bis es ihm so vorkam, als hätten sie sich in seine Netzhaut gebrannt. Dann schleppte er sich ins Bett und schlief wie ein Toter.

Er wusste, dass es nur sein Geist war, der phantasierte, doch manchmal konnte er Eva so scharf umrissen vor sich sehen, dass er am liebsten den Arm nach ihr ausgestreckt hätte, um sie festzuhalten. Manchmal sprach er mit ihr. So wie früher, wenn er am Küchentisch saß und sie bis zu den Ellbogen im Spülbecken hing. Er stellte sich vor, was sie antworten würde, wie sie einen Blick über die Schulter warf und lachte, wenn er eine pointierte Bemerkung machte. In seiner Vorstellung lachte sie ständig. Perlend, mädchenhaft und glücklich. Wenn die Dielen knarrten, sah er ihren Schatten an den Wänden. Wenn der Wind mit unsichtbaren Fingern durch sein Haar fuhr, wenn er ums Haus säuselte und an den Fensterläden riss. Überall witterte er ihre Anwesenheit. Diese Phantasien bargen vielleicht die Gefahr des Wahnsinns in sich, aber sie waren die einzige Möglichkeit, Tote lebendig werden zu lassen. Nach allem, was er verloren hatte - was kümmerte es ihn, wenn er obendrein den Verstand verlor?

Doch in diesem Jahr war etwas geschehen, das ihn verändert hatte. Als er das zerknitterte Kuvert aus dem Postfach gezogen hatte, spürte er eine seltsame Wärme in sich aufsteigen. Olivia lebte noch. Sie war immer noch da. Dieses Mal wollte er ihr antworten. Er wollte Olivia wissen lassen, dass er jeden ihrer Briefe aufbewahrt hatte, dass auch er lebte - existierte.

♦

Es dauerte kaum eine Woche, dann rief die Dame aus dem Post Office schon wieder an, um ihm mitzuteilen, dass sie gerade einen Brief in sein Fach gelegt habe. Sofort war er mit Yukon in die Stadt gefahren. Nat war seltsamerweise ziemlich aufgeregt, als er den Absender erblickte: Olivia Labelle - ein Name wie aus einer Werbung für Kosmetika.

Nun saß er vor seinem Haus in der Sonne, hielt ihren Brief in den Händen und dachte darüber nach, ob er ihr auch nun wieder antworten sollte. Yukon hatte sich unter die Kiefer gelegt und schnarchte vor sich hin, während in den Ästen ein Eichhörnchen herumturnte.

Natürlich konnte Nat nachvollziehen, dass Olivia tausend Fragen hatte, die sie nur seinetwegen zurückhielt. Auch er würde wissen wollen, wem das Herz gehört hatte, das ihn am Leben hielt. Es war nur menschlich. Allerdings wurde ihm damit auch vor Augen geführt, was ihn quälte: Während ihm das Leben weggenommen wurde, hatte Olivia es geschenkt bekommen. Schon lustig. Wie das Leben eben so spielt. Schon tragisch.

Früher war er oft wütend gewesen. Er wusste, dass es völlig irrationale Gedanken waren, aber er fühlte einen so großen Schmerz, dass er einfach nicht mehr fair bleiben konnte. Er gönnte Olivia nicht, dass sie das Herz von Eva in sich trug. Es kam ihm so falsch vor. Als könnte man ein Herz einfach ersetzen. Als wäre es nur eine Glühbirne, die man auswechselte. Doch irgendwann verwandelte sich seine Wut in diese Trauer, die sich über ihm ausgebreitet hatte und alles von ihm abschirmte. Sein Herz wurde weicher, schlaffer, leerer - wie der traurige Luftballon eines längst vergangenen Festes. Alle Gäste waren verschwunden. Eva hatte ohnehin sterben müssen.

Seufzend stand er auf und stellte sich vor, wie eine Frau beim Karaoke in irgendeiner schummrigen Spelunke vor einem abgerissenen Publikum stand und »*I will always love you*« von einem Röhrenbildschirm ablas. Olivia klang nach einer blonden Frau mit einer Vorliebe für Leopardenmuster. Vielleicht um die vierzig Jahre alt, übergewichtig mit blassem Teint, der leicht ins Grünliche ging. Wahrscheinlich sah sie immer ein wenig kränklich aus. Sie schminkte sich stark, um die fahle Haut zu überdecken. Immerhin hatte sie eine Schwester, die Kosmetikerin war - die Vermutung lag also nahe.

Er war dankbar dafür, dass Olivia ihm nicht gleich in epischer Länge ihre Krankengeschichte erzählt und keine indiskreten Fragen gestellt hatte. Das war rücksichtsvoll und er schätzte rücksichtsvolle Menschen. Olivia schien eine nette Person zu sein, auch wenn sie nicht gerade mit Kreativität glänzte. Sie hatte ihm in den drei Jahren immer die gleichen Worte mit der gleichen Fotografie geschickt. Es waren Schwarznüsse – das hatte er mittlerweile herausgefunden.

»Hey Yukon, wer hört alles und sagt nichts? Drei Buchstaben«, fragte Nat den alten Husky, der nicht mal blinzelte, sondern friedlich weiter döste.

»*God*«, murmelte er bitter und trat in eine Küche, in der schon lange nicht mehr geputzt worden war. In der Spüle stapelte sich das Geschirr aufeinander und auf dem Tisch lagen ein paar Pizzaschachteln mit übriggebliebenen, angebissenen Stücken. Die Salamischeiben waren inzwischen steinhart geworden. Während er eine Plastiktüte aus der Schublade zog und anfing, den Müll einzusammeln, erinnerte er sich an einen der letzten Abende, die sie gemeinsam verbracht hatten. Er war neben Eva auf dem Sofa gesessen, hatte ihren Bauch gestreichelt und sich mit ihr Namen für das Kind überlegt. Seine Vorschläge waren ihr viel zu banal gewesen, fast schon von beleidigender Belanglosigkeit. Es war ein besonderes Kind und deswegen sollte es auch einen besonderen Namen tragen. Eva pochte auf einen Doppelnamen. Noah-Aurel.

»Hör doch mal, wie schön das klingt.«

Plötzlich war Eva auf seinen Schoß gekrabbelt, hatte ihre Arme um seinen Hals geschlungen und angefangen, den Namen so oft zu wiederholen, bis er irgendwann völlig merkwürdig klang. Noah-Aurel. Noah-Aurel. Sie hatte gekichert und kleine Küsse auf seine Wange gehaucht.

»Was meinst du? Wird es ein Nohrel?«

Ihre Wangen hatten sich gerötet, das blonde Haar wild zerzaust. Eva war nie schöner gewesen als in diesem Moment. Das Glück in ihrem Herzen war wie ein Funke auf seines übergesprungen und er hatte sich geschworen, dass er alles dafür tun würde, ein guter Mann und ein noch besserer Vater zu sein. Er würde niemanden mehr enttäuschen, niemanden mehr verletzen und alles richtig machen. Es war anders gekommen. Kein Junge. Kein Noah. Ihr kleines Mädchen sollte Mari heißen. Mit Betonung auf der ersten Silbe. Da waren sie sich sofort einig.

●

*Hey Olivia,* schrieb er und blieb eine Weile reglos sitzen, weil er nicht genau sagen konnte, ob er ihr schreiben wollte oder ob er sich nur verpflichtet fühlte. Yukon kam herein getrottet, trank ein paar Schlucke aus seinem Napf und legte sich dann unter den Tisch. Man konnte sein Schmatzen hören. Offensichtlich leckt er sich an Stellen, über die man nicht tiefergehend nachdenken sollte.

*Sie haben mir keine Fragen gestellt. Das ist gut, aber das macht es auch schwer. Zuerst möchte ich mich für Ihren offenen Brief bedanken. Ihr Beruf klingt ziemlich abwechslungsreich. Jeden Tag sterben Menschen und es gibt unfassbar viele Fragen für Kreuzworträtsel, oder nicht? Jetzt weiß ich nicht so genau, was ich schreiben soll. Sie interessieren sich natürlich für Eva – so hieß meine Verlobte. Als sie starb, war sie 32 Jahre alt. Viel zu jung, um zu sterben. Aber der Tod fragt ja nicht nach dem Alter. Es ist bei einem Autounfall hier in den Bergen passiert. Wir waren auf dem Weg zum Belwood Lake, um dort unseren Urlaub zu verbringen. Am Chinook Pass wollte ich Wild ausweichen, das wie aus dem Nichts auf die Fahrbahn gesprungen war. Dabei habe ich die Kontrolle über den Wagen verloren. Wir sind ungebremst auf einen Baum geknallt. So ist Eva gestorben.*

Er hielt die Luft an und starrte auf die Zeilen, bis sie vor seinen Augen verschwammen. Da war Wild. Wenn er sich konzentrierte, konnte er sogar Bilder heraufbeschwören. Rehe mit großen Schwarzaugen, die ihm entgegen glotzten. Sie standen wie angewurzelt mitten auf der Fahrbahn. Kurz darauf – er hatte das Lenkrad herumgerissen – Blut.

Nat stand auf und legte den Kopf in den Nacken. So viel Blut, dunkel und zäh. Sein Herz pochte so verrückt, dass er das Gefühl hatte, es würde jeden Moment explodieren.

»Yukon, los!«

Er riss den Parka von der Stuhllehne, schlüpfte hinein und war schon aus der Tür, als er nochmal kehrt machte und aus der Schublade des Küchentisches eine Taschenlampe kramte. Vielleicht würde er nicht vor Anbruch der Dunkelheit zurückkommen.

Es war Nat unmöglich zu sagen, wie oft er diesen Weg schon gegangen war. Wenn er eine finstere Phase hatte, konnte es sein, dass er täglich zu den Felsen wanderte. Sein Herz hatte sich immer noch nicht beruhigt. Es schmerzte. Dennoch beschleunigte er seine Schritte und ließ den Steinbruch und das Sägewerk hinter sich. In diesen Wäldern wurde schon lange nicht mehr gearbeitet. Alles war gespenstisch leer, lag brach und zerfiel. Der Weg verengte sich zu einem Pfad, der immer steiler wurde. Seine Muskeln brannten bei jedem Schritt, Schweiß floss in Strömen über sein Gesicht und verschleierte seinen Blick, sodass er immer wieder mit dem Handrücken über seine Augen wischen musste. Als er die erste Anhöhe erreicht hatte, blieb er kurz stehen, um zu verschnaufen.

Von hier aus sah man noch nicht viel, weil die Bäume zu dicht standen. Das Sprudeln des Wildwassers konnte man jedoch schon deutlich vernehmen.

»Weiter, Yukon«, befahl er seinem Gefährten, der einen ziemlich abgekämpften Eindruck machte und dessen Zunge weit aus der Schnauze hing. Nach einer halben Stunde erreichten sie schließlich das kleine Plateau. Hinter einem moosbewachsenen Felsbrocken standen sie: zwei hölzerne Kreuze. Er hatte sie dort erreichtet, um einen Ort zu haben, zu dem er kommen konnte, wenn ihn die Trauer übermannte. Zwei Kreuze, ein großes und ein kleines. Unter einem Vorsprung befand sich auch der Koffer mit den ganzen Erinnerungsstücken. Nat konnte sie nicht im Haus aufbewahren, deswegen hatte er sie hierher gebracht: rosafarbene Schuhe, Fotografien, Briefe, Konzerttickets und die goldene Kette, die Eva immer getragen hatte. Er hatte sie ihr zum 30. Geburtstag geschenkt. Ein Last-Minute-

Geschenk, das er für Unsummen bei einem Juwelier am Flughafen gekauft hatte. Vorsichtig zog er die Kette aus dem Etui. In dem Medaillon befand sich ein Foto von ihm. Rote Wangen, leuchtende Augen, strahlendes Lächeln. Er sah darauf lächerlich glücklich aus.

Während er die Zähne so fest aufeinander presste, dass er glaubte, sie müssten jeden Moment zersplittern, schloss er seine Faust um das Schmuckstück und blickte hinab in den Canyon. Das Wildwasser stürzte tosend über die Felsen. Mal wurde es zu weißer Gischt, mal färbte es sich Türkis, um im nächsten Becken zu marmoriertem Blau zu werden. Äste und kleine Stämme klemmten in den Felsenspalten. Der Abgrund war tief und der Tod gewiss, wenn er sich hinunterstürzen würde. Manchmal hatte er den Impuls, einfach zu springen, aber er konnte sich bisher immer beherrschen. Vier Jahre, vier Monate und vier Tage. Das war seine Frist. Er hatte schon immer ein Faible für Symbole besessen. Wenn man aufmerksam war, konnte man sie überall entdecken und Nat fand darin einen seltsamen Trost. Vier war die Zahl des Irdischen und der Vergänglichkeit. Eva wurde in der Bibel viermal erwähnt. Es gab vier Erzengel, die vier letzten Dinge, vier Winde und vier apokalyptische Reiter.

•

Eva hatte noch gelebt, als er sich aus dem Wrack gekämpft hatte. Er schleppte sich mit allerletzter Kraft auf ihre Seite und beugte sich über sie. Es fühlte sich an, als hätte man seinen Schädel mit einer Axt gespalten. Er konnte nicht klar denken, doch er spürte instinktiv, dass es ihr letzter Moment war. Eva wimmerte. Er drückte seine Lippen auf ihre, schmeckte Blut. Sie sagte etwas, doch er konnte es nicht verstehen. Bei jeder Silbe blubberte Blut aus ihrem Mund.

»Vorbei.«

»Nein! Nicht vorbei«, ächzte er. Eine Hand hatte sie auf ihren Bauch gepresst, doch nun berührte sie mit den Fingerspitzen seine Wange, flüchtig und kraftlos. Ihre blauen Augen waren starr auf ihn gerichtet und verloren mit jeder Sekunde an Farbe. Das Leben versickerte einfach. Es rieselte wie Sand zwischen seinen Fingern hindurch. Er konnte es nicht aufhalten. Eine panische Angst krallte sich in seinen Eingeweiden fest, wrang seine Organe förmlich aus.

»Mein Baby.«

Eva versuchte, an sich hinabzublicken, während ihre Hände suchend über ihren Bauch wanderten. Ihre Lider flatterten.

»Alles wird gut. Es tut nur weh, aber –«

»Mein Baby«, wiederholte sie schmerzerfüllt, dann bäumte sich ihr Oberkörper auf, nur um im nächsten Moment schlaff in sich zusammen zu fallen.

»Bitte nicht«, flehte er. »Eva, schau mich an. Alles wird gut. Okay? Bitte, ich kann nicht, ich...«

Sie verdrehte die Augen, sodass nur noch das Weiß zu erkennen war. Blut quoll aus einer Stirnwunde, sickerte aus ihren Ohren. Überall war Blut. Nat wollte sich gerade ein wenig aufrichten, um näher an sie heran zu rutschen, als er erkannte, dass ein grellweißer Knochen aus dem Fleisch ihres Oberschenkels ragte. Er verlor das Bewusstsein, ehe er sie ein letztes Mal ansehen konnte. Was danach kam, war Tartaros – war tiefer als er sich die Hölle je ausgemalt hatte. Eva war ihm einfach entglitten. Alles, was ihm blieb, waren Bilder, die blitzartig durch seinen Kopf schossen und minutenlang in seinem Hirn steckenblieben. Das Blut, Glasstücke, das verzerrte Gesicht und der Bauch, in dem sein totes Kind lag. Sonst nichts.

◆

Am Abend saß er wieder hinter seinem Schreibtisch im Motel und lauschte dem Ticken der Uhr. Auf dem eingestaubten Bildschirm, der vor ihm stand, flimmerten die Aufnahmen der Überwachungskameras. Parkende Autos, manchmal eine dunkle Gestalt, manchmal ein Tier. Es kam vor, dass er vor diesen Bildern saß und sich eine halbe Ewigkeit von ihrem Rauschen hypnotisieren ließ. Dann war es, als würde das Rauschen in seinen Kopf kriechen und die Gedanken zum Schweigen bringen – seltene Momente der Ruhe.

Gerade war ein ziemlich alter Typ mit einem Mädchen gekommen, das Nat eigentlich gerne nach seinem Ausweis gefragt hätte. Sie trug knappe Jeansshorts und eine Bluse, deren Stoff so durchsichtig war, dass man ihren Spitzen-BH deutlich darunter erkennen konnte. Während der Typ das Zimmer bezahlte, lehnte sie an der Wand, kaute gelangweilt Kaugummi und starrte in ihr Telefon. Sie war hübsch, aber hatte das Gesicht einer verbrauchten Frau, die zu viel rauchte und vom Leben enttäuscht war. Als sich die beiden verzogen hatten, griff er wieder zum Stift, um den Brief zu beenden. Er würde morgen in die Stadt fahren und ihn nach Marblemount schicken, wo Olivia lebte und sich Kreuzworträtsel ausdachte.

*Früher haben wir in New York gelebt, weil wir beide dort gearbeitet haben. Eva hat aber immer davon gesprochen, irgendwann wieder in die Region zu ziehen, denn wir sind beide in Tacoma aufgewachsen. Eva wurde dort beigesetzt. Wir wollten heiraten. Wir hatten schon angefangen, für die Hochzeit zu sparen. Flitterwochen auf Hawaii und solche Dinge. Alles ist anders gekommen... Nach dem Unfall habe ich einen radikalen Schnitt gemacht. Ich habe alles gekündigt und aufgelöst. Erst wollte ich nach Irland, weil meine Familie dort ursprünglich herkommt, aber ich hatte keine Kraft, um mich um eine Auswanderung zu kümmern. Deswegen bin ich in der Nähe von Blackwater gelandet. Es ist ein guter Ort, weil er keine Ansprüche stellt und ich keinen Ansprüchen gerecht werden möchte. Ich halte mich mit einfachen Dingen über Wasser. Apropos Wasser: Ich habe einen Hund. Er heißt Yukon - wie der Fluss. Ansonsten höre ich ganz gerne Musik und lese Bücher, die Leute hier vergessen haben. Stellen Sie mir gerne Fragen – vielleicht beantworte ich sie.*
          *Grüße,*
          *N*

*Die Antwort auf Ihre Frage lautet: Ohr!*
*Gerade kommt im Fernsehen eine ziemlich bescheuerte Gameshow, bei der man einen perfekten Tag gewinnen kann. Daher diese geistreiche Frage:*
*Wie würde für Sie ein perfekter Tag aussehen?*

## Marblemount

Gerade hatte Olivia die letzte Tablette mit einem Schluck Wasser heruntergewürgt, als sie vor dem Haus Stimmen vernahm. Offensichtlich war Anthony eingetroffen. Er kam oft vorbei, um Jacob zu besuchen. Dann schraubten sie an ihren Bikes oder lümmelten den ganzen Tag auf dem Sofa herum, während auf der Mattscheibe irgendein Sportevent lief. Heute stand Football auf dem Programm – allerdings erst abends. Davor wollten die beiden wieder eine ihrer halsbrecherischen Bergtouren machen. Jacob bretterte schon seit seiner Jugend regelmäßig die steilsten Hänge hinab. Offroad. Downhill. Purer Nervenkitzel.

Früher hatte sie ihn für seinen Mut bewundert. Es hatte ihr gefallen, wenn er völlig angeheizt von seinen Abenteuern erzählte und ihr die Videos zeigte, die er mit seiner Helmkamera aufgenommen hatte. Obwohl sie dieses Lebensgefühl nicht teilte, konnte sie sich stundenlang anhören, wie Jacob über Bremsbeläge, Rahmengeometrie, Federungen und seine Rekordzeiten schwadronierte. Manchmal begleitete sie ihn zu Wettkämpfen und stand begeistert am Trail, um ihm zuzujubeln.

Aber auch das hatte sich mit der Zeit verändert.

Olivia musste sich sehr anstrengen, um ihn nicht spüren zu lassen, wie gelangweilt sie von seinen Geschichten war. Manchmal loderte in ihr eine Abneigung auf, für die sie sich zutiefst schämte. Sie wollte nicht so fühlen, nicht so sein, weil es ungerecht war. Jacob war immer noch der Mann, den sie damals geheiratet hatte und der versuchte, in ihr altes Leben zurückzukehren, weil sie damals glücklich gewesen waren.

»Hey Liv«, grüßte Anthony sie und streckte einen verschwitzten Kopf mit braunen Locken zur Tür rein. »Alles klar bei dir?«

»Ich kann mich nicht beklagen. Wochenende. Sonnenschein. Ich bin wunschlos glücklich«, sie wollte gerade die Medikamentenbox zurück in den Schrank stellen, als Jacob in die Küche kam und ihr über die Schulter spähte.

»Hast du alle genommen, Schatz?«

»Klar«, sie stöhnte genervt auf, dann lachte sie. »Wie jeden Tag seit drei Jahren. Du musst nicht jedes Mal nachfragen.«

»Ich wollte nur sicher gehen. Du weißt schon.«

Er zeigte auf seine Brust, küsste ihre Wange und riss dann den Kühlschrank auf, um zwei Dosen eines widerwärtig süßen Energydrinks rauszuholen.

»Wir sind jetzt eine Weile unterwegs, okay? Ich habe das Handy an. Wenn etwas ist, sind wir in zwanzig Minuten wieder –«

»Jetzt geh schon. Du musst dir wirklich keine Sorgen machen«, sie küsste ihn auf die Wange, dann schob sie Jacob mit sanfter Gewalt aus der Küche.

Seit ihrer Operation überwachte er jeden Schritt, den sie ging. Auch wenn sie wusste, dass er sie nur beschützen wollte, hatte sie manchmal das Gefühl, kaum noch atmen zu können. Am Anfang hatte er sie sogar stündlich angerufen, wenn er im Büro saß und sich nicht mit eigenen Augen von ihrem Wohlergehen überzeugen konnte. Er zeigte seine Liebe, indem er sicherstellte, dass sie jeden Tag ihre Tabletten nahm, regelmäßig zu den Arztterminen ging und genug Schlaf bekam. Es war einfach nicht seine Art, viele Worte zu verlieren. Ein Mann der Tat. Es würde bestimmt noch eine Weile dauern, bis er ihrem Herzen vertrauen konnte und nicht mehr fürchtete, Olivia könnte jeden Moment tot umfallen.

Nachdem Jacob und Anthony aufgebrochen waren (»Du rufst an, wenn etwas ist!«), schnappte sich Olivia eine Decke, ging in den Garten und breitete sie unter dem Schwarznussbaum aus. Es war ein warmer Tag und die Sonne blinzelte durch die Baumkrone. Gestern hatte sie wieder einen Brief erhalten. Die ganze Nacht lag sie wach und dachte darüber nach, was N geschrieben hatte. Inzwischen wusste sie zumindest, dass es sich um einen Mann handelte.

»Liebe Eva«, murmelte sie verdrossen. »Ich schreibe dem Mann, der dich geheiratete hätte, wenn du noch leben würdest. Wusstest du das?«

Ihr Herz schlug bei den Worten so kräftig, als würde es ihr antworten wollen. Sobald sich der Rhythmus veränderte - das tat er bisweilen - hielt Olivia die Luft an und versuchte sich mit dem Gedanken zu beruhigen, dass ein Herz natürlicherweise auf Emotionen reagierte.

Olivia rollte sich auf den Bauch und kaute auf dem Bleistift herum, während sie überlegte, was sie schreiben sollte. Sie stellte sich einen bärtigen Typen mit volltätowierten Armen vor. Ein mürrisches Gesicht mit eingefallenen Wangen und matten Augen. Er trug eine zerrissenen Jeans und darüber ein Flanellhemd. Wahrscheinlich war es ihm ziemlich egal, wie er aussah. Die Abende verbrachte er meist in einem Pub, kippte ein paar Drinks und rauchte zu viel. Sein einziger Freund war ein Hund, der auf den Namen Yukon hörte. Mit ihm streifte er stundenlang ziellos durch die Wälder, um erst in der Dunkelheit heimzukehren.

*Lieber N,*

*ich habe nicht so schnell mit einer Antwort gerechnet, aber ich freue mich sehr darüber. Kostet es dich viel Überwindung, mir zu schreiben? Ich würde es verstehen, wenn du in Ruhe gelassen werden möchtest. Es tut mir sehr leid, dass du Eva verloren hast. Es muss schwer für dich sein, ohne sie zurückzubleiben und ich hoffe sehr, dass du einen Weg findest, um damit umzugehen und nach vorne zu blicken.*

*Der Gedanke, dass ich lebe, weil ein anderer Mensch gestorben ist, macht mich sehr demütig. Manchmal überkommen mich düstere Gedanken, wenn ich mir vorstelle, dass dieser Tod ein Loch gerissen hat, das nichts auf der Welt je zu füllen vermag. Ich bin mir darüber bewusst, was mein Leben bedeutet.*

*Vielleicht interessiert dich meine Geschichte? Ich versuche, mich kurz zu fassen und nicht allzu dramatisch zu werden, versprochen.*

Es war kurz nach Weihnachten, als ich mich plötzlich sehr schwach gefühlt habe. Ich hatte keine Kraft mehr, um morgens aufzustehen oder mich auf etwas zu konzentrieren. Alles war so anstrengend. In meinem Kopf war nur noch Watte und ich musste ständig husten. Erst dachte ich, das sei bestimmt eine Allergie, aber mein Arzt meinte, ich hätte mir wohl eine heftige Erkältung eingefangen. In dieser Jahreszeit war das ja keine Seltenheit. Doch obwohl ich Tabletten bekommen habe, wurde es immer schlimmer. Ich musste so sehr husten, dass ich keine Nacht mehr durchschlafen konnte. Irgendwann habe ich es nicht mal mehr geschafft, alleine die Treppe zu unserem Schlafzimmer hochzugehen. Manchmal habe ich mein Herz kaum mehr schlagen gespürt und manchmal schlug es so hart, dass ich es sogar hören konnte. Irgendwann hat Jacob mich wieder zum Arzt gebracht. Dann ging alles ganz schnell. Erst diagnostizierte man eine Herzmuskelschwäche, dann eine Herzmuskelentzündung. Sie war so schwer, dass man mich noch in der Nacht ins Krankenhaus geflogen hat. Man hat mich an ein Kunstherz angeschlossen. Mein Leben hing also vollkommen von einer Maschine ab, weil mein eigenes Herz zu schwach war, um mich am Leben zu halten. Ich habe ständig nach den Schwestern geklingelt, weil ich solche Panik hatte, dass dieses Kunstherz ausfällt.

Mir ging es wirklich unglaublich schlecht. Die Ärzte sagten, es wäre gut, wenn ich ein Testament aufsetzen würde. Ich war noch so jung und kerngesund – wie konnte es sein, dass der Tod mir plötzlich so nah war? Wenn zwischen Leben und Tod eine Linie verläuft, dann bin ich darauf balanciert. Es waren sehr wackelige Schritte und ich wusste nicht, ob ich nach vorne oder nach unten blicken sollte.

Manchmal konnte meine Mutter gar nicht mehr aufhören zu weinen. Mein Leben war plötzlich so zerbrechlich. Dabei hat es sich so angefühlt, als hätte ich noch gar nicht richtig gelebt.

*Ich wollte noch so viele Dinge erleben, die Welt erkunden, mich selbst entdecken.*

*Jeden Tag, wenn ich draußen den Helikopter gehört habe, dachte ich: Das ist dein Herz! Wir haben ihn Herzikopter genannt – dämlich, ich weiß, aber Humor war eine hilfreiche Strategie, um die ganze Sache auszuhalten.*

*Zuerst hieß es, dass ich auch mit dem Kunstherzen nachhause gehen könnte, aber daraus wurde nichts. Es dauerte fast fünf Monate, bis mitten in der Nacht der Arzt in mein Zimmer kam und meinte, dass heute mein Glückstag sei. Wir waren so erleichtert und so unendlich dankbar. Ich weiß noch, dass mein Vater vor meinem Bett weinend auf die Knie gesunken ist und Gott gedankt hat. Eigentlich ist er überhaupt kein religiöser Mensch, muss ich dazu sagen. Wir waren alle überwältigt von diesem Glück!*

*Doch der emotionalste Moment war, als man mich aus dem Zimmer in den Operationssaal geschoben hat. Ich konnte den Blick nicht von meinen Eltern abwenden, weil ich nicht wusste, ob ich sie jemals wiedersehen würde. Diesen Moment - ihre Gesichter - werde ich niemals vergessen.*

*Zwei Tage nach der Operation habe ich das erste Mal registriert, dass ich tatsächlich noch lebe und dass in meiner Brust ein Herz schlägt. Das habe ich Eva zu verdanken. Sie hat mir das Leben geschenkt wie eine Mutter. Leben! Es gibt kein größeres Geschenk, das man einem anderen Menschen machen kann. LEBEN!*

*Nach der Operation wurde ich gefeiert wie eine Heldin, weil ich überlebt habe. Als wäre es ein Verdienst. Es gab sogar einen zweiseitigen Artikel in der Zeitung über mich.*

*Aber ich bin keine Heldin. Eva ist es.*

*Ich weiß, dass ich es ihr schuldig bin, diesem Leben einen Sinn zu geben, etwas zu bewirken, glücklich zu sein und alles in mich aufzusaugen, was diese Welt zu bieten hat. Ich habe zwar noch keine Ahnung, wohin die Reise geht, aber ich habe jetzt genug Zeit, um das herauszufinden. Man sagte mir,*

*dass ich wohl **10** bis **15** Jahre mit dem Herz leben könnte. Aber es ist kräftig, das spüre ich. Es gibt Menschen, deren fremdes Herz schon über dreißig Jahre schlägt.*
*Yukon ist übrigens ein sehr schöner Name. Willst du mir auch deinen Namen verraten? Es würde sich persönlicher anfühlen, wenn ich wüsste, wie du heißt. Du könntest auch einen Namen erfinden, wenn dir das lieber ist? Oder soll ich mir etwas ausdenken? Nelson? Norbert?*
*Hast du eigentlich kein Heimweh, Nick?*
*Ich habe mich über deine Frage gewundert, aber ich finde sie toll. Sie hat mich daran erinnert, was ich demnächst mal wieder machen sollte. Hier die Antwort:*
*An einem perfekten Tag wandere ich hinauf zum Glacier Peak. Dort sitze ich dann den ganzen Tag am Ufer des Sees. Nur ich, die Berge und der See. Mehr bräuchte ich nicht. (Okay, vielleicht noch Cookie Dough Eiscreme!) Falls du noch nicht im Kaskadengebirge gewandert bist, musst du dir unbedingt Yukon schnappen und mit ihm aufbrechen. Plätschernde Wasserfälle, schneebedeckte Gipfel, Wildblumen, smaragdgrüne Wälder, eisblaues Wasser und gigantische Gletscher. Die Saison hat gerade erst begonnen. Worauf wartest du? Du wirst es lieben.*

*Herzliche Grüße an dich und auch an Yukon!*
*Olivia*

*P.S. Welches Tier hat im Jahre **1984** einem Baby sein Herz gespendet? (Sechs Buchstaben)*

◆

Olivia träumte wenig. Zwischen ihren Träumen vergingen Wochen, doch als sie sich an diesem Abend ins Bett legte und das Bewusstsein allmählich ihrer Kontrolle entglitt, entstanden wieder Bilder in ihrem Nachttheater.

Sie trieb wie ein Stück Holz auf dem Ozean. Unter ihr erstreckte sich das Gewässer in herausragende Tiefe. Es gab kein Land, zu dem sie hätte schwimmen können. Obwohl Grenzenlosigkeit ihr immer Angst gemacht hatte, beruhigte sie nun der Gedanke, nirgendwo ankommen zu müssen. Sie spürte Wellen, die ihren Körper umspülten und ihn sanft wiegten. Das Meer hob und senkte sich wie ein Tier, das in seinem Leib andere Wesen trug, die es dem Licht nicht preisgab, die es nährte und beschützte.

Der Himmel über ihr war wie ein glatt polierter Spiegel, in dem sie sich selbst sehen konnte. Minutenlang betrachtete sie sich. Das war ihr Körper. Das war ihr Gesicht. Plötzlich glitt ein Schatten unter ihr hinweg, dann sah sie einen Menschen vor sich auftauchen. Er drehte sich nicht zu ihr um und trotzdem wusste sie, dass er es war. Das musste er sein. Er kam vom Meeresgrund oder war aus den Wolken ins Wasser gefallen. Sie wollte ihm sagen, dass er bleiben konnte, aber kaum hatte sie die Lippen geöffnet, verschwand er wieder unter der Wasseroberfläche und sie wachte auf.

## Blackwater

Seufzend legte er den Brief auf den Nachttisch zu Füßen des eingestaubten Bilderrahmens. Seine Eltern grinsten ihm glücklich entgegen. Auch sie waren tot.
Er wälzte sich auf die andere Seite. Das Kopfkissen roch noch immer nach diesem billigen Parfüm, in das sich Susan eingenebelt hatte. Nat drehte es um, aber es half nichts. Schließlich warf er das Kissen genervt aus dem Bett einem verwunderten Yukon vor die Nase.
»Sorry«, brummte er und versuchte, es sich einigermaßen bequem zu machen. Susan war eine dieser alleinstehenden Frauen wie man sie aus Filmen kannte. Frauen, die irgendwann in aufreizender Pose mit einem Hackbraten und den Worten »Ich hatte zufällig noch etwas übrig, da dachte ich...« vor der Tür des Junggesellen standen. Sie war einige Jahre älter als er, blond, gertenschlank und immer adrett gekleidet. Ihr Mann war vor ein paar Jahren gestorben und seither führte sie in Blackwater ein recht einsames Leben. Manchmal vermietete sie ein Zimmer an Touristen, die in der Gegend wandern gingen, ansonsten saß sie an der Kasse des kleinen Lebensmittelladens, in dem es von der Angelschnur bis zur Pflanzenmargarine alles gab.
Ihre Schönheit war welk, aber wenn sie lächelte und ihre Augen glitzerten, besaß sie noch die Anmut eines jungen Mädchens, das mit beiden Händen ins Leben greifen wollte. Manchmal unterhielt er sich ein wenig mit ihr. Die Einsamkeit tropfte ihr aus jeder Pore. Hier gab es im Grunde keine alleinstehenden Männer, die als Partner in Frage kämen. Wenn Männer in Blackwater alleinstehend waren, dann liefen sie mit einem Waschbären auf der Schulter durch den Wald, sammelten Tierknochen, um daraus Trillerpfeifen zu basteln, und wuschen ihre Kleidung im Fluss - wenn überhaupt.

Kein Wunder, dass Susan sich auf ihn stürzte, als wäre er der einzige Heilsbringer. Nat war einigermaßen jung, einigermaßen kultiviert und einigermaßen attraktiv. Allerdings war er auch einigermaßen unerbittlich: Susan hatte keinen Platz. Weder in seinem Leben noch in seinem Herzen. Außerdem stellte sich ohnehin die Frage, wie sie mit seiner Leere ihre eigene füllen wollte.

Als er vorhin nach seinem Abendspaziergang das Haus betreten hatte, war ihm sofort ein anderer Geruch aufgefallen. Die Atmosphäre hatte sich verändert. Eine Frequenz, die ihn störte. Nat blieb mitten in der Küche stehen und schaute sich misstrauisch um, dann ließ er Yukon von der Leine. Der Hund sprang sofort ins Schlafzimmer. Kurz darauf ertönte ein spitzer Schrei. Was zur Hölle machte eine Frau in seinem Haus? Er folgte der Stimme und fand Susan auf seinem Bett liegen.

»Hallo fremder Mann«, säuselte sie und versuchte, Yukon wegzudrücken, der an ihren nackten Beinen lecken wollte. An ihrem Körper war kaum Stoff zu erkennen. Ein schwarzes Höschen und ein durchscheinendes Negligee. Nat fiel aus allen Wolken und wich einen Schritt zurück.

»Äh, hallo? Was machst du hier?«, er hielt sich die Hand vor die Augen, weil er den Anblick von Susan in dieser Aufmachung kaum ertrug. Nicht, weil sie unattraktiv gewesen wäre, sondern weil sie ihm so extrem billig vorkam.

»Die Tür war offen und da dachte ich, es wäre bestimmt schön, wenn zur Abwechslung mal jemand auf dich wartet?«

Er hörte das Rascheln der Bettdecke. Sie bewegte sich. Als er zwischen den Fingern hindurch linste, erkannte er, dass sie auf allen Vieren auf der Matratze stand und ihm ein laszives Lächeln zuwarf.

»Kein Bedarf, Susan. Daran hat sich nichts geändert.«

»Du kannst nicht ewig alleine bleiben.«

»Du hast keine Ahnung, was ich kann!«

»Ich weiß, dass du einsam bist, Cowboy. Jeder sehnt sich nach Zärtlichkeit. Lass uns einfach ein bisschen Spaß haben. Was ist schon dabei?«

Nat presste die Lippen zusammen. Sein Herzschlag beschleunigte sich und seine Muskeln spannten sich an.

»Wie oft denn noch? Ich wollte nur freundlich sein, okay? Ich weiß, dass du einsam bist und jemanden suchst - aber ich nicht! Ich habe kein Interesse. Nicht an dir und schon gar nicht an solchen Spinnereien«, zischte er und war selbst überrascht, welchen bedrohlichen Ton seine Stimme angenommen hatte.

»Was willst du denn? Bist du schwul oder was?«

»Ich will gar nichts. Zieh dich wieder an und dann verschwinde.«

Nat drehte sich um und ging zurück auf die Veranda, auf der er wartete, bis Susan an ihm vorbei huschte, ihn ein Arschloch nannte und verschwand.

♦

*Hey Olivia,*

*habe ich vergessen mich vorzustellen? Du hast absolut Recht: das tut man nicht. Ich heiße weder Nick, Nelson, noch Norbert - obwohl das auch respektable Namen sind. Mein Name ist Nathaniel, aber alle nennen mich Nat. Das ist einfacher.*

*Natürlich ist es merkwürdig, dir zu schreiben und mir dabei vorzustellen, wessen Herz du erhalten hast. Verrückt! Am Anfang wollte ich überhaupt nicht damit konfrontiert werden, aber jetzt stelle ich fest, dass es gut ist, mich damit auseinanderzusetzen.*

*Zu deiner Geschichte: Danke für deine Offenheit. Diese Ungewissheit ertragen zu müssen, mit dem Tod zu kalkulieren - daran kann man schnell verzweifeln, denke ich. Es würde Eva verdammt glücklich machen, wenn sie wüsste, dass ihr Herz ein Leben gerettet hat. Da bin ich mir ganz sicher - so war ihr Tod nicht völlig sinnlos. Er hat dir noch eine Chance gegeben.*

*Wie fühlt es sich an, ein fremdes Herz zu haben? Fühlt es sich überhaupt fremd an? Hat sich in deinem Leben dadurch etwas verändert? Abgesehen davon, dass du wahrscheinlich echt gut auf dich aufpassen musst.*

*Was das Heimweh anbelangt, kann ich nur sagen, dass ich keinen Ort vermisse. Es ist eher ein Gefühl, das mir fehlt. Gelegentlich*

telefoniere ich mit meiner Familie – der Kontakt ist mit den Jahren eingeschlafen. Es ist schwierig nah dran zu bleiben.
Kennst du Henry Thoreau? Walden, ein Buch von ihm, hat mich schon immer fasziniert. Thoreau hat zwei Jahre, zwei Monate und zwei Tage in völliger Abgeschiedenheit gelebt. Er schrieb, dass es manchmal gut sei, da draußen verloren zu gehen. Nachdem Eva gestorben ist, wollte ich in die Wildnis, weil ich mir eingebildet habe, dort überleben zu können, aber da habe ich mich maßlos selbst überschätzt. Ich hätte wahrscheinlich keinen einzigen Tag überstanden.
Wie du bereits weißt, bin ich in Blackwater gelandet. Es ist okay. Hier leben nur wenige Menschen. Man begegnet sich im Pub, beim Angeln oder Einkaufen. Ich bin also nicht komplett ins Exil gegangen, auch wenn das eigentlich mein Plan gewesen ist.
Gerade sitze ich in einem Motel, in dem ich nachts arbeite und Schlüssel an irgendwelche Trucker verteile, die hier einen Zwischenstopp einlegen. Nebenbei bemerkt: ich habe angefangen, Kreuzworträtsel zu machen, wenn mir langweilig ist. Dein perfekter Tag klingt fast perfekt, auch wenn ich Rührei mit Bacon bevorzugen würde. Was aber viel wichtiger ist: Wie kann ein Tag ohne Musik perfekt sein? Das hast du bestimmt vergessen zu erwähnen, oder?
Leider habe ich keine Ahnung, welches Tier einem Baby sein Herz gespendet haben soll. Geht das überhaupt? Das klingt extrem unheimlich.

                Grüße aus Blackwater,
                Nat

*Hier meine Fragen:*
*Wie hieß die erste Band von John Lennon? (Neun Buchstaben)*
*Wann warst du das letzte Mal so richtig glücklich?*

## Marblemount

Wie an jedem ersten Samstag im Monat saß Olivia mit Linda und Paula, deren Bauchumfang inzwischen mit dem Äquator konkurrierte, im *Nightingale*. Seit Tagen lagen die beiden ihr damit in den Ohren, endlich die Briefe lesen zu dürfen.

»Was schreibt man denn mit einem Wildfremden?«

»Worüber wohl? Herzensangelegenheiten. Über die Transplantation und wie das Leben eben so ist?«

Olivia rührte in ihrem Cappuccino, schaufelte Milchschaum von einer Seite zur anderen und dachte daran, wie freudig ihr Herz geklopft hatte, als sie das Kuvert aus dem Briefkasten gefischt hatte.

»Und wie das Leben so ist? Dann schreibt ihr auch über persönliche Themen?«

»Klar, das geht gar nicht anders«, grinste sie und versuchte, es nicht allzu selig aussehen zu lassen. »Es sind keine intimen Details, natürlich nicht, aber wir tauschen uns aus. Ich habe das Gefühl, dass er sehr einsam ist. Und traurig.«

»Er hat seine Frau verloren«, Linda verzog das Gesicht. »Gemeinsame Träume, gemeinsame Zukunft. Alles futsch. Und jetzt lebt er als einsamer Wolf in den Bergen.«

»Will er dich nicht mal sehen?«, erkundigte sich Paula, während sie am Bund ihrer Hose herumfummelte und schließlich mit einem Seufzer der Erleichterung den Knopf öffnete.

»Nein, ich denke nicht«, Olivia runzelte die Stirn. Tatsächlich hatte sie sich darüber noch keine Gedanken gemacht. »Wozu auch?«

»Ja, eben. Wozu auch?«, Linda hob die Augenbrauen. »Damit er sehen kann, in welchem Körper das Herz seiner Frau schlägt? Das würde ihm den Verlust doch nur vor

Augen führen. Olivia ist das blühende Leben. Das wäre viel zu hart.«

◆

Wie jede Woche saß sie auch heute wieder auf einem unbequemen Holzstuhl im Behandlungsraum ihres Arztes. Es roch nach Desinfektionsmittel, Holz und altem Papier. Der Arzt tippte langsam auf die Tastatur ein und linste immer wieder so skeptisch über den Brillenrand hinweg zum Bildschirm, als müsse er überprüfen, ob der Computer – dieses neumodische Teil – tatsächlich seine Arbeit verrichtete. Über seinem Schreibtisch hing eine Fotografie, die einen majestätischen Eisbären zeigte, der sich durch ein weißes Meer bewegte. Bei ihrem ersten Besuch, hatte er ihr erzählt, dass sein Sohn das Foto geschossen hatte.

»Dokumentieren Sie eigentlich noch, Olivia?«, fragte er und schob demonstrativ die Tastatur beiseite.

»Jawohl. Ich werde streng überbewacht«, sie grinste schief, als sie an Jacob dachte, der abends gerne durch das abgegriffene Notizheft blätterte, das im Badezimmer auf dem Spülkasten lag. »Blutdruck, Gewicht, Temperatur.«

»Alles im grünen Bereich? Keine auffälligen Schwankungen, auf die ich mal einen Blick werfen sollte?«

»Die Werte sind gut. Deswegen mache ich mir keine Sorgen. Es ist etwas anderes. Ich fühle mich irgendwie komisch. Das Gefühl wird immer intensiver«, Olivia schloss den oberen Knopf ihrer Bluse. »Es ist schwer zu erklären, wissen Sie, aber manchmal kommt es mir vor, als wäre ich nicht mehr richtig.«

»Nicht mehr richtig? Woran machen Sie das fest?«, fragte der Arzt, blickte sie aus wässrigen Augen an und blinzelte, als wäre er gerade erst aufgewacht.

Olivia hob kaum merklich die Schultern. Wie sollte sie erklären, was sie nur spüren konnte? Es gab keinen Namen für solche Gefühle. Entfremdung vielleicht.

Immerhin war sie fast ihr ganzes Leben damit beschäftigt gewesen, sich selbst kennenzulernen und der Mensch zu werden, der sie sein wollte. Doch dann hatte man ihr das Herz aus der Brusthöhle entnommen und ein neues eingesetzt – wie bei einem Batteriewechsel. An diesem Tag hatte alles neu begonnen und sie musste sich erneut auf die Suche begeben.

»Es fühlt sich manchmal so an, als müsste ich schauspielern, um wieder so zu sein, wie ich früher gewesen bin.« Sie starrte auf ihre Hände, unter deren Haut sich blaue Adern schlängelten. »Manchmal fühlt es sich so falsch an – mein Leben passt nicht mehr zu mir. Früher war ich immer unterwegs, immer auf Achse, immer unter Menschen. Jetzt ist es mir am liebsten, wenn ich meine Ruhe habe. Ich bin sehr nachdenklich geworden, sehr still. Früher mochte ich Dinge, die ich heute nicht mehr mag. Der Geschmack von Bananen zum Beispiel. Ist das lächerlich? Ach, ich weiß nicht. Ich sollte froh sein, dass ich überhaupt noch lebe.«

»Sind Sie denn nicht froh, dass Sie leben?«

»Doch, natürlich. Ich bin wirklich dankbar.« Obwohl sie versuchte, sich zusammenzureißen, kämpfte sie nun mit den Tränen. »Aber manchmal halte ich es kaum noch aus und weiß nicht, was ich verändern soll. Früher war ich doch glücklich. Was stimmt denn nicht mit mir?«

»Naja, Olivia, Sie haben einen sehr schweren Eingriff hinter sich. Die Zeit hat tiefe Spuren hinterlassen und ihr ganzes Leben auf den Kopf gestellt. Sie hatten Todesangst. Es ist völlig normal, dass es Zeit braucht, um diese Erfahrung zu verarbeiten. Viele Dinge in ihrem Leben haben sich verändert. Haben Sie Geduld mit sich.«

»Mir ist bewusst geworden, dass ich an diesem Tag auch etwas verloren habe. Ich denke, ich vermisse mein altes Herz. Ich frage mich, ob...«, sie atmete tief durch. »Ist es möglich, dass ich nicht nur ein neues Herz bekommen habe? Sie wissen doch, was ich meine: Kann es sein, dass mehr von dem Menschen in mir steckt? Sind das normale Gedanken oder spinne ich?«

»Ich denke, die Gedanken sind völlig normal. Sie haben ein neues Organ erhalten, das Sie jetzt am Leben hält und das Sie in sich spüren. Sie werden ja ständig daran erinnert.«

»Ich spüre es«, sie nickte. »Aber ich spüre nicht nur einen Herzschlag.«

»Oh, ich glaube, ich verstehe jetzt, was Sie meinen!«, der Mediziner setzte seine Brille ab und lehnte sich zurück. Er fuhr sich über sein schütteres Haar. »Das ist ein sehr umstrittenes Thema, wie Sie sich vorstellen können.«

»Kann es sein, dass ich nicht mehr die alte Olivia bin?«, Tränen liefen über ihre Wangen und sie suchte hektisch nach einem Taschentuch. »Ist es möglich, dass ich mich so verändert habe?«

»Vielleicht?«, er hob die Schultern, dann schob er ihr eine Box mit Taschentüchern zu. »Es gibt Studien, die vermuten lassen, dass es ein zelluläres Gedächtnis geben könnte. Empfänger, die Persönlichkeitsveränderungen an sich feststellen.«

»Welche Veränderungen?«, sie presste die Lippen aufeinander.

»Naja, zum Beispiel Vorlieben für bestimmte Lebensmittel, für Musik oder ähnliche Dinge. Ich weiß von einem Fall, bei dem der Spender ertrunken ist. Der Empfänger des Herzens hat nach der Operation plötzlich eine panische Angst vor Wasser entwickelt, ohne dass er von der Todesursache wusste.«

»Das kann doch kein Zufall sein.«

»Vielleicht sind diese Gemeinsamkeiten auch nur Illusionen, um sich gegen den Gedanken zu wehren, dass Organe beliebig austauschbar sind. Wollen Sie dieses Thema wirklich vertiefen?«

»Ja, unbedingt. Ich möchte alles darüber wissen. Kennen Sie noch andere Fälle?«

»Mhm. Es gab zum Beispiel einen Polizisten, der beim Einsatz gestorben ist, weil ihm jemand ins Gesicht geschossen hat. Der Organempfänger träumte dann immer wieder von hellen Blitzen und einer großen Hitze in seinem Gesicht.«

»Oh mein Gott«, sie legte die Hand schützend über ihr Herz und blickte an sich hinab.

»Olivia, bitte vergessen Sie nicht, dass die ganzen Medikamente, die Sie einnehmen, natürlich auch Nebenwirkungen haben. Außerdem sind die psychischen Folgen einer solchen Operation enorm. Es gibt auch andere Erklärungen, verstehen Sie? Das zelluläre Gedächtnis ist nur eine Hypothese.«

»Was glauben Sie?«

»Ich?«, er räusperte sich. »Mediziner glauben an die Naturwissenschaft. Aber womöglich werden Erfahrungen nicht nur im Nervensystem gespeichert, sondern betreffen den ganzen Organismus. Schwer zu sagen. Früher war man auch davon überzeugt, dass traumatische Erfahrungen nicht von einer Generation auf die nächste vererbt werden könnten, aber die Epigenetik hat gezeigt, dass es sehr wohl möglich ist. Manche Erfahrungen kriechen in unser Erbgut und verankern sich dort. Erfahrungen, die uns bis ins Mark erschüttern, wissen Sie?«

»Es könnte also sein, dass mehr in mir steckt? Mehr von dem Menschen, dem das Herz gehört hat?«

»Wer weiß? Vielleicht, vielleicht nicht.«

Ihr Herz fing an, wild zu klopfen. Olivia dachte daran, dass sie früher immer mit der aufgehenden Sonne aus dem Bett geschlüpft war, weil sie es kaum erwarten konnte, sich ins Leben zu stürzen. Im Trubel war sie aufgeblüht. Jetzt genoss sie die Stille der Nacht, die leisen Töne.

Jetzt träumte sie.

Früher hatte sie es kaum ertragen, von ihren Gewohnheiten abzuweichen. Es gefiel ihr, Dinge zu tun, die sich wiederholten. Tag für Tag. Jahr für Jahr. Ritualisierte Tätigkeiten. Selbstauferlegte Regeln. Doch seit der Operation lechzte sie nach frischem Wind, weil Wie-Immer sich anfühlte wie Vorbei und weil Veränderungen der Beweis dafür waren, am Leben zu sein.

◆

Jacob lag nach einem anstrengenden Tag im Büro schon im Bett und schlief tief und fest, als Olivia die Lampe auf ihrem Schreibtisch anknipste und aus der Schublade einen Papierbogen zog. Sie hatte den ganzen Abend darauf gewartet, ihm endlich antworten zu können. Wann hatte sie das letzte Mal mit jemandem Briefe ausgetauscht? In der Schule? Es war schön, das Papier in der Hand zu halten, das auch Nat in der Hand gehalten hatte. Es war schön, seine Schrift zu sehen und auch die kleinen Verbesserungen nachvollziehen zu können, die er vorgenommen hatte. Nat schrieb leserlich und gleichmäßig, leicht linksgeneigt. Die großen Buchstaben waren klein. Er setzte tief an, das T erinnerte an ein Kreuz – wäre sie Graphologin gewesen, hätte sie aus seinem Schriftbild wahrscheinlich im Handumdrehen ein Persönlichkeitsprofil erstellen können. Da sie aber keinen blassen Schimmer davon hatte, konzentrierte sie sich auf den Inhalt.

*Lieber Nat,*

*Danke, dass du mir deinen Namen verraten hast. Tatsächlich finde ich es auch ein bisschen eigenartig, dir zu schreiben. Wir sind uns wildfremd und trotzdem miteinander verbunden. Ein merkwürdiger Umstand, der dazu geführt hat, dass wir nun diese Briefe schreiben.*
*Gefällt dir dein Job? Ich könnte mir vorstellen, dass da oft ziemlich gruselige Typen aufschlagen, oder?*
*Heute habe ich ein paar Stunden gearbeitet und war abends noch eine Runde joggen. Das ist ja bekanntlich gut für das Herz-Kreislaufsystem.*
*Es ist interessant, dass du fragst, wie es ist, dass nun ein anderes Herz in meiner Brust schlägt. Am Anfang hatte ich Angst davor, dass es sich wie ein Fremdkörper anfühlen würde und ich mich nie daran gewöhnen könnte. So ist es nicht. Dieses Herz hält mich am Leben – es fühlt sich ganz natürlich an.*
*Nur mein Kopf verfängt sich manchmal in Gedanken und verheddert sich darin. Ich denke, dass ich mich durch das Herz verändert habe. Es sind keine offenbaren Veränderungen, sondern feine Nuancen. Ich sehne mich nach Ruhe, bin sensibler und weicher geworden. Oft genügt es mir, ganz allein zu sein, ruhig zu werden und meine eigenen Gedanken zu verfolgen. Vermutlich hat mich aber auch die Erfahrung, fast zu sterben, sensibler und weicher gemacht – nicht das Herz, das Organ, der Muskel. Ich weiß es nicht.*
*Auch ganz alltagspraktische Dinge haben sich verändert. Ich schlucke über den Tag verteilt zehn verschiedene Tabletten (in der Anfangszeit waren es fünfzehn Stück). Davon habe*

ich manchmal schreckliche Migräneanfälle, manchmal zittern meine Hände, manchmal ist mir so übel, dass ich nicht das Haus verlassen kann. Jede Woche besuche ich meinen Hausarzt und alle sechs Monate fahre ich ins Transplantationszentrum, um das Herz checken zu lassen. Aber das sind nur Kleinigkeiten, die ich sehr gerne in Kauf nehme.
Viel schwieriger ist es, mit den Menschen klarzukommen, die mir nahe stehen. Ich strenge mich wirklich an, wieder in unseren Alltag zurückzukehren. Es ist nur so schwer, weil es mir vorkommt, als hätte ich mich grundlegend verändert, während alle von mir erwarten, der Mensch zu sein, der ich früher gewesen bin. Alle Koordinaten haben sich verschoben. Ich muss wahrscheinlich noch lernen, mich zu orientieren.
Kannst du mir vielleicht sagen, was mit Evas Familie ist? Wissen ihre Eltern von mir? Erzählst du ihnen von meinen Briefen?
Du wolltest ja wissen, wann ich das letzte Mal wirklich glücklich gewesen bin. Puh, jetzt hast du mich echt nachdenklich gemacht. Eigentlich wollte ich nämlich schreiben, dass es der Moment war, in dem Paula mir gesagt hat, dass sie schwanger ist. Aber das stimmt nicht. Es klingt verrückt, aber es hat mich sogar traurig gemacht. Ist das nicht eigenartig? Meine Schwester erwartet ein Kind – das größte Glück auf Erden – und mich macht das traurig. Völlig verrückt.
Heute Morgen war ich aber ziemlich glücklich, weil ich zufällig entdeckt habe, dass meine Lieblingsserie wieder im Fernsehen läuft. The Wonder Years. Ich war als Kind unsterblich in Kevin Arnold verliebt und habe mir gewünscht, er wäre mein Nachbar. Ich hätte ihn meine Hausaufgaben abschreiben lassen und wäre den ganzen Nachmittag mit ihm Fahrrad gefahren. Lässt du das als einen äußerst glücklichen Moment gelten?
Zu deiner anderen Frage: Seine erste Band hieß Quarrymen.

*Es war übrigens das Herz eines Pavians. Leider ist das Baby zwanzig Tage nach der Operation verstorben, weil das Organ abgestoßen wurde. Hier hast du wieder zwei Fragen:*
*Welcher Prinz wird auf der Insel Tanna als Gottheit verehrt?*
*Wann hast du das letzte Mal so richtig gelacht?*
*Was machst du, wenn du nicht arbeiten musst?*
*Ich weiß, es sind drei Fragen, sorry.*

*Ich freue mich auf deine Antwort. Grüße an Yukon!*
*Von Herzen*
*Olivia*

*Übrigens habe ich im Juni wieder einen Termin im Transplantationscenter in Seattle. Ich bin dann drei Tage dort, aber am 28. Juni sollten alle Untersuchungen beendet sein. Vielleicht hast du ja Lust, dass wir uns an diesem Tag treffen? Ich würde mich sehr freuen, aber kann natürlich verstehen, wenn du das nicht möchtest.*

•

Auch in dieser Nacht träumte sie wieder so lebendig, als wären die Traumbilder echte Erinnerungen. Sie sah seine Silhouette scharf umrissen vor sich in einem hellen Nebel gehen. Neben ihm trabte ein Wolf und sie folgte den beiden am Ufer eines Gewässers entlang. Obwohl er bei jedem Schritt einsank, stapfte er entschlossen über die sumpfige Erde. Aus seiner Hosentasche baumelte das fransige Ende eines Stricks, in seiner Hand hielt er eine Axt, deren stählerne Schneide immer wieder aufblitzte, wenn er den Arm zurück schwingen ließ. Nachdem sie viele Schritte gegangen waren, blieb er plötzlich stehen und deutete zum Waldrand. Vier Rehe standen dort im Dunst und glotzten ihnen aus großen Augen entgegen. Er setzte seinen Weg fort, doch dieses Mal folgte sie ihm nicht, sondern blickte ihm nach, bis er vom Nebel verschluckt wurde. Sie wusste, dass er alleine den Weg nachhause finden würde. Als sie sich wieder zu den Rehen umwenden wollte, waren sie verschwunden.

Sie wachte auf, als sie die kalte Nässe spürte, die durch ihre Moccasins eindrang.

Benommen tapste sie ins Badezimmer und wusch ihr Gesicht. Minutenlang starrte sie ihr Spiegelbild an. Sie hatte wieder angefangen, heftiger zu träumen, seitdem er ihr schrieb. Nachdenklich presste sie eine weiße Paste auf ihre Hand und fing an, ihre Narbe damit einzucremen.

# Blackwater

Den Kopf abgewandt zog Nat den Nagel aus seinem Fleisch. Hellrotes Blut sickerte aus dem kleinen Loch, das nun in seiner Hand klaffte. Er musste sich zusammenreißen, um nicht loszubrüllen, als der Schmerz ihn wieder und wieder durchzuckte. Seine Lider flatterten und er hielt den Atem an.

»Bloß nicht durchdrehen«, ermahnte er sich, doch er spürte, wie Angst in ihm aufloderte. Wenn er jetzt umkippte, würde es ewig dauern, bis man ihn hier fand. Das Sägewerk lag schon seit Jahren brach. Wenn überhaupt, kamen Jugendliche hierher, um heimlich zu rauchen.

»Okay, okay. Reiß' dich zusammen, Mann!«

Er atmete tief durch, dann ließ er seinen Rucksack auf den Boden fallen und versuchte einhändig, die Wasserflasche hervorzukramen. Es dauerte eine Weile, bis er sie zu fassen bekam. Mit den Zähnen drehte er den Deckel auf. Inzwischen waren ihm vor Schmerz Tränen in die Augen gestiegen.

»Scheiße!«, fluchte er und kippte das lauwarme Wasser über seine Hand. Frisches Blut schwemmte über seine Haut, tropfte zu Boden und hinterließ dort eine wässrig-rote Lache. Yukon schnupperte daran, doch er verscheuchte den Hund. Mit zusammengekniffenen Augen ließ er sich auf den Boden sinken. Ihm war schwindelig.

Eigentlich hatte er nur Material für neue Kreuze besorgen wollen. Dort oben auf dem Felsen – bei Wind und Regen – verwitterte das Holz schnell. Nat hatte sich gerade zwei hübsche Bretter unter den Arm geklemmt und wollte den Verschlag verlassen, als er über eine Kabeltrommel gestolpert war und stürzte. Beim Versuch sich mit der Hand aufzufangen, war es passiert: der Nagel wurde tief in seinen Handteller gerammt.

Seine Hand brannte und er bewegte vorsichtig die Finger. Formte er eine Faust, schien die Wunde schmatzend auseinander zu klaffen. Er keuchte auf und versuchte sich daran zu erinnern, was man mit verletzten Gliedmaßen tun sollte. Kühlen, das war klar, aber natürlich hatte er jetzt keine Kühlkompresse zur Hand. So etwas besaß er nicht mal. Hochhalten, damit das Blut zurückfloss? Vorsichtig streckte er die Hand in die Höhe und stellte sich dabei vor, wie alle Keime nun langsam in Richtung Herz sickerten. Nat wartete darauf, dass ein kleiner Blutbach sein Handgelenk hinab floss, aber nichts geschah.

Zu seiner eigenen Verwunderung wanderten seine Gedanken zu dem Brief von Olivia, der auf dem Küchentisch lag. Ob er sie treffen wollte? Keinesfalls. Doch er wollte ihr schreiben, weil er dadurch das Gefühl hatte, tatsächlich ein Leben zu führen, dessen Tage nicht sang- und klanglos verpufften.

Auch wenn sie einander nicht kannten, war es schön, ihre Zeilen zu lesen und ihr Interesse zu spüren. Es war lange her, dass er sich auf persönlicher Ebene mit einem Menschen ausgetauscht hatte. Nat hatte sich angewöhnt, jeden abzuwimmeln, der ihm persönliche Fragen stellte. Selbst wenn seine Familie oder alte Freunde anriefen, mimte er den Unberührbaren. »Klar, mir geht es super. Ihr wisst doch, dass ich es im Exil ganz gut aushalte. Ich habe Frieden gefunden. Hier draußen bin ich echt glücklich.«

Er hatte es nicht verdient, einfach wieder in ein normales Leben zurückzukehren. Genauso wenig wie es Eva verdient hatte, zu sterben.

♦

*Liebe Olivia, tut mir leid, aber ich habe an diesem Tag schon etwas anderes vor,* schrieb er mit einem gewissen Unbehagen, als er tief in der Nacht im Motel saß. Vorhin hatte ein Typ aus Alaska ihm erst stundenlang das Ohr abgekaut, um sich daraufhin vor den Spielautomat zu setzen, der dann die ganze Zeit irgendwelche dudelnden Geräusche von sich gab, sodass Nat sich nicht auf den Brief konzentrieren konnte. Die Hand war entzündet und schmerzte, aber er konnte einen Stift halten und einigermaßen leserlich schreiben.

*Du musstest so lange auf eine Antwort warten, weil ich in der letzten Zeit ganz schön viel um die Ohren hatte.*
*Yukon hatte eine heftige Zahnentzündung. Der Doc hat ihm einen Reißzahn gezogen. Davon abgesehen, dass der alte Kerl immer noch sauer auf mich ist, geht es ihm jetzt aber wieder gut. Huskys sind nachtragend, aber ziemlich robust. Neben Yukon musste ich mich auch noch um den Verkauf einer Immobilie kümmern. Die Abwicklung war ein bisschen kompliziert, weil alles über Telefon und Internet laufen musste. Ich habe die Sache drei Jahre vor mir hergeschoben, aber der Deal ist jetzt in trockenen Tüchern und das fühlt sich irgendwie befreiend an.*
*Du hast nach der Familie von Eva gefragt. Ihre Eltern und ihr Bruder wissen, dass du mir geschrieben hast. Ich kann dir leider nicht mehr dazu sagen – wir haben keinen Kontakt.*
*Man weiß nicht, was der Tod ist, bis man dort gewesen ist, oder? Man weiß auch nicht, was es bedeutet, zu trauern oder zu lieben, nicht mal, was es bedeutet, Hunger zu haben. Man muss es erlebt haben. Alles andere sind nur vage Bilder.*
*Du hast geglaubt, du müsstest sterben. Diese Erfahrung hat dich bestimmt zu einem anderen Menschen gemacht und zeichnet dich aus. Ich denke, das ist normal. Sei nachsichtig mit deiner Familie. Vermutlich brauchen sie noch ein bisschen Zeit, um sich daran zu gewöhnen.*
*Ich glaube nicht, dass die Angst vor dem Tod irgendwann vergeht. Der Tod ist ein großes Mysterium und Menschen fürchten sich vor dem Ungewissen, Nebulösen. Aber damit müssen wir leben, oder nicht? Wir bewegen uns auf einem Kontinuum dem Tod entgegen. Jeden Tag sterben wir ein bisschen. Wir blenden das nur aus, damit wir das Ende nicht die ganze Zeit vor Augen haben und unser Leben genießen können. Jetzt bist du da! Jetzt lebst du! Das ist größer als die Angst und ich hoffe, dass du das fühlen kannst!*
*The Wonder Years kenne ich natürlich. Der Titelsong ist von Joe Cocker – übrigens einer meiner Lieblingskünstler.*
*Ich weiß nicht, wann ich das letzte Mal herzhaft gelacht habe. Ich glaube, das war vor dem Unfall. Wenn ich nicht arbeite, bin ich mit*

*Yukon unterwegs. Ich gehe manchmal mit einem Nachbarn angeln, höre Musik, surfe im Internet oder lese irgendein Buch, das ich im Motel finde. Wie du siehst ist nicht viel los bei mir.*
*Ich habe übrigens schon mal von diesem seltsamen Kult gelesen: Prince Philip ist die Lösung.*

*Und hier sind deine Fragen:*

*Wie heißt der Hund, der Grammophon hört, und der auf vielen Platten von His Master's Voice abgebildet ist? (Sechs Buchstaben)*
*Welchen Song singst du beim Karaoke am liebsten?*

*Grüße,*
*Nat*

◆

## Seattle

Die Umstände, die dazu geführt hatten, dass er zwei Wochen später in der kleinen Parkanlage des Krankenhauses saß, verwunderten ihn selbst. Auf seinen letzten Brief hatte Olivia noch nicht geantwortet. Je länger er darauf wartete, dass sie schrieb, desto mehr wünschte er, das Treffen nicht so plump abgesagt zu haben. Er hätte sich vielleicht diplomatischer ausdrücken sollen, um sie nicht zu verprellen. Nat wollte den Kontakt zu ihr aufrechterhalten, auch wenn er nicht genau wusste, warum ihm das so wichtig war.
Vielleicht lag es daran, dass Olivia etwas in ihm anrührte, das er schon lange nicht mehr gespürt hatte, ohne sagen zu können, was es war.
Aus diesem Grund saß er nun auf einer Parkbank, verspeiste schon das dritte Sandwich und wartete auf eine Frau, die aussah, als wäre sie herztransplantiert und würde Olivia heißen. Natürlich war es völlig bescheuert – woran sollte er sie erkennen? Sie würde wohl kaum vor der Bank stehenbleiben und anfangen, ihm die Titelmelodie von *The Wonder Years* vor zu summen.

Auch wenn er sie heute nicht treffen würde, gefiel ihm der Gedanke, dass sie mit dem Herz in der Nähe war.

Es waren ziemlich gute Sandwiches, die er sich bei dem Imbisswagen besorgt hatte, der vor dem Krankenhaus stand. Die Salatblätter waren immer noch einigermaßen grün und hatten nur stellenweise eine bräunliche Farbe angenommen.

Heute Morgen war er schon früh aufgestanden und hatte sich viel Mühe gegeben, damit man ihm die Wildnis nicht auf den ersten Blick ansah. Er trug schwarze Jeans, ein kariertes Hemd über einem blütenweißen Shirt und hatte sich die Haare frisiert. In den letzten drei Jahren war er stark gealtert, aber er hatte das Lächeln noch drauf: Er konnte es anknipsen wie eine Lampe.

Menschen huschten an ihm vorbei. Manche trugen weiße Kittel, manche wurden in Rollstühlen durch den Park geschoben. Er saß schon bestimmt zwei Stunden dort und musterte verstohlen die Frauen, die an ihm vorbei gingen. Worauf wartete er eigentlich?

»Ist hier noch frei?«

Als er aufsah, blickte er in ein lächelndes Frauengesicht. Sie hatte ein ulkige Zahnlücke zwischen den Schneidezähnen, zarte Sommersprossen und dunkle Augen, die sie zusammenkneifen musste, weil die Sonne ihr ins Gesicht schien. Das Haar lockte sich sanft über ihre Schultern. Sie trug helle Jeans und ein Bandshirt von *Fleetwood Mac*, das sie vielleicht schon sehr lang besaß und oft getragen hatte.

»Äh, ja«, antwortete er mit rauer Stimme und rutschte an den äußersten Rand der Bank, um ihr Platz zu machen. Auch sie hatte sich ein Sandwich besorgt, das sie aus dem Papier wickelte und in das sie nun herzhaft hineinbiss. Nat warf ihr einen verstohlenen Blick zu. War sie Patientin, Besucherin oder vielleicht sogar Ärztin? Vielleicht arbeitete sie in einem dieser Wolkenkratzer und machte gerade Mittagspause. Er verscheuchte die Gedanken und konzentrierte sich stattdessen wieder auf die vorbeieilenden Passanten. Er fing an, sich irgendwelche Diagnosen auszudenken. Herz, Kunstherz, Transplantat, kein Herz.

»Hast du vielleicht einen Stift?«

»Kannst du behalten!«, er pflückte den Kugelschreiber von seiner Hemdtasche und reichte ihn ihr.

»Oh, vielen Dank an...äh...*Blackwater's Finest Motel*«, las sie vor, dann zerrte sie eine Zeitung aus ihrer Tasche, die sie kurz darauf geräuschvoll auf ihrem Schoß ausbreitete. Nach einer Weile räusperte sie sich und straffte ihre Schultern. »Ähm, kannst du mir vielleicht weiterhelfen?«

»Wobei denn?«, hörte er sich mit einer merkwürdig verzerrten Stimme fragen, die nicht ihm zu gehören schien, und stellte obendrein fest, dass sein rechtes Augenlid unkontrolliert zuckte. Ihr Lächeln wurde breiter. Sie spielte mit dem roten Kugelschreiber in ihrer Hand und neigte den Kopf leicht zur Seite, dann deutete sie auf die Zeitung auf ihrem Schoß. Es war ein Kreuzworträtsel und ihm stockte der Atem.

»Weißt du vielleicht, wie dieser Hund mit dem Grammophon heißt, der auf ganz vielen Platten abgebildet ist? Es sind, ähm, sechs Buchstaben, glaube ich.«

Er konnte nicht sprechen. Er konnte nicht mal denken. Er konnte sie nur verständnislos anglotzen, während ihm das Herz bis zum Hals schlug.

»Yukon?«, sie linste hinab zu dem Hund hinab, der unter der Bank lag und leise schnarchte. Alles, was Nat fertig brachte, war ein mechanisches Kopfschütteln. Pures Adrenalin rauschte durch seinen Körper und benebelte ihn. Das Herz. Es war nur eine Armlänge von ihm entfernt.

»Stimmt, das sind ja auch fünf Buchstaben«, sie atmete tief durch und kniff für einen Moment die Lippen zusammen, als müsse sie sich sammeln. »Weißt du denn nicht, wer ich bin?«

Wie vom Blitz gerührt saß er da und griff erst Sekunden später nach der Hand, die sie ihm entgegen streckte.

»Ich bin Olivia«, sagte sie. »Hallo Nathaniel.«

Sie sah anders aus, als er es sich ausgemalt hatte. Jünger, gesünder, schöner und vor allem exotischer. Er starrte erst ihre Hand an, dann blickte er wieder in ihr Gesicht.

»Oh...äh...hallo Olivia. Wie kann das sein? Wie hast du mich erkannt?«

»Ich wusste es einfach«, sie blinzelte ihn an.

»Was? Das ist unfassbar«, er rieb sich den Nacken. »Ich hätte nicht gedacht, dass ich dich heute sehen würde. Ich war nur in der Gegend. Zufällig, also, ich war zufällig hier. Das ist...ich weiß nicht, was ich sagen soll?«

Zu seiner Erleichterung funkelte Olivia ihn aus großen Augen an und schien sich überhaupt keine Gedanken darüber zu machen, ob es eigenartig oder gar furchterregend war, dass ein wildfremder Mann vor dem Krankenhaus saß, um auf sie zu warten.

»Was für ein Zufall. Es ist so schön, dich persönlich kennenzulernen. Ich freue mich wirklich sehr darüber.«

Das Lächeln breitete sich über ihrem ganzen Gesicht aus, ließ es strahlen und verwandelte sie in eine Lichtgestalt.

»Ich mich auch«, erwiderte er hölzern und deutete auf das Krankenhaus, das vor ihnen in den Himmel ragte. »Du hast die ganzen Untersuchungen jetzt hinter dir, oder? Was sagen die da drin?«

»Keine Auffälligkeiten, keine Abstoßungsreaktion. Das Herz schlägt wie es schlagen soll. Es könnte eigentlich nicht besser sein. Wirklich. Alle Werte sind im Normalbereich.«

Es wäre gelogen, zu behaupten, die Sonne hätte ihn geblendet. Nat stand völlig neben sich. Das war also die Frau, in deren Brust das Herz von Eva schlug. Sie war hinreißend. Sie war einer dieser Menschen, die allein durch ihre Anwesenheit alles um sich herum strahlen ließen. Er schluckte und fuhr sich mit beiden Händen durchs Haar.

»Yeah, cool. Es freut mich, dass es dir mit dem Herz so gut geht. Eva hat immer auf ihre Gesundheit geachtet. Eva hat immer sehr bewusst gelebt. Das war ihr wichtig. Gesundheit.«

»Es ist ein kräftiges Herz.«

»Es reicht für zwei Leben. Eva hätte gewollt, dass du es bekommst. Sie hätte sich gewünscht, dass du...«, er verstummte.

»Naja, sie hätte lieber weiterleben wollen.«

»Aber das ging leider nicht. Ihr Herz ist bei dir ganz gut aufgehoben, denke ich.«

Sonnenstrahlen hatten sich in ihrem Haar verfangen. Sein Blick wanderte zu ihren dunklen Augen, über ihre Nase mit den Sommersprossen, ihre Lippen und ihren Hals weiter hinab. Nat konnte nichts dagegen tun. Es passierte einfach. Als er bemerkte, dass er ihr unverhohlen auf die Brust starrte, senkte er den Kopf und fummelte am Karabiner der Leine herum. Olivia legte ihr Sandwich beiseite, dann rutschte sie näher an ihn heran.

»Machst du mal die Augen zu?«

»Was?«

»Nur für einen Moment.«

»Aber...«

»Es passiert nichts Schlimmes.«

Nach einem letzten prüfenden Blick, presste Nat die Augen zusammen. Am Wackeln der Bank merkte er, dass sie noch näher an ihn heran rutschte. Sofort stieg ihm ihr Duft in die Nase. Sie roch süßlich und auch ein wenig nach dem Sandwich, das sie gegessen hatte. Plötzlich berührte ihn eine kühle Hand. In diesem Moment verstummte der Straßenlärm, das Vogelgezwitscher, das Stimmengewirr. Es wurde so still, als hätte jemand eine Glocke über sie gestülpt.

»Entschuldige«, sagte sie, als sie seine Hand auf ihren warmen Brustkorb legte. »Ich bin ein bisschen aufgeregt.«

Er spürte, wie sie atmete, und er spürte den weichen Baumwollstoff ihres Shirts. Dann nahm er es wahr: *Bubumm Bubumm*. Er spürte, dass sie lebte. Er spürte, wie ihr Herz schlug. Gleichmäßig und kräftig. Es dauerte nicht lange und Nat versank in dem Rhythmus. Irgendwann hatte er das Gefühl, ihn in seinem eigenen Körper wahrzunehmen. Dumpf und beruhigend. Wie hatte sich das Herz angefühlt, als es noch in Evas Brust geschlagen hatte? Es hatte ihn nicht sonderlich interessiert.

Olivia hatte ihre Hand auf seine gelegt und drückte sie fest an ihren Brustkorb. Alles war warm und lebendig, doch seine Gedanken wurden finster. Nat spürte, wie sich seine Kehle langsam zuschnürte. Er sah Eva, sah das Wrack, das erste Ultraschallbild, die anklagenden Gesichter ihrer Eltern und William, der mit geballten Fäusten vor seiner Tür stand, um die ganzen Fotoalben abzuholen. Bilder wirbelten durch seinen Kopf.

Er erinnerte sich daran, wie er mit fremden Frauen kokettierte, wie er genervt das Telefon ausgeschaltet oder Eva angeschrien hatte, weil er nur sein eigenes Herz im Kopf hatte - im Kopf - genau dort, wo es nicht hingehörte. Und dann sah Nat sich selbst, wie er auf der Trauerfeier vor den aufgebahrten Särgen stand und die Schuld auf seinen Schultern kaum ertragen konnte, wie er paralysiert im Bett gelegen war, unfähig sich zu bewegen, wie er schon morgens gesoffen und eine Kippe nach der anderen geraucht hatte. Wie er durch die Pubs der Stadt gezogen war und wie nichts die Leere hatte füllen können. Seine Kollegen, die sagten, dass es so nicht weitergehen könnte. Auszeit. Abbruch. Was war nur aus seinem Leben geworden?

Er kämpfte mit den Tränen und biss sich heftig auf die Innenseite seiner Wange, um sich zur Raison zu rufen. Umständlich wischte er sich mit dem Ärmel seines Hemdes über die Wangen. Dieses schwarze Loch, das in seinem Leben klaffte, war so groß, dass er nicht wusste, wie er sich seinem Sog entziehen sollte. Eva tauchte vor seinem inneren Auge auf, während ihr Herz in seiner Hand schlug. Ein sanfter Wind strich durch sein Haar. *Ich bin hier.* So schnell die Gedanken gekommen waren, verschwanden sie wieder. Eva war nicht da. Niemand war da. Nur er und diese Frau, die nun seine Hand losließ. Nat öffnete die Augen und atmete tief durch.

»Jetzt hast du ihr Herz gespürt«, flüsterte sie mit bebender Stimme. Sie rückte von ihm ab und ihm fiel auf, dass ihre Augen feucht glänzten. Am Anfang hatte er noch geglaubt, sie sei vollkommen souverän, doch jetzt war ihr deutlich anzumerken, wie aufgewühlt sie war.

»Nach so vielen Jahren«, er schluckte und zupfte an dem Verband, mit dem er seine verletzte Hand bandagiert hatte.

»Hast du es wiedererkannt?«

Überrascht blickte er auf. Für ein paar Sekunden herrschte Stille. Hatte er das Herz erkannt? Obwohl Nat darauf keine Antwort wusste, nickte er langsam.

»Hast du noch ein bisschen Zeit?«, hörte er sich fragen.

# Seattle

Heute war einer der schönsten Tage ihres Lebens und das flatternde Gefühl in ihrem Bauch wollte einfach nicht verebben. Sie hatte Herzklopfen. Auch wenn Nat zurückhalten und verschlossen war, hatte sie sofort eine tiefe Verbundenheit gespürt. Vielleicht sogar eine gewisse Vertrautheit. Er war ganz anders, als sie ihn sich vorgestellt hatte. Jünger, trauriger und attraktiver. Zu gerne hätte Olivia gewusst, was ihn dazu bewegt hatte, heute doch noch vor dem Krankenhaus aufzutauchen. Wie hatte er sie nur erkennen wollen? Oder hatte er darauf vertraut, dass sie ihn finden würde?

Yukon hatte ihr dabei geholfen – und jede Menge Mut, den sie sich zugeflüstert hatte, als sie erst zum Imbisswagen und dann mit rasendem Puls zu seiner Bank gegangen war.

Sie besorgten sich zwei Becher eines wässrigen Kaffees und machten sich auf den Weg. Vom Krankenhaus war es nicht weit bis zur Hafenpromenade. Sie ließen die Wolkenkratzer hinter sich und spazierten durch überfüllte Straßen, an Autokarawanen und Menschen vorbei, bis sie schließlich das Meer glitzern sehen konnten. Es war gut, dass sie sich nicht gegenübersaßen. Die Bewegung kanalisierte ihre Nervosität und sie waren nicht gezwungen, sich die ganze Zeit ins Gesicht zu sehen – der Blick konnte sich immer wieder in der Ferne verlieren, konnte kurz aus der Begegnung flüchten.

Olivia fühlte sich unsicher. Am Anfang plapperte sie irgendwelchen Unsinn und fragte sich die ganze Zeit, ob sie sich gerade völlig unangemessen verhielt, aber sie wollte ihn nicht mit ihren Fragen überfallen. So erzählte sie von dem typisch-sterilen Geruch in Krankenhäusern und von dem kalten Gel, das der Arzt vor dem Ultraschall auf ihre Haut geschmiert hatte. Sie erzählte vom dicken Bauch ihrer Schwester und von skurrilen Todesanzeigen. Auch wenn Nat sich langweilte, so ließ er es sich nicht anmerken. Er war aufmerksam, aber ruhig und verhalten.

»Und du so?«, fragte Olivia irgendwann und blieb stehen, um kurz zu verschnaufen.

»Und ich so?«

»Erzählst du mir auch etwas von dir?«

»Was denn?«

»Wie bist du auf seinen Namen gekommen?«, sie deutete auf den Husky mit den blauen Augen, der gemächlich zwischen ihnen trabte.

»Ich habe ihn von einem Musher, der mit ihm den *Yukon Quest* gefahren ist. Über tausend Meilen durch die Eiswüste Alaskas. Deswegen heißt er Yukon.«

»Wow, dann ist Yukon ein richtiger Schlittenhund?«

»War er mal. Jetzt ist er alt und muss seine letzten Tage mit mir verbringen.«

»Ach, es gibt bestimmt Schlimmeres«, sie lächelte ihn aufmunternd an, doch seine Miene blieb ernst. Er brummte etwas, das sie nicht verstehen konnte.

»Was war das eigentlich für eine Immobilie, die du verkauft hast?«, bemühte sie sich, das Gespräch in Gang zu halten.

»Unser Haus.«

»Das Haus, in dem du mit Eva gelebt hast?«

»Genau.«

»Dann hast du also die ganze Zeit damit gewartet, das Haus zu verkaufen«, sie nickte langsam. «Dein Herz muss sehr daran gehangen haben, oder?«

»Ne, mein Herz hängt eigentlich an...«, sein Blick verfinsterte sich. «Es gibt nicht mehr viele Dinge, die mir wichtig sind. Das Haus war nur ein Symbol.«

Olivia wusste nicht, was sie darauf erwidern sollte. In seiner Gegenwart fühlte sich jeder Schritt an wie ein Wagnis – als ginge sie auf dünnem Eis, das jeden Moment unter ihr einbrechen konnte. Obwohl Nat aufrecht neben ihr ging, wirkte er gebrochen. Seine Miene war ernst und verbissen. Wenn er lachte, dann schaffte es das Lachen kaum, seine

Augen zu erreichen. Es kam ihr vor, als würde er gerade noch so funktionieren, gerade noch so existieren - als hätte er vergessen, dass er noch am Leben war und dass in seiner Brust ein Herz schlug. Olivia hatte nicht damit gerechnet, dass die Begegnung mit diesem Menschen sie so berühren würde. Seine Melancholie faszinierte sie und hinterließ den Wunsch, ihn besser kennenzulernen. Vielleicht, weil sie inzwischen gelernt hatte, was Melancholie bedeutete.

»Hast du in Blackwater eigentlich eine Wohnung?«

»Nein, ich habe eine Hütte. Es war das Wochenendhaus meines Cousins. Küche, Wohnzimmer, Schlafzimmer. Das war's, aber für mich reicht es.«

»Wichtig ist ja nur, dass es ein Zuhause ist. Fühlst du dich dort wohl?«

Er hob die Schultern und schien nicht so recht zu wissen, was er auf die Frage erwidern sollte, dann nickte er kaum merklich.

»Ich habe meine Ruhe und die Gegend ist schön. Ich bin oft in den Wäldern.«

»Oh, dann wanderst du gerne? Früher war ich auch jedes Wochenende auf irgendwelchen Trails unterwegs. Wir sind von Hütte zu Hütte gewandert, haben unter freiem Himmel geschlafen und am Lagerfeuer unsere Dosenravioli gegessen. Das war so -«

»Dosenravioli am Lagerfeuer? Wie romantisch.«

»Ja, ob du es glaubst oder nicht«, sie lachte. »Da draußen waren sogar Dosenravioli romantisch.«

»Gehst du jetzt nicht mehr wandern?«

»Naja, nach der Operation war ich viel zu geschwächt. Meine Kondition war völlig im Eimer und ich musste höllisch aufpassen«, sie deutete auf ihr Herz. »Jetzt fühle ich mich zwar wieder fit, aber irgendwie haben wir einfach damit aufgehört.«

Sie dachte an ihre Wanderschuhe, die in der Kammer neben der Treppe standen und daran erinnerten, was früher ihr Leben ausgemacht hatte. Das Leder war inzwischen porös geworden und wurde von einer dicken Staubschicht bedeckt.

»Bist du mit deinem Mann wandern gegangen?«

»Manchmal waren wir zusammen unterwegs«, sie warf ihm einen kurzen Blick zu. «Aber es ist schön, alleine in der Natur zu sein. Ich hatte immer das Gefühl, dort draußen ganz ich selbst sein zu können.«

Eine Weile erzählte sie ihm von ihren Wanderungen. Früher hatte sie viele Meilen zurückgelegt, viel erlebt, viel gesehen. Ihre Wangen glühten, als sie davon berichtete. Sie hatte Wälder durchstreift, Berge bestiegen, wilde Tiere beobachtet und im Dickicht ihr Lager aufgeschlagen. Wenn sie heute davon erzählte, klangen die Geschichten fremd. Als wäre nicht sie es gewesen, sondern ein anderer Mensch.

»Das klingt ja so, als wärst du eine echte Bergsteigerin.«

»Früher. Jetzt träume ich nur noch davon.«

»Dürftest du denn theoretisch, also herztechnisch, wieder wandern gehen oder ist das zu anstrengend?«

»Ich weiß nicht«, Olivia versuchte sich daran zu erinnern, ob sie jemals mit ihrem Arzt darüber gesprochen hatte, doch sie konnte sich nicht entsinnen. »Ich denke, wenn ich meine Medikamente mitnehme, nicht so schwer trage und nicht alleine unterwegs bin, sollte das eigentlich kein Problem sein.«

»Perfekt. Worauf wartest du dann noch?«, er schmiss seinen Pappbecher in hohem Bogen in den nächsten Mülleimer. »Auch wenn es riskant ist – du solltest es trotzdem tun, finde ich. Du lebst schließlich nur einmal!«

Olivia fragte sich, ob ihm bewusst war, wie paradox sich diese Worte aus seinem Mund anhörten. Immerhin war er derjenige, der sich zum Trauern in die Wälder zurückgezogen hatte. Die Gründe dafür waren zwar nachvollziehbar, aber sie rechtfertigten nicht, dass er auch Jahre später noch mit dieser deprimierenden Gleichgültigkeit lebte.

»Du hast Recht. Man lebt nur einmal«, stimmte sie ihm zu, dann versuchte sie, ihren Kaffeebecher ebenfalls in die Mülltonne zu werfen. Olivia blieb stehen, visierte die Tonne an und holte aus. Der Becher prallte mit einem leisen Plopp an einem Laternenpfahl ab. Während Olivia mit hochrotem Kopf erst den Kaffeebecher, dann den Deckel vom Boden aufsammelte und in den Müll warf, stand Nat mit verschränkten Armen da und beobachtete sie schmunzelnd. Er lachte zwar nicht, aber er war kurz davor.

»Entschuldige. Wo waren wir?«, stammelte sie verlegen und wischte sich mit dem Handrücken Schweiß von der Stirn. »Ach, wusstest du, dass man für den Appalachian Trail fünf Monate braucht, wenn man ihn komplett durchwandern will? Aber das schaffen nur zwanzig Prozent aller Wanderer. Das ist dann eher eine mentale Sache und –«

»Versuchst du gerade abzulenken?«

Er zog Yukon beiseite, der mit seiner Schnauze gefährlich nahe an das Schokoladeneis eines Kindes gekommen war, das an der Hand seiner Mutter an ihnen vorbeigehüpft war.

»Ich gebe dir einfach nur Tipps, falls du auch mal vorhast, wandern zu gehen.«

»Das ist ausgesprochen freundlich von dir«, er grinste, doch er blickte sie nicht an, sondern fixierte seine Schuhspitzen.

Eine Weile spazierten sie schweigend nebeneinander her. Auf dem Fährhafen war einiges los. Menschen tummelten sich auf dem Pier, Autos tuckerten in Richtung der Anlegestelle, Möwen kreisten über ihren Köpfen und irgendwo dudelte Musik aus einem scheppernden Lautsprecher

Olivia berührte den Kopf des Hundes, der gemächlich zwischen ihnen ging. Kurz blickte er auf und blinzelte sie an. Es war ein anmutiges Tier mit Augen so blau wie das Eismeer. Yukon hatte dichtes Fell, das in der Sonne glänzte und ihn irgendwie aufgeplustert aussehen ließ. Vielleicht war er der einzige Freund, den sich Nat gestattete.

»Ich denke, dass ich jetzt nachhause fahre. Muss später wieder ins Motel und ein paar Schlüssel verteilen«, verkündete er und nickte in eine unbestimmte Richtung.

»Und ich freue mich auf mein Bett. Heute war wirklich ein verdammt aufregender Tag. Mein armes Herz.«

Obwohl es ihr gut ging, war jede Kontrolle mit Angst verbunden. Sie fürchtete nichts mehr, als ihr Herz zu verlieren. Erst letztes Jahr hatte es eine schwache Abstoßungsreaktion gezeigt. Eine Erinnerung daran, dass das Herz nicht für immer in ihrer Brust schlagen würde. Daraufhin wurde die Immunsuppression hochgefahren und die ärztlichen Kontrollen erfolgten engmaschiger – sie hatten das

Herz zum Glück wieder in den Griff bekommen, dieses fragile Gewächs, von dem ihr Leben abhing.

»Du musst den Schock erst noch verdauen, was?«

»Welchen Schock?«, sie blieb stehen und beäugte ihn. Ein leichter Schweißfilm bedeckte seine Stirn. Das Haar wurde vom Wind verwirbelt und er versuchte vergebens, es mit einer Hand zu ordnen.

»Plötzlich sitzt dieser seltsame Typ vor dem Krankenhaus, den du eigentlich überhaupt nicht kennst und mit dem du dann auch noch spazieren gehen musst.«

Es war unmöglich zu sagen, ob er das ernst meinte oder nur scherzte. Olivia glaubte, dass seine Mundwinkel zuckten, aber sie war sich nicht sicher.

»Du hast keine Ahnung, wie sehr ich mich darüber freue, dich persönlich kennengelernt zu haben. Es ist toll, dass du heute hierher gekommen bist«, sagte sie und schob mit einem Zwinkern hinterher: »Zufällig.«

Nat schenkte ihr ein Lächeln, das ihr Herz höher schlagen ließ, weil es von innen heraus strahlte und sein ganzes Gesicht aufleuchten ließ. Es war das erste Mal, dass sie das Gefühl hatte, dass er gedanklich nicht ganz woanders war.

»Es zu fühlen«, er tippte auf seine Brust. »Ihr Herz, nein, dein Herz. Das werde ich nie vergessen.«

Bei seinen Worten erschauderte Olivia, denn sie klangen traurig und endgültig. So wie alles für Nat traurig und endgültig zu sein schien. Sie hatte das Verlangen, ihn aufzumuntern, doch sie hatte nur Worte und Worte waren wie das gutgemeinte Schultertätscheln - unbedeutend.

•

Beim Krankenhaus, auf dessen Parkplatz der Lack unzähliger Autos in der Sonne glänzte, blieb Nat vor einem ziemlich zerbeulten Chevy Van stehen und klopfte auf die Motorhaube.

»Äh, da wären wir. Das ist mein Auto«, erklärte er und zog wie zum Beweis den Schlüssel aus der Hosentasche.

Olivia wusste, dass sie sich jetzt voneinander verabschieden würden, doch sie wusste nicht, wie sie sich verhalten sollte. War mit diesem Treffen der Zweck ihrer Bekanntschaft erfüllt? Einmal von Angesicht zu Angesicht und das war's?

Vorhin, als seine Hand über ihrem Herzen gelegen hatte, war es ihr vorgekommen, als wäre da eine Energie gewesen, die aus seinem Körper in ihren geströmt war - sogar ihre Narbe hatte angefangen zu glühen - und Olivia fragte sich, ob womöglich auch auf ihn ein Funke übergesprungen war.

»Ich bin froh, dass du das Herz bekommen hast. Pass gut darauf auf«, er lächelte sie verhuscht an. »Und geh irgendwann damit wandern. Dieses Herz muss unbedingt in die Wildnis, okay?«

»Versprochen!«, sie zögerte, doch dann fragte sie: »Soll ich dir noch schreiben?«

»Musst du nicht. Ich kann verstehen, wenn du dafür keine Zeit hast. Du hast deinen Job, deinen Mann und -«

»Ach, ich erfinde doch nur Kreuzworträtsel. Ich würde dir gerne schreiben, wenn es dich nicht stört.«

»Mich stören? Wobei denn? Ich wache doch nur über ein verwahrlostes Motel. Aber könnten wir uns vielleicht Mails schreiben oder Nummern austauschen? Das wäre einfacher und ich müsste nicht ständig zum Post Office fahren.«

Nachdem Olivia ihre Nummer in sein Telefon getippt hatte, standen sie wieder unschlüssig voreinander und fanden keine Worte, um sich zu verabschieden. Olivia nahm all ihren Mut zusammen.

»Möchtest du nochmal?«, sie deutete auf ihr Herz. Seine Augen weiteten sich, dann wurde er knallrot.

»Es ist jetzt dein Herz.«

»Stimmt«, schmunzelte sie. »Ich will es dir auch nicht schenken, nur zeigen. Wahrscheinlich ist das ein bisschen so wie bei schwangeren Frauen. Es ist ganz normal, dass man die Hand auf den Bauch legen möchte«, versuchte sie die Intimität dieser Berührung runterzuspielen. »Machst du wieder die Augen zu?«

Er atmete tief durch, dann schloss er die Augen. Sonnenstrahlen tanzten über sein Gesicht, ließen seine Haut honigfarben schimmern. Olivia nickte, als würde sie sich dadurch Mut zusprechen wollen, dann trat sie an ihn heran. Nat war ihr so nah, dass sie dunkle Bartstoppeln an seinem

Kinn erkannte, Falten auf seiner Stirn und um seine Augen herum. Vorsichtig griff sie nach seiner Hand und legte sie über ihr Herz. Ein paar Sekunden drückte sie die Hand an sich, dann ließ sie los und blickte an sich hinab, als wollte sie überprüfen, ob die Haftung ausreichte. Seine Hand wurde federleicht, seine Lippen bebten vor Anspannung und er presste die Kiefer so fest aufeinander, dass sie die Muskeln hervortreten sehen konnte. Olivia wendete den Blick ab, weil es ihr falsch erschien, ihn so unverhohlen anzusehen, während er von Erinnerungen eingeholt wurde.

Nat lehnte mit geschlossenen Augen an seinem Wagen, Yukon hatte sich auf dem warmen Asphalt zusammengerollt und Olivia blickte zwischen den Autos hindurch auf die Straße. Die Menschen hatten angestrengte und müde Gesichter, stumpfe Augen und ein Ziel im Kopf, das sie mechanisch verfolgten. Zuhause ankommen. Feierabend. Alles ging seinen gewohnten Gang, blieb unbeeindruckt und gleichförmig. Ihr Herz beruhigte sich allmählich. Nun klopfte es ganz friedlich in ihrer Brust. Auch Nat war andächtig geworden. Seine Gesichtszüge hatten sich entspannt, doch die feuchte Hitze seiner Hand brannte sich durch den Baumwollstoff ihres Shirts.

•

Sie lebten schon einige Jahre in der *Orchard Road*. Jacob hatte das Haus von seinen Großeltern übernommen und jede Menge Arbeit reingesteckt. Nun gab es einen Wintergarten, in dem sie jeden Morgen mit einer Tasse Tee saß und ihren Gedanken nachhing, und eine Veranda, auf der man an lauen Sommerabenden auf der Hollywoodschaukel lümmeln und den Longboard-Fahrern zusehen konnte, die in endlosen Karawanen den Berg heruntergeschossen kamen.

Hinter ihrem Haus erstreckte sich ein Garten, dessen Gräser so hoch standen, dass sie sich im Wind wiegten. Die Pfade, die sie sich gebahnt hatten, konnte man deutlich erkennen. Ging man ein Stück, bis man inmitten des Gartens den Schwarznussbaum erreicht hatte, sah man schon das Glitzern des Flusses. Er brachte Wasser aus den Bergen und ließ um sich herum die Natur gedeihen, bis er schließlich in den Pazifik mündete. An seinen Ufern wuchsen üppige

Gräser, Sträucher und Bäume - viele Bäume - Ahorne, Fichten, Zedern, Kiefern, Espen.

Hinter ihrem Haus plätscherte Wasser und davor, nur durch eine Straße getrennt, erhob sich der Wald mit dunklen Nadelbäumen. Die Grenze zur Wildnis. Hier konnte man verloren gehen, sagten die Menschen. Das war gleichermaßen Drohung und Versprechen.

Olivia liebte den Wald, der sich wie eine Decke über das Land gelegt hatte und bis zu den schneebedeckten Gebirgsketten der Kaskaden reichte. Er war nicht immer finster, nicht immer bedrohlich. Die Augen, die man in der Dämmerung zwischen den Baumstämmen aufglimmen sah, waren Glühwürmchen und das Geraschel stammte von den Rehen, die sich durch das Dickicht bewegten. Manchmal hörte man das Hämmern des Spechts und manchmal konnte man Nebelschwaden vom Boden aufsteigen sehen, die dann als flauschige Wolken in den Wipfeln hingen. Manchmal war der Wald nicht schwarz, sondern trug alle Nuancen von Grün und wenn die Tage kürzer wurden, schien ein großer Geist den Pinsel geschwungen zu haben, denn dann leuchtete der Wald in allen erdenklichen Farbtönen.

Olivia mochte das Gefühl des weichen Bodens unter ihren Füßen, den Geruch der Pilze, Rinden und der feuchten Moose. Und sie mochte den Gedanken, dass dieses Stück Erde noch nicht vom Menschen erobert worden war. Sie hätte nicht sagen können, wie viele Meilen sie schon gewandert war und wie viele Wälder sie schon durchstreift hatte - vor der Herztransplantation. Vielleicht würde sie irgendwann tatsächlich wieder aufbrechen. Je länger sie darüber nachdachte, desto konkreter wurde diese Idee. Nat hatte sie daran erinnert.

♦

Wieder zuhause angekommen, las sie sich nochmal seine Briefe durch. Nachdem sie die Traurigkeit nicht nur zwischen den Zeilen herausgelesen, sondern auch in seinen Augen gesehen hatte, wäre sie am liebsten auf der Stelle nach Blackwater gefahren, um ihn zu besuchen. Olivia verspürte den Drang, ihm wieder auf die Beine zu helfen. Vielleicht war es anmaßend. Schließlich konnte man einem anderen

Menschen das Glück nicht einfach überstülpen, aber man konnte einen anderen Menschen trösten.

Mittlerweile hatte Olivia immerhin gelernt, womit sie sich selbst beruhigen konnte. Aus diesem Grund stand sie am nächsten Morgen auch im Wintergarten, blickte in die Krone des Schwarznussbaumes und sog den Duft des qualmenden Süßgrases tief in sich auf, während die Sonne verschlafen durch das Geäst blinzelte.

Es gab vier Heilpflanzen, die von den alten Völkern genutzt wurden: Tabak, Salbei, Süßgras und Zeder. Einige Wochen nach der Operation war Linda mit ihr zu einer Inuit gefahren, die einige Meilen entfernt in einer ärmlichen Siedlung lebte. Linda kannte die Frau aus der Zeitung, denn dort wurden regelmäßig ihre Anzeigen veröffentlicht: *Heilung, Reinigung, Verbindung. Jetzt Termin vereinbaren.*

In der Werbeanzeige wurden abenteuerliche Dinge versprochen, über die Olivia sich noch lustig gemacht hatte, als sie neben Linda im Auto saß.

Doch dann stand sie barfuß in einem lichtdurchfluteten Zimmer. Der Wind, der durch die geöffneten Fenster wehte, bauschte die Vorhänge auf. Sphärische Klänge tropften aus den Lautsprechern und lullten sie ein, während sie eine grauhaarige Frau beobachtete, die Sand in eine schillernde Muschel streute und dann ein getrocknetes Bündel Salbei darauf legte. Ein Streichholz wurde entfacht und sofort fing der Salbei an, zu qualmen und seinen würzigen Duft zu verströmen. Leise Worte perlten über faltige Lippen, dann hob die Frau den Kopf und trat vor Olivia. Mit einer Feder fächerte sie den Rauch in ihre Richtung, schritt langsam um sie herum, bis sie schließlich wieder vor ihr stand.

»Dein Geist ist verwirrt«, erklärte sie. »Dein Herz muss Wurzeln schlagen.«

Sie schluckte und warf Linda einen kurzen Blick zu, doch diese schüttelte kaum merklich den Kopf. Die alte Frau konnte nichts von dem neuen Herzen wissen und wusste es trotzdem. Das Ritual dauerte eine halbe Stunde, die sich in Olivias Erinnerung zu einer Ewigkeit ausgedehnt hatte. Ihr neues Herz musste Wurzeln schlagen, musste ihr vertraut werden. Zum Abschied schenkte die Frau ihnen Abalonen - riesige Muscheln mit schillerndem Perlmutt, in denen man das Räucherwerk verbrennen konnte. Olivia war fasziniert und seltsam ergriffen von dieser Begegnung. Auf der Rückfahrt nach Marblemount schwiegen sie und hingen ihren Gedanken nach. Immer wieder kroch der Duft des Salbeis in ihre Nase und Olivia glaubte zu spüren, dass ihr Herz nun tatsächlich etwas fester in ihrer Brust saß.

Danach hatte Olivia die Frau nochmal besuchen wollen, aber die Telefonnummer existierte nicht mehr und auf dem Klingelschild stand ein anderer Name. Offensichtlich war sie fortgegangen. Wohin auch immer.

Seitdem war Olivia auf der Suche – nicht nach der Frau, aber nach ihren Wurzeln. Jacob hatte sich schlapp gelacht, als er Olivia das erste Mal im Wintergarten mit einem qualmenden Bündel Salbei hatte stehen sehen. Während er seinen Kaffee trank und dem scheppernden Radio lauschte, zog sie sich zurück und tat Dinge, die er merkwürdig und belustigend fand.

•

Fast eine ganze Woche war vergangen, ehe Nat sich bei ihr meldete. Es war tief in der Nacht und Olivia hatte längst geschlafen, als ein leises Piepsen sie weckte. Seit der Zeit im Krankenhaus – mit all den Gerätschaften, die sie überwachten und am Leben hielten – hatte sie einen sehr leichten Schlaf. Schon beim leisesten Geräusch schreckte sie auf. Benommen tastete sie nach dem Telefon, das auf dem Nachttisch lag. Es dauerte eine Weile, bis sich ihre Augen an das grelle Licht gewöhnt hatten. *Nipper,* stand dort. Olivia blinzelte. Sie begriff nur langsam, von wem diese mysteriöse Nachricht stammte. Ihr Herz fing an, aufgeregt zu pochen, als sie seinen Namen entzifferte.

*00:56:21 Nipper? Sorry, das verstehe ich leider nicht.*

Während sie auf seine Antwort wartete, öffnete sie sein Profilbild, auf dem er mit Yukon zu sehen war. Nat lächelte sogar ein wenig.

*01:02:56 Ich sitze im Motel und musste an dich denken, weil ich ge-*

*rade ein Kreuzworträtsel mache. Habe ich dich geweckt?*

*01:03:44 Nein, keine Sorge. Was meinst du denn mit Nipper?*

*01:06:00 Der Hund mit dem Grammophon. Sechs Buchstaben. Erinnerst du dich? Yukon war die falsche Antwort.*

*01:07:21 Haha. Das habe ich ja total vergessen. Danke! Die Frage kommt in die nächste Ausgabe. Versprochen! Wie geht es dir?*

*01:09:55 Ganz okay. Und dir? Was hast du heute gemacht?*

*01:11:09 Ein verdammt kniffeliges Kreuzworträtsel und zwei Todesanzeigen. Ansonsten war nicht viel los. Wie war dein Tag?*

*01:12:16 Ziemlich langweilig. Jetzt versuche ich, die Zeit totzuschlagen. So ein Typ sitzt seit Stunden vor dem Spielautomat und ich werde von dem Gebimmel langsam wahnsinnig.*

Seither schrieben sie sich jede Nacht. Nat schickte ihr Nachrichten, sobald er den letzten Kontrollgang über das Gelände gemacht hatte und wieder in seinem Kabuff saß, in dem er darauf wartete, dass endlich die Sonne aufging. Manchmal telefonierten sie. Dann saß Olivia in eine Decke gekuschelt im Wintergarten und konzentrierte sich auf die Dunkelheit, die vor den Fenstern schwamm, auf das Flackern der Kerzen und auf eine Stimme, die ihr immer vertrauter wurde. Manchmal schickte er ihr Links zu irgendwelchen Liedern, die sie sich anhören sollte, weil er nach eigener Aussage einen brillanten Musikgeschmack besaß. Es war schöne Musik - sanft und melancholisch. Manchmal erzählte er ihr Geschichten über die Künstler. Manchmal wirkte er dabei regelrecht ausgelassen. »Jimi Hendrix erste Gitarre hat nur $5 gekostet. Der Typ konnte sogar mit seinen Zähnen spielen. Das ist abgefahren. Überleg mal - damit war er sozusagen der Erfinder von Zahnseide.«

Manchmal war er jedoch auch ziemlich wortkarg - dann stellte er eine Frage nach der anderen, um sie erzählen zu lassen. Er entschuldigte sich oft, weil er so *moody* sei und wollte jedes Mal wissen, ob er ihr nicht langsam auf die Nerven gehen würde. Seine Stimmung war fragil und konnte von einem Moment zum anderen kippen. Olivia versicherte ihm jedes Mal, dass sie sich freute, mit ihm zu sprechen. Auch, wenn er schlecht gelaunt war oder vor allem dann. Sie war dankbar für die Zeit, die er mit ihr teilte, für seine Worte, die nur ihr gehörten, und das Gefühl, einen geheimen Freund zu haben, der irgendwo in den Wäldern lebte. Natürlich war Nat kein wirkliches Geheimnis. Alle wussten, dass sie angefangen hatten, regelmäßig miteinander zu schreiben. Alle dachten, es wäre so ein Transplantationsding, das Olivia dabei half, mit dem fremden Organ zu leben. Niemand wusste, dass sich dahinter mehr verbarg.

## Tacoma

Der Schmerz war stechend und er konnte ihn nicht länger ignorieren. Seine Hand war inzwischen stark angeschwollen und pulsierte, als würde sie ein Eigenleben führen. Ihm wurde abwechselnd heiß und kalt, als der Arzt den Verband entfernte, um die eiternde Wunde zu inspizieren. Seitdem Nat sich an dem Nagel im alten Sägewerk verletzt hatte, war sie nie richtig verheilt. Zwar hatte er die Wunde jeden Tag ausgewaschen und frisch verbunden, allerdings hatte er sich angewöhnt, mit dem Finger auf die Wunde zu drücken, wenn Selbstvorwürfe sein Hirn zermarterten. Der Schmerz linderte Schmerz – wie paradox. Auch aus diesem Grund blühte die Entzündung immer wieder auf. Mit der Zeit fühlte er sich immer elender, bis er es kaum noch fertigbrachte, aus dem Bett aufzustehen, weswegen er schließlich in die nächste Stadt gefahren war, um einen Arzt aufzusuchen.

»Nagel in der Hand? Wandeln Sie auf den Spuren Jesu?«, versuchte der Arzt zu scherzen, als er die Wunde untersuchte, doch Nat konnte sich nicht mal ein Grinsen abringen. Nachdem seine Temperatur gemessen und danach Herz und Lunge abgehört worden waren, machte der junge Mediziner ein bekümmertes Gesicht.

»Tja, mein Freund«, er rollte zurück hinter seinen Schreibtisch. »Packen Sie die Koffer. Ich überweise Sie ins Krankenhaus. Das sieht mir nach einer Sepsis aus.«

»Sorry. Einer was?«, Nat atmete tief durch und versuchte, sich zu konzentrieren.

»Blutvergiftung. Ich vermute, der Nagel hat auch einen Mittelhandknochen angekratzt. Sieht übel aus. Wieso sind Sie denn nicht früher gekommen? Das müssen doch höllische Schmerzen gewesen sein?«

»Ne, eigentlich nicht«, Nat schüttelte den Kopf. »Das ging schon irgendwie. Aber ich kann nicht ins Krankenhaus.«

»Sind Sie nicht versichert?«

»Was? Ja, doch, aber ich habe einen Hund! Wer soll sich um ihn kümmern, während ich im Krankenhaus bin?«

»Haben Sie keine Familie? Freunde?«

»Nicht hier«, Nat glotzte den Arzt entgeistert an, doch der Arzt glotzte unbeeindruckt zurück und hob die Schultern.

»Geben Sie ihn in ein Shelter. Ganz egal, aber Sie müssen in einem Krankenhaus behandelt werden. Mit so einer Infektion ist nicht zu scherzen. Wir reden hier von Lebensgefahr, um es mal auf den Punkt zu bringen.«

»Was?«, Nat wurde speiübel.

Er konnte sich beim besten Willen nicht vorstellen, wie sich aus dieser kleinen Wunde etwas entwickelt haben sollte, wodurch er sterben konnte. Kurz dachte er daran, dass es womöglich kein schlechter Tod sei, doch dann begehrten die Lebensgeister in ihm auf. Wenn er nur wüsste, was er mit Yukon anstellen sollte? Susan würde er um keinen Gefallen mehr bitten können. Seit ihrem Verführungsversuch sprach sie nämlich kein Wort mehr mit ihm. Wenn er einkaufen ging, schrieb sie die Summe auf ein Blatt Papier und hielt es ihm genervt unter die Nase. Wenn sie sich zufällig begegneten, blickte sie demonstrativ in die andere Richtung. Von ihr war also keine Hilfe zu erwarten. Vielleicht könnte er den alten Joe fragen? Er war zwar immer ein bisschen betrunken, aber er mochte Hunde. Angeblich war er in seiner Jugend sogar ein gefeierter Musher in Alaska gewesen – jedenfalls erzählte er das gerne.

»Finden Sie eine Lösung. Sie müssen in einem Krankenhaus behandelt werden. Heute noch«, erklärte der Arzt mit Nachdruck und händigte ihm ein Antibiotikum aus, das er sofort einnehmen sollte, um Zeit zu schinden.

◆

»Hm, ja?«, meldete sich eine verschlafene Stimme am anderen Ende der Leitung.

»Olivia, hallo. Es ist mir sehr unangenehm«, er räusperte sich. »Und ich weiß, dass es vermutlich nicht geht, aber ich muss dich einfach fragen, weil ich nicht weiß, was ich machen soll.«

»Nat? Ist etwas passiert?«

»Ich habe doch diese Wunde«, er ließ sich in den Autositz fallen und schloss erschöpft die Augen. »Jetzt hat sie sich komplett entzündet. Das ist wohl ziemlich schlimm. Ich komme gerade vom Arzt und -«

»Oh nein. Du musst ins Krankenhaus, oder?«

»Yeah. Es sieht nach einer Blutvergiftung aus. Und das ist echt schlecht. Yukon kann nicht alleine bleiben und ich weiß einfach nicht -«

»Nat! Meine Güte, ich habe dir doch gleich gesagt, dass du damit zum Arzt gehen musst. Ich kannte mal jemanden, der ist an einer Blutvergiftung gestorben. War nur ein Mückenstich. Das ging ganz schnell. Also, nein, das soll jetzt nicht heißen, dass... Okay, ich komme.«

»Was?«, er setzte sich auf und presste sich das Telefon noch fester ans Ohr.

»Ich komme zu dir. Deswegen rufst du doch an, oder? Du willst wissen, ob ich auf Yukon aufpassen kann?«

»Ja, aber...«, er spürte einen Kloß im Hals. »Kannst du das? Musst du nicht arbeiten?«

»Doch, natürlich, aber dann werde ich einfach *home office* machen«, verkündete sie so entschlossen, als habe sie nur darauf gewartet. »Hast du einen stabilen Internetanschluss?«

»Klar, jedenfalls so einigermaßen. Aber geht das denn, dass du von hier aus arbeitest?«

»Es wird gehen. Wo bist du gerade?«

»Ich sitze im Auto und fahre gleich nachhause. Ich soll eigentlich heute noch...«

»Okay, hör zu. Du musst jetzt packen und ins Krankenhaus fahren. Ich regele hier alles und komme dann so schnell ich kann zu dir, um die Schlüssel abzuholen.«

Nat traute seinen Ohren kaum. Es war ihm unbegreiflich, dass sie keine Sekunde zögerte. Eigentlich hatte er sich schon für eine freundliche Absage gewappnet. Er war fassungslos und gerührt von ihrer Hilfsbereitschaft.

»Olivia. Ich weiß nicht, ob das so eine gute Idee ist. Du fährst fast vier Stunden«, gab er zu bedenken. »Ist das nicht viel zu anstrengend für dich?«

»Nein«, er hörte sie tief durchatmen. »Mach dir keine Sorgen. Du musst jetzt an dich denken. Wie heißt das Krankenhaus, in das du gehst?«

Es war ihm peinlich, ihre Hilfe annehmen zu müssen. Es war ihm peinlich, überhaupt darauf angewiesen zu sein. Schwächlich und unfähig. Obwohl er sich vollkommen entkräftet fühlte, schaffte Nat es noch, sich selbst scharf zu verurteilen. Wenn schon ein kleiner Nagel dazu geführt hatte, dass er auf fremde Hilfe angewiesen war, wie zur Hölle hätte er jemals in der Wildnis überleben wollen? Es war die lächerliche Illusion eines Mannes, der nie gelernt hatte, für sich selbst zu sorgen.

»Das mache ich nur für dich«, erklärte er grimmig, als er an Yukon vorbei ging, um aus dem Badezimmer seine Zahnbürste zu holen.

Während er seine Sachen packte, wartete er insgeheim darauf, dass Olivia anrief, um abzusagen. Nat konnte nicht von ihr erwarten, dass sie stundenlang durch die Weltgeschichte tuckerte, um dann für unabsehbare Zeit auf einen Hund aufzupassen, der so groß war wie ein Kalb. Außerdem würde Jacob bestimmt nicht mitspielen. Aber Olivia rief nicht an.

•

Seit zwei Stunden lag er in einem hellblauen Zimmer, in dem es nach Desinfektionsmittel und ungewaschenem Mensch roch. Er hatte zum Glück das Bett am Fenster erwischt, von dem aus man auf einen Supermarktparkplatz sehen konnte. Das war wenigstens unterhaltsam. Ihm war aufgefallen, dass viele Paare zwar gemeinsam in den Supermarkt gingen, aber getrennt voneinander wieder zurückkamen. Die Frauen eilten im Stechschritt voraus, während die Männer mit einem vollbeladenen Wagen hinterher trotteten. Grimmige Gesichter. Konsum war anstrengend - er hatte es am eigenen Leib erfahren.

Das Zimmer teilte sich Nat mit einem älteren Mann, der dem Schnarchen nach zu urteilen die ganze Zeit schlief. Ein Vorhang trenne die Zimmernachbarn voneinander - das kam Nat gerade recht. Er musste sich erholen, denn nachdem er angekommen war, hatte er einige Untersuchungen über sich ergehen lassen müssen. Die Wunde wurde von einer Krankenschwester (»Hey, ich bin die Jenny.«) so intensiv gereinigt, dass Nat am liebsten die Wände hochgegangen wäre. Obwohl er Schmerzmittel bekommen hatte, schien seine Hand in Flammen zu stehen.

Die Ärztin, die sein Blutbild mit ihm besprochen hatte, war optimistisch. Mit einem starken Antibiotikum sollte er in einer Woche wieder fit sein und nachhause können. Nat überlegte fieberhaft, wie er Olivia das verklickern sollte? Vielleicht könnte sie Yukon mit zu sich nach Marblemount nehmen? Es klopfte, dann wurde die Tür geöffnet.

»Hallo?«, flüsterte eine Frauenstimme, die er im ersten Moment nicht erkannte. Schweigen. »Hier ist Olivia?«

»Oh, hey!«, er setzte sich auf und versuchte, hinter dem Vorhang hervor zu linsen, doch sie war schneller.

»Da hast du dich also versteckt. Mensch, Nat, wie geht es dir?«

Olivia lachte und ehe er sich versah, hatte sie auch schon ihre Arme um ihn gelegt und ihn kurz an sich gedrückt.

»Oh Mann! Danke, dass du gekommen bist«, er versuchte sein Haar irgendwie in Form zu bringen, aber nachdem ihm eine Haarsträhne zum dritten Mal zurück in die Stirn gefallen war, gab er es auf. »Ich bin okay. Was ist mit dir?«

»Mir geht es prima. Die Fahrt war überhaupt kein Problem. Obwohl ich mich über eine andere Einladung natürlich mehr gefreut hätte, ist es schön, dich mal wieder zu sehen.«

Ihre ohnehin schon karamellfarbene Haut schien noch ein bisschen dunkler, die Haare noch ein bisschen schwärzer, das Lächeln wärmer und die Augen funkelnder. Olivia trug einen schwarzen Kapuzenpullover, dazu knallenge Jeans und zu seiner Verwunderung Slipper aus hellem Stoff. Er hoffte, dass sie noch andere Schuhe dabei hatte, denn mit diesen Tretern würde sie in Blackwater nicht allzu weit kommen. Allein der Weg zu seinem Haus war ein einziger Morast. Seufzend ließ sie sich auf den Stuhl neben seinem Bett plumpsen und deutete auf die Wasserflasche, die auf seinem Nachttisch stand.

»Darf ich?«

Als er sie beobachtete, wie sie die Flasche ansetzte und trank, bemerkte er, wie aufgeregt sein Herz pochte. Das war Olivia, mit der er jede Nacht schrieb und in deren Brust obendrein Evas Herz schlug.

»Ich weiß gar nicht, wie ich dir danken soll. Dass du gekommen bist, ist...was soll ich sagen? Wow«, er grinste schief, doch dann machte er ein besorgtes Gesicht. »Hattest du großen Ärger wegen mir?«

»Naja, es geht«, sie drehte den Deckel wieder auf die Flasche und stellte sie zurück auf den Tisch. »Jacob war nicht gerade begeistert, um ehrlich zu sein. Er macht sich ja immer Sorgen, aber ich konnte ihn überzeugen. Es ist für einen guten Zweck, oder nicht?«

»Ich dachte mir schon, dass es dich in Schwierigkeiten bringt. Das wollte ich nicht, aber ich wusste einfach nicht mehr weiter. War er sehr böse?«

»Schon gut. Jacob beruhigt sich wieder. Außerdem wollte ich mir doch ohnehin mal anschauen, wie du so wohnst, weißt du?«

Nat stolperte über ihre Worte und fragte sich, weshalb Olivia so ein großes Interesse an ihm zu haben schien.

»Erwarte nicht zu viel. Du wirst enttäuscht sein«, prophezeite er. »Es ist ziemlich spartanisch dort. Ich konnte leider nicht mal aufräumen.«

»Ach, das stört mich nicht. Ich bin einfach nur neugierig, ob es tatsächlich so ist, wie ich es mir vorstelle«, sie beugte sich ein wenig vor und blickte ihn aufmerksam an. Es war erst das zweite Mal in seinem Leben, dass er ihr begegnete, und doch weckten ihre dunklen Augen ein so warmes Gefühl in ihm, als wären sie ihm lange vertraut.

»Wie stellst du es dir denn vor?«

»Kalt und leer«, lautete ihre knappe Antwort. Er wartete darauf, dass ein erlösendes Lachen über ihre Lippen perlte, aber sie schwieg.

## Blackwater

Nachdem sie den kleinen Ort hinter sich gelassen hatte, waren es nur noch zwei Meilen, bis ein Weg abzweigte, der hinab zu Nats Haus führte. Hinter dichten Brombeerhecken erkannte sie bereits die Dachziegel, die stellenweise mit grünen Flechten bewachsen waren. Das Tor hing schräg in den Angeln – ein Schild warnte vor dem bissigen Hund – und der Briefkasten war sorgfältig verklebt worden. Offensichtlich wollte Nat keine Post erhalten. Langsam fuhr sie die Einfahrt hinunter. Das Holzhaus, das nun in ihrem Blickfeld auftauchte, war alt und tatsächlich so winzig, wie Nat es angekündigt hatte. Kleine Sprossenfenster blickten ihr entgegen. Auf der Veranda stand ein Stuhl neben aufeinandergestapeltem Brennholz. Völlig verschlammte Gummistiefel erinnerten an den Bewohner dieser Hütte.

»Dann wollen wir mal«, seufzte sie und stapfte die knarrenden Stufen hinauf.

Nachdem Yukon sie angesprungen und fast zu Fall gebracht hatte, schloss Olivia die Tür hinter sich, lehnte sich mit dem Rücken dagegen und blickte sich um. Es fühlte sich falsch an, hier zu sein. Als würde sie in etwas eindringen, das in Ruhe gelassen werden wollte.

Unter dem Fenster stand ein Tisch aus grobem Holz, auf dem sich bunte Prospekte, Zeitschriften und Notizzettel stapelten. Auf einem Teller, der halb von einer Zeitung verdeckt wurde, lag ein angebissenes Brot, das bestimmt schon ein paar Tage alt war. Es kam ihr vor, als hätte sie diese Küche schon einmal gesehen. Die Holzverkleidung der Wände, der Lampenschirm, der von der Decke baumelte, und die große Landkarte Washingtons, die über der Sitzbank hing – alles war ihr merkwürdig vertraut. Olivia versuchte, sich zu konzentrieren. War sie jemals in einer ähnlichen

Hütte gewesen? Vielleicht wurde sie an den Schuppen erinnert, der im Garten ihrer Großeltern stand?

Yukon schwänzelte um ihre Beine herum und winselte.

»Hast du Hunger?«

Die Schränke der Küche waren aus dunklem Holz scheinbar selbst gezimmert worden. Olivia öffnete sie – bunt zusammengewürfeltes Geschirr, einige Konserven mit irgendwelchen Fertiggerichten, Nudeln, Erdnussbutter und ein leergekratztes Glas mit Erdbeermarmelade. Im Kühlschrank gab es auch keine Überraschungen. Bier und Butter. Das war's. Sie würde einkaufen gehen müssen. Unter der Spüle wurde sie schließlich fündig und zog einen riesigen Sack mit Hundefutter hervor.

Während der Hund sein Fressen verschlang, wanderte Olivia durch das kleine Haus. Abgesehen von den hölzernen Außenwänden, schien es aus Pappe gebaut worden zu sein. Alles knarzte, knirschte und wackelte – aber immerhin hatten alle Wände einen neuen Anstrich erhalten. Sie glaubte, sogar noch den Geruch der weißen Farbe wahrnehmen zu können. Die Hütte war zwar in die Jahre gekommen, nachlässig gepflegt und ein wenig gespenstisch, aber mit etwas Mühe konnte man daraus bestimmt ein behagliches Zuhause machen.

Das Schlafzimmer war so eingerichtet, wie man es erwarten würde: ein alter Holzschrank und ein gigantisches Bett. Die blauen Laken waren ganz zerwühlt und Olivia meinte, eine karierte Boxershorts am Fußende zu erkennen, dann wurde ihr Blick jedoch von dem Bild auf seinem Nachttisch abgelenkt. Ihr Herz hielt für einen Moment inne, um kurz darauf mit voller Kraft loszupoltern. Eva! Sie trat näher und hielt sich den Bilderrahmen dicht vors Gesicht. Nein, keine Eva, stellte sie enttäuscht fest. Auf der Schwarzweißfotografie waren ein bärtiger Mann und eine Frau mit streng zurückgekämmtem Haar zu sehen. Vermutlich waren das seine Eltern. Nat besaß die Gesichtszüge seines Vaters – vor allem die Nase. Olivia befreite den Rahmen von einer dünnen Staubschicht und öffnete eine schmale Tür, hinter der sich das braungekachelte Badezimmer verbarg.

Es war nicht nur ein ästhetisches, sondern auch ein hygienisches Desaster – Staub und Wollmäuse, Spinnweben und Wasserflecken auf dem Spiegel. Sie würde morgen also nicht nur einkaufen gehen, sondern auch putzen müssen. Seufzend schaltete Olivia das Licht wieder aus und trat zurück in den Flur. Nun blieb nur noch ein Zimmer übrig.

Im Wohnzimmer standen ein Ohrensessel und ein dunkelrotes Sofa mit samtigen Polstern vor einer ziemlich futuristisch aussehenden Musikanlage, die überhaupt nicht zum Rest des Hauses passte. Weiße Hochglanzlautsprecher waren in allen vier Ecken des Zimmers angebracht. Dolby-Surround. Nat besaß eine Plattensammlung, die sich sehen lassen konnte. Man würde wohl Jahre damit zubringen, all diese Platten anzuhören. Von Led Zeppelin, Nirvana über Slipknot, Beethoven und Leonard Cohen war alles dabei. Auf der Lehne des Sessels lag ein Buch. Olivia griff danach und fing an, wahllos darin zu blättern, bis sie eine Seite entdeckte, auf der einige Stellen mit Bleistift markiert worden waren. *Was auf den Tod folgt, ist eine immerwährende Abwesenheit, eine Leere, das Gegenteil von Sinnhaftigkeit und die Sukzession von Momenten, in denen wir immer und immer wieder mit der Endgültigkeit dieses Verlusts konfrontiert werden. Wir stürzen zurück in die Vergangenheit, um Trost zu finden, balsamieren uns mit Erinnerungen...*

Sie schluckte und ließ sich in den Sessel sinken, ohne den Blick von dem Buch abzuwenden. Auch Nat war hier gesessen, hatte vermutlich irgendeiner melancholischen Musik gelauscht und diese Worte gelesen. Es stimmte, was man über den Tod sagte: Die Welt wurde leer, auch wenn nur ein einziger Mensch darin fehlte. Olivia verspürte den Wunsch, mit Nat zu sprechen, weil sie glaubte, es würde ihm guttun – aber auch ihr selbst. Wieso bildete sie sich nur ein, ihm helfen zu können? Er war seltsam, eigenwillig und zu guter Letzt hatte er nie um ihre Hilfe gebeten. Jedenfalls nicht um Hilfe für sein Herz.

◆

Umständlich fischte Olivia das Telefon aus ihrer Hosentasche. Zwei verpasste Anrufe von Jacob und eine Nachricht von Nat, in der er wissen wollte, ob sie noch da war oder schon die Flucht ergriffen hatte. Gerade wollte sie seine Nummer wählen, da hörte sie Yukon winseln.

»Sorry, du musst bestimmt raus, oder? Okay, wie mache ich das jetzt?«

Obwohl Nat ihr erklärt hatte, wo sie alles finden würde, dauerte es eine Weile, bis sie schließlich die Leine gefunden hatte. Es war schon ziemlich düster und die Gegend völlig verlassen. Die Bäume ragten schwarz in den Abendhimmel - dunkle Wolken trieben aus östlicher Richtung auf sie zu und würden sich schon bald über der Erde auswringen. Der Pfad führte hinab zu einem kleinen Tümpel, auf dem eine grüne Algenschicht trieb, die einen modrigen Geruch verströmte. Olivia hörte das Surren von Fliegen, den Wind, der durch die Bäume strich, und das Kläffen eines Hundes aus der Ferne. Ein kalter Schauer lief ihr den Rücken hinab. Sie sehnte sich nach einer menschlichen Stimme, die zu ihr sprach.

»Oh, hey«, meldete er sich. »Alles okay?«

»Yukon geht es gut. Er hat gefressen und jetzt sich wir gerade unterwegs. Ich weiß nicht, wo genau. In einem Gebüsch. Bei einem Teich.«

»Wieso flüsterst du?«

»Weil ich...«, sie lachte. »Es ist unheimlich. Ich sehe keine anderen Häuser. Es ist stockdunkel und überall raschelt es.«

»Sind bestimmt nur Bären.«

»Oh, wie beruhigend. Vielen Dank.«

»Sorry, blöder Scherz. Die wilden Tiere halten sich von den Menschen fern. Du musst dir keine Sorgen machen. Findest du alles, was du brauchst?«

»Ich denke schon, aber ich frage mich, wo ich schlafen soll? Auf dieser Sitzbank in der Küche?«

»Im Bett, wo denn sonst?«

»Und womit decke ich mich zu?«

»Olivia?«, er lachte tonlos. «Vielleicht hast du schon mal davon gehört. Wir nennen es hierzulande Decke.«

»Ich soll mich mit deiner Decke zudecken?«

Die Vorstellung in dem Bett zu schlafen, in dem zuvor Nat geschlafen hatte, missfiel ihr. Es fühlte sich viel zu intim an. Haare, Hautpartikel, Geruch.

»Ich habe keine zweite Decke, fürchte ich.«

»Kann ich das Bett frisch beziehen?«

Nat sog hörbar die Luft ein, dann murmelte er irgendwas und erklärte ihr, dass er vielleicht noch Bettwäsche im Schrank hatte. Er war sich jedoch nicht sicher.

»Wo bin ich nur gelandet?«, fragte sie lachend. »Okay, dann muss ich das später herausfinden. Wie geht es dir denn inzwischen? Gab es etwas Feines zum Essen?«

»Ich glaube, es könnten Nudeln gewesen sein. Du weißt doch, wie dieser Krankenhausfraß schmeckt.«

»Nach Pappe, ich weiß«, sie seufzte. »Soll ich dir morgen etwas vorbeibringen?«

»Besuchst du mich?«

»Hast du denn Zeit?«

»Ob ich Zeit habe? Naja, ich liege im Krankenhaus und zähle vorbeifahrende Autos...«

•

Irgendwo in den Tiefen seines Schrankes – zwischen Handtüchern und steifen Waschlappen – fand sie tatsächlich eine Bettgarnitur, die jedoch einen so modrigen Geruch besaß, dass Olivia kurzerhand die Bettwäsche, die sich jetzt schon auf dem Bett befand, auf Links drehte. Immerhin fühlte es sich so ein bisschen weniger nach fremdem Mann an. Als sie schließlich im Bett lag, griff sie zum Telefon. Es dauerte keine zwei Sekunden ehe er abnahm.

»Hey Schatz, ich wollte dich auch gerade anrufen. Wie ist das Haus?«

»Etwas rustikal«, stellte sie fest. »Er hat keinen Staubsauger, Jacob. Er fegt nur. Und das Badezimmer sieht auch so aus, als würde er dort nie das Licht anmachen. Überall Staub und Spinnweben. Ansonsten ist es okay. Yukon ist ein echter Prachtkerl.«

»Zum Glück kommst du mit ihm klar. Ich habe mir schon ausgemalt, dass du mich verzweifelt anrufst, damit ich komme und den Wolf bändige.«

»Vielleicht rufe ich dich an, wenn nachts die Kojoten ums Haus schleichen.«

»Ich würde sofort kommen.«

»Ich weiß, Jacob. Das ist lieb von dir«, Olivia kuschelte sich unter die Decke und roch daran. Sie bildete sich ein, den Geruch eines Aftershaves wahrzunehmen.

»Und wie geht es Nat?«

Sie hatte nur kurz bei Jacob angerufen, nachdem sie angekommen war, weswegen sie ihm jetzt ausführlich von ihrem Krankenhausbesuch berichtete.

»Eine Woche ist ganz schön lang«, murrte er. »Hast du überhaupt genügend Medikamente dabei?«

»In Hülle und Fülle. Das ist kein Problem.«

Sie sprachen noch eine Weile über Schrotflinten, einsame Trapper und einsame Frauen, dann verabschiedeten sie sich voneinander und Olivia rief Yukon herbei. Der große Hund trottete ins Zimmer und legte sich vor dem Bett auf den Boden. Dankbar streichelte sie seinen Kopf.

»Du passt auf, ja?«

Gerade wollte sie die Nachttischlampe ausschalten, als ihr Blick an der halbgeöffneten Schublade hängen blieb. Mit dem Blitzlicht ihres Handys leuchtete sie hinein, weil sie nicht wagte, sie ganz aufzuziehen. Drei Briefe aus braunem Kraftpapier mit immer dem gleichen Foto lagen zwischen aufgerissenen Tablettenschachteln und einer Liste. Olivia rappelte sich auf, als ihr dämmerte, was er darauf notiert hatte.

Thanatos. Ihr Herz verkrampfte sich, weil sie wusste, was das zu bedeuten hatte. Sie presste sie die Lippen aufeinander und zwängte ihre Hand in den Schlitz der Schublade, um die Liste hervorzuholen.

Auf dem unscheinbaren Papier war mehrfach die Zahl 444 notiert worden – mal so kräftig, dass das Papier eingerissen war, mal federleicht – und dann standen dort verschiedene Arten der Selbsttötung. Nat hatte aufgeschrieben, wie lange es dauerte, bis der Tod eintrat, wie stark die Schmerzen sein würden und wie wahrscheinlich es war, tatsächlich zu sterben.

Olivia starrte fassungslos auf die Liste, las sie immer wieder, bis sie es kaum noch ertragen konnte. Es war seine Schrift – unverkennbar.

Ihr war speiübel, als sie barfuß in die Küche schlich, um sich ein Glas Wasser zu holen. Olivia wusste, dass es Nat nicht gut ging, doch niemals hatte sie in Erwägung gezogen, dass er dem Tod näher sein könnte als dem Leben. War er wirklich so verzweifelt? So hoffnungslos? Vielleicht. Wie viele Schritte war er noch vom Abgrund entfernt? 444.

An Schlaf war nicht zu denken. Sie war so bestürzt, dass sie anfing, unruhig durch das Haus zu wandern. Immer wieder schlich sie zu seinem Nachttisch, warf einen Blick auf die Liste und versuchte, sich zu beruhigen.

Ins Wasser gehen wie Jeff Buckley. Cyanwasserstoff. Beides durchgestrichen. War es nur eine wahnwitzige Idee? Hatte er die Liste nur zum Vergnügen angelegt? War es vielleicht doch die Handschrift eines anderen? Nein.

Das Herz schlug ihr bis zum Hals. Plötzlich hatte sie das Gefühl, sich kaum mehr auf den Beinen halten zu können. Olivia setzte sich auf den Bettrand und starrte minutenlang auf die Holzwand mit der wilden Maserung und den unzähligen Astlöchern. Sie presste die Hand auf ihr Brustbein und hielt die Luft an. Der Rhythmus hatte sich urplötzlich verändert und sie spürte eine altbekannte Angst in sich aufsteigen. Manchmal hatte sie das Gefühl, ihr Herz würde stolpern, würde aussetzen, würde sich kaum mehr beruhigen. Schon zweimal hatte man sie an ein Langzeit-EKG angeschlossen, doch nie wurde etwas gefunden. Ihr Herz war kräftig und gesund. Die Ärzte vermuteten, dass Olivia einfach sehr sensibel auf emotionale Belastungen reagierte – mehr nicht.

Ihr war schwindelig. Mit zitternden Fingern tastete sie nach ihrem Telefon. Sie konnte niemanden anrufen, ohne dass sie damit einen familiären Rettungseinsatz auslösen würde. Aber es gab einen Menschen, der im Krankenhaus lag und bestimmt kein Auge zubrachte, weil er nicht daran gewöhnt war, nachts zu schlafen – wie der Mond.

»Olivia? Ist etwas passiert?«

»Entschuldigung«, flüsterte sie und erschauderte bei dem Gedanken, dass er der Mensch war, der diese Liste geschrieben haben musste. »Aber ich fühle mich so –«

»Pardon?«

»Ich weiß nicht, warum ich ausgerechnet dich anrufe. Ich habe nur so ein Gefühl.«

»Was für ein Gefühl hast du?« Seine Stimme klang weich und einladend. »Hast du Angst so allein da draußen?«.

»Vielleicht schon, ja«, murmelte sie und sah sein Gesicht vor ihrem geistigen Auge aufflammen. »Können wir einfach ein bisschen reden, bis es besser geworden ist?«

»Klar.« Am Ende der Leitung raschelte es, als würde er sich wieder hinlegen.

»Habe ich dich geweckt?«

»Nein. Ich kann sowieso nicht schlafen. Wo bist du?«

»Naja, ich bin hier - in deinem Haus. Yukon liegt neben mir und schläft schon tief und fest.«

»Das ist gut. Dann kann dir heute Nacht ganz bestimmt nichts passieren. Er ist ein guter Wachhund, glaub mir, und neben der Haustür lehnt ein Baseballschläger.«

»Den ich niemals brauchen werde.«

»Stimmt«, er lachte.

»Äh, hast du auch eine Schusswaffe im Haus?«, fragte sie vor allem wegen der Liste und den vielen Methoden, die das Leben wie eine Fliege zerdrücken konnten.

»Nein, und selbst wenn - du würdest sie nicht brauchen. Dir kann in meinem Haus nichts passieren. Du bist dort in Sicherheit.«

»Okay, okay. Ich weiß auch nicht, was mit mir los ist. Vermutlich sind hier draußen alle Geräusche ein bisschen lauter und fremder.«

»Konzentriere dich auf etwas anderes.«

»Erzählst du mir eine Geschichte?«

»Über Indianer?«

»Nein, vielleicht kannst du mir etwas von Eva erzählen? Natürlich nur, wenn es dich nicht zu traurig macht.«

»Noch trauriger?«, er seufzte.

»Sorry, du musst nicht von ihr sprechen.«

»Schon okay. Du willst wissen, wie sie war. Das verstehe ich. Es ist nur schwer. Ich weiß nicht, wo ich anfangen soll.«

»Hm, wie hast du sie denn kennengelernt?«

»Beim Rasenmähen.«

»Wie bitte?«

Seine Stimme war brüchig, als er sprach. Nur langsam drangen die Worte aus seinem Mund, doch Olivia lauschte ihnen gebannt. Sie wollte keine einzige Silbe seiner Geschichte verpassen, keine einzige Zwischenzeile.

In einer Straße am Stadtrand von Tacoma stand eine Villa mit dottergelben Schindeln, in der eine wohlhabende Familie gelebt hatte, die am Sonntag mit strahlenden Gesichtern in die Kirche marschiert war, an Thanksgiving den größten Truthahn auf den Tisch gestellt und sogar die Unterwäsche gebügelt hatte. Eine Fassadenfamilie, die den Schein wahrte wie das Allerheiligste. In dem Bungalow, der neben der Villa stand und der mehr an eine Garage als an ein Wohnhaus erinnerte, hatte ein Mann mit seinen zwei Kindern gelebt. Nat und seine Schwester waren mit wenig Geld, aber mit vielen Sorgen aufgewachsen. Ihr Vater hatte zwar versucht, mit Antiquitäten, die er bei irgendwelchen Haushaltsauflösungen erworben hatte, an Geld zu kommen, doch es gab kaum Menschen, die sich für seine bizarren Fundstücke interessierten.

Irgendwann hatte Nat damit angefangen, sich ein paar Dollar dazu zu verdienen, indem er den Rasen hinter der Villa mähte. Nur deswegen konnte er sich auch noch an das Mädchen mit den goldenen Locken erinnern, das jedes Mal auf der Schaukel gesessen war, ihn aus misstrauischen Augen beobachtet und beharrlich geschwiegen hatte. Jeder in der Straße wusste, dass ihr Vater ein Säufer war und dass ihm gelegentlich die Hand ausrutschte. Jedem in der Straße war das irgendwie egal.

Viele Jahre später entdeckte Nat das hübsche Gesicht des Mädchens auf einer Party in Brooklyn. Mit nichts hätte er weniger gerechnet als mit ihr. Als sie in ihrem Kleid aus dunkelgrünem Samt vor ihm stand und so wunderschön aussah, traf es ihn wie ein Schlag. Sein Herz spielte völlig verrückt. Es fühlte sich an, als hätte er etwas gefunden, nach dem er schon lange gesucht hatte. Vielleicht schon sein ganzes Leben lang. Eva war es nicht anders ergangen. Sie mussten keine Worte darüber verlieren, weil sie es beide gespürt hatten: Sie brauchten einander.

Und so hatte ihre Liebe begonnen. Sie traf ihn zum richtigen Zeitpunkt und er sog sie wie ein Schwamm in sich auf. Nach dem Tod seines Vaters hatte er sich furchtbar verloren gefühlt, doch Eva gab ihm wieder ein Zuhause.

»Alles hat gestrahlt, wenn sie gelacht hat. Man hat irgendwie selbst angefangen, zu strahlen, wenn sie da war. Man wurde besser«, sagte er mit so viel Wehmut in der Stimme, dass Olivia davon eine Gänsehaut bekam.

Nat malte ein Bild von Eva, das sie fast wie eine Heilige erscheinen ließ. Er vergoldete, was niemals Gold gewesen sein konnte, weil es gelebt hatte. Doch in seiner Erzählung gab es keine Ecken, keine Kanten. Vermutlich war es normal, die Vergangenheit zu glorifizieren und Erinnerungen zu verzerren, um besser damit leben zu können. Vermutlich war das seine Art, mit dem Verlust umzugehen.

»Bei dem Verlag, für den sie gearbeitet hat, war sie im belletristischen Sektor beschäftigt. Eigentlich hat sie ständig irgendein Buch mit sich herumgeschleppt. Ratgeber für alle Lebenslagen - das war ihr Faible - und natürlich die Bibel. Eva war ein sehr religiöser Mensch, musst du wissen.«

Sie hatte einen jüngeren Bruder, mit dem sie jeden Tag immer zur gleichen Uhrzeit telefoniert hatte. Einmal im Jahr waren sie gemeinsam nach Banff in den Winterurlaub gefahren und hatten sogar eine Weile zusammen gelebt, damit William sich die Miete für eine eigene Wohnung sparen konnte.

»Sie hatten es nicht leicht. Der Vater ein Choleriker, die Mutter völlig apathisch - das hat sie zusammengeschweißt. Eva hat ihren Bruder abgöttisch geliebt und hätte ihr letztes Hemd für ihn gegeben. Das wusste er ganz genau und ist ihr ständig auf der Nase herumgetanzt. Aber so machen das kleine Brüder, schätze ich. Bin ja selbst einer«, er lachte kehlig. »Naja, Eva war wirklich ein unglaublicher Mensch. Wirklich besonders.«

»Ich hätte sie bestimmt sehr gemocht. Vielleicht wären wir Freundinnen gewesen, wenn wir uns gekannt hätten.«

Nat brummte etwas in den Hörer, dann atmete er tief durch. »Weißt du, was mir vorhin eingefallen ist?«, fragte er. «Du hast mir nie auf die Fragen in meinem letzten Brief geantwortet. Ich finde, das solltest du jetzt tun.«

»Nipper?«

»Zum Beispiel, aber du hast doch geschrieben, dass du gerne Karaoke singst und ich frage mich, ob du -«

»Ach, das meinst du. Ich singe dir nichts vor. Tut mir leid.«

»Dann verrate mir wenigstens deinen allergrößten Hit. Nur einen Track und ich bin zufrieden.«

»Das ist wahrscheinlich *My my, hey hey*.«

»*My my, hey hey?*«

»Das ist ein Song von Neil Young.«

»*Out of the Blue*. Ich kenne das Lied«, sagte er nach einer kurzen Pause.

»War das die falsche Antwort?«

»Nein, aber es ist eigenartig«, murmelte er. »Eva hat dieses Lied geliebt. Wir hatten ein Klavier. So ein verstimmter Koloss aus dem letzten Jahrhundert. Dort saß sie jeden Abend. Das war schön. Besonders, wenn sie dieses Lied gespielt hat. Außerdem wurde es...«, er räusperte sich, um mit beherrschter Stimme fortzufahren. »Es wurde auf ihrer Beerdigung gespielt.«

»Oh, wirklich?«

Sie sog scharf die Luft ein und dachte an das Gespräch mit ihrem Arzt. Das Herz war vielleicht mehr als ein Klumpen Fleisch, besaß vielleicht ein besonderes Gedächtnis. Olivia schluckte trocken und versuchte, die Bilder heraufzubeschwören, die sie in ihren Träumen gesehen hatte. Wenn die Kontrolle über das Bewusstsein abriss, vermischten sich Erinnerungen mit Wünschen und wurden zu einem Traum. Als sie ihn das erste Mal gesehen hatte, war in ihr ein intensives Gefühl aufgeflammt, das sie nicht benennen konnte. Vielleicht war es ein Fragment aus einem anderen Leben. Vielleicht war es etwas, das schon sehr alt war und das sie in sich trug wie das Blut ihrer Vorfahren.

»Naja, viele Menschen mögen Neil Young. Das ist echt nichts Besonderes«, riss Nat sie aus ihren Gedanken. Seine Stimme klang kühl, fast eisig.

Olivia streckte die Hand aus und löschte das Licht. Ihr Herz wurde ganz schwer, als sie an die Liste dachte, die Nat geschrieben hatte. Seine Todessehnsucht erschütterte sie. Immer, wenn sie von dem Gesichtslosen geträumt hatte, verschwand er, bevor sie ihn erkennen konnte. Er tauchte ab, ging davon – niemals drehte er sich zu ihr um.

»Was ist?«, fragte Nat. Seine Stimme klang wohltuend lebendig. »Hat das Reden geholfen? Geht es dir besser?«

»Kann ich dir etwas sagen?«, fragte sie vorsichtig.
»Wenn du möchtest?«
»Ich mache mir Sorgen um dich.«
»Ach, das musst du nicht. Hier kann mir ja nichts passieren. Hier sind Ärzte und Kranken –«
»Nein, das meine ich nicht. Ich mache mir Sorgen, weil du immer allein bist. Ich weiß ja, dass mich das nichts angeht, aber irgendwie...du bist sehr unglücklich, oder?«

Stille. Olivia warf einen Blick auf das Display, weil sie sich nicht sicher war, ob er aufgelegt hatte. Ihr Herzschlag beschleunigte sic

»Bist du noch dran?«

Sie hörte, dass er schlucken musste, und rechnete mit einer brüsken Antwort.

»Was soll ich sagen? Ja! Natürlich bin ich unglücklich.« Seine Stimmfarbe hatte sich verändert, war dunkler und kühler geworden.

»Brauchst du Hilfe?«

»Ich denke, ich brauche...«, Nat hielt inne. »Warum machst du dir solche Gedanken? Ich bin okay.«

»Was brauchst du?«

»Nichts, keine Ahnung.«

»Lebensgeister«, sagte sie und verfluchte sich im selben Moment, weil ihr die Antwort naiv und pathetisch vorkam.

»Hm, kennst du welche?«, versuchte er zu scherzen, doch sein Lachen war ausgehöhlt und porös. Es zerbrach schon in der nächsten Sekunde. Ihr Herz hämmerte in einem fremden Rhythmus.

Nachdem sie sich voneinander verabschiedet hatten, saß Olivia in der Dunkelheit. Ihr Kopf dröhnte. Mit beiden Händen griff sie in ihren Rucksack und tastete nach dem Jutebeutel. Olivia konnte nicht genau sagen, warum sie die Abalone und den Salbei eingepackt hatte. Es war nur so ein Gefühl gewesen. Als hätte sie geahnt, wie nötig es sein würde, sich damit zu beruhigen.

◆

Auch in dieser Nacht träumte sie. Sie blickte über eine Wiese, inmitten derer ein Schwarznussbaum stand. Zuerst dachte sie, es wäre der Garten hinter ihrem Haus und suchte am Horizont nach dem Glitzern des Flusses, doch vergebens. Sie kannte den Ort nicht und versuchte, einen Anhaltspunkt zu finden, an dem sie sich orientieren konnte. In der Ferne erkannte sie Schatten. Menschen vielleicht. Vielleicht aber auch Baumstämme, die sich dunkel aus dem Dunst erhoben. Auf einmal wurde die Stille vom leisen Weinen eines Babys zerrissen. So schnell sie konnte eilte sie barfuß durch das taunasse Gras, bis sie zwischen den Wurzeln des Baumes ein Bündel fand - ein Baby, eingewickelt in Leder und weiße Leinen. Das Gesicht war vor Unbehagen verzerrt und ganz gerötet. Unter der Mütze, die das winzige Geschöpf trug, blitzte seidenes Haar hervor. Es war perlenweiß. Behutsam nahm sie das Baby auf den Arm - es war leicht wie ein Kätzchen - und fing an, es sanft zu wiegen, während sie um den Baum herumging und leise summte. Es war ein Kinderlied, das ihr Vater oft gesungen hatte, als sie selbst noch ein Kind gewesen war. *Gently down the stream.* Das Baby beruhigte sich allmählich und blickte sie aus blauen Augen an. Es war ein vertrautes Gesicht mit erdbeerroten Lippen, das sie kannte, ohne es jemals zuvor gesehen zu haben. Ein warmes Gefühl durchflutete sie. Ein Glück, eine Wonne. Etwas unvorstellbar Inniges. Sie küsste die Wange ihres Kindes und drückte es noch etwas fester an sich. Seine Lider flatterten. Der kleine Mund öffnete sich zu einem kugelrunden Gähnen. *Life is but a dream.* Als sie ihren Weg um den Schwarznussbaum fortsetzen wollte, wachte sie auf.

## Tacoma

Bis in die frühen Morgenstunden zermarterte er sich das Gehirn, weil er sich fragte, ob er sich Olivia gegenüber vielleicht zu sehr geöffnet hatte. Ihre Zuwendung berührte ihn und er genoss ihre Aufmerksamkeit, aber gleichzeitig fühlte er sich zunehmend unwohler. Nat hatte sich vor einiger Zeit geschworen, keinen Menschen mehr so nah an sich heranzulassen, dass daraus Abhängigkeiten entstanden. Er wollte allein sein und unbemerkt leben, bis seine Zeit gekommen war. Es sollte nicht viel geben, das er zurücklassen würde. Deswegen hatte er sich auch für Yukon entschieden, einen alten Hund, der nur noch wenige Jahre vor sich hatte. Die teuren Uhren, mit denen er sich früher gerne geschmückt hatte, waren längst auf eBay versteigert worden. Das einzig Wertvolle, das er noch besaß, waren seine Platten. Ansonsten gab es nichts mehr. Eine Schwester mit einem eigenen Leben und alte Freunde, die längst angefangen hatten, von ihm in der Vergangenheit zu sprechen. «Was ist eigentlich aus Nat geworden? Wisst ihr noch? Er war auf jeder Party der letzte Gast.»

Aber seine Fassade bröckelte, die Mauer verlor ihre Substanz und er wusste nicht, was er dagegen tun sollte? In seinem Plan kamen keine anderen Menschen mehr vor. Schon gar keine Menschen, die versuchten, durch die Ritzen seiner Mauer zu kriechen. Hatte er diese Nähe nicht selbst provoziert? Immerhin hatte er auf ihre Briefe reagiert und damit den Stein ins Rollen gebracht. Er war zum Krankenhaus gefahren, um sie zu sehen, was zwangsläufig dazu geführt hatte, dass sich ihre Beziehung intensivierte. Warum hatte er das getan? Schwäche, vielleicht. Eine unbestimmte Sehnsucht, vielleicht.

Immer wieder dachte er daran, wie sich ihr Herzschlag angefühlt hatte. Dieses Gefühl war so überwältigend gewesen, dass selbst die Erinnerung daran ihn elektrisierte. Ein Hauch von Eva. Warum hatte er erst angefangen, sie wirklich zu lieben, als sie längst gegangen war?

◆

Wenn er nicht schlief, starrte er aus dem Fenster auf den Parkplatz, beobachtete irgendwelche Menschen und wartete darauf, dass Olivia kam. Sie hatte versprochen, ihm etwas zu kochen, weshalb er auf das Mittagessen verzichtet hatte. Es wurde später und später und allmählich war er so hungrig, dass er kurz davor war, einen Notruf abzusetzen, da klopfte es.

»Hallo?«, fragte sie vorsichtig, dann trat sie ein und tauchte schließlich hinter dem Vorhang auf. Ihre Wangen waren so gerötet, als wäre sie gerannt oder zu lange in der Sonne gesessen.

»Hey«, er fuhr die Rückenlehne hoch.

»Wie geht es dir? Du siehst schon tausendmal besser aus. Nicht mehr wie ein Halbtoter.«

»Das Fieber ist zum Glück runtergegangen. Hatte nur ziemlich wenig Schlaf heute Nacht.«

»Du solltest nachts auch nicht telefonieren. Das ist unverantwortlich«, sagte sie mit einem wissenden Lächeln.

Olivia setzte sich auf den Bettrand und wuchtete eine Tasche auf ihren Schoß. Heute trug sie unter ihrer Jeansjacke eine blütenweiße Bluse, deren obere Knöpfe geöffnet waren, sodass man den Ansatz einer rosafarbenen Narbe erkennen konnte. Dort hatte man vor mehr als drei Jahren ihren Brustkorb eröffnet, das alte Herz entnommen und ein anderes Herz eingepflanzt. Wie einen Samen, aus dem neues Leben entstand. Und was für ein Leben - Olivia wühlte in ihrer Tasche herum, fluchte leise und wischte sich zwischendurch hektisch das Haar aus dem verschwitzten Gesicht.

»Aha!«, triumphierend zog sie eine Packung Servietten hervor. Blumendekor. Ziemlich kitschig.

»Hast du Hunger? Ich habe nämlich etwas Vorzügliches für dich zubereitet.«

»Ich sterbe vor Hunger!«

Kurz darauf stand ein gigantischer Berg Rührei mit vor Fett triefenden Baconstreifen vor ihm.

»Yeah«, er lachte sie an. »Meine Cholesterinwerte flippen aus.«

Olivia ließ sich auf dem Stuhl nieder und fing an, ihm bis ins kleinste Detail von ihrem Morgen zu erzählen, während er sich über das Rührei hermachte. Es war keine hohe Kochkunst und nur noch lauwarm, aber er hatte schon lange nicht mehr so etwas Gutes gegessen. Sie hatte sogar an Petersilie gedacht.

»Danke, Olivia. Für alles. Du hast mich echt gerettet.«

»Alles gut. Ich mache das gerne«, ihr Blick wanderte forschend über sein Gesicht. »Aber ich hätte eine Bitte an dich, ja? Ich würde gerne dein Haus putzen. Erstens brauche ich Aufgaben, zweitens würde mein Arzt die Hände über dem Kopf zusammenschlagen, wenn er wüsste, in welchem Zustand -«

»Wie bitte? Ist es so schlimm?«

»Ach, du weißt doch, wie es in deinem Haus aussieht. Der Hygienestandard ist eher mangelhaft«, Olivia zog die Jeansjacke aus und hängte sie über die Stuhllehne, dann schlug sie die Beine übereinander und blickte ihn an.

»Eher mangelhaft? Naja, kann schon sein. Irgendwie komme ich nicht dazu, richtig sauber zu machen, weil ich echt ziemlich viel um die Ohren habe«, versuchte er sich rauszureden. In Wahrheit hatte Nat schlichtweg keine Ahnung davon, wie man einen Haushalt führte. Ihm war nie bewusst gewesen, wie schnell sich Staub in den Ecken sammelte und wie oft man Fenster putzen musste, damit man dahinter nicht nur unscharfe Konturen erkannte. Außerdem – das war wohl der wahre Grund - war es ihm ziemlich egal, wie sein Haus aussah. Im Winter hatte er es einigermaßen warm und wenn es regnete, wurde er nicht nass.

»Ich putze!«

»Das musst du nicht«, er richtete sich in seinem Bett auf und wischte ein paar Krümel von der Bettdecke.

»Vielleicht nicht für dich, klar«, sie lachte und hob schulmeisterhaft den Zeigefinger. »Aber das ist eine Hygienemaßnahme, die für meine Herzgesundheit unerlässlich ist, verstehst du?«

Obwohl es ihm ziemlich peinlich war, dass er in so einem heruntergekommenen Verhau lebte, musste er jetzt schmunzeln. Nat wollte gerade etwas sagen, als eine Krankenschwester eintrat, um seinem Zimmernachbarn beim Anziehen eines frischen Pyjamas zu helfen.

Olivia warf ihm einen kurzen Blick zu, dann stand sie auf und war mit einem Satz hinter dem Vorhang verschwunden. Leises Tuscheln. Gekicher. Mit unbewegter Miene kam sie zurück und ließ sich auf den Stuhl sinken und fing an, in aller Seelenruhe in ihrer Tasche zu wühlen, bis sie schließlich ihr Telefon hervorgekramt hatte.

»Ich muss kurz meiner Mutter schreiben, damit sie weiß, dass ich noch lebe.«

»Was wolltest du denn von der Krankenschwester?«

Sie grinste nur und zuckte mit den Achseln. Während sie auf ihr Telefon eintippte, betrachtete er sie unverhohlen. Schon früh hatte er sich angewöhnt, entweder in Menschen hinein oder durch sie hindurch zu sehen. Ganz oder gar nicht. Wäre Olivia ihm auf der Straße aufgefallen? Vermutlich nicht, obwohl sie natürlich etwas Außergewöhnliches an sich hatte, das sie aus der Masse herausstechen ließ. Viel mehr als ihr dunkler Teint, die Sommersprossen oder die wahnsinnig dunklen Augen war es diese ulkige Zahnlücke. Allein der Gedanke daran erheiterte ihn. Sie wäre ihm garantiert aufgefallen.

»Bitteschön«, die Krankenschwester trat hinter dem Vorhang vor und reichte Olivia etwas, das er nicht erkennen konnte. Sie bedankte sich und steckte ihr Telefon zurück in die Tasche, dann atmete sie tief durch.

»Okay«, murmelte sie. Nat runzelte die Stirn und wollte gerade etwas sagen, als sie aufstand, den Nachttisch beiseite schob und zu ihm trat.

»Darf ich?«, sie deutete auf sein Bett. Noch ehe er antworten konnte, setzte sie sich zu ihm. »Wir sind in einem Krankenhaus und da habe ich mir überlegt, also... Willst du es vielleicht mal hören?«, sie deutete auf ihr Herz und legte ihm etwas in den Schoß. Es war ein Stethoskop. Nat war völlig überrumpelt, rieb sich vor Verlegenheit den Nacken und fuhr sich schließlich ein paarmal durchs Haar.

»Ja, ähm, gerne.«

Mit der unversehrten Hand griff er nach dem Instrument und legte sich die Ohrbügel um. Ihre Blicke begegneten sich und es kam ihm vor, als säße er vor einem Ofen, dessen Hitze ihm brennend entgegenschlug. Olivia rutschte noch etwas näher an ihn heran und schob bereitwillig den Stoff ihrer Bluse beiseite. Karamellfarbene Haut. Für einen Moment verharrte sein Blick auf der hellen Narbe, die sich über ihr Brustbein zog und zwischen ihren Brüsten verschwand. Er schluckte trocken. Das erste Mal kam ihm der Gedanke, dass auch Olivia damals etwas verloren hatte.

Das Blut rauschte in seinen Ohren, sodass er nicht glaubte, jemals einen anderen Herzschlag hören zu können. Er wagte es nicht, sie länger anzusehen oder gar zu berühren. Nat starrte auf den schwarzen Schlauch in seiner Hand, während sein rechtes Augenlid unkontrolliert zuckte. Die Situation überforderte ihn.

»Schon okay.«

Sie nahm seine Hand. Kurz darauf spürte er warme Haut unter seinen Fingerspitzen, hörte ihren Atem, Rauschen, Dröhnen, Pulsieren. Nat schloss die Augen, als er ihr pochendes Herz vernahm.

Das war Eva, Olivia, Eva, Olivia. Das war ihr Herzton. Dumpf, hell, dumpf, hell. Wahrscheinlich hatte er nie etwas Schöneres gehört. Langsam ließ er sich zurücksinken.

Olivia hatte sich leicht über ihn gebeugt. Dort, wo sie sich auf der Matratze abstützte, spürte er ihren Arm an seiner Hüfte. Sie schien aufgeregt zu sein. Ihr Herz schlug so kräftig, dass er es nicht nur hören, sondern auch fühlen konnte. Eva in Olivia.

Schmerzlich erinnerte er sich daran, wie genervt er darauf reagiert hatte, wenn Eva sich morgens an ihn gekuschelt hatte. *Nur noch ein bisschen schmusen.* Sie verlangte nach seiner Nähe, nach seiner Aufmerksamkeit. Solche Bedürfnisse waren völlig normal. Aber ihm war diese Anhänglichkeit wie eine charakterliche Schwäche vorgekommen. Als wäre es etwas Schlechtes, das Eva sich abgewöhnen musste. Solche Gedanken waren völlig irrsinnig. Am Ende war es einfach nur der Ausdruck ihrer Liebe gewesen, den Nat immer und immer wieder missachtet hatte. Nun kam er sich wie ein Ungeheuer vor.

Langsam ließ er die Hand sinken und öffnete die Augen. Olivia war ihm näher, als er es erwartet hatte. Sofort wich sie zurück und fing an, die Knöpfe ihrer Bluse zu schließen.

Er hätte sie am liebsten zurückgehalten, als sie aufstand.

»Hat sich gut angehört. Könnte vielleicht mein neues Lieblingslied werden«, er grinste schief und rollte den Schlauch des Stethoskops zu einer Schnecke zusammen.

»Meins auch«, sie schenkte ihm ein flüchtiges Lächeln, dann griff sie nach ihrer Tasche und räumte die Dose ein, in der sie das Rührei transportiert hatte. Als Olivia ihre Jeansjacke nahm und hineinschlüpfte, rappelte er sich auf.

»Was machst du?«

»Yukon muss raus. Ich denke, ich sollte zurück.«

»Verstehe, klar. Du kannst mich ja anrufen, wenn...ich meine, nur wenn es wieder schlimm wird. Wenn du Angst hast.« Innerlich verfluchte er sich für sein Gestammel.

»Mhm, mal sehen«, sie hielt ihm ihre Hand hin. Als er danach griff und ihren Blick suchte, runzelte sie die Stirn.

»Ach so«, sie lachte perlend. Ein fester Händedruck, dann griff sie mit der anderen Hand nach dem Stethoskop und zwinkerte ihm zu. »Das sollte ich der Schwester wieder zurückbringen.«

# Blackwater

Seit sie heute Morgen aufgewacht war, musste sie an die Liste denken. Auch als Nat quicklebendig vor ihr gesessen hatte, aber vor allem, als er ihrem Herzschlag gelauscht hatte. Er war ihr so verlassen vorgekommen, dass sie ihn am liebsten einfach in den Arm genommen hätte, um tröstende Worte in sein Ohr zu flüstern. Vielleicht war seine Einsiedelei auch die Alternative zu jedem einzelnen Punkt, den er auf der Liste notiert hatte?

Nachdem sie eine Weile mit Jakob telefoniert hatte und von Yukon um den Tümpel geschleift worden war, machte Olivia sich ans Werk, um das Haus aus seinem Dornröschenschlaf aufzuwecken. Sie drehte die Musik so laut auf, dass der Bass die Wände vibrieren ließ, fing an, die Küchenschränke auszuräumen und stapelte Geschirr, Töpfe und allerlei Vorräte auf dem Tisch. Als sie Jacob vorhin von ihrem Plan erzählte, hatte er sich darüber lustig gemacht.

»Ernsthaft? Du passt auf seinen Hund auf, bringst ihm Essen ins Krankenhaus und bist jetzt auch noch seine Putzfrau? Der Typ hat ja echt Glück mit dir.«

»Falsch! Du hast Glück mit mir«, erinnerte sie ihn verärgert. In seinen Augen war ihre Hilfsbereitschaft völlig übertrieben und für einen kurzen Moment ließ sie sich davon irritieren. Vielleicht sendete sie Nat damit falsche Signale? Doch nachdem das Telefonat beendet war, schüttelte Olivia alle Zweifel ab. Es war richtig, hier zu sein. Jacob verurteilte auch nicht ihre Hilfsbereitschaft an sich, sondern die Tatsache, dass Olivia sich dem Leben eines fremden Mannes widmete.

Sie war stundenlang damit beschäftigt, die Küche zu putzen. Gerade hatte sie die Sitzbank von der Wand weggerückt, als ihr ein Foto in die Hände fiel, das unter einem Staubberg auf dem Boden lag. Darauf war Nat zu sehen. Er strahlte wie ein Honigkuchenpferd und blickte eine zierliche Frau an, die sich bei ihm untergehakt hatte. Sie trug ein dunkelblaues Kleid und hatte weizenblondes Haar. Auch wenn sie direkt in die Kamera blickte, schien sie irgendwie abwesend. So durchscheinend, als würde sie jeden Moment verschwinden. Ihre Wangen waren gerötet und sie lächelte selig. Das musste Eva sein. Die Vermutung bestätigte sich, als sie die Fotografie umdrehte.

•

Als ihr Telefon in ihrem Schoß zu vibrieren begann, schreckte Olivia auf. Das Buch fiel zu Boden und sie fischte danach, während sie einen Blick auf das Display warf. Sofort war sie hellwach.

»Oh, hallo?«

»Hey Olivia. Störe ich?«

»Nein, nein. Ich habe nur gelesen. Wie geht es dir?«

»Alles okay. Das Antibiotikum schlaucht mich zwar, aber ich habe das Gefühl, dass die Entzündung allmählich zurückgeht. Meine Hand sieht jedenfalls nicht mehr aus wie ein aufgeblasener Gummihandschuh.«

»Das hört sich gut an. Was hast du heute denn noch gemacht? Gab es etwas Besonderes?«

»Was soll ich schon gemacht haben? Gelesen, geschlafen und Musik gehört. Mehr geht gerade nicht. Ist mit Yukon alles okay?«

»Er hat gefressen und jetzt schläft er. Er schnarcht. Kannst du das hören?«, Olivia beugte sich zu Yukon hinab und hielt das Telefon vor die Hundeschnauze.

»Klingt gut«, er räusperte sich. »Mir ist noch etwas eingefallen, das ich dir anbieten wollte. Ich dachte mir, dass du vielleicht gerne deinen Mann bei dir hättest, damit du nicht so alleine bist? Du kannst ihn gerne einladen.«

»Das ist wirklich nett, aber gerade ist es eigentlich ganz schön, ein bisschen allein zu sein.«

»Ich wollte nur, dass du weißt, dass er selbstverständlich auch willkommen ist.«

»Ja, klar«, das Lachen blieb ihr im Hals stecken. »Um ehrlich zu sein, läuft es gerade nicht so gut zwischen uns. Deswegen kam mir deine Bitte auch ziemlich gelegen.«

Olivia hatte keine Ahnung, woher die Worte kamen und was sie bei Nat verloren hatten.

»Oh, tut mir leid zu hören. Ist es etwas Ernstes?«

»Weiß ich nicht. Ja, wahrscheinlich schon.«

Ihre Gefühle hatten sich abgenutzt. Manchmal stellte sie sich vor, dass es ihr altes Herz gewesen war, das Jacob geliebt hatte, nicht ihr neues. Manchmal schämte sie sich zutiefst, weil sie spürte, dass er sie immer noch so liebte wie am ersten Tag. Olivia glotzte den Ring an, der an ihrem Finger steckte. Für immer, hatten sie sich geschworen. In guten und in schlechten Tagen. Jacob hatte sich daran gehalten und er hatte es verdient, geliebt zu werden. Vielleicht konnte sie es wieder lernen?

»Willst du darüber reden?«

»Hm, ja«, antwortete sie geistesabwesend. »Äh, nein. Nicht über Jacob.«

»Okay, klar. Über etwas anderes?«

»Ja.«

»Also, du hast gesagt, dass deine Mutter eine Mataka ist, oder?«, seine Stimme klang unsicher.

»Nein, mein Vater. Er hat in dem Reservat gelebt, bis er adoptiert wurde. Aber jetzt ist es so, als wäre er niemals dort gewesen. Er hatte keinen guten Start ins Leben. Wahrscheinlich versucht er deswegen, seine Spuren zu verwischen.«

»Oh, verstehe. Und wie ist es bei dir? Fühlst du dich wie eine von ihnen? Wie eine Indianerin?«

»Naja, ich habe erst vor ein paar Jahren angefangen, mich ernsthaft mit meiner Herkunft auseinander zu setzen. Davor hat das irgendwie keine Rolle gespielt.« Olivia war froh, nicht mehr über Jacob nachdenken zu müssen. »Hey, wusstest du, dass Kolumbus die Indianer nur so genannt hat, weil er dachte, er sei in Indien gelandet?«

»Ich glaube, ich habe mal davon gehört, ja.«

»Wir feiern Kolumbus als den großen Entdecker Amerikas. In Wahrheit war er das natürlich nicht. Hier haben seit Urzeiten Menschen gelebt. Es ist Indianerland und trotzdem gibt es im Oktober immer noch diesen dämlichen Feiertag.«

»Was feiert man da nochmal?«

»Na, die heldenhafte Entdeckung Amerikas. Als wäre das Land davor verloren gewesen und erst durch den weißen Mann gerettet worden. Für die Indianer muss das jedes Mal eine Demütigung sein.«

»Darüber habe ich eigentlich noch nie so richtig nachgedacht, muss ich gestehen.«

»Früher habe ich mir deswegen auch keinen Kopf gemacht, aber das hat sich verändert. Ich fühle mich mit ihnen verbunden - mit meinen Vorfahren und mit dieser Vergangenheit. Das ist ein Teil von mir, den ich jahrelang einfach ignoriert habe.«

»Hast du sie eigentlich mal besucht, die Mataka?«

»Nein. Meine Großmutter ist schon lange tot und ich weiß nicht, ob es dort noch andere Menschen gibt, mit denen ich verwandt bin. Mein Vater spricht nicht darüber.«

»Dann solltest du dorthin fahren und es herausfinden. Das wäre doch spannend, oder nicht?«

»Ach, ich weiß nicht. An wen sollte ich mich denn wenden?«

»Du gehst einfach zum Häuptling und sagst ihm, dass du eine echte Indianerin bist, in Frieden kommst und Geschenke mitgebracht hast. Alles andere ergibt sich dann.«

»Was?«

»Macht man das nicht so?«

»Keine Ahnung, aber ich werde dir auf jeden Fall Rauchzeichen schicken, wenn es geklappt hat«, versprach Olivia lachend, dann hielt sie jedoch inne und fragte: »Hast du wirklich nur angerufen, weil du mir sagen wolltest, dass Jacob hierher kommen kann?«

»Wie meinst du das?«

»Du wolltest reden.«

»Ja, wahrscheinlich wollte ich das«, gestand er nach kurzem Zögern. »Schlimm?«

»Nein, überhaupt nicht. Es freut mich, dass du angerufen hast, aber eigentlich bist du kein gesprächiger Typ, oder?«

»Das ist wahr.«

»Aber mit mir möchtest du reden?«

»Ja, vielleicht. Ich weiß auch nicht. Ich dachte nur.«

»Das ist schön«, erwiderte sie sanft. Eine Weile herrschte Stille und es fiel Olivia schwer, nicht überhastet irgendetwas zu sagen.

»Mari«, sagte er tonlos. Nat schien sich auf die andere Seite zu wälzen. »Wir wollten sie Mari nennen.«

Es dauerte einen Moment, bis Olivia begriff, was er ihr sagen wollte, dann fing ihr Herz an, taktlos zu schlagen. Gestern Nacht hatte sie ein Baby im Arm gehalten. Sie hatte seine Wange geküsst, hatte ihm ein Lied gesungen, bis es eingeschlafen war. Deutlich sah sie das kleine Gesicht vor sich - die Stubsnase, die weißen Härchen - und erinnerte sich an das überschäumende Glücksgefühl, das sie in diesem Moment empfunden hatte. Wie war das nur möglich? Olivia war plötzlich hellwach.

»Eva war schwanger«, flüsterte sie.

»Im achten Monat. Wir haben uns so gefreut. Das Zimmer war längst fertig. Ein kleines Bett, Bilder an der Wand. Ich wollte kürzer treten und zuhause sein. Alles sollte anders werden.«

»Es tut mir so leid, Nat.«

Ihre Gedanken zerrissen. Während sie ihre Träume abklopfte und das Gesicht des Kindes vor sich sah, hörte sie ihm zu.

»Ich bin viel zu schnell gefahren und war völlig übermüdet. Ich dachte, ich hätte die Kontrolle über den Wagen«, sagte er mit belegter Stimme. »Dann war plötzlich alles vorbei. Und ich dachte, wir hätten noch so viel Zeit, so viel Zukunft? Ich dachte, ich könnte ein besserer Mann sein.«

»Du warst bestimmt ein toller Mann, Nat, und -«

»Nein, war ich nicht«, unterbrach er sie brüsk.

»Warum sagst du das?«

»Weil es stimmt. Du kennst mich nicht. Du weißt nicht, wie ich früher gewesen bin.«

»Wie warst du?«

Ihr Herzschlag folgte keinem Rhythmus mehr. Beschwichtigend legte sie die Hand auf ihr Brustbein und versuchte, ruhig zu atmen.

»Nicht da, nicht wirklich. Total egoistisch.«

»Das warst du bestimmt nicht.«

»Eva war unglücklich. Sie hat es mir tausendmal gesagt und ich habe nichts dagegen getan.«

»Aber du hast sie geliebt und das wusste sie, das hat sie gespürt, weil...«, Olivia suchte nach irgendwelchen Worten, mit denen sie ihn besänftigen konnte.

»Und dann wurde sie schwanger und ich dachte, dass ich mich endlich zusammenreißen könnte.«

»Eva wollte mit dir eine Familie gründen. Du kannst nicht so schlimm gewesen sein.«

»Doch«, beharrte er. »Wir haben uns an der Hoffnung festgeklammert, dass es besser werden würde, aber dann bin ich gegen den verdammten Baum geknallt. Eva tot. Mari tot. Nur ich lebe. Der, der es am wenigsten verdient hat, lebt. Was ist das für eine Scheiße?«

Ihr stockte der Atem. Sofort sah sie die Liste vor sich, sah die vielen Wege, die er in Erwägung gezogen hatte. Der erste Punkt war Erfrieren. Dauert lange. Erst schmerzhaft, dann wahrscheinlich schön. Kälteidiotie.

»Es ist gut, dass du lebst.«

»Für wen?«

Ihr Herz drehte Kreise durch ihren Brustkorb. Olivia überlegte fieberhaft, was sie jetzt antworten sollte, als der Husky in der Küche geräuschvoll aus seinem Napf trank.

»Für Yukon und deine Familie?«

»Mhm, schon klar«, er stieß einen Seufzer aus.

»Meinst du nicht, dass Eva dir verzeihen würde?«

»Sie ist tot. Sie kann mir nicht verzeihen.«

»Und ihre Eltern? Was sagen die?«

»Dass ich das Leben ihrer Tochter zerstört habe und dass sie es schon immer geahnt haben. Wenn ich nicht wie ein Irrer gerast wäre, dann wäre der Aufprall nicht so heftig gewesen, dann hätte Eva vielleicht eine Chance gehabt.«

»Du bist Rehen ausgewichen. Es war ein Unfall.«

»Das kann man nicht schönreden.«

Sie wollte protestieren, aber ihr fehlten die Argumente. Sie schwiegen. Die Leitung knackte und Sekunden versickerten, in denen Olivia sich fragte, woher die Bilder kamen, die sie in ihren Träumen sah? War es ihr eigener Geist oder ein anderer, der durch den Nebel zu ihr sprach?

»Man sagt, dass nichts vergeht. Der Tod ist eine Verwandlung. Nur die Gestalt verändert sich. Wie Wasser, verstehst du? Wasser verdampft und wird zu winzigen Tröpfchen in der Luft, die man mit bloßem Auge nicht sehen kann. Wasser wird zu Eis. Wasser fließt«, erklärte sie mit gesenkter Stimme. »Vielleicht ist Eva noch bei dir, ohne dass du sie sehen kannst?«

»Ach Olivia, das sind doch nur Hirngespinste«, er klang erschöpft. »Ich denke, ich muss jetzt schlafen.«

»Es tut mir leid.«

»Alles gut. Ich bin okay.«

Noch ehe sie antworten konnte, hatte er aufgelegt. Sie hielt das Telefon noch lange in der Hand und blickte auf das leuchtende Display bis es irgendwann schwarz wurde.

## Tacoma

Als er aufgelegt hatte, fühlte es sich an, als wäre jedes Photon Licht aus der Welt gesaugt worden. Die Schwärze wurde größer und dichter, der Sog riss an seinem Körper. Nat kannte dieses Gefühl, aber er hatte es schon lange nicht mehr so intensiv wahrgenommen. Es war falsch, darüber zu sprechen, auf ihre Briefe geantwortet zu haben und zu glauben, das hätte keine Konsequenzen. Olivia musste verschwinden, weil sie etwas in ihm auslöste, das er nicht ertragen konnte. Allein ihre Existenz war Salz in seinen Wunden. Was hatte er sich gedacht? Dem Herzschlag lauschen wie einem Echo, das ihn daran erinnerte, dass wegen ihm ein Mensch gestorben war? Wozu?

Er wollte sie nicht in seinem Leben. Weder ihre Kreuzworträtselfragen, noch dieses quietschende Lachen, an dem sie sich jedes Mal fast verschluckte.

Fieberhaft überlegte er, wie er Olivia loswerden konnte. Solange er im Krankenhaus war, benötigte er ihre Hilfe. Also blieb ihm nur eine Option: Er würde sich selbst entlassen. Keiner konnte ihn dazu zwingen, noch länger in diesem Bett zu liegen. Sobald die Ärztin zur Visite kam, würde er ihr seinen Entschluss mitteilen. Er würde nachhause fahren, Olivia danken und hinter ihr die Tür schließen. Dann würde er ihre Nummer blockieren und das Postfach kündigen. Nat presste die Lippen zusammen und starrte hinaus auf den Parkplatz. Die Laternen warfen ein milchiges Licht auf den Asphalt. Natürlich war es schmerzhaft, aber wenn es darauf ankam, konnte er unbarmherzig sein.

•

Gerade war die Krankenschwester bei ihm gewesen, um seinen Blutdruck zu messen, und er hatte wieder zu seinem Buch gegriffen, als das Handy in der Nachttischschublade vibrierte. Er konnte sich denken, wer anrief, und hielt das Telefon in seiner Hand, bis das Vibrieren schließlich erstarb. Kurz darauf traf eine Nachricht ein.

> 10:59:01 Hallo Nat, was macht die Hand? Hier ist alles in Ordnung. Ich musste noch lange über unser Gespräch nachdenken und möchte mich für deine Offenheit bedanken. Es bedeutet mir wirklich viel, mit dir so ehrlich sprechen zu können. Hast du irgendwelche Wünsche? Ich fände es nämlich schön, wenn ich dich heute wieder besuchen könnte.

Ein unterkühlter Bericht wäre ihm lieber gewesen. Hatte Olivia nicht einfach Worte finden können, die ihn nicht in die Bredouille brachten? Als er aus dem Fenster in den grauen Himmel blickte, dachte er an die vier Engel aus der Offenbarung, die an den vier Ecken der Erde standen, um die vier Winde festzuhalten, damit kein Wind über die Erde wehte. Bewegungslosigkeit. Das war der einzige Zustand, den er ertragen konnte.

> 11:05:12 Hey Olivia, ich habe gute Nachrichten: ich darf gehen. Keine Ahnung, wann genau sie mich hier rauslassen, aber ich komme heute wieder zurück. Du bist erlöst.

> 11:16:45 Wow, das ist jetzt echt eine Überraschung. Ich freue mich! Dann koche ich uns etwas Leckeres, damit wir deine Heimkehr feiern können. Yukon ist heilfroh, wenn du endlich wieder da bist.

Olivia kümmerte sich um ihn - um sein Leben. Zwischen ihnen war trotz der Distanz so etwas wie Nähe entstanden. Es war niederträchtig, sie einfach fortzustoßen, aber Nat sah keine andere Möglichkeit. Er wollte sie nirgendwo reinziehen, sich nicht vor ihr rechtfertigen, wollte sie nicht belasten. Und noch weniger sich selbst.

Nachdem ihm die Ärztin völlig entsetzt davon abgeraten hatte, das Krankenhaus zu verlassen, war er kurz ins

Straucheln geraten, aber letztlich konnte er sie davon überzeugen, zuhause weitaus besser versorgt zu sein.

»Dort fühle ich mich einfach wohler. Ich brauche mein gewohntes Umfeld.«

»Sie haben ja eine liebe Freundin, die sich um Sie kümmert«, zwitscherte die Krankenschwester.

Nat nickte eifrig. Als Kind eines jähzornigen Vaters hatte er früh gelernt, wie man Emotionen entkoppelte, um zu funktionieren. Wenn es darauf ankam, konnte er sich völlig mechanisch verhalten. Ein Programm, das er scheinbar mühelos abspielen ließ. Er konnte spüren, wie kleine Zahnräder ineinander griffen, wie sich Schrauben festzogen und der Mantel zu einem Panzer wurde.

Mit erstarrter Miene fuhr er in die Innenstadt, um für Olivia eine kleine Aufmerksamkeit zu besorgen. Ziellos tigerte er an den Schaufenstern vorbei. Irgendwann betrat er einen Bücherladen und steuerte auf das Regal mit den Reiseführern zu. Olivia hatte immer wieder von den Trails geschwärmt, die sie früher gewandert war. Vielleicht würde sie irgendwann den Mut haben, wieder die Wanderstiefel zu schnüren?

Nat ließ den Zeigefinger über die Buchrücken wandern und zog schließlich ein Exemplar hervor, das den Titel »*Exploring the North Cascades Wilderness*« trug. Vor einem dunklen See war eine Wiese mit Wildblumen abgebildet. Im Wasser spiegelten sich Hemlocktannen und dahinter erhob sich ein großer Berg mit schneebedeckten Hängen. Er blätterte flüchtig durch die Seiten. Schöne Fotos, ein bisschen Text und jede Menge Trails mit irgendwelchen Geheimtipps. Perfekt.

»Soll ich's auch noch einpacken?«, fragte die Verkäuferin. Sie schien so genervt zu sein, dass es ihn nicht gewundert hätte, wenn sie mit den Augen gerollt und würgende Geräusche gemacht hätte, als er nickte.

»Einen Moment bitte noch«, er deutet auf ihren Kugelschreiber. »Kann ich?«

Sie zuckte nur mit den Achseln.

*Worauf wartest du noch?*
*Nathaniel*

»Das wär's«, er schob das Buch über den Tresen, wo die Verkäuferin schon das Geschenkpapier bereithielt, das sie schließlich gelangweilt um das Buch wickelte.

•

Nat kroch über den Highway und ignorierte das Pochen in seiner Hand. Je näher er kam, desto langsamer fuhr er. Hart und unerbittlich. Das waren die Attribute, mit denen er sich jetzt gerne geschmückt hätte, aber es gelang ihm nicht. Sein Herz pochte vor Aufregung.

Er würde Olivia nicht ins Gesicht sehen können, wenn er ihr verkündete, dass er keinen Kontakt mehr zu ihr haben wollte. Kurz dachte er darüber nach, eine Lüge zu erfinden. Rückkehr nach New York, Auswandern nach Irland, Kanada, Alaska oder eine Frau, in die er sich unsterblich verliebt hatte und die rasend vor Eifersucht war. Nein, noch tiefer wollte er nicht sinken. Die halbe Wahrheit erschien ihm wahr genug. Gedanklich formulierte er Sätze, die er ihr heute Abend noch schreiben wollte.

Als er nur noch eine Meile von Blackwater entfernt war, fühlte er sich gewappnet. Im Rückspiegel übte er ein aufgesetztes Lachen, dann drehte er das Radio auf. Ein Glockenspiel, ein sanfter Rhythmus – dann ertönte eine Stimme und sein Lächeln erstarb.

Die Brombeerhecken, das Tor, der schlammige Weg, ein fremdes Auto. Er blickte starr geradeaus, als er zum Haus hinab fuhr. Als er schließlich den Motor abgestellt hatte, vernahm er lautes Hundegebell.

Halbwegs grinsend stieg er halbwegs schwungvoll aus dem Wagen. Yukon war außer sich vor Freude. Er schwänzelte um ihn herum, sprang an ihm hoch und drückte sich an seine Beine.

»Alter Junge«, er kraulte den Hund. »Alles gut. Jetzt bin ich wieder hier.«

Nachdem er die Tasche vom Beifahrersitz gezerrt und sich das Buch unter den Arm geklemmt hatte, richtete er den Blick zum Haus. Nat blies die Wangen auf. Von dem oberen Balken der Veranda hingen nun Töpfe, in denen weiße Blumen blühten. Zwei große Farngewächse flankierten die

Tür, in deren Rahmen Olivia lehnte und ihn angrinste. Sie war barfuß, trug Jeansshorts und eine karierte Bluse, die sie über dem Hosenbund zusammengeknotet hatte. Im Sonnenlicht sah es so aus, als würde ihre Haut schimmern und ihr Haar feucht glänzen.

»Herzlich Willkommen zurück!«, sie hüpfte ihm entgegen, als er schon fast bei der Treppe angelangt war. Kurz drückte sie ihn an sich. Zu kurz, um die Umarmung zu erwidern, aber lang genug, um ihn aus dem Takt zu bringen. »Schön, dass du wieder zuhause bist.«

»Yeah, vielen Dank«, er räusperte sich. »Ich bin echt heilfroh. Krankenhäuser sind immer so deprimierend.«

»Wem sagst du das? Ich habe fast ein ganzes Jahr in Krankenhäusern verbracht. Weißt du, ich hätte Yukon zur Feier des Tages ja ein Partyhütchen aufgesetzt, aber er hat sich geweigert.«

»Schade«, er grinste schief. »Aber hey, ich weiß nicht, was ich sagen soll? Die Blumen sehen super aus.«

»Finde ich auch. Das sind Geranien«, sie deutet auf die Hängetöpfe, aus denen die Blumen quollen. »Und hier vorne habe ich Steinkraut gesät. Darum musst du dich eigentlich nicht kümmern. Das ist eine robuste Pflanze, wächst quasi von ganz alleine und hat wunderschöne Blüten.«

»Ich versuche, sie nicht sterben zu lassen«, er kratzte sich am Hinterkopf. »Wirklich, vielen Dank für die Blumen. Ich habe dir auch etwas besorgt.«

Er streckte ihr das Buch entgegen, das in rosafarbenes Papier mit lächerlichen Luftballons eingeschlagen war.

»Das wäre doch nicht nötig gewesen«, sagte sie und ließ sich augenblicklich auf die erste Treppenstufe plumpsen. Mit strahlendem Lächeln packte sie das Geschenk aus. »Oh, herzlichen Dank.«

»Nein, ich habe zu danken. Ich wusste nicht, was ich dir schenken soll, aber du bist doch früher immer-«

»Ach nein, das musst du sehen. Wow«, ihre Stimme überschlug sich. Sie hielt ihm das aufgeschlagene Buch vor die Nase. »Den Trail bin ich noch kurz vor der Herzsache gelaufen. Vom Desolation Peak fast 45 Meilen bis zum Jackita Ridge. Das war atemberaubend. Du musst irgendwann dorthin.«

»Eigentlich habe ich dir das Buch geschenkt, weil ich denke, du solltest irgendwann wieder dorthin.«
»Das stimmt«, sie seufzte. »Ich sollte wandern gehen.«
Olivia blätterte fast schon andächtig durch das Buch. Für einen kurzen Moment hatte er vergessen, dass er sie nicht mehr wiedersehen würde, doch als sie zu ihm aufblickte und ihn mit rosigen Wangen anlächelte, fiel es ihm wieder ein.
»Hast du Hunger?«, wollte sie wissen.
»Ich weiß nicht.«
»Das müssen wir herausfinden«, Olivia klappte das Buch zu und stand auf. Leichtfüßig sprang sie die Treppe hinauf und verschwand wie selbstverständlich im Haus. Yukon folgte ihr – er blickte sich nicht ein einziges Mal nach seinem Herrchen um. Etwas irritiert blieb Nat zurück.
»Hallo? Bist du festgewachsen?«, ertönte ihre Stimme aus dem Haus. »Es gibt Pizza.«
Nat betrat eine Küche, in der es so gut duftete, dass ihm sofort das Wasser im Mund zusammenlief. Aufgeräumt und sauber. Auf dem Tisch standen Blumen und daneben eine Schüssel mit Heidelbeeren.

♦

Nachdem er sich im Badezimmer frisch gemacht hatte, trat er nervös in die Küche, in der Olivia an einem gedeckten Tisch auf ihn wartete. Sie strahlte ihn an und Nat war mit der Situation heillos überfordert. Seit Jahren hatte niemand mehr mit dem Essen auf ihn gewartet und sich so viel Mühe gegeben, um ihm eine Freude zu bereiten. Während sie nichts Böses ahnte, vollführte er ein Schauspiel. Lächeln angeknipst, Augen auf das Zielobjekt gerichtet, feste Stimme – *deep acting*.
»Lass es dir schmecken«, sie lud ihm ein gigantisches Stück Pizza auf den Teller. Er kam sich wie ein Verräter vor, als Olivia ihm zögernd erzählte, dass ihr beim Putzen eine Fotografie mitsamt der Traueranzeige in die Hände gefallen war.
»Eva war wirklich eine sehr schöne Frau«, sie schenkte ihm ein warmes Lächeln. »Mit ihrem hellen Haar hat sie mich an eine Elfe erinnert. So fein und zart, irgendwie zerbrechlich.«

»Zerbrechlich«, wiederholte er und nickte. »Man hätte behutsamer mit ihr umgehen müssen.«

Olivia blickte ihn nachdenklich an und schien etwas sagen zu wollen, doch dann senkte sie den Kopf und fing an, die Randstücke der Pizza auf ihrem Teller herumzuschieben.

»Yukon!«, er lachte auf, als er Zähne bemerkte, die an seinem Verband zupften. »Hast du Hunger?«

»Oh, das habe ich ja total vergessen.«

Fast schon erleichtert sprang Olivia auf und zerrte den großen Sack Hundefutter unter der Spüle hervor, um den Napf zu füllen. Als sie sich wieder gesetzt hatte und man Yukon geräuschvoll fressen hören konnte, erkundigte sie sich eingehend nach seiner Wunde und den genauen Umständen seiner frühzeitigen Entlassung. Offensichtlich war sie froh, das Thema wechseln zu können. Es fiel ihm überhaupt nicht schwer, sie anzulügen. Ihr fiel es überhaupt nicht schwer, ihm zu glauben.

»So, ich werde jetzt die Heimreise antreten«, Olivia warf einen flüchtigen Blick auf ihr Telefon. »Ich hasse es, durch die Nacht zu fahren. Vor allem die ganzen Waldstrecken. Das ist immer so unheimlich.«

Plötzlich sprang sein Geist zurück in die Nacht, in der Eva gestorben war. Auch sie waren damals stundenlang durch schwarze Wälder gefahren. Sein Magen verkrampfte sich. Der Gedanke, dass Olivia sich jetzt alleine ins Auto setzte und davon fuhr, ließ Panik in ihm aufsteigen. Kurz spielte er mit dem Gedanken, sie nach Marblemount zu fahren, doch wenn es dunkel war oder regnete - schlimmstenfalls beides - würde er eher barfuß von Mexiko nach Kanada laufen, als auch nur 50 Meter mit dem Auto zu fahren.

»Ich schlafe im Wohnzimmer.«

»Ist das nicht ein bisschen unbequem?«, Olivia stopfte ihre Jeansjacke und das Buch in den Rucksack, der neben der Tür an der Wand lehnte, dann leerte sie ihr Glas.

»Nein, nein. Du verstehst das falsch«, er lachte. »Willst du nicht lieber erst morgen fahren? Du solltest ausgeruht sein. Es ist dunkel und die Fahrt dauert ewig.«

»Jacob wartet auf mich«, sie hob die Schultern. »Aber vielen Dank für das Angebot.«

»Fühlst du dich wirklich fit genug?«

»Ich trainiere für Trails durch die Wildnis! Da ist eine Spazierfahrt von ein paar Stunden echt ein Klacks.«

Die Nacht zog auf und erschöpfte das Licht. Über ihnen spannte sich ein violetter Himmel auf, als sie sich vor dem Haus gegenüber standen. Nat wusste nicht, wie er sich verhalten sollte. Noch weniger wusste er, welche Worte angebracht waren. Dieser Moment würde der letzte sein, aber davon hatte Olivia keine Ahnung. Er versuchte, sich nicht anmerken zu lassen, wie nervös er war.

»Ich hoffe, deine Hand verheilt ganz schnell und -«

»Ohne dich wäre ich aufgeschmissen gewesen. Danke.«

»Keine Ursache. Ich habe dir gerne geholfen.«

»Es tut mir leid, dass du wegen mir so große Umstände hattest und in meiner Bruchbude wohnen musstest.«

»Mach dir keinen Kopf deswegen. Es war gut, eine Weile zuhause rauszukommen. Ich konnte ein paar Gedanken sortieren. Außerdem war es wirklich schön, dass wir uns wiedergesehen haben.«

»Ja, das fand ich auch«, erwiderte er mit rauer Stimme.

»Vielleicht treffen wir uns mal wieder?«, sie lächelte und zeigte dabei ihre ulkige Zahnlücke. Sein Herz, das gerade noch wild gepocht hatte, war nun tonnenschwer. Er sehnte sich nach einem anderen Herzschlag, einem anderen Taktgeber, weil er gerade unfähig war, mit dieser Situation umzugehen. Eine tiefe Traurigkeit erfüllte ihn, weil es das letzte Mal sein würde, dass Olivia ihm so nah war - mit dem Herz.

»Alles okay?«, fragte sie und neigte den Kopf zur Seite. Nat blieb stumm. Sein Blick glitt über ihr Gesicht hinab zu der Stelle, wo die Bluse ein wenig auseinander klaffte und ihre Haut entblößte. Sein Wunsch, sie zu berühren, wurde so drängend, dass er ihn Worte sagen ließ, über die er keine Sekunde nachgedacht hatte.

»Olivia, ich weiß, es klingt eigenartig, aber...«

Sie nickte, ohne dass er seine Frage ausformuliert hatte. Mit weichen Knien trat er vor sie. Olivia half ihm - wie immer - und legte seine Hand behutsam auf die Stelle über ihrem Herzen. Als er den Stoff der Bluse spürte und das Pochen darunter wahrnahm, hob er den Blick.

Ein Lächeln huschte über ihr Gesicht. Eva war fort. Er versuchte sie zu spüren, aber es gelang ihm nicht. Als der Wind ihr Haar verwirbelte und sie leise lachte, zog sich sein Magen zusammen. Wie hatte es sich angehört, wenn Eva lachte? Hell wie ein Glockenspiel. Ihr Herz schlug in seiner Hand. Was auch immer ihn schwach werden ließ - ihm fehlte die Kraft und der Wille, um sich dagegen zu wehren.

Behutsam legte er den Arm um ihre Taille und zog sie näher zu sich. Sie wich nicht zurück, doch er bemerkte, dass sie unter seiner Berührung erschauderte. Ihr Atem strich über seine Wange - Nat schloss die Augen, dann vergrub er sein Gesicht an ihrer Halsbeuge. Er sog ihren Geruch tief in sich auf. Vielleicht war es der verwehte Duft eines Parfüms, vielleicht das Shampoo, mit dem sie ihr Haar gewaschen hatte. Plötzlich spürte er eine Hand auf seiner Schulter, die ihn tröstend streichelte. Eine Ewigkeit war vergangen, seitdem er das letzte Mal so berührt worden war. Er war im Grunde völlig ausgehungert. Alle Abwehrmechanismen versagten. Seine Gedanken zogen an ihm vorbei und er tat nichts dagegen, um sie zurückzuhalten. Was auch immer geschah - für einen winzigen Moment erlaubte er sich, loszulassen.

Der Wind rauschte durch die Baumkronen, dann hörte man von irgendwoher das Geheul eines Kojoten. Olivia hob den Kopf, doch Nat zog sie noch enger zu sich. Als er ihre Wange an seiner spürte, stellte er sich sogar vor, wie es wäre, sie zu küssen. Nur für einen winzigen Moment, dann schob er diese Phantasien weit von sich.

»Nat, ich muss gehen.«

Er ließ sie so abrupt los als stünde sie unter Strom. Sofort zwängte sich der Wind zwischen ihnen hindurch.

»Ja, ich weiß. Du musst los.«

Seine Worte klangen abgehackt. Nat schaffte es kaum sie anzusehen. Obwohl sie im Schatten der Bäume standen, fühlte er sich völlig entblößt.

»Pass auf dich auf«, sie strich ihm kurz über die Wange, dann riss sie die Wagentür auf und stieg ein.

»Olivia?«, er rieb sich nervös über die Stirn. »Danke, dass du hier warst.«

Sie lächelte ihn an, dann schloss sie die Tür und startete den Motor. Die roten Lichter entfernten sich und verschwanden schließlich hinter den Hecken. Er lauschte, bis er das Brummen ihres Wagens nicht mehr vernehmen konnte, dann presste er seinen Daumen auf die Wunde, bis der stechende Schmerz kaum noch auszuhalten war.

## Marblemount

Jacob war heilfroh, dass sie früher wieder nachhause gekommen war. Obwohl Olivia erst spät in der Nacht die Orchard Road erreichte und er am nächsten Tag arbeiten musste, wartete er. Sie musste ihm hoch und heilig versprechen, sich in der nächsten Zeit zu keinen spontanen Hilfsaktionen mehr hinreißen zu lassen.

»Mir ist es einfach lieber, wenn du in der Nähe bist.«

Jacob trat an sie heran und fuhr mit dem Zeigefinger über ihre Narbe. Unwillkürlich musste sie an Nat denken. Als er sie vorhin so nah zu sich gezogen hatte, war sie darauf gefasst, dass er sie küssen würde. Und Himmel, Olivia hätte es wahrscheinlich einfach geschehen lassen. Die ganze Fahrt musste sie darüber nachdenken. Sie wäre keinen Schritt zurückgewichen.

Doch nun stand Jacob vor ihr mit diesem vertrauten Gesicht. Es gab keine einzige Pore, die sie nicht kannte. Die radialen Furchen seiner Iris, die vollen Augenbrauen, die Linien auf seiner Stirn und seine sanft geschwungenen Lippen - ein Gesicht wie ein Zuhause.

»Liv«, raunte er, als er seine Hand unter ihre Bluse gleiten ließ. »Du hast mir gefehlt.«

Alles in ihr sträubte sich gegen seine Berührungen, doch ihr Gewissen wog Tonnen und sie versuchte, ihn zu lieben.

◆

»Und wie ist er so?«, Linda ließ sich neben ihr auf die Hollywoodschaukel fallen und griff nach ihrem Kaffee, während sie versuchte, eine bequeme Sitzposition zu finden.

»Geheimnisvoll, dunkel, traurig.«

»Klingt irgendwie unheimlich. Und dann lebt er noch in einem Ort, der Blackwater heißt.«

»Ja, aber er hat auch etwas Helles. Wenn er lacht, dann strahlt sein ganzes Gesicht. Ich meine, klar, er lacht echt selten, aber wenn er's tut, geht die Sonne auf.«

»Wie sieht er eigentlich aus?«

Nachdem sie einen Schluck lauwarmen Kaffee getrunken hatte, lehnte sie sich zurück. Ihr Blick verlor sich irgendwo zwischen den Bäumen und sie dachte an sein bleiches Gesicht mit den fein geschwungenen Lippen, der breiten Stirn und den Augen, die ihn immer ein wenig entrückt wirken ließen.

»Ach, es geht so. Braune Haare und Augen, äh, ich weiß überhaupt nicht, welche Farbe sie haben«, lachte sie und ignorierte ihr pochendes Herz.

»Und wie ist er gebaut?«

»Wenn Jacob ein Grizzly ist, dann ist er ein Waschbär.«

»Süß. Ich liebe diese putzigen Viecher«, Linda kicherte. »Uh, dabei fällt mir ein, dass Dad erst letzte Woche einen toten Waschbären auf dem Dachboden gefunden hat. Er war schon ganz, ich weiß nicht, platt und ausgetrocknet.«

»Oh, Lin, bitte verschone mich«, Olivia lachte hell auf, doch dann bemühte sie sich um einen ernsten Gesichtsausdruck. »Nat ist einfach nicht sehr groß. Das wollte ich damit ausdrücken. Vielleicht einen halben Kopf größer als ich.«

»Und wann werdet ihr euch wiedersehen, du und der Waschbär?

»Gar nicht? Keine Ahnung?«, sie wurde knallrot. »Ich bin ja nur notfallmäßig eingesprungen, weil er wie ein Einsiedler lebt und keine Menschen mag.«

»Aber dich mag er offensichtlich schon ganz gerne?«

Olivia dachte daran, wie sie voneinander Abschied genommen hatten. Auch wenn Nat sich vollkommen zurückgezogen hatte, spürte sie seine Sehnsucht.

»Kann sein, ja.«

»Was sagt Jacob denn dazu, dass ein anderer Mann -«

»Er ist kein anderer Mann. Darum geht es doch überhaupt nicht«, unterbrach Olivia ihre Freundin. »Außerdem hat er jede Menge Probleme. Weißt du, was ich in seiner Schublade entdeckt habe?«

Sie erzählte ihrer Freundin von jedem Punkt der Liste, an den sie sich erinnern konnte. Linda wurde bleicher und bleicher.

»Muss man ihn dann nicht einweisen lassen, oder so?«

»Ich habe auch darüber nachgedacht, was ich tun könnte, aber es ist nur eine Liste«, Olivia nagte an ihrer Unterlippe. »Nur ein Stück Papier. Wenn er das wirklich vorhat, dann wird er einen Weg finden.«

»Das darf er nicht tun. Das wäre furchtbar.«

»Es muss mehr Gründe für das Leben, als für den Tod geben. Darum geht es doch, oder?«, fragte Olivia nachdenklich.

»Kannst du nicht Dr. Gartner um Rat fragen, wenn du später zu ihm gehst?«

»Mhm, natürlich, aber was hat Nat davon, wenn ich mit meinem Arzt spreche?«

»Vielleicht weißt du dann, wie du ihm helfen kannst?«

»Warum denn ausgerechnet ich?«

»Naja«, Linda hob die Schultern. «Weil du etwas in ihm siehst, das du nicht mehr in Jacob sehen kannst.«

»Was meinst du damit?«

»Du siehst glücklicher aus, seitdem du ihn kennst.«

♦

Zwei Tage später starrte Olivia ungläubig auf das Kuvert in ihrer Hand. Sie saß auf der Hollywoodschaukel und hatte sich darauf gefreut, seinen Brief zu lesen, bis sie mit Entsetzen feststellte, dass es ihr eigener war. Über dem Adressfeld prangte ein roter Stempel: *Return to Sender*. Ihr Herz verkrampfte sich, nur um kurz darauf wie ein Maschinengewehr loszupoltern. Fassungslos überprüfte sie die Postfachnummer, die sie mittlerweile schon auswendig kannte. Alles korrekt.

Das, was sie schon die ganze Zeit vermutet hatte, bestätigte sich. Nat wollte verschwinden. Ihre Kehle schnürte sich zu. Der letzte Punkt auf seiner Liste war Springen. Maximaler Schmerz. Tod sehr wahrscheinlich. Fühlt sich wie Fliegen an – *into the light*. Olivia knüllte den Brief zusammen, sprang auf und raste ins Wohnzimmer. Gedankenlos schaltete sie die Stereoanlage an. Das Lied wiederholte sich in Endlosschleife und sie wusste nicht, wie oft sie es gehört hatte, bis sie dazu in der Lage war, sich zu rühren. Mit zitternden Händen griff sie nach ihrem Telefon.

Freizeichen, keine Antwort, keine Mailbox. Nochmal.

Freizeichen, keine Antwort, keine Mailbox.

Olivia gab nicht auf. Immer wieder rief sie an, doch irgendwann legte sie das Telefon beiseite und ließ sich in den Sessel sinken. Sie fühlte sich ohnmächtig und konnte ihr Herz kaum beruhigen. Es schlug so gewaltig, dass sie glaubte, es müsse jeden Moment kraftlos in sich zusammenfallen. Ihr Herz war kurz vor dem Infarkt.

Gerade als sie den Entschluss gefasst hatte, einfach ins Auto zu steigen, um zu ihm zu fahren, klingelte ihr Telefon. Olivia schloss für den Bruchteil einer Sekunde die Augen, dann wagte sie es, einen Blick auf das Display zu werfen.

»Verdammt, Nat«, meldete sie sich und musste sich zusammenreißen, um nicht loszuheulen. »Wo bist du?«

»Ich bin hier.«

»Was ist los mit dir?«

»Nichts ist los.«

»Dein Postfach –«

»Habe ich gekündigt«, er räusperte sich. »Ich brauche es nicht mehr.«

»Was? Aber warum denn? Gehst du weg?«

»Nein.«

»Dann ist es wegen mir? Du willst nicht mehr, dass ich dir schreibe, oder?«

In Sekundenschnelle rekapitulierte sie ihr letztes Gespräch, den intensiven Abschied, seine Silhouette, die im Rückspiegel kleiner und kleiner geworden war. Olivia hatte geglaubt, sie hätten sich miteinander vetraut gemacht. Es hatte sich so echt angefühlt – vielversprechend und hoffnungsvoll.

»Es bringt nichts«, murmelte er nach einer unerträglichen Pause, in der sie ihn nur schwer atmen gehört hatte.

»Es bringt nichts?«, sie lachte ungläubig auf.

»Ich bin dir echt dankbar dafür, dass du mir geholfen hast, aber das ist nicht deine Aufgabe. Ich komme alleine klar. Ich brauche das nicht.«

»Als du wolltest, dass ich auf Yukon aufpasse, hat das aber ganz anders ausgesehen.« Sie spürte Wut in sich aufsteigen.

»Da ging es um Yukon, nicht um mich.«

»Nicht um dich? Es ging immer um dich, Nat.«

»Wir drehen uns doch nur im Kreis. Wozu sollen wir das fortführen? Damit ich mich jedes Mal daran erinnere, dass Eva nicht mehr hier ist? Damit du jedes Mal siehst, was sie zurückgelassen hat?«

Olivia traute ihren Ohren kaum. Fassungslos starrte sie auf die blinkende Anzeige der Stereoanlage - das Lied pausierte, dann wirbelte sie herum und fing an, durchs Wohnzimmer zu tigern.

»Aber -«

»Alles wurde gesagt«, erwiderte er kühl. Seine Stimme hatte alle Höhen und Tiefen verloren. »Du hast das Herz bekommen und kannst damit ein gutes Leben führen. Ich muss mich jetzt um mein eigenes kümmern.«

»Warum können wir keinen Kontakt mehr haben? Das zwischen uns...das ist etwas Besonderes. Ich dachte... Ich verstehe es einfach nicht.«

»Du musst es auch nicht verstehen. Ich will es so.«

»Ich glaube dir kein Wort.«

»Nicht mein Problem«, quetschte sich seine Stimme in ihr Ohr und oszillierte dort einige Sekunden.

»Du hast doch nur Angst«, sagte sie und trat ans Fenster, von dem aus man den Schwarznussbaum sehen konnte. Ihr Herz stolperte über seine eigenen Schläge.

»Wovor?«

»Dass dich irgendwas berührt und du aufhören musst, dir selbst so schrecklich leid zu tun. Du bist doch nur feige.«

Ein Knacken in der Leitung. Schockiert starrte sie auf das leuchtende Display. Er hatte einfach aufgelegt.

## Blackwater

Eines Nachts – es war ein stinknormaler Samstag, von dem Nat nichts erwartete – flog die Tür des Motels auf und eine blonde Frau in einem grellpinken Mantel betrat das Zimmer, in dem er gerade mehr aus Langeweile als aus Notwendigkeit Bleistifte spitzte. Er wäre fast vom Stuhl gekippt, als seine Schwester mit einem Koffer hereinspazierte und den Eindruck machte, als wäre sie schon oft spontan hier vorbeigekommen, um nach dem Rechten zu sehen. Fassungslos starrte er sie an.

»Was guckst du so? Ich warte seit drei Jahren vergebens auf eine Einladung, Nat! Das hast du jetzt davon. Und was ist das auf deinem Kopf? Soll das eine Frisur sein, oder was?«, sie lachte ihn herzlich an.

»Woher kommst du?«

»Na, woher wohl? Vom Flughafen.«

Sie war der einzige Mensch, der sich nie hatte abwimmeln lassen. Es war ihr völlig egal, ob Nat sie schroff zurückwies oder sich wochenlang nicht meldete. Sie rief ihn an, schickte Pakete mit irgendwelchen Survival-Kits und gab ihm das Gefühl, immer noch Teil einer Familie zu sein. Sie war hartnäckig, treu und liebevoll. Nat hätte wissen müssen, dass sie früher oder später bei ihm auftauchen würde.

»Von mir aus kannst du als Fallensteller in Alaska leben, aber bilde dir nicht ein, dass mich das abhalten könnte.«

Angeblich hatte sie ihren Besuch in einem Brief angekündigt, den Nat jedoch nie erhalten hatte. Er glaubte ohnehin nicht daran. Ihr Besuch war ein Überraschungsangriff und hatte seine Wirkung nicht verfehlt: Nat hatte selten zuvor eine so unbändige Freude verspürt wie in dem Moment, als seine Schwester plötzlich vor ihm stand. Hinter ihr klimperte der Spielautomat. Sie war kreidebleich und sah im fahlen Licht erschreckend alt aus.

»Jetzt wird alles wieder gut«, versprach sie mit tränenerstickter Stimme, als er sie in die Arme schloss. Nat war sich nicht sicher, ob das Versprechen ihm galt oder viel mehr ihr selbst. Sie war schon immer seine engste Vertraute gewesen. Mit ihr konnte er selbst dann noch sprechen, wenn es keine Worte mehr gab. Jedenfalls war das früher so gewesen, bevor er alles von sich gestoßen hatte, das ihn irgendwie emotional berührte. Insgeheim ahnte Nat natürlich, weswegen seine Schwester gekommen war, aber sie sprachen in den drei Tagen ihres Besuches nie darüber. Sie sprachen auch nicht über den Unfall und erwähnten Eva mit keiner Silbe. Es war besser so. Stattdessen nutzten sie die Zeit, um in Kindheitserinnerungen zu schwelgen, spazieren zu gehen oder einfach nebeneinander auf der Couch zu lümmeln. Abends begleitete sie ihn ins Motel, um mit den Truckern zu kokettieren und ihm Gesellschaft zu leisten. Sie war ziemlich mies, wenn es um Kreuzworträtsel ging, weswegen er es schließlich aufgab, ihr Fragen vorzulesen. Irgendwann erzählte er ihr jedoch von Olivia und dem Herz.

»Ach, ist das rührend. Echt schön, dass ihr euch kennengelernt habt. Ich dachte schon, du wärst vollkommen verwildert und hättest nur noch Kontakt zu irgendwelchen Tieren. Meinst du, ich kann Olivia treffen?«

»Wohl eher nicht. Sie ist ziemlich beschäftigt.«

Nat erzählte eine nette Geschichte, in der Olivia ihn gelegentlich besuchte, in der sie ihn zum Barbecue eingeladen hatte, in der alles gut war. Olivia wurde zu einem Phantasiewesen, das seine Schwester beruhigen sollte. Es hatte lange genug gedauert, bis sich sein Verlangen wieder in eine zähe Gleichgültigkeit verwandelt hatte. Jetzt gab es keine Briefe mehr und auch keine Nachrichten, die sie sich nachts schickten und in denen sie sich irgendwelchen Unsinn erzählten. Olivia war nur eine weitere Erinnerung, die er in den Aluminiumkoffer legen konnte.

»Immer noch keine Manieren«, seufzte seine Schwester selig, als er morgens in die Küche geschlappt kam, sich eine Hand Cornflakes in den Mund stopfte und kauend vor ihr stand.

Es waren Jahre vergangen, seit sie das letzte Mal so viel Zeit miteinander verbracht hatten. Als Kinder waren sie wie

Pech und Schwefel aneinander geklebt, doch je älter sie wurden, desto mehr entfernten sie sich voneinander. Wahrscheinlich war das eine völlig normale Entwicklung, trotzdem vermisste er seine Schwester. Das wurde ihm paradoxer Weise erst bewusst, als sie leibhaftig vor ihm stand. Zum Abschied nahm sie ihn in die Arme und drückte ihn fest an sich.

»Ich weiß, das ist gerade das Härteste, das du jemals tun musstest«, flüsterte sie.

»Du kannst mich ja mal wieder besuchen«, er lachte und löste sich aus ihrem Klammergriff.

»Das meine ich nicht.«

»Nicht? Was soll dann bitte das Härteste sein, das ich jemals tun musste, hm?«

«Du musst dir deine Vergebung selbst erkämpfen.«

Das Lachen war aus seinem Gesicht gefallen und er trat einen Schritt zurück. Hatte er wirklich geglaubt, er käme ungeschoren davon? Ihm hätte klar sein müssen, dass sie ihn früher oder später darauf ansprechen würde. Sie hatte es bis zum letzten Moment hinausgezögert.

»Es gibt nichts zu erkämpfen und schon gar keine Vergebung«, sagte er kühl.

»Du warst lange genug in Isolationshaft, Nathaniel. Eva würde die Hände über dem Kopf zusammenschlagen, wenn sie wüsste, wie du jetzt lebst.«

»Eva ist tot. Unser Kind ist tot.«

»Das stimmt«, sie ergriff seine Hand. »Und egal, wie sehr du dich auch geißelst – davon werden sie nicht wieder lebendig. Du musst begreifen, dass der Schmerz nur ein Teil von dir ist. Du lebst nicht darin. Verstehst du, was ich dir sagen will? Er kann dich nur verschlucken, wenn du denkst, dass er größer wäre als du, aber das ist er nicht.«

# Olivia

## Cedar Lake

Im Kofferraum lagen ihre Wanderschuhe. Es war Sonntag und sie war schon früh aufgebrochen, um das erste Mal seit langer Zeit wieder wandern zu gehen. Der Pfad, der entlang eines Baches verlief, hatte sie schon nach kurzer Zeit an ihre Grenzen gebracht. Immer wieder musste sie stehenbleiben, um zu verschnaufen. Trotzdem stellte sie fest, wie sehr sie das Gefühl vermisst hatte, sich in der Natur zu bewegen. Bei jedem Schritt schwebte man für einen kurzen Augenblick zwischen Vergangenheit und Zukunft – ein kurzes Innehalten, bevor es vorwärts ging.

Niemand begegnete ihr, als sie ihren Weg fortsetzte. Allein ihre Gedanken begleiteten sie hinauf zu dem kleinen Bergsee, an dessen Ufer sie lange saß, um sich auszuruhen. Das Wasser war so klar, dass man bis auf den Grund sehen konnte. Bunte Steine lagen in Algenwäldern, durch die sich silberne Fische bewegten. Wolken und Wipfel spiegelten sich auf dem Gewässer. Es war still hier draußen.

Eigentlich hatte Jacob sie begleiten wollen, aber dann war ihnen beim Frühstück ein Streit dazwischen gekommen.

»Kannst du mir vielleicht mal verraten, warum du so abweisend bist?«

»Ich bin nur erschöpft. Das ist alles.«

»Nein, das ist nicht alles. Ich kenne dich gut genug, Olivia. Was ist los mit dir?«

Und dann wurde alles auf den Tisch gelegt – quälend langsam ausgebreitet. Alles wurde mit spitzen Fingern seziert – jede noch so feine Struktur freigelegt – und als alles so entstellt und erschreckend vor ihnen lag, stellte Jacob Fragen, auf die Olivia keine Antwort wusste. Deswegen war sie alleine hier.

Nachdenklich beobachtete Olivia das spiegelglatte Gewässer und grub ihre Fingerspitzen tief in die kühle Erde. Sie konzentrierte sich auf ihre Atmung und spürte, wie sich ihr Herz langsam weitete. Eine balsamische Ruhe erfüllte sie und sie musste daran denken, dass es nur einen Menschen gab, mit dem sie diesen Moment gerne geteilt hätte.

Es gab viele Gründe weswegen sie nach der Wanderung nicht nachhause, sondern an den Stadtrand von Tacoma gefahren war. Nun saß sie regungslos in ihrem alten Ford und sprach sich Mut zu.

Auf dem verschwommenen Bild, das sie in den Händen hielt, war nichts zu erkennen. Es hätte alles sein können. Ein Embryo, eine paranormale Erscheinung, die Gischt eines schwarzen Wassers - doch es war ihr Herz auf einer Echokardiographie. Olivia wusste, wo sich die vier Herzhöhlen befanden, konnte aus dem Schwarzweißgrau inzwischen lesen. Sie presste die Lippen aufeinander, als sie einen letzten Blick darauf warf, dann stieg sie aus.

Nun gab es niemanden mehr, dem sie schreiben konnte - keine Postkarten mit Schwarznüssen und schon gar keine Briefe. Es gab nur noch diesen Ort. Olivia knöpfte ihre Jeansjacke zu, stellte fest, dass sie ein wenig zu eng geworden war und öffnete sie wieder, dann stapfte sie los. Der Weg führte eine Anhöhe hinauf und endete vor einem gusseisernen Tor. *Cemetery spaces available* warb ein Schild.

Es war ein kleiner Friedhof, der von einer Steinmauer umschlossen wurde. Schon von weitem erkannte man die Turmspitze einer Kapelle. Olivia stellte sich die Prozession vor, die vor drei Jahren in schwarzer Kleidung hier hinauf gewandert war. Vorsichtig öffnete sie das Tor und schlüpfte hindurch. Dichte Hecken umrahmten den kleinen Platz, auf dem sie nun stand. Von hier aus fächerten sich Wege auf, entlang derer Holzkreuze und Grabsteine standen. Olivia hatte keine Ahnung, wohin sie gehen sollte, also schlug sie den erstbesten Weg ein, studierte fremde Namen und blieb immer mal wieder an dem Portrait eines Verstorbenen hängen. Grablichter flackerten zwischen Blumen - manche waren frisch, manche welk. Inzwischen hatte sie eine Frau entdeckt, die sich gerade über ein Grab bückte und Unkraut ausriss. Die Steine knirschten unter ihren Schuhsohlen, ansonsten war es ganz still. Olivia hätte erwartet, sich unwohl zu fühlen, aber sie war ganz ruhig. Der Weg führte sie an der kleinen Kapelle vorbei und verlief sich dann in einer Sackgasse. Keine Eva, keine Mari. Sie stellte sich vor, wie winzig der Sarg gewesen sein musste, in dem sie das Baby beerdigt hatten. Oder war Mari im Bauch ihrer Mutter geblieben? Der Gedanke war tröstlich, denn dort war dieses kleine Leben entstanden, dort hatte es geendet.

Olivia blieb an einem Brunnen stehen, auf dessen Rand einige Gießkannen standen. Ihr Blick fiel auf zwei Trauerweiden im Herzen des Friedhofs und sie setzte sich wieder in Bewegung. Wie oft kam Nat hierher? Was würde sie sagen, wenn er ihr begegnete? Sie schüttelte den Kopf, weil sie eigentlich keine Gedanken mehr an ihn verschwenden wollte und trotzdem ständig an ihn denken musste. Das Klingeln ihres Telefons zerriss die Stille. Hektisch kramte sie in ihrer Tasche und zog es hervor. Jacob rief an. Sie schaltete den Ton aus.

Es war das letzte Grab auf der rechten Seite. Olivia schluckte trocken und blieb wie angewurzelt davor stehen. Eva und Mari. Der Grenzstein des Lebens war ein dunkler Granit auf dem eine goldene Kugel thronte. Für Mari gab es kein Geburtsdatum, nur einen Todestag, den sie mit ihrer Mutter teilte.

»Eva«, flüsterte sie, ohne zu wissen, was sie sich davon erhoffte. Vielleicht fuhr der Wind etwas kräftiger durch die Zweige der Weide, doch ansonsten blieb es still. Am Ende es Weges füllte jemand Wasser in eine Gießkanne. Dumpfes Plätschern, ein trommelndes Geräusch.

Die Gedanken flossen stromabwärts in ein hell erleuchtetes Krankenzimmer. Ihr Vater saß auf der einen Seite des Bettes, groß und dunkel, ihre Mutter auf der anderen. Sie hielten einander an den Händen, während sie weinten und sich gegenseitig Mut zusprachen. *Wir dürfen die Hoffnung nicht aufgeben. Etwas anderes bleibt uns nicht. Wir müssen zuversichtlich sein, Vertrauen haben.* Olivia konnte die sanfte Sprachmelodie ihrer Mutter, die manchmal von einem väterlichen Bass unterbrochen wurde, immer noch hören. Dann riss der Gedankenfaden ab. Stattdessen tauchte Nat vor ihrem inneren Auge auf. Sie spürte Wut in sich aufsteigen, wenn sie an ihn dachte, aber unter diesem Gefühl verbarg sich Traurigkeit. Sie hatte ihn wirklich gemocht, hatte etwas in ihm gesehen und etwas in ihn hineinlegen wollen.

»Du fehlst ihm sehr«, murmelte sie in den weichen Stoff ihres Schals. »Ich glaube, er möchte lieber bei dir sein, als hier zu bleiben.«

Für einen kurzen Moment verschwamm der Grabstein vor ihren Augen, wurde zu einer grauen Wolke. »Ich habe versucht, für ihn da zu sein, aber er wollte das nicht. Er will einfach nur seine Ruhe.«

Olivia befeuchtete ihre Lippen und blickte hinab zu den weißen Blumen, die sie in der Hand hielt. Es dauerte lange, bis sie den Strauß zwischen dem Wacholder positioniert hatte, ohne die kleine Engelsfigur zu verdecken.

»Danke, Eva«, sie berührte den kalten Stein. »Ich denke, ich werde nun öfter kommen, um dich zu besuchen.«

»Tag.«

Olivia wirbelte herum und wischte aus Verlegenheit über den Grabstein, als hätte sie ihn durch ihre bloße Berührung beschmutzt. Er trug einen schwarzen Anzug aus Leder, das in der Sonne glänzte und sich eng an seinen Körper schmiegte.

»Hallo?«, sie hüpfte zurück auf den Weg. Ihr Gesicht brannte. Mit einer Hand fuhr er sich durchs Haar, dann legte er den Helm, den er unter den Arm geklemmt hatte, auf den Boden.

»Bisschen viel Unkraut«, sagte er und machte sich zwischen den Pflanzen zu schaffen. »Haben Sie keine Vase für die Blumen? Die werden eingehen.«

»Daran habe ich überhaupt nicht gedacht. Ich bin spontan hier vorbeigekommen und wollte nicht mit leeren Händen dastehen, deswegen...«

»Wer sind Sie überhaupt?«

»Ich? Nur eine Freundin«, sagte sie. »Äh, von früher.«

»Ich kenne Sie nicht, oder?«

Er richtete sich auf und blickte sie forschend an. Es kam ihr plötzlich falsch vor, hier zu sein.

»Nein, nein. Wir kannten uns nicht so gut, Eva und ich, aber ich war heute zufällig in der Nähe und dachte, dass ich noch einen Abstecher machen könnte.«

»Und wie haben Sie meine Schwester kennengelernt?«

Sie hätte es wissen müssen. Sein Gesicht war ihr Gesicht. Verflucht. Am liebsten hätte Olivia sich auf der Stelle umgedreht und wäre davon gerannt, doch sein stechender Blick hielt sie gefangen. Sie musste reagieren, etwas sagen, das plausibel klang.

»New York.«

»Oh, aus New York?«, er verzog das Gesicht und trat zurück auf den Weg. »Anfang vom Ende, wenn Sie mich fragen. Sie hätte dort niemals hingehen dürfen. Dort treiben sich nur Verbrecher rum.«

»Ach so?«

Weil sie nicht wusste, was sie mit ihren Händen anfangen sollte, knöpfte sie die Jeansjacke zu und schnürte sich darin ein. Sie musste so schnell es ging von hier verschwinden.

»Dann kennen Sie bestimmt auch ihn, was?«

Olivia konnte nicht mehr klar denken, aber schaffte es, mechanisch den Kopf zu schütteln.

»Nur aus Erzählungen.«

»Naja, da haben Sie nichts verpasst, glauben Sie mir«, er warf einen kurzen Blick auf seine Hände und befand wohl, dass sie nicht zu dreckig waren, um ihr eine zu reichen. »Ich bin William.«

»Olivia, Olivia Labelle«, sie schüttelte kurz seine Hand, dann deutete sie in Richtung der Kapelle. »Ich denke, ich muss jetzt auch wieder los. Habe noch eine weite Fahrt vor mir.«

»Zurück nach New York?«

»Ja, ja. Die Arbeit ruft.«

»Ich begleite Sie. Nicht nach New York, natürlich nicht, aber zum Parkplatz«, er lachte. Ehe sie etwas einwenden konnte, hatte er sich seinen Helm geschnappt.

»Wo genau haben Sie sich denn kennengelernt?«, wollte er wissen, als sie nebeneinander den Weg entlang schritten.

»Durch Freunde, also, Kollegen.«

»Sie waren aber nicht bei der Beerdigung, oder? Eine Indianerin wäre mir bestimmt aufgefallen.«

Olivia stutzte. Etwas an seiner Formulierung gefiel ihr nicht.

»Ich war leider nicht da«, sagte sie und fixierte ihre Stiefelspitzen. «Aber ich denke oft an Eva. Es tut mir wirklich sehr leid, dass sie so früh sterben musste.«

»Mir auch, glauben Sie mir. Er hätte dafür Verantwortung übernehmen müssen, aber stattdessen hat er sich verdrückt. Er ist einfach untergetaucht. Können Sie sich das vorstellen?«

Sie musste nicht fragen, von wem er sprach. Seine Augen waren kalt, seine Stimme hart.

»Es war ein Unfall, dachte ich? Niemand hat Schuld.«

»Ja, klar«, brummte er. »Ein schrecklicher Unfall. Meine Schwester hatte noch so viele Träume, verstehen Sie? Sie war hochschwanger. Und jetzt laufen irgendwo da draußen Menschen wie Ersatzteillager durch die Gegend und vergnügen sich ihres Lebens, weil Eva gestorben ist.«

»Ich verstehe. Äh, aber ist der Gedanke nicht schön? Eva hat Leben gerettet.«

»Für wen ist das schön, hm? Meine Eltern standen unter Schock und haben doch gar nicht richtig verstanden, was die Ärzte von ihnen wollten. Die haben schon die Messer gewetzt. Die waren richtig scharf darauf.«

Ihr stockte der Atem, als sich ihr Herz atombombenartig entlud. Olivia hatte Mühe, nicht immer schneller zu werden. Sie spürte ein so großes Unbehagen, dass sie nach ihrem Autoschlüssel kramte, um möglichst schnell zu entkommen. Dabei berührte sie die Echokardiographie, die sie eigentlich zu den Blumen hatte legen wollen – ein stiller Gruß an die Familie der Spenderin. Nun hätte sie die Gelegenheit, persönlich ihren Dank und ihre Anteilnahme auszudrücken, aber sie schwieg, weil sie das Gefühl hatte, sich vor ihm schützen zu müssen.

Inzwischen war ihr auch klar geworden, weshalb damals nur Nat seine Adresse bei der *Aftercare*-Stelle hinterlegt hatte, nicht die Familie. Nat war warm, zumindest wärmer als der Mann, der gerade erzählte, dass er den Ärzten nicht vertraute und seine Organe auf jeden Fall behalten würde, weil ihn der Gedanke anekelte, nach dem Tod ausgehöhlt zu werden. Es fiel ihr unsagbar schwer, seinen Worten nicht mehr Gewicht beizumessen, als sie verdienten. Worte waren niemals nur Worte. Worte konnten Menschen in den Tod schicken, Träume platzen lassen, konnten trösten und heilen. Wie so oft verspürte Olivia auch jetzt den Wunsch, zum Telefon zu greifen, um Nat anzurufen. Sie sehnte sich danach, seine Stimme zu hören, die ihr sagte, dass sie dem Tod einen Sinn verliehen hatte und dass ihr Leben ein Trost war. Doch Nat wollte nicht mit ihr sprechen. Er hatte sie aus seinem Leben verbannt, weil er noch nicht mal ein Leben wollte. Nervös klimperte sie mit dem Schlüssel in ihrer Hand, um sich wachzurütteln.

»So, da wären wir nun«, sagte sie mit wankender Stimme, die ihre Worte beinahe umkippen ließ.

»Washington?«

»Wie bitte?«

»Ist in Washington zugelassen«, er deutete auf ihren Ford und hob die Augenbrauen. »Mietwagen?«

»Nein, nein. Von meinen Eltern.«

William nickte und schien mit ihrer Antwort zufrieden, dann setzte er sich seinen Helm auf und schloss den Kinngurt.

»Wir feiern am Fünfzehnten ürbigens ihren Geburtstag. Falls Sie also in der Gegend sind, können Sie gerne kommen. Alle treffen sich hier.«

»Alle?«

»Alle, die Eva geliebt haben.«

# Blackwater

Neben dem Todestag war auch dieser Tag nur schwer zu ertragen. Eva wäre heute 35 Jahre alt geworden. Eigentlich war Nat nie wirklich dabei gewesen, wenn sie ihren Geburtstag gefeiert hatte, weil er es vermeiden wollte, ihrer Familie zu begegnen. Immer hatte es irgendwelche Termine gegeben, die sich keinesfalls umdisponieren ließen. Immer gab es irgendwelche Telefonanrufe, die so dringend waren, dass er sie nicht ignorieren konnte. Immer gab es etwas - aber der Gedanke, dass es Eva nicht immer geben würde, war ihm nie gekommen. Einmal hatte er den Tag sogar komplett vergessen und musste dann in letzter Minute noch ein Geschenk besorgen. So hatte er das Medaillon am Flughafen gekauft - innerhalb von zehn Minuten hatte er »irgendwas Wertvolles« ausgesucht. Lieblos, aber kostbar.

Der Wind heulte und rüttelte an den Bäumen, als er am späten Nachmittag aufbrach. Es war ein grauer Tag - passend zu seiner Stimmung. Die Sonne konnte man hinter den Wolken nur erahnen. Es dauerte eine Weile, bis er seinen Takt gefunden hatte, doch dann verfolgte er ihn mit verbissener Miene. Seit dem Unfall hatte er Probleme mit dem Rücken. Auch jetzt spürte er, wie seine Bandscheiben unter der Last ächzten. Manchmal kam es ihm vor, als hätte er den Körper eines Achtzigjährigen. Inzwischen entdeckte er auch immer wieder graue Haare. Nat wurde alt und er blickte auf ein Leben zurück, dessen Erfahrungen man mühelos auf ein paar andere Leben hätte verteilen können. Er hatte alles gefühlt, was es zu fühlen gab. Er hatte die Welt gesehen, die Menschen kennengelernt und seine Lektion gelernt. Eigentlich könnte man davon ausgehen, dass er gesättigt war - er hatte es ja selbst geglaubt - aber das war er nicht. Seit einiger Zeit verspürte er wieder diesen Hunger. Ein anderes Wort für Hunger? Neun Buchstaben.

Das Wildwasser toste so laut, dass Nat es hören konnte, obwohl er sich Kopfhörer aufgesetzt hatte, um ein bisschen Musik zu hören. Er lehnte am Felsen, kraulte Yukon und blickte hinab in die Schlucht. Mitten aus dem Wasser ragte ein Felsen, auf dem eine einsame Hemlocktanne wuchs. Der Wächter des Flusses. In der Dämmerung konnte man sich leicht täuschen.

Der Aluminiumkoffer lag aufgeklappt neben ihm. Er hatte sich viel Zeit genommen, um jede einzelne Erinnerung zu betrachten. Verschwommene Ultraschallbilder, auf denen er nie etwas erkannt hatte. Ein Haargummi von Eva, ihr altes Portemonnaie und unzählige Fotografien. Schließlich hielt er auch die drei Karten in der Hand, ohne sagen zu können, in welcher Reihenfolge er sie erhalten hatte. Schwarznüsse von Olivia. Unwillkürlich schlich sich ein Lächeln auf seine Lippen. Als er zu den Briefen griff, die er nach der Beerdigung geschickt bekommen hatte, erstarb dieses Lächeln jedoch so schnell wie es aufgeflammt war.

Wahrscheinlich hätte man selbst dann keine Bremsspuren gefunden, wenn es trocken geblieben wäre. Rehe bleiben bei Starkregen im Einstand. Sie bewegen sich in der Dämmerung, nicht mitten in der Nacht.

...sind wie gelähmt. Keine Ahnung, wie Mutter das überstehen soll. Sie braucht Tabletten, um nicht durchzudrehen. Vater säuft wieder. Er denkt, wir wüssten nicht Bescheid, aber ich habe seinen Vorrat in der Garage gefunden. Es ist nicht richtig, dass ein Kind vor seinen Eltern stirbt. Eva fehlt. Eva fehlt hier überall und ich hoffe, die Schuld frisst dich auf.
Du hast nicht nur ihr Leben kaputt gemacht.

Ich wollte sie beschützen. Das, was damals in Texas passiert ist, war doch nur der Gipfel des Eisberges. Das wissen wir alle. Warum bist du nicht einfach abgehauen und hast sie in Ruhe gelassen? Sie war kreuzunglücklich und hat es trotzdem nicht geschafft, dich zu verlassen.

Auch wegen dieser Briefe war er irgendwann geflohen, hatte er nur noch ein Postfach, keine offizielle Meldeadresse. Er hatte die Worte tausendfach gelesen und tausendfach beteuert, dass es nur ein schrecklicher Unfall gewesen war. Niemals hätte er einen anderen Menschen in Lebensgefahr gebracht. Niemals. Die Anschuldigungen ihrer Familie waren wie Rasierklingen. Sie schnitten mühelos durch festes Gewebe, ritzten so lange an seinem Selbstverständnis, bis es einfach umkippte.

Auch wenn der Richter ihn freigesprochen hatte – in den Augen der Familie bedeutete das nichts. Einmal gedacht, einmal gesagt: Nat war ein Angeklagter, über den nie ein Urteil gefällt werden würde. Er befand sich in einem Schwebezustand eines ewig währenden Prozesses.

Ächzend stand er auf und rieb sich den Rücken, dann trat er nah an den Abgrund. Die Tiefe faszinierte ihn und er dachte eine Weile darüber nach, dass in Wahrheit vielleicht kein Unterschied zwischen Gipfel und Abgrund bestand. Er blickte hinab in ein schwarzes Wasser. Die Sonne war schon fast untergegangen. Sorgfältig zerriss er die Briefe und blickte den weißen Fetzen gebannt hinterher, als er sie in die Schlucht rieseln ließ. Wie Blüten flatterten sie hinab und wurden dann einfach verschluckt.

Die Anklageschriften verschwanden im reißenden Strom und obwohl es ein rein symbolischer Akt war, fühlte er sich ein wenig leichter. Gerade hatte er auch das Kuvert hinabgeworfen und sich weit über den Abgrund gebeugt, als er ein ersticktes Geräusch vernahm. Es durchfuhr ihn wie ein Blitzschlag.

»Bitte nicht.«

Er wäre fast einen Schritt zurückgewichen. Sie streckte die Hand nach ihm aus, blieb jedoch wie angewurzelt stehen. Nat war viel zu perplex, um reagieren zu können. Entsetzt starrte er sie an. Er hatte den Verstand verloren, er phantasierte, sah Geister.

»Bitte komm von dem Abgrund weg, Nat«, bat sie ihn und hob die Hände, als wollte sie ihn beschwören. Ihre Haare waren wie das Wasser, das durch die Schlucht rauschte – wild und pechschwarz. Sie trug ihre Jeansjacke und darunter ein weißes Kleid, das im Dämmerlicht zu fluoreszieren schien. Ihre Narbe war deutlich zu erkennen und schimmerte wie ein Silberstreif.

»Du?«, fragte er mit krächzender Stimme. Als er sich wie in Zeitlupe einen Schritt auf sie zu bewegte, kam Olivia ihm entgegen gehastet und drückte ihn so fest an sich, dass ihm kurz die Luft wegblieb. Er konnte sie spüren. Sie war keine Gestalt, die sein Geist heraufbeschworen hatte, weil er verrückt geworden war.

»Gott sei Dank«, wisperte sie an seiner Brust.

»Was machst du hier?«

Olivia schüttelte nur den Kopf, dann ließ sie ihn los und blickte ihm ins Gesicht. Tränen glitzerten in ihren Augen.

»Heute ist doch ihr Geburtstag und ich hatte so ein schreckliches Gefühl. Ich wollte dich sehen. Ich habe geahnt, dass du es heute tun willst.«

»Was?«, er blickte sie verständnislos an.

»Können wir uns bitte hinsetzen? Gott, mir ist schwindelig«, sie ließ sich sinken, schloss die Augen und atmete tief durch. »Ich bin auf dem Weg hierher fast durchgedreht.«

»Ich verstehe das nicht. Wie kann das sein?«, er setzte sich neben sie, klappte hektisch den Koffer zu und schob ihn zurück unter den Felsen. »Wie hast du mich gefunden?«

Statt ihm zu antworten, griff sie nach seinen Händen und blickte ihn aus großen Augen an. Ihre Lippen zitterten, als würde sie jeden Moment in Tränen ausbrechen.

»Ich wollte da sein.«

»Aber woher wusstest du von diesem Ort?«, er deutet auf die beiden Holzkreuze.

»Ich wusste es eben.« Sie ließ seine Hände los und wischte sich mit dem Ärmel ihrer Jacke über die Wangen.

»Als du auf Yukon aufgepasst hast, bist du hierher gekommen und hast die Kreuze gefunden. War es so?«

»Du darfst das nicht tun!«

»Wovon redest du denn?«

»Sterben.«

Ihre dunklen Augen wanderten über sein Gesicht, als er für einen Moment die Luft anhielt, weil er nicht glauben konnte, was sie gerade gesagt hatte.

»Aber ich will gar nicht -«

»Du wolltest springen«, sie fuchtelte mit dem Zeigefinger durch die Luft. »Ich habe es doch gesehen. Warum sonst standest du so nah am Abgrund und hast dich so weit  -«

»Auf keinen Fall. Wie kommst du denn auf so etwas?«

»Es stimmt doch, oder nicht?«

»Nein, verdammt, ich habe nur ein paar Briefe ins Wasser geworfen«, erwiderte er heftig. »Ich hatte nicht vor, da runter zu springen. Meine Güte! Ich bin doch nicht verrückt.«

Während Olivia ihn unverwandt anstarrte, schien sie jedes seiner Worte gedanklich zu überprüfen. Schließlich senkte sie den Kopf und fing an, mit einer Haarsträhne zu spielen. In ihren Wimpern funkelten Tränen. Sein Herz, das die ganze Zeit wie gelähmt in seinem Brustkorb gehangen hatte, fing an, laut zu schlagen, als eine einzelne Träne über ihre Wange sickerte.

»Hey, keine Sorge. ich hatte wirklich nicht vor, mir etwas anzutun«, wiederholte er nun etwas sanfter.

»Das sah aber ganz anders aus.«

»Ich habe nur Briefe runtergeworfen.«

»Welche Briefe?«

»Naja, es waren jedenfalls keine Liebesbriefe.«

Das traurige Lächeln, das sie ihm schenkte, ergriff ihn. Nat hätte sie gerne in den Arm genommen, um sie zu trösten, aber ihm fehlte der Mut.

»Es ist lange her. Bist du echt so weit gefahren, nur um den Idioten zu treffen, der einfach den Kontakt abgebrochen hat?«, er versuchte beschwingt zu klingen.

»Ja, bin ich. Daher weiß ich nicht, wer hier der Idiot ist.«

»Du nicht.«

»Ja, klar«, sie lachte leise, dann knabberte sie an ihrer Unterlippe und blickte über die Baumwipfel hinweg zu der grauen Gebirgskette. Vorsichtig legte er seine Hand auf ihren Unterarm.

»Es ist schön, dass du hier bist.«

»Findest du?«

»Ja, natürlich.«

»Ja, natürlich?«, echote sie und warf ihm einen zweifelnden Blick zu. »Du wolltest keinen Kontakt mehr, wenn ich dich daran erinnern darf?«

»Doch, schon«, er hob hilflos die Schultern. »Aber es war nicht der richtige Zeitpunkt.«

Olivia schwieg. Schließlich knöpfte sie ihre Jeansjacke zu und deutete zum Himmel.

»Sieht nach Regen aus.«

Sie mussten sich beeilen, denn tatsächlich fing es bereits an zu tröpfeln, als sie sich an den Abstieg machten. Flink sprang Olivia vor ihm über die Steine. Das Kleid schien sie dabei überhaupt nicht zu stören. Sie raffte es mit einer Hand in die Höhe und mit der anderen hielt sie sich an Ästen oder Wurzeln fest. Es dauerte nicht lange und sie hatten den Pfad erreicht.

»Was ist mit Jacob?«, erkundigte er sich, als er zu ihr aufgeschlossen hatte.

»Er ist zuhause«, antwortete sie knapp.

»Weiß er, dass du hier bist?«

»Natürlich. Er ist mein Mann und wir leben zusammen unter einem Dach. Meinst du, er würde nicht merken, wenn ich stundenlang fort bin?«

»War eine blöde Frage, sorry. Natürlich weiß Jacob, wo du bist. Geht es euch denn wieder besser?«

»Wir arbeiten dran.«

Noch bevor er darauf eingehen konnte, lachte sie hell auf und stieß ihn an. »Du hast die Pflanzen eingehen lassen, Nat. Ich habe wirklich idiotensichere Blumen ausgesucht und jetzt hängt auf der Veranda nur noch Unkraut.«

♦

Als sie die Küche betreten hatte, in der ein heilloses Durcheinander herrschte, rümpfte Olivia die Nase und warf ihm einen strafenden Blick zu, doch dann stellte sie ihren Rucksack ab und ließ sich auf einen Stuhl plumpsen. Nat beeilte sich, aufgerissene Schachteln, Zeitungen und anderen Kram vom Tisch zu räumen.

»Ich habe nicht mit Besuch gerechnet, sorry. Willst du vielleicht etwas trinken, oder so?«, fragte er schließlich.

»Was hast du anzubieten?«

Nat riss den Kühlschrank auf und warf einen prüfenden Blick hinein, obwohl er wusste, dass die Auswahl ziemlich mau ausfiel.

»Wasser oder Bier?«

»Bier«, sie schlüpfte aus ihrer Jacke. »Das habe ich nach der ganzen Aufregung echt bitter nötig.«

Eigentlich war Olivia immer ziemlich gesprächig gewesen, aber jetzt schwieg sie. Nat fühlte sich schlecht, weil er ganz genau wusste, dass er der Grund für ihre Schwermut war. Offensichtlich war sie davon überzeugt gewesen, dass er heute vorgehabt hatte, sein Leben zu beenden und er fragte sich, ob er tatsächlich einen so verzweifelten Eindruck bei ihr hinterlassen hatte. Wahrscheinlich.

»Wie hast du mich gefunden? Ich verstehe es immer noch nicht. Woher hast du gewusst, wo ich bin?«

»Das kann ich dir nicht erklären.«

»Kannst du Spuren lesen?«

»Vielleicht«, sie fuhr flüchtig über ihr Dekolletee, dann hob sie die Bierflasche zu den Lippen.

»Naja, wie auch immer. Es ist jedenfalls schön, dass du hier bist.« Unbeholfen versuchte er das Gespräch auf ein anderes Thema zu lenken: »Was machen die Kreuzworträtsel und die Todesanzeigen?«

»Es gibt nichts Neues. Es ist immer der gleiche Trott. Manche Menschen sterben und andere vertreiben sich die Zeit mit Fragen, die keine Rolle spielen.«

»Und bist du inzwischen mal wandern gegangen?«

»Nein«, Olivia lehnte sich zurück. »Aber wenn ich in diesem Jahr noch raus will, sollte ich mich beeilen, bevor die Nächte zu kalt werden und die Trails komplett eingeschneit sind.«

»Das klingt, als hättest du vor, wandern zu gehen?«

»Ich glaube, das würde mir helfen.«

»Wobei?«

»Fitness«, sie zwinkerte ihm zu. Es war offensichtlich, dass sie flunkerte, doch er verzichtete darauf, nachzuhaken. Eine Weile sprachen sie über Blasenpflaster, Gaskocher, Zelte und die Löcher, die man graben musste, wenn man in der Natur zur Toilette ging. Das Gespräch kam nur stockend in Gang, doch irgendwann fing Olivia an, ihm von gruseligen Begegnungen mit Elchen, Wildschweinen und Menschen zu erzählen. Dabei schien sie ihre trübe Stimmung für einen Moment vergessen zu haben. Ihre Augen glänzten, als sie ihm von den Nächten erzählte, in denen sie einfach nur in ihrem Schlafsack unter freiem Himmel lag und in die Sterne blickte, bis sie eingeschlafen war. Sie geriet ins Schwärmen und schließlich hatte Nat sein drittes Bier vor sich stehen.

Dieser Tag hatte mit Schwärze begonnen und er hatte erwartet, dass er von Stunde zu Stunde dunkler werden würde, doch jetzt war Olivia hier. Wie aus dem Nichts war sie wieder aufgetaucht. Im warmen Licht der Küchenlampe sah ihre Haut aus wie vergoldet.

Nat wurde allmählich betrunken und er hatte Mühe, ihren Erzählungen zu folgen. Stattdessen betrachtete er sie und stellte fest, dass Olivia immer noch so hinreißend und immer noch so süß war, wie er sie in Erinnerung behalten hatte. Nach so langer Zeit saß sie nun wieder in seiner Küche, ohne ihm Vorwürfe zu machen oder eine Rechtfertigung zu verlangen. Sie war hier und strahlte dabei ein solches Selbstverständnis aus, dass er keinen Moment zweifelte. Es gefiel ihm, wenn sie beim Nachdenken das Gesicht verzog oder die Stirn in Falten legte. Er mochte die kleinen Sommersprossen und ihre Zahnlücke. Eigentlich gefiel ihm alles an ihr. Sogar der kleine Finger, den sie abspreizte, wenn sie zur Bierflasche griff.

»Nat.« Plötzlich wurde sie ganz ernst und beugte sich ein wenig vor. »Genug von mir. Ich möchte jetzt wissen, wie es dir geht.«

»Ach, wie soll's mir schon gehen?«, er versuchte unbekümmert zu klingen. »Mir geht es gut.«

»Gehst du an ihrem Geburtstag immer zur Schlucht?«

»Ich gehe oft dorthin, um nachzudenken. Es fühlt sich an, als wäre sie mir dort näher. Bescheuert, ich weiß.«

»Nein, das ist nicht bescheuert. Du brauchst einen Ort für deine Trauer. Manche Menschen brauchen das. Vielleicht wäre es gut, wenn du jemanden hättest, mit dem du darüber reden kannst?«

»Das macht sie auch nicht wieder lebendig.«

»Aber dich«, erwiderte sie mit sanfter Stimme.

»Ich lebe doch. Siehst du das nicht?«

»Aber wie?«, Olivia berührte seine Hand. Nur für einen kurzen Augenblick, aber lange genug, um sein Herz in Aufruhr zu versetzen. »Du hast geschrieben, dass man jeden Tag ein bisschen stirbt, aber man lebt auch. Zumindest ein bisschen, oder nicht? Vielleicht brauchst du Menschen um dich herum, die dich daran erinnern. Wenigstens eine

Person, der du vertraust und mit der du reden kannst. Vermisst du das nicht?«

»Keine Ahnung«, er hob die Schultern. »Ich glaube nicht, ne. Ich komme gut alleine zurecht.«

»Doch«, insistierte sie. »Doch, du vermisst jemanden.«

»Aha? Und woher willst du das wissen?«

Er fokussierte sie – angriffslustig und trotzig. Olivia hob nur die Schultern. Langsam krochen die düsteren Gedanken zurück an ihren Platz, nisteten sich ein und machten sich breit. Natürlich sehnte er sich insgeheim danach, einem anderen Menschen nahe zu sein. Jeder sehnte sich nach Liebe, aber mittlerweile hatte er sich an die Einsamkeit gewöhnt.

»Ich bin nicht der Mensch, für den du mich hältst.«

»Wofür halte ich dich denn?«

»Du denkst, ich wäre ein bemitleidenswerter Typ, der um seine Frau und sein Kind trauert. Du idealisierst mich.«

»Ganz bestimmt nicht«, Olivia strich sich die Haare aus dem Gesicht, dann stützte sie das Kinn auf der Hand ab und betrachtete ihn aufmerksam. »Aber wenn du denkst, dass ich mich irre, dann kläre mich doch auf! Was für ein Mensch bist du, Nathaniel?«

»Ich habe Fehler gemacht, viele Fehler. Vor allem in dem Jahr, bevor sie gestorben ist.«

»Welche Fehler?«

»Naja, wenn die Wahrheit zu anstrengend war, habe ich Eva einfach belogen. Und das war ziemlich oft der Fall. Ich habe ständig gelogen.«

»Du hast ständig gelogen?« Er meinte, in ihren Augen einen enttäuschten Ausdruck zu erkennen. Berechtigterweise. Nat war selbst enttäuscht von sich. Alles, was er damals getan hatte, erschien ihm heute völlig fremd. Wenn er sich an die Zeit erinnerte, kam es ihm vor, als wäre er nicht wirklich dabei gewesen – als würde er einen Unbekannten beobachten. Erst am Tag des Unfalls war Bewusstsein in diese Hülle gekrochen.

»Wir waren sehr lange zusammen. Ich hatte irgendwann das Gefühl, nicht mehr der Mensch zu sein, der ich sein wollte. Als wäre alles in meinem Leben falsch. Ich war irgendwie unzufrieden, unglücklich. Statt darüber zu sprechen und aufrichtig zu sein, habe ich angefangen, Eva zu belügen.«

»Betrügen?«, fragte sie tonlos.

»Was soll ich sagen? Ja, selbst das. Aber es ist nur ein einziges Mal passiert.«

Zu seiner eigenen Verwunderung flossen die Worte einfach aus seinem Mund. Es gab keinerlei Widerstand, der sie zurückgehalten hätte - als hätten sie nur darauf gewartet, endlich ausgesprochen zu werden.

»Ich war wie ein Getriebener. Ich war ständig auf der Suche nach Ablenkung und Bestätigung.«

»Hast du Eva denn noch geliebt?«

»Natürlich habe ich sie geliebt!«

»Bis zum Schluss?«

Nat verkrampfte sich, denn das war eine dieser Fragen, die er sich selbst verboten hatte. Er würde nicht darüber nachdenken und schon gar nicht darüber sprechen. Ohnehin wusste er keine Antwort, die ihn überzeugt hätte.

»Ich habe mein halbes Leben mit ihr verbracht. Was willst du mir unterstellen, Olivia?«

»Gar nichts. Ich frage mich nur, warum man einen Menschen, den man liebt, so hintergeht? Könnte es nicht sein, dass du dir nicht eingestehen wolltest, dass du, nein, entschuldige...«

Nat wusste, was sie sagen wollte: Wenn es noch Liebe gewesen wäre, dann hätte er nichts getan, womit er Eva verletzen würde. Die Vermutung war naheliegend und schmerzhaft. Im letzten Jahr ihrer Beziehung war er immer auf der Suche nach Fluchtpunkten gewesen. Fort von Eva - ohne genau zu wissen, warum.

Olivia hatte ihm die ganze Zeit aufmerksam zugehört. Ihr Gesicht verriet nicht, was sie dachte.

»Jetzt habe ich keine Chance mehr, ihr zu zeigen, dass ich es besser machen kann. Wenn ich die Zeit zurückdrehen könnte... Ich bin so ein feiges Arschloch gewesen.«

»Mhm, vielleicht warst du das, aber jetzt bist du es nicht mehr«, sagte sie mit einem sanften Lächeln auf den Lippen. Nat starrte sie entsetzt an, als sie aufstand, zu ihrer Jacke griff und den Rucksack schulterte.

»Was machst du?«

»Es ist schon spät.«
»Nein, fahr nicht.« Er stand nun ebenfalls auf.
»Oh, die Horrorfahrt heute Mittag hat mir echt gereicht. Ich nehme mir ein Zimmer im Motel. Das soll ja ganz gut sein, habe ich gehört.«
»Du kannst mein Bett haben. Bitte bleib hier, Olivia.« Wahrscheinlich machte er einen ziemlich verzweifelten Eindruck. Olivia erwiderte seinen Blick. Einige Sekunden verstrichen, dann ließ den Rucksack einfach auf den Boden fallen.

•

Olivia hatte sich eine Jogginghose angezogen und trug darüber eine Jacke mit wilden Mustern, in der sie fast zu ertrinken drohte. So saß sie nun neben ihm im Wohnzimmer auf der Couch, deren Polster schon ganz eingesunken waren, und hörte ihm zu. Aus den Lautsprechern erklang leise Musik. Nat spürte den Alkohol inzwischen ganz deutlich – er half ihm beim Reden.

»Da war immer dieser Hunger in mir. Ich habe etwas gesucht, das Eva mir nicht geben konnte. Sie hat das gespürt, denke ich. Deswegen war sie so unglücklich.«

An seinem inneren Auge zogen schemenhafte Gesichter vorbei. Er erinnerte sich an sinnentleerte Nächte, die er an unterschiedlichen Bars in unterschiedlichen Städten verbracht hatte. Häufig betrunken. Häufig begleitet von irgendeiner Frau, die er irgendwo kennengelernt hatte. Es hatte ihm gefallen, sich an den Geschichten, die er erzählte, selbst zu berauschen. Es hatte ihm gefallen, wieder alles sein und werden zu können. Keine Grenzen – er wollte die Grenzen loswerden.

»Ich habe die Aufmerksamkeit genossen. Es war wie ein Spiel, verstehst du? Ich kam mir so männlich vor, wie einer, der es noch drauf hat und dem die Welt offen steht.«

Olivia hatte ihre Arme um die angewinkelten Beine geschlungen und den Kopf auf den Knien abgelegt. Sie zuckte nicht mit der Wimper, als sich ihre Blicke begegneten.

»Sie hat es herausgefunden, oder?«

»Ihr Bruder war zufällig zur selben Zeit in Texas und wollte abends auf ein Bier vorbeikommen. Ich wusste nichts davon. Eva hat ihm verraten, in welchem Hotel ich abgestiegen bin«, er fing an zu schwitzen. »Ich war mit einer Kollegin zusammen und, naja.«

»Wie bitte?«

»Es ist armselig, ich weiß. William hat mir die Hölle heiß gemacht. Deswegen habe ich Eva alles gebeichtet.« Er rieb sich mit dem Handrücken so intensiv über die Stirn, dass die Haut anfing zu brennen. »Ich habe nur ein einziges Mal die Kontrolle verloren. Ich war betrunken, als es passiert ist.«

»Hat sie ihren Bruder zu dir geschickt, weil sie misstrauisch war? Eva muss doch gespürt haben, dass du dich immer weiter von ihr entfernt hast.«

»Nein«, er schüttelte langsam den Kopf. »Er war in der Stadt, weil - ich habe es vergessen. Ein Event, vielleicht ein Konzert. Und dann stand er plötzlich vor meiner Zimmertür. Ich war nicht allein. Ich war nicht mal richtig angezogen.«

»Eva wusste also davon, dass du sie betrogen hast, aber sie hat dich nicht verlassen, oder?«

»Sie hat ein paar Wochen gebraucht.«

»Und dann hat sie dir vergeben?«

»Sie war schwanger und ich habe ihr versprochen alles zu tun, um sie glücklich zu machen. Wir haben beide geglaubt, dass wir es schaffen könnten. Glücklich sein und alles andere. Ich habe sie dazu überredet, mit mir an den *Belwood Lake* zu fahren, obwohl sie hochschwanger war. Ich dachte, das würde uns helfen, aber...«

Nat konnte ihrem Blick nicht mehr standhalten und starrte auf seine Füße, die in löchrigen Wollsocken steckten. In den letzten Jahren hatte er sich immer im Halbschatten bewegt und war dem Licht ausgewichen, das selten durch die Fenster schien. Der Staub lag schwer auf seinen Schultern. Doch nun hatte er seine Geschichte ans Licht gezerrt, weil er das Gefühl hatte, Olivia eine Erklärung schuldig zu sein. Und dort lag sie nun - diese Geschichte mit ihren hässlichen Flecken, die er am liebsten ausradieren würde, um sich nicht ständig daran erinnern zu müssen.

»Sie muss dich wirklich sehr geliebt haben, Nat.«

»Mhm. Seit sie gestorben ist, hört der Winter nicht mehr auf. Es ist immer kalt, obwohl es schon so lange her ist.«

»Ich weiß«, erwiderte Olivia leise und legte ihre Hand auf seine. »Irgendwann wird es wärmer.«

Tatsächlich konnte er in diesem Moment ihre Wärme spüren – nicht innerlich, aber auf seiner Haut.

# Olivia

## Blackwater

In der Nacht, bevor sie hierher gekommen war, hatte sie wieder geträumt. Sie ging hinter einem Wolf her, der sich durch ein dunkles Dickicht bewegte. Irgendwann stieg der Weg steil an, führte über Wurzeln und Felsen. Während das Tier flink darüber hinwegsprang, hatte sie große Mühe, ihm zu folgen. Zwischen zwei Hemlocktannen strahlte ihr gleißendes Licht entgegen und nach wenigen Schritten fand sie sich auf einem Plateau wieder. Der Wolf blieb wie angewurzelt neben einem Granitfelsen stehen und wimmerte so herzzerreißend, dass Olivia sich noch einen Schritt nach vorne wagte, um herauszufinden, weswegen das Tier so verunsichert war.

Vor ihr eröffnete sich ein Abgrund mit Felsspalten, aus denen Pflanzen sich dem Licht entgegen streckten.

Der Fluss rauschte wie eine Lebensader durch die Schlucht, toste und sprudelte. Plötzlich wurde ihr Blick abgelenkt. Auf einem moosbewachsenen Felsen, der aus dem Wasser ragte, lag etwas Dunkles. Zuerst dachte sie, es wäre ein hinabgeworfenes Kleidungsstück, doch dann entdeckte sie weiße Hände. Eine hing so schlaff ins Wasser, als wäre sie selbst Wasser, die andere lag merkwürdig verdreht auf seinem Bauch. Auch wenn sie sein Gesicht nicht sehen konnte, wusste sie, dass er es war. Der Wolf legte den Kopf in den Nacken und fing an, zu heulen. Die steilen Felswände vervielfachten seine Stimme. Tausend Wölfe versammelten sich um den toten Körper und sangen ein Klagelied – es kroch ihr ins Mark, ließ sie erschaudern, während sie unverwandt hinab starrte. Plötzlich zuckten die Finger, als würden Stromstöße durch sie hindurchjagen.

Olivia schreckte aus dem Schlaf auf.

Der Wolf war kein Wolf. Er trug den Namen eines Flusses. Sie musste sich aufsetzen und ihren Blick eine Weile starr aus dem Fenster richten, bis sie wieder klar denken konnte. Dann war sie ohne eine Sekunde darüber nachzudenken ins Auto gestiegen und nach Blackwater gefahren.

◆

Als sie tief in der Nacht aufwachte, dauerte es eine Weile, bis sie begriff, wo sie sich befand. Verschlafen linste sie auf ihr Telefon und stellte fest, dass Jacob schon wieder versucht hatte, sie zu erreichen. Langsam setzte sie sich auf und blickte mit zusammengekniffenen Lippen auf das Display, bis es wieder dunkel geworden war.

Olivia wollte ihm nicht wehtun. Es tat ihr ja selbst weh, aber sie ahnte, dass die Liebe nie wieder ausreichen würde, um sie beide glücklich zu machen. Als sie ihm das gesagt hatte, konnte sie in seinen Augen sehen, dass etwas in ihm zerbrach. Es zersprang nicht mit einem lauten Knall, es zerbrach langsam wie in Zeitlupe und man konnte dabei zusehen, wie die Wunde größer und größer wurde. Trotzdem wusste Olivia, dass die Zeit gekommen war, um zu gehen...zu gehen...

Sie schluckte trocken, dann zog sie die Schublade des Nachttisches auf und linste hinein. Ihre Briefe waren verschwunden, aber zwischen den Tablettendosen lag immer noch diese furchtbare Liste. Obwohl er beteuert hatte, dass er heute nicht vorgehabt hatte, sich etwas anzutun, war sie keineswegs beruhigt. Was hätte er schon sagen sollen? Für die Wahrheit waren sie sich nicht vertraut genug.

Gerade wollte Olivia sich auf die andere Seite wälzen, als sie aus dem Wohnzimmer Geräusche vernahm. Licht fiel unter der Tür hindurch und lockte sie aus dem Bett.

Nat lag mit hinter dem Kopf verschränkten Armen auf dem Sofa, doch als er Olivia im Türrahmen erblickte, setzte er sie augenblicklich auf und schaltete die Musik aus.

»Oh shit. Habe ich dich geweckt?«, fragte er und wollte schon aufspringen, als Olivia den Kopf schüttelte und sich zu ihm setzte. Sie griff nach der Decke und breitete sie sorgfältig über ihren Beinen aus.

»Kannst du auch nicht schlafen?«
»Ich liege schon die ganze Zeit wach und denke nach.«
Nat trug eine blaugestreifte Stoffhose und ein weißes Shirt mit einem beachtlichen Grauschleier. Seine Haare fielen ihm strähnig in die Stirn und auf den Wangen lag ein dunkler Bartschatten. Es gefiel ihr, wenn er so verwegen aussah.
»Worüber denkst du nach?«
»Was du hier machst und wieso du nicht schon längst wieder abgehauen bist?«, Nat grinste, als er ihren schockierten Gesichtsausdruck bemerkte. »Nach allem, was ich dir erzählt habe - findest du nicht, dass ich ein ziemlicher Idiot bin?«

Olivia dachte kurz daran, dass all dieser Schmerz, den Eva in sich getragen hatte, immer noch irgendwo in ihrem Herzen existieren musste, doch sie konnte ihn nicht spüren. Es gab keinen stellvertretenden Groll, keine Enttäuschung.
»Nein, überhaupt nicht.«
»Du kennst mich eben noch nicht gut genug.«
»Vielleicht hast du dich verändert?«
»Vielleicht bist du schwer von Begriff?«
»Bloß nicht frech werden«, sie hob den Zeigefinger und lachte. »Nein, aber da gibt es doch diesen Spruch, dass jeder Heilige eine Vergangenheit hat und jeder Sünder eine Zukunft. Man lernt aus seinen Fehlern, oder nicht?«
»Ich habe mir jedenfalls geschworen, besser zu werden.«
»Oh, du willst besser werden? Ich bin begeistert. Das klingt ja nach Zukunftsplänen.«
»Pläne? Naja, nicht so konkret, dass es den Namen Plan verdienen würde.«
»Willst du einen Plan? Ich hätte einen für dich.«
Als er ihr einen verständnislosen Blick zuwarf, beugte sie sich so nah zu ihm, dass sie erkennen könnte, wie seine Pupillen sich weiteten, dann senkte sie verschwörerisch die Stimme. »Hast du Lust auf ein kleines Abenteuer mit mir?«
»Was?« Er wurde knallrot.
»Nein, nicht so. Ich meine ein Abenteuer in der Wildnis«, sie lachte. »Willst du mit mir wandern gehen? Ich habe schon einen wunderschönen Trail im Kopf.«
»Was?« Er blickte sie an, als würde er kein einziges Wort verstehen. »Warum denn ausgerechnet mit mir?«

»Keine Ahnung. Vielleicht, weil du einen großen Hund hast? Ich brauche doch jemanden, der mir im Zweifelsfall das Leben rettet«, sie deutete auf ihr Herz.

»Willst du nicht lieber mit Jacob gehen?«

»Nein, will ich nicht«, antwortete sie knapp.

»Aber wieso denn nicht?«, Nat setzte sich auf und fokussierte sie. Olivia konnte in seinen Augen erkennen, wie irritiert er war.

»Er hat keine Zeit. Außerdem habe ich dir doch erzählt, dass er lieber mit dem Mountainbike unterwegs ist.«

»Und stattdessen willst du mich mitnehmen?«

»Mhm?«

Nat lehnte sich wieder zurück und verschränkte die Arme hinter dem Kopf. Sein Blick ruhte auf ihr und Olivia war sich auf einmal nicht mehr sicher. Sie war einfach in sein Leben geplatzt, hatte ihn völlig überrumpelt und jetzt sollte er auch noch eine mehrtägige Wanderung mit ihr unternehmen? Innerlich wappnete sie sich für eine Absage, doch dann schlich sich ein Lächeln auf seine Lippen.

»Klar.«

»Du sagst zu?«, sie traute ihren Ohren kaum. »Einfach so? Hast du keine Bedenken? Willst du mir nicht sagen, dass wir uns dafür zu wenig kennen?«

»Nope! Aber ich brauche ein paar Informationen, damit ich einschätzen kann, in welche Gefahr wir uns begeben.«

»Also, ich habe mir überlegt, dass wir den Pacific Crest Trail laufen«, hauchte sie und legte sich vor Begeisterung beide Hände auf die Wangen.

»Sorry, aber das sind über zweitausend Meilen, Olivia. Von Mexiko nach Kanada. Dafür bräuchten wir Monate. Wie stellst du dir das vor?«

»Nein, wir laufen natürlich nur einen Teil davon. Wir starten in Snoqualmie und wandern nordwärts bis zum Stevens Pass. Das sind nur etwa 70 Meilen. Eine Woche. Was sagst du?«

»Eine Woche?«, er rieb sich den Nacken. »Und wir schlafen in einem Zelt, oder was?«

»In zwei Zelten«, verbesserte sie ihn. «Angeblich ist diese Strecke eine der schönsten. Es gibt Wälder, Berge und

kristallklare Seen, in denen man sich den Schweiß abwaschen kann.«
»Das ist so richtig in der Wildnis?«
»Ja, so richtig. Es wird extrem anstrengend und du wirst den Tag verfluchen, an dem du losgelaufen bist. Wir werden unbequem schlafen, aus Pfützen trinken, zerschundene Füße haben und fürchterlich stinken.«
»Wow, das klingt toll«, er lachte. »Aber was ist, wenn dein Herz - was ist, wenn dir dort etwas passiert?«
»Du kennst doch mein Herz«, sie reckte das Kinn in die Höhe. »Es ist stark.«
Seine dunklen Augen glitten über ihr Gesicht und wanderten dann langsam hinab zu ihrer Brust. Vorsichtig zupfte sie an den Trägern ihres Oberteils, um es ein wenig nach oben zu ziehen.
»Ich komme nur mit, wenn du davor zum Arzt gehst, einen Belastungstest machst und er die Wanderung absegnet.«
»Versprochen.«
»Und Jacob stört es nicht, wenn du mit einem anderen Typen wandern gehst? Wir sind dann nämlich ganz allein miteinander.«
»Das sind wir jetzt doch auch«, erwiderte Olivia und presste die Lippen aufeinander, um nicht nervös zu kichern.
»Oh, allerdings.«
»Was ist?«, sie streckte ihm ihre Hand entgegen. »Gehst du mit mir in die Wildnis?«

Awake, O north wind, and come,
O south wind!
Blow upon my garden,
let its spices flow.

## Snoqualmie

Olivia trug eine schwarze Hose, eine beigefarbene Jacke, deren Stoff an ein Lammfell erinnerte, und klobige Wanderstiefel aus derbem Leder. Vor ihr stand ein Rucksack, in dem sie gerade herumwühlte, als Nat mit Yukon um die Ecke bog. Er konnte es immer noch nicht so richtig glauben, dass er nun tatsächlich in Snoqualmie war, um mit Olivia wandern zu gehen. In den vergangenen Wochen hatte er mit sich gerungen und sich immer wieder gefragt, ob es richtig war, mit ihr wandern zu gehen.

Wozu? Wohin?

Der innere Kritiker, der jeden guten Gedanken zerbröseln ließ, regte sich. Irrational, destruktiv.

*Was willst du da draußen? Das ist doch lächerlich. Du stürzt dich nur noch tiefer ins Unglück, du verdirbst mit deiner Scheißlaune jedem die Stimmung, wahrscheinlich brichst du schon nach zwei Meilen zusammen, Olivia muss dich zurück zum Auto tragen und bekommt davon wahrscheinlich einen Herzinfarkt. Noch ein Leben, das du ruiniert hast.* Obwohl diese Gedanken penetrant waren, gelang es Nat irgendwann, sie verstummen zu lassen. Er rechtfertigte die Wanderung damit, dass Olivia aus medizinischen Gründen nicht allein unterwegs sein durfte, dass es gut für Yukon wäre und dass er ohnehin noch Urlaubstage hatte, die er ansonsten einfach verschlafen hätte.

Trotz seiner Zweifel hatte er sich eine ordentliche Ausrüstung zugelegt und versucht, so viel über den Trail zu lesen, dass er wenigstens das Gefühl hatte, sich irgendwie vorbereitet zu haben. Um ehrlich zu sein, war es jedoch weniger der Trail an sich, der ihn so nervös machte, sondern eher die Tatsache, dass er eine Woche mit Olivia unterwegs sein würde.

Sie hatten sich vor der kleinen Kirche verabredet, die am Ortsrand stand und deren weiße Holzfassade aufgrund der Witterungen schon ziemlich mitgenommen aussah. Nat war wie immer zu spät. Als Olivia ihn entdeckte, breitete sich ein strahlendes Lächeln auf ihrem Gesicht aus. Vor Entzücken fing sie sogar an, in die Hände zu klatschen.

»Na, das kann ja heiter werden«, lachte Nat und bedachte Yukon mit einem vielsagenden Blick.

»Hallo, oh mein Gott«, sie stürmte auf ihn zu. »Jetzt geht es los! Ich freue mich so! Konnte vor Aufregung kaum schlafen. Hast du alles dabei?«

»Meinst du den Gaskocher?«

Olivia fing an, die gesamte Liste runter zu rattern, die sie ihm geschickt hatte. Eine Stirnlampe, wiederverschließbare Tüten, Streichhölzer, Bärenspray, Kanister für Lebensmittel, eine Trillerpfeife, Nylonschnüre und andere Kleinigkeiten.

»Alles dabei?«, fragte sie atemlos. »Das hier ist nämlich vorerst die letzte Gelegenheit, um irgendwas einzukaufen.«

»Keine Sorge. Ich habe mich natürlich streng an deine Anweisungen gehalten.«

Sie grinste ihn glücklich an und wiederholte bestimmt noch zehnmal, wie sehr sie sich freute und wie aufgeregt sie war, dann tätschelte sie Yukons Kopf und wendete sich dem Rucksack zu, der neben ihrem Auto stand. Er hatte die Größe eines Berggorillas und Nat fragte sich, wie sie damit auch nur einen Schritt gehen wollte.

»Leichtgepäck«, erklärte sie und hob ihn wie zum Beweis in die Höhe. »Viel Volumen, wenig Gewicht.«

»Ist es dir eigentlich schwergefallen, dich von Jacob zu verabschieden?«, erkundigte er sich, als sie nebeneinander die Straße entlang schritten. Immer, wenn er den Namen nannte, kam es ihm vor, als würde Olivia zusammenzucken. Sie lenkte nie von selbst das Thema auf ihren Mann. Alles, was Jacob anbelangte, blieb im Verborgenen. Auch dieses Mal antwortete Olivia knapp – «Nein, das war kein Problem für mich.« - und hielt ihm keine Sekunde später einen orangefarbenen *Northwest Forest Pass* unter die Nase.

»Hiermit bist du jetzt ganz offiziell ein großer Abenteurer. Gratuliere«, kicherte sie. »Man wird noch in Jahrhunderten von dir sprechen.«

»Werde ich dann als Volksheld verehrt?«

Ihre gute Laune war ansteckend. Nat grinste sie breit an, nachdem er den Pass in seinem Portemonnaie verstaut hatte.

Seit ihrem letzten Besuch hatten sie jede Woche miteinander telefoniert und er spürte, wie aus der Schwärze allmählich changierende Grautöne wurden. Er war besser gelaunt, kam leichter aus dem Bett, schlief besser ein und wurde nur noch selten von Alpträumen gequält. Auch wenn Olivia weit weg wohnte, rückte sie immer näher an ihn heran. Sie ließ ihm auch überhaupt keine Chance, sich in irgendwelche Zweifel zu vertiefen – sie war wie selbstverständlich da und wie selbstverständlich ging sie nun neben ihm her.

»Okay«, sie deutete auf ein Holzschild. »Jetzt geht es los. Bist du bereit für die große Wildnis?«

»Bist du es?«

»Schon lange.«

• •

Der ausgetretene Pfad schlängelte sie an üppigen Wiesen entlang, ehe er eine Kurve machte und sie vor einer Brücke standen, die über den Snoqualmie River führte. Das Wasser war tief, toste über graues Gestein und sprudelte in kleinen Becken zwischen den Felsbrocken.

»Weiße Pferde«, sagte sie und erhob dabei die Stimme, um das Rauschen zu übertönen. »Man sagt, das wären weiße Pferde, die ins Tal hinab galoppieren.«

»Wo?«

Olivia betrat die Brücke, lehnte sich über die Brüstung und deutete hinab. »Dort, wo das Wasser über die Steine springt. Es sieht aus, als wären es kleine Pferde.«

Eine Weile blieben sie stehen und beobachteten den Fluss, der wie eine Lebensader durch das Land zog. Es roch nach nasser Erde und feuchten Hölzern. Nat sog die Gerüche tief in sich auf und dachte daran, dass er in den nächsten Tagen womöglich nicht nur Meilen hinter sich lassen würde.

»Man kommt immer ein bisschen glücklicher aus dem Wald heraus, als man hineingegangen ist«, erklärte Olivia, als sie in den Schatten der Bäume traten. Nat hob den Kopf und blickte hinauf in grüne Wogen, die immer wieder aufrissen und Sonnenstrahlen auf den Waldboden fallenließen.
»Ist das so?«, fragte er.
»Mhm. Versprochen.«
Der Trampelpfad führte immer tiefer in den Wald. Sie mussten hintereinander gehen und obwohl sie am Anfang noch miteinander geplaudert und herumgealbert hatten, verstummten sie bald, als der Weg immer steiler und steiler wurde. Man vernahm nur noch ihre Schritte, die Bear Bells, das Rauschen des Windes in den Baumkronen und ihre angestrengten Atemzüge. Irgendwann verstummten sogar die Motorengeräusche des Highways.

Olivia hatte ihn dazu überredet, Wanderstöcke zu kaufen. Zuerst hatte er sich dagegen gewehrt, weil er dachte, nur alte Menschen wären darauf angewiesen, aber jetzt bemerkte er, wie hilfreich sie waren. Heute wollten sie etwa zehn Meilen bis zum Lemah Creek wandern. Zuerst war ihm das lächerlich erschienen, aber Nat musste schnell einsehen, dass zehn Meilen es ganz schön in sich haben konnten. Während er dem Pfad folgte, wanderten die Gedanken unbestimmt durch seinen Kopf. Es hatte gar keinen Sinn, zu versuchen, sie in eine bestimmte Richtung zu lenken. Sie drifteten ohnehin ständig ab. Meist zu Olivia, die ihre Fleecejacke inzwischen ausgezogen und um ihre Hüften gebunden hatte. Sie ging im Stechschritt voran. Nat konzentrierte sich auf ihren wippenden Gang und versuchte, sich ihrem Rhythmus anzupassen.

Sie wanderten zwischen meterhohem Farn und moosbewachsenen Stämmen hindurch. Die Luft war feucht und kühl, obwohl die Sonne von einem wolkenlosen Himmel schien.

◆ ◆

Nach zwei zähen Stunden ließen sie den Wald hinter sich. Vor ihnen erhob sich ein riesiger Berg, der kaum bewachsen war. Überall lag graues Geröll und nur vereinzelt standen kleine Baumgruppen, die ein wenig Schatten spendeten. Die Sonne war unbarmherzig und ließ den Schweiß in Strömen über ihre Gesichter laufen. Olivia kramte die Wanderkarte hervor.

»Der Kendall Katwalk. Das wird in der knallen Sonne bestimmt knackig«, verkündete sie und richtete ihren Blick in die Ferne. »Wir kommen später zu einem See. Da machen wir eine Pause, okay? Vielleicht können wir sogar baden.«

»In einem Bergsee? Das will ich sehen«, Nat zog sein Shirt hoch und wischte sich Schweiß aus den Augen. »Ist bestimmt arschkalt.«

»Oh, wir werden es nötig haben«, versprach sie ihm.

Inzwischen hatten seine Wadenmuskeln angefangen, zu brennen, und der Rucksack schien mit jedem Schritt schwerer zu werden. Nat war nicht so fit wie er gedacht hatte. Er bekam Seitenstechen und musste alle paar Meter stehenbleiben, während Olivia sich immer weiter von ihm entfernte.

»Macht es dir etwas aus, wenn ich ein bisschen voraus gehe?«, rief sie ihm zu, als er sich fluchend auf einen Baumstumpf gesetzte hatte, um einen Schokoriegel zu essen.

»Wartest du irgendwo?«

»Natürlich warte ich irgendwo. Du kannst mich überhaupt nicht verfehlen.«

»Und wenn doch? Hier draußen ist nichts als Wildnis.«

»Das wird nicht passieren. Folge einfach dem Pfad. Ich werde auf dich warten.«

Nat blickte ihr nach und sah sie schließlich hinter einem zerklüfteten Granitfelsen verschwinden.

»Sie wird warten. Irgendwo. Kein Mensch weiß, wo das sein soll«, sagte er und tätschelte dabei Yukons Kopf.

Seufzend riss er das glänzende Papier auf und biss in den Schokoriegel. Erdnuss, Karamell. Er war süchtig nach diesen Dingern – außerdem lieferten sie schnelle Energie und die würde er brauchen. Er hatte nicht vor, die Distanz zu Olivia größer werden zu lassen als unbedingt nötig.

Inzwischen waren sie schon so hoch gestiegen, dass man, wo auch immer man den Blick hinwendete, Berg um Berg erkennen konnte. Grüne Wellen mit weißen Schaumkronen, die sich bis zum Horizont erstreckten. Nat füllte Wasser in den Napf und ließ Yukon trinken, dann schulterte er seinen Rucksack.

Es war eine Mondlandschaft, durch die er mit verbissener Miene wanderte. Seine Muskeln brannten, seine Füße schmerzten. Während er über Steine kletterte, die auf dem Pfad zu einem kleinen Haufen hinabgerollt waren, dachte er an die Liste. Er hatte sie kurz nach seiner Ankunft in Blackwater geschrieben. Der Freitod war seine Version von Freiheit gewesen. Wann auch immer er daran gedacht hatte, war es Erleichterung gewesen, die er empfand. Er wollte die Trauer nicht länger ertragen müssen, die Schuldgefühle loswerden. Nat hatte die Angst vor dem Tod schon lange verloren. Es hatte sich ohnehin so angefühlt, als wäre er längst gestorben. Doch inzwischen waren wieder andere Wegpunkte auf seiner Karte aufgetaucht. Erst waren sie ihm nicht aufgefallen, weil er zu entschlossen an seinem Plan festgehalten hatte, doch nun sah er sie deutlich vor sich.

Nach einer kräftezehrenden Stunde erreichte er schließlich eine Anhöhe, auf der drei mickrige Hemlocktannen standen, in deren Schatten es ein wenig kühler war. Von hier oben blickte man hinab in ein kleines Tal, in das sich ein tiefblauer See schmiegte.

»Halloooo«, rief eine vertraute Stimme und wurde von den Berghängen zurückgeworfen. Seine Augen suchten das Ufer ab - dort stand ihr Rucksack - dann entdeckte er Olivia mitten im See. »Es ist echt arschkalt!«

Yukon sprang mühelos über Steine und umgefallene Baumstämme, doch Nat hatte trotz der Wanderstöcke mit dem Abstieg zu kämpfen. Es dauerte eine halbe Ewigkeit, bis er das Gefühl hatte, sich wieder sicher bewegen zu können. Seine Klamotten waren inzwischen völlig durchgeschwitzt und klebten an seinem Körper. Egal wie kalt das Wasser war – er musste sich erfrischen. Erst als er keuchend das Ufer erreichte, kam ihm der Gedanke, dass er selbstverständlich keine Shorts mitgenommen hatte. Etwas unschlüssig stand er da und blickte hinaus auf den See.

»Was ist? Kommst du?«, Olivia winkte ihm zu.

»Ich habe gar keine –«

»Nackt natürlich«, sie lachte. »Ich drehe mich um.«

Er hatte nicht geglaubt, noch mehr schwitzen zu können, aber sein Körper presste den letzten Saft aus den Poren, als er sich hastig auszog. Die ganze Zeit behielt er Olivia im

Blick, dann rannte er so schnell er konnte ins Wasser. Ihm stockte der Atem. Es war nicht nur kalt, es war eisig. Wenn Eisschollen an ihm vorbeigetrieben wären, hätte er sich nicht darüber gewundert.

»Jesus«, ächzte er und tauchte unter.

Olivia schwamm ihm entgegen. Das Haar klebte nass an ihrem Kopf. Obwohl das Wasser tief und dunkel war, erkannte man unter der Oberfläche ihren nackten Körper.

»Herrlich, oder?«, sie bespritzte ihn zur Begrüßung mit Wasser. »Wenn man sich daran gewöhnt hat, ist es phantastisch. Wie fühlst du dich? Kannst du noch?«

»Natürlich kann ich noch«, er rieb sich Wasser aus den Augen. «Aber die letzte Meile war echt hart. Ich dachte, ich breche zusammen.«

»Wenn wir es heute nicht bis zum Lemah Creek schaffen, dann schlagen wir die Zelte einfach woanders auf. Es ist nicht schlimm, wenn wir für den Trail länger brauchen«, sie schenkte ihm ein herzliches Lächeln. »Es soll ja eine Wanderung werden, kein Kampf.«

»Ich bin sehr froh, das zu hören.«

Nat musste sich bewegen, sonst würde er auf der Stelle einfrieren. Mit kräftigen Zügen schwamm er in die Mitte des Sees. Als er sich wieder dem Ufer zuwendete, sah er, wie Olivia sich gerade mit ihrer Hose abmühte, die sich offensichtlich nur schwer über die feuchte Haut ziehen ließ.

Sie trug einen knallroten Slip. Mit beiden Händen fuhr sie den Saum entlang, um den Stoff glattzuziehen, wackelte mit den Hüften und zog dann die Hose hoch. Nat tätschelte seine Wangen, die sofort Feuer gefangen hatten, dann legte er den Kopf in den Nacken. Olivia trug einen roten Slip. Lachend schüttelte er den Kopf. Er musste aufhören, so ein Idiot zu sein.

»Ich koche«, verkündete Olivia, als er wieder nah genug am Ufer war, um sie zu hören. Sie saß auf einem Stein und fummelte mit angestrengtem Gesicht am Gaskocher herum.

»Ähm, ich würde jetzt rauskommen.«

»Okay?«, sie blickte auf.

»Ich komme jetzt«, wiederholte er und deutete auf den Kleiderberg neben seinem Rucksack. »Besitzt du die Freundlichkeit, dich umzudrehen?«

»Ich weiß nicht?«, sie hob die Schultern. »Entweder ich sehe dich nackt oder du riskierst den Kältetod. Was meinst du, wie lange du es noch im Wasser aushältst?«

Sein schockiertes Gesicht entlockte ihr ein helles Lachen.

»Das war ein Scherz«, Olivia drehte sich um. Immer noch lachend.

•• •

Das, was sie gekocht hatte, war eine trübe Brühe mit Reis und irgendwelchen Klumpen, deren Geschmack vage an Fleisch erinnerte.

»Das schmeckt richtig mies«, Nat verzog das Gesicht und löffelte den letzten Rest aus der Tüte.

Nachdem sie alle Spuren beseitigt hatten, nahm Olivia ihre Bauchtasche, in der sie ihre Medikamente aufbewahrte, und steckte sich eine rosafarbene Pille in den Mund.

»Wofür ist die?«

»Damit trickse ich meinen Körper aus, damit er nicht merkt, dass es nicht mein Herz ist.«

»Es ist dein Herz.«

Sie lächelte ihn versonnen an und kämmte dabei mit den Fingern durch ihr Haar. Plötzlich streckte sie den Arm aus und hielt ihm ihre zitternde Hand unter die Nase.

»Ist dir kalt?«

»Das sind die Nebenwirkungen.«

Nat griff nach ihrer Hand und hielt sie für einen Moment in seiner. Das Zittern war deutlich zu spüren und ihm fiel ein, was sie damals geschrieben hatte: Das Herz würde vermutlich nicht ewig in ihrer Brust schlagen. Es würde früher den Geist aufgeben, als ein Herz, das in den Körper hineingewachsen war. Er blickte sie an.

»Tut mir leid.«

»Das muss dir nicht leid tun. Dafür kann ich hier sein.«

Olivia nahm etwas aus ihrer Tasche. Es war die Schale einer Schwarznuss, die sie wie eine Murmel zwischen ihren Fingern bewegte. »Meine Mutter hat sie mir damals ins Krankenhaus mitgebracht. Jetzt habe ich sie immer dabei. Sie erinnert mich daran, wie groß mein Glück ist.«

»Mich erinnern Schwarznüsse an dich.«

Eine Weile saßen sie schweigend nebeneinander und blickten hinaus auf den See, in dem sich Wolken spiegelten, sodass es aussah, als würden weiße Boote über das Gewässer treiben.

»Nat? Darf ich dich etwas fragen?«

»Du darfst fragen, klar.« Er ließ den Wasserschlauch sinken, an dem er gerade genuckelt hatte.

»Als Eva gestorben ist – wie war die Zeit danach? Wie hast du das überstanden?«

»Schlecht.«

»Waren deine Freunde für dich da?«

»Am Anfang konnte ich mich kaum retten, weil sie ständig ihre Hilfe angeboten haben. Das war echt nett«, er räusperte sich. »Aber irgendwann haben sie aufgehört, anzurufen oder vorbeizukommen.«

»Kenne ich«, sie nickte langsam. »Es fällt den Leuten schwer, mit Krankheit und Tod umzugehen. Sie wollen zwar helfen, aber sie sind ungeduldig. Wenn man nicht schnell wieder gesund oder fröhlich wird, wenden sie sich ab. Am Ende bleiben nur wenige Menschen übrig.«

»Ich wollte ja auch, dass sie mich alleine lassen und sich um ihre eigenen Angelegenheiten kümmern. Manchmal habe ich es nicht mal ertragen, wenn mich jemand auf der Straße gegrüßt hat. Das kam mir alles so heuchlerisch vor.«

»Das verstehe ich. Du musst Eva sehr vermissen.«

»Sie fehlt mir. Das Gefühl, das sie mir gegeben hat.«

»Ich weiß.«

»In den ganzen Jahren habe ich mich wie selbstverständlich darauf verlassen, dass sie immer da sein würde, verstehst du? In meinem Konzept kam kein plötzlicher Unfalltod vor. Das hat mein Leben komplett aus den Angeln gehoben. Nichts ist mehr so, wie ich es kannte. Nicht mal ich selbst.«

»Hast du dich so sehr verändert?«

Nat nickte, dann hob er den Kopf und blickte sie an. Das Haar hing immer noch in feuchten Strähnen über ihre Schultern, sodass sich der Stoff ihres Pullovers an manchen Stellen mit Wasser vollgesaugt hatte. Olivia erwiderte seinen Blick und presste dabei die Lippen zusammen, als wollte sie verhindern, dass unbedachte Wörter entwichen.

In den ersten Monaten nach dem Unfall hatte er sich mit allen möglichen Substanzen betäubt. Halbtot und apathisch.

In dieser Phase der Trauer hatte er oft das Gefühl gehabt, nicht allein zu sein. Als wäre Eva immer noch da - auf dem Beifahrersitz, im Schlafzimmer, vor den Fenstern. Manchmal fühlte er einen Wind, der durch die Zimmer strich, sah ein Flimmern in der Luft und wartete darauf, dass sich daraus ein Körper materialisierte. Es gab Momente, in denen er eine Stimme vernahm und nicht wusste, ob sie aus ihm heraus oder in ihn hinein sprach. Noch weniger wusste er, was sie sagte. Er hörte mitten in der Nacht Babys weinen und zweifelte an seinem Verstand. Manchmal war er stundenlang in der Küche gesessen, hatte geraucht und die nackten Fliesen angestarrt - er lauschte dem Schmatzen seiner Organe, dem Knacken seiner Knochen und wartete auf eine Botschaft von irgendwem. Gott vielleicht. Aber es kam keine Botschaft.

◆ ◆

Tatsächlich schafften sie es noch vor Anbruch der Dunkelheit zum *Lemah Creek*. Olivia hatte ihm zwar geraten, das Zelt zuhause probeweise aufzubauen, aber er war geflissentlich darüber hinweggegangen. Natürlich fehlte eine Strebe, weshalb er kurzerhand einen Wanderstock unter die Zeltplane klemmte und die »Ich hab's dir gesagt«-Blicke einfach ausblendete. Er hatte eine riesige Blase am kleinen Zeh, die mittlerweile aufgeplatzt war, sodass nacktes Fleisch an seiner Socke klebte. Auch an der Ferse des anderen Fußes hatte sich eine schmerzhafte Blase gebildet. Nat fühlte sich vollkommen lädiert und fragte sich, wie er die nächsten Tage aushalten sollte.

»Ist es so schlimm?«, fragte Olivia, nachdem er ächzend die Socken ausgezogen hatte, um die Blasen zu inspizieren.

»Wird schon gehen.«

»Warte, ich schau mir das mal an«, sagte sie und war auch schon in ihrem Zelt verschwunden. Er hörte, wie sie in ihrem Rucksack herumwühlte. Kurz darauf krabbelte sie mit einer roten Tasche und einem triumphierenden Lächeln wieder zurück ans Licht.

»Dann wollen wir mal.«

Olivia saß im Schneidersitz vor ihm auf dem Boden und öffnete den Reißverschluss der Tasche. Erst zog sie einen langen Faden aus einer Dose, dann kramte sie eine Nadel hervor.

»Entschuldige, aber was machst du da?«, fragte er entgeistert, als sie den Faden ins Öhr fädelte und die Nadel dann mit Desinfektionsmittel besprühte.

»Ich nähe deine Zehen zusammen«, lachte sie. »Quatsch. Das ist ein alter Trick, damit die Blase schnell verheilt. Vertrau mir.«

»Das gefällt mir nicht.«

»Du wirst mir noch danken.«

Entschlossen nahm sie seinen Fuß und positionierte ihn auf ihrem Knie, um ihn dort mit konzentrierter Miene zu untersuchen. Tatsächlich sah Olivia aus, als würde sie jeden Moment eine mehrstündige Operation durchführen. Nat musste grinsen, doch dann strich sie über die Blase und stach ohne Vorwarnung hinein. Angeekelt wendete er den Blick ab, als sie behutsam die Flüssigkeit aus der Blase drückte.

»Nähst du das jetzt zu?«

»Nein, aber die Zahnseide bleibt bis morgen drin, damit die Flüssigkeit über Nacht ablaufen kann.«

»Wie bitte?«

»Morgen verbinde ich deinen Fuß. Jetzt muss erstmal Luft dran. Sieht ganz schön mies aus.«

Ein tonloses Lachen kroch aus seiner Kehle. Olivia streichelte kurz über seinen Fußrücken, dann stand sie auf.

•  •

Es gab wieder irgendein Tütengericht, das sie sich schnell auf dem Gaskocher aufkochten. Brühe, Reis und etwas Gemüseartiges. Dass es beim Essen auf dem Trail nicht primär um den Geschmack ging, hatte er mittlerweile kapiert. Nachdem sie gegessen hatten, holten sie Wasser aus dem Fluss und hielten nacheinander die kleine UV-Lampe hinein, mit der man das Wasser in ein paar Sekunden von Bakterien befreien konnte. Nat war todmüde und auch Olivia schien es kaum mehr zu schaffen, die Augen offen zu halten. Doch an Schlaf war selbst jetzt noch nicht zu denken. Sie mussten das Geschirr einige Meter entfernt von ihren Zelten auswaschen und alle Lebensmittel gut verpacken.

»Auch deine Zahnpasta und das Deo. Einfach alles, das gut riecht. Bären haben eine verdammt feine Nase. Wir müssen vorsichtig sein.«

Nat wusste zwar, dass es hier Schwarzbären und auch einige Grizzlybären gab, doch er hatte keine Ahnung, an wie viele Dinge man denken musste, um sie vom Camp fernzuhalten. Nachdem sie schließlich alles in einem Sack verpackt hatten, machten sie sich auf die Suche nach einem geeigneten Baum. Inzwischen war es dunkel geworden. Es dauerte eine Weile, bis sie den Sack so weit nach oben gehängt hatten, dass auch ein aufrecht stehender Bär nicht an ihre Vorräte gelangen konnte. Die Sonne blinzelte ein letztes Mal hinter der Bergkette hervor, dann verschwand sie. Es war kalt in den Bergen und der Wind wurde stärker. Obwohl sie froren, trotteten sie im Schneckentempo zurück zu ihren Zelten. Jeder Knochen, jeder Muskel, jede einzelne Faser schmerzte. Nat konnte nicht sagen, wann er das letzte Mal körperlich so erschöpft gewesen war. Vielleicht noch nie.

»Ich kann nicht mehr«, ächzte Olivia und ließ sich vor ihrem Zelt auf den Boden sinken, um mit allerletzter Kraft ihre Schuhe auszuziehen.

◆ ◆

Als sie schließlich in ihre Schlafsäcke gekrochen waren, wurde es ganz still. Nur der Wind heulte wie er es in den Bergen immer tat.

»Nat? Bist du da?«, hörte er ihre Stimme. Olivia lag nur eine Armlänge von ihm entfernt in ihrem Zelt.

»Wo denn sonst?«

»Glaubst du, dass sie noch hier sind? Du weißt schon.«

Sie musste die Namen nicht aussprechen. Seine Muskeln spannten sich unwillkürlich an.

»Nur in meinen Erinnerungen.«

»Trösten dich deine Erinnerungen?«

»Naja, manchmal hat es sich eher so angefühlt, als könnte ich mit den ganzen Erinnerungen nicht weiterleben. Als müssten sie verschwinden oder ich.«

»Verschwinden? Aber wenn wir uns nicht erinnern würden – wer wären wir dann? Wir müssen unsere Erinnerungen bewahren, gelegentlich den Staub wegpusten, gelegentlich eine Decke drüber werfen - aber es ist wichtig, dass wir sie haben.«

»Sie haben mir die Energie geraubt.«

»Das ist die Trauer.«

»Und die Schuld«, sagte er so leise, dass er nicht sicher war, ob sie ihn verstanden hatte.

»Weißt du, was ich gelesen habe?«

»In deinem Indianerbuch?«

Er hörte, dass sie tief Luft holte und wappnete sich für eine dieser kindlichen Geschichten, die sie so gerne nacherzählte.

»Dein Schmerz ist Energie.« Er meinte ein Lächeln zu hören, das ihre Stimme wärmte. »Alle deine Gefühle sind Energie. Du kannst sie verwandeln und dann sind sie nicht mehr destruktiv, sondern heilsam.«

»Aha. Und stand dort auch, wie das gehen soll?«

»Nein, aber ich denke -«

»Weil es nur spirituelles Gefasel ist. Völliger Schwachsinn. Verwandle deinen Schmerz. Was soll das?«, erwiderte er heftiger, als beabsichtigt.

»Aber du suchst doch nach Vergebung, nach einem Trost. Deswegen liest du ständig in der Bibel, oder nicht?«

Nat vergrub die Finger im dichten Fell des Hundes, der neben ihm lag und hingebungsvoll seine Pfoten leckte. Alles, was er besaß, war ein schwammiger Glaube, eine diffuse Ahnung von etwas, das seine Vorstellungskraft überstieg.

»Erstens lese ich nicht ständig in der Bibel. Die habe ich nur, weil sie Eva gehört hat«, sagte er schließlich. «Und zweitens sind die einzigen Menschen, die mir vergeben könnten, tot. Kapierst du das nicht?«

»Du bist nicht tot.«

Einige Sekunden verstrichen, in denen er überlegte, ob er jetzt einlenken sollte, doch er entschied sich dagegen.

»Aber ich fühle mich so. Mein ganzer Körper tut weh. Ich muss jetzt dringend schlafen.«

Obwohl sie ihn nicht sehen konnte, drehte er ihr demonstrativ den Rücken zu und starrte in die Dunkelheit. Er vernahm das Rascheln ihres Schlafsacks, dann ein wehmütiges Seufzen. Instinktiv wusste er, dass Olivia mit dem Gespräch noch nicht abgeschlossen hatte.

»Nat?«, ertönte ihre Stimme. »Was ist eigentlich mit deiner Familie?«

»Was soll damit sein? Ich habe dir doch schon von meiner Schwester erzählt. Mehr gibt es nicht«, antwortete er genervt.

»Und deine Eltern sind gestorben?«

»Beide sind schon eine Weile tot, ja.«

»Oh, du hast schon so viele Menschen verloren. Das tut mir total leid, Nat.«

»Das muss dir nicht leid tun. Man lernt mit diesen Lücken zu leben. Manchmal fallen sie gar nicht auf.«

»Und das andere Manchmal?«

»Und manchmal fällt man hinein.«

»Man bleibt nicht für immer dort unten.«

»Mag schon sein«, er atmete tief durch. »Ich will jetzt schlafen, Olivia. Gute Nacht.«

## Alpine Lakes Wilderness

Nat schlief noch tief und fest, als Olivia vor den Zelten saß und einen wässrigen Kaffee trank. Es würde ein traumhafter Tag werden. Raubvögel zogen ihre Kreise über dem Tal und stießen immer wieder gellende Schreie aus. Vor ihr erstreckte sich die Wildnis mit steilen Berghängen, schneebedeckten Gipfeln und dichten Wäldern. Immer wieder erkannte man das silberne Funkeln von Wasser. So viele Farben und Formen – so viel Leben. Olivia lächelte der Sonne entgegen, die hinter der Gebirgskette emporstieg. Der Himmel sah aus wie ein Pastellgemälde. Er war rosafarben, leuchtend rot, blassgelb, orange und strahlend blau. Wer auch immer die Wolken angemalt hatte – sie waren wunderschön.

Etwas rührte sich in dem kleinen blauen Zelt, das unter den Bäumen stand. Ein verhaltenes Hüsteln, leises Fluchen, dann wurde der Reißverschluss aufgezogen. Sie drehte sich um und blickte in ein verquollenes Gesicht, das mit zusammengekniffenen Augen aus dem Zelt spähte.

»Einen wunderschönen guten Morgen«, sie hielt ihre dampfende Tasse empor. »Möchtest du Kaffee?«

Erst sprang Yukon aus dem Zelt und verschwand sofort hinter den Bäumen, dann rappelte Nat sich auf und streckte sich ausgiebig.

»Guten Morgen«, er lächelte sie an und ließ sich neben ihr nieder. »Tut dir auch alles weh?«

»Mhm«, sie reichte ihm eine Tasse. »Aber ich habe wie ein Stein geschlafen. Augen zu und weg. Das war gestern ein heftiger Marsch.«

»Und heute wieder«, er pustete in den Kaffee. »Und morgen und übermorgen und den Tag danach.«

»Du wusstest doch, worauf du dich einlässt«, sie zwinkerte ihm zu. »Ich habe dich gewarnt.«

»Ich vermute, jede Meile lohnt sich, oder?« Nat deutete zur aufgehenden Sonne, dann erwiderte er ihr Lächeln.

»Das steht fest. Und wie geht es deinen Füßen?«

»Tausendmal besser.«

»Soll ich dir beim Bandagieren helfen?«

»Nicht nötig«, Nat schob seine linke Socke hinab und zeigte ihr das gepolsterte Pflaster, das er über die Blase geklebt hatte, dann stand er auf. »Ich hole unser Essen vom Baum.«

Olivia blickte ihm nach, wie er in seinen Boxershorts und den Wanderstiefeln den Pfad entlang marschierte. Eigentlich hatte sie bis zum Schluss daran gezweifelt, dass Nat sie tatsächlich in die Wildnis begleiten würde, doch er hatte sich verändert. Immer öfter ließ er den Menschen durchscheinen, der er früher vielleicht gewesen war – lustig, mutig, gesprächig – und trotzdem dachte Olivia noch oft an seine Liste. Sie konnte immer noch die Dunkelheit in seinen Augen erkennen. Vor einiger Zeit hatte sie von einem jungen Krieger gelesen, der von allen *Der-wie-der-Himmel-ist* genannt wurde, weil er sich ständig verwandelte. Von Nachtschwarz, zu bewölktem Blau, zu Sonnengold. Gerade überlegte sie, welchen Namen sie wohl tragen würde, als Nat zurückkam. Er hob den Sack hoch und grinste so stolz, als hätte er gerade mit bloßen Händen eine Beute erlegt.

• •

Nachdem sie sich den Haferbrei zubereitet und gegessen hatten, bauten sie die Zelte ab, packten ihre Rucksäcke und brachen auf. Obwohl die Sonne schien, war es recht kühl. Zügig wanderten sie durch den Wald. Nat pfiff vergnügt vor sich hin, während Olivia immer noch über einen Indianernamen nachdachte. Bei vielen Stämmen bekam man seinen Namen nicht einfach geschenkt, sondern musste ihn sich verdienen.

»Hey, soll ich dir erzählen, wie das Licht in die Welt gekommen ist?«, fragte sie unvermittelt.

»Du meinst, wie die Sonne entstanden ist? Ich wusste nicht, dass du dich mit Astrophysik auskennst?«

Als Olivia sich zu ihm umdrehte, musste sie ein Lachen unterdrücken. Nat hatte sich ein rosafarbenes Tuch turbanartig um den Kopf gebunden.

»Tja, es gibt eben sehr viele Dinge, die du noch nicht über mich weißt, aber was ich dir jetzt erzähle, ist ein Indianermärchen.«

Und so erzählte Olivia ihm von einem alten Mann, der in einer Schachtel das Licht der ganzen Welt aufbewahrte. Der Rabe wollte jedoch nicht mehr in Finsternis leben und deswegen versuchte er, irgendwie an das Licht zu kommen. Es war unmöglich. Schließlich ersann er eine List: Er verwandelte sich in eine Tannennadel und ließ sich in den Fluss fallen, der an der Hütte des Mannes vorbeifloss. Dort schöpfte seine Enkelin mit ihrer Kelle gerade Wasser. Als sie davon getrunken hatte und dabei die Tannennadel verschluckte, verwandelte sich die Tannennadel in einen kleinen Jungen. Nachdem er geboren und groß genug geworden war, suchte er in der Hütte nach dem Licht. Als er es schließlich gefunden hatte, verwandelte er sich wieder in den Raben und flog damit in den Himmel. Dort hängte er die Sonne auf. Nun, da die Sonne leuchtete, sah der Adler, welchen Schatz der Rabe besaß, und jagte ihm hinterher. Dabei ließ der Rabe versehentlich die Schachtel fallen – so entstanden Mond und Sterne.

»Dem Raben verdanken wir also das Licht.« Nat kickte einen Stein ins Dickicht.

»Eigentlich verdanken wir ihm die ganze Welt. Er ist der Schöpfergott.«

»Hat dir das dein Vater erzählt?«

»Nein, ich habe ein Buch mit den ganzen Mythen der nordamerikanischen Stämme. Mein Vater hat davon leider überhaupt keine Ahnung.«

»Du solltest bald zu den Mataka fahren, um sie endlich kennenzulernen, finde ich.«

»Findest du das, ja?«

»Ja, das finde ich. Du beschäftigst dich die ganze Zeit mit deiner Herkunft, damit du besser verstehst, wer du selbst bist. Du suchst nach Identität.«

»Das stimmt vermutlich.«

»Und deswegen führt kein Weg daran vorbei: Du musst dein Volk kennenlernen. Schließlich bist du doch so etwas wie eine Indianerprinzessin.«

»Und du bist so etwas wie ein Bleichgesicht.«

Olivia stieß ihn nur sanft an, doch Nat geriet auf dem abschüssigen Pfad ins Straucheln, stolperte über einen Stein und fiel vornüber.

»Oh mein Gott. Es tut mir leid. Das wollte ich nicht. Entschuldigung«, sie schlug sich die Hand vor den Mund, als er sich mit seinem Rucksack schwerfällig wieder aufrappelte.

»Sollte das ein Angriff sein, oder was?«, brummte er und klopfte sich den Dreck von der Hose.

»Ich bin wohl ziemlich umwerfend.«

Olivia fand ihren eigenen Witz dermaßen lustig, dass sie in schallendes Gelächter ausbrach. Sie konnte einfach nicht aufhören, zu lachen. Ihr Bauch schmerzte - sie musste sich sogar an einem Baumstamm abstützen. Währenddessen stand Nat mit in die Hüften gestemmten Händen da und wartete, bis sie sich wieder beruhigt hatte. Er lachte nicht, aber er grinste.

»Ich wusste doch nicht, dass du schon beim kleinsten Windhauch aus den Latschen kippst«, sie bemühte sich um eine ernste Miene. »Es tut mir leid. Hast du dir wehgetan?«

»Blödsinn. Waren nur Nadeln, keine rostigen Nägel«, er zeigte ihr seine Hand mit der hellen kreisförmigen Narbe.

Wenn Nat nicht völlig aus der Puste war, redete er. Dann erklärte er ihr zum Beispiel, warum Jim Morrison mit dem Rücken zum Publikum gesungen hatte oder wie oft er Yukon bürsten musste, damit sein Haus nicht aussah, als wären dreißig Kissen geplatzt, oder weshalb er glaubte, dass Menschen in der Stadt ständig von sich selbst abgelenkt waren und deswegen unglücklich wurden. Olivia inhalierte seine Worte und drehte sich immer wieder lächelnd zu ihm um.

Nach etwa zwei Stunden gelangten sie wieder zu einem See, an dessen Ufer sich der Pfad entlang schlängelte. Sie schöpften Wasser, reinigten es und füllten damit ihre Wasserbeutel, dann setzten sie sich auf einen sonnenwarmen

Stein. Während Grillen in den Gräsern zirpten, hingen sie ihren Gedanken nach, ohne miteinander zu sprechen. So saßen sie lange beieinander, nur versunken in sich selbst.

»Weißt du noch, als du mich gefragt hast, ob ich Eva bis zum Schluss geliebt habe?«, Nat zeichnete mit einem Stock irgendwelche Muster in die Erde. »Ich habe viel darüber nachgedacht.«

»Hast du eine Antwort gefunden?«

Ihr Herz hielt inne, als er den Kopf hob und sie anblickte. In seinen Augen spiegelte sich das Wasser mit dem Glitzern der Sonnenstrahlen.

»Ich kann nicht sagen, dass ich aufgehört hätte, sie zu lieben. Das ist es nicht. Die Liebe hat sich nur verändert.«

»Wie hat sie sich verändert?«

»Ich denke, sie ist mit den Jahren starr geworden, eingefroren vielleicht.«

»Eure Liebe ist eingefroren?«

»Mhm. Eva hatte immer ganz konkrete Vorstellungen vom Leben. Wohin wir in den Urlaub fahren, wann wir ein Kind bekommen, wie der Kühlschrank eingeräumt wird. Das hat mir manchmal die Luft abgeschnürt. Alles war so eng. Da waren überall Grenzen.«

»Sie wollte eurem Leben vielleicht nur einen Rahmen geben«, entgegnete sie unsicher.

»Manchmal hat sie gesagt, dass ich endlich erwachsen werden müsste, dass es schwer wäre, mit mir zusammen zu sein, weil ich keine Ahnung hätte, was ich vom Leben will. Deswegen hat sie die Grenzen gebraucht, verstehst du? In ihren Augen hatte ich keine Form, mein Leben keine Richtung«, er zog einen tiefen Strich in die Erde. »Am Schluss war alles so kompliziert zwischen uns. Ich konnte ihr nicht geben, was sie gesucht hat. Und sie mir auch nicht. Unsere Liebe ist an einem Punkt stehengeblieben, an dem man weder gehen konnte, noch wirklich bleiben wollte.«

»Tut mir leid. Das klingt, als wärt ihr beide ziemlich unglücklich gewesen. Du, weil du eigentlich gehen wolltest und Eva, weil sie dich nicht loslassen konnte, oder?«

»Vielleicht. Aber als sie schwanger geworden ist, habe ich nicht mehr daran gedacht, irgendwohin zu gehen. Ich wollte es wirklich hinbekommen – mit ihr. Ich wollte, dass wir wieder glücklich werden und ich hätte alles dafür getan. Wir hätten es vielleicht geschafft«, er brach den Stock entzwei.

Olivia strich vorsichtig mit dem Zeigefinger über ihre Narbe und wusste nicht, was sie darauf erwidern sollte. Sie spürte seinen Blick auf ihrer Haut. Als ihr seine forschenden Augen begegneten, spürte sie ein Flattern in ihrem Bauch. Nat neigte den Kopf zur Seite und zupfte an ihrem Shirt.

»Bist du eigentlich glücklich? So wie es ist, dein Leben?«

»Gerade schon«, sagte sie.

»Auch mit Jacob?«

»Auch ohne, denke ich«, sie blickte hinaus auf das dunkelgrüne Gewässer und hoffte, er würde keine weiteren Fragen mehr stellen.

◆ ◆

Es war schon fast dunkel, als sie die offenen Blockhütten des Camps erreichten. Schon aus der Ferne hatten sie das Lagerfeuer gesehen, das andere Wanderer entzündet hatten.

»Oh, wir treffen Menschen. Das wird bestimmt lustig.«

»Na toll«, knurrte er missmutig.

Um das Feuer saßen drei junge Typen und eine Frau. Als sie Olivia, Nat und Yukon auf dem Pfad erblickten, rutschten sie sofort zusammen, um ihnen Platz zu machen. Das Feuer loderte und die Funken sprangen wie Glühwürmchen in den Himmel.

»Herzlich Willkommen«, ein langhaariger Typ mit hagerer Statur grinste sie an. »Seid ihr Nobos oder Sobos?«

»Wir sind Nobos«, sie ließ den Rucksack fallen und setzte sich. »Und ihr?«

Eigentlich hatte sie erwartet, dass auch Nat sich setzen würde, doch er grüßte nur knapp, murmelte etwas und verschwand schließlich mit Yukon hinter der Blockhütte. Offensichtlich hatte er keine allzu große Lust auf fremde Menschen.

Es dauerte nicht lange und Olivia hielt ein Bier in den Händen, während Jeff – ein dreißigjähriger Ingenieur aus Neuseeland – mit seinen Abenteuern prahlte. Es gab keine Gefahr, die er nicht heldenhaft bewältigt hatte. Eigentlich wäre Olivia schon nach fünf Minuten am liebsten wieder aufgestanden und gegangen, doch sie war viel zu erschöpft, um sich zu bewegen. Außerdem fand sie es am Feuer sehr gemütlich und irgendwie waren die Geschichten dann doch ganz unterhaltsam. Jeff war nicht alleine unterwegs, sondern hatte neben einem Typen namens Richard auch seinen kleinen Bruder Tom dabei, der sich gerade eingehend mit der blonden Frau beschäftigte, die sich von ihm die Füße massieren ließ. Sie hieß Laura und war eine Schweizerin, die nach der Matura noch ein Abenteuer erleben wollte, bevor sie ihr Jurastudium aufnahm.

Jeff erzählte gerade, dass für morgen ein Unwetter angekündigt worden sei (...er hatte in Asien einen Monsun erlebt und Eisregen in Norwegen und einen Orkan in den Südstaaten), als jemand Olivias Schulter berührte.

»Ich habe die Zelte aufgebaut«, erklärte er mit gesenkter Stimme und setzte sich neben sie.

»Was? Aber das hätten wir doch zusammen machen können. Warum hast du denn nichts gesagt?«

»Sah so aus, als hättest du dich gut unterhalten.«

»Ich habe mich nicht gut unterhalten«, sie beugte sich zu ihm und flüsterte in sein Ohr: »Aber dieser Mann hat einfach nicht aufgehört, zu reden. Ich wollte nicht unfreundlich sein.«

»Verstehe. Verrätst du mir, warum wir Nobos sind? Ist das eine Geheimsprache?«, flüsterte er zurück. Sie spürte seinen Atem auf ihrer Haut und unterdrückte ein Kichern, weil er sie kitzelte.

»*Northbound*. Wir wandern in nördliche Richtung und deswegen sind wir Nobos.«

»Und was sind die?«, er nickte zu den anderen.

»Sie sind auch Nobos.«

Als sie Nats entsetztes Gesicht bemerkte, rutschte Olivia noch ein wenig näher an ihn heran.

»Wir sagen einfach, dass wir morgen eine Pause einlegen und lassen sie voraus wandern, okay?«

»Okay«, er befeuchtete seine Lippen. »Mir ist es lieber, wenn wir alleine sind. Du und ich.«

»Mir auch.«

Seine Augen waren pechschwarz, doch Olivia meinte, darin ein fernes Leuchten zu erkennen, als er lächelte. Augen wie der Nachthimmel. Ihre Blicke krochen ineinander – nur für einen Moment, dann ertönte eine Stimme und schreckte sie auf.

»Hey Leute«, Jeff winkte ihnen zu. »Wisst ihr, was ich gerade zu Richard gesagt habe? Ihr seht so aus, als hätte der weiße Mann in der Wildnis einen Wolf gezähmt und zum Dank die Tochter des Häuptlings bekommen.«

»Nicht schlecht«, Nat lachte. »Die Story merke ich mir.«

»In welchem Jahrhundert leben wir? Die Squaw sucht sich ihren Mann selbst aus«, Olivia verdrehte die Augen.

»War nicht so gemeint. Ich bin übrigens auch total dafür: Make America native again!«, Jeff prostete ihr zu.

»Das fängt zum Beispiel damit an, dass wir Thanksgiving entmystifizieren. Was wir eigentlich feiern, ist nämlich die Ankunft der Weißen und damit der Anfang eines Genozids.«

»Thanksgiving ist mittlerweile nur noch ein Familienfest. Außerdem ist das alles verdammt lange her. Die Welt hat sich verändert. Irgendwann muss man doch mal damit aufhören, ständig in der Vergangenheit zu leben.«

»Was ist mit der Armut in den Reservaten? Was ist mit den Frauen, die verschleppt, vergewaltigt und ermordet werden? Das passiert immer noch und es passiert vor allem Indianerinnen. Die Welt hat sich vielleicht verändert, aber sie ist immer noch verdammt ungerecht.«

»Stimmt schon«, Jeff geriet ins Straucheln. »Aber es ist besser geworden, oder? Wir arbeiten dran.«

Es entbrannte eine Diskussion, an der sich Olivia rege beteiligte, während Nat still neben ihr saß und zuhörte. Irgendwann legte er seine Hand auf ihren Unterarm.

»Ich gehe schlafen.«

Noch ehe sie etwas erwidern konnte, stand er auf und ging mit Yukon davon.

◆◆

Sie schlich spät in der Nacht zu ihrem Zelt und öffnete so leise es ging den Reißverschluss.

»Olivia?«

»Hallo, ich bin hier!«

Gerade wollte sie den Reißverschluss hinter sich schließen, als sie ein leises Rascheln vernahm und merkte, dass sich der Schlafsack bewegte. Schockiert blickte sie sich um und erkannte ein bleiches Gesicht.

»Ist das Absicht?«

»Nein, sorry. Im Dunkeln konnte ich die Farbe der Zelte nicht richtig erkennen.«

»Das ist doch nur eine fadenscheinige Ausrede«, er lachte und setzte sich auf. »Hast du dich gut amüsiert?«

»Ich hätte es schöner gefunden, wenn du noch ein bisschen geblieben wärst.«

»Mhm, aber ich konnte mir dieses stumpfsinnige Gelaber nicht anhören. Der Typ war furchtbar.«

»Er war nur furchtbar selbstverliebt. Irgendwann hat er eingesehen, dass er ein privilegierter weißer Mann ist, der sich kein Urteil erlauben sollte«, sie lächelte. »Und morgen sind wir wieder allein.«

»Zum Glück.«

Sie streckte den Arm aus, um Yukon zu streicheln, der sich neben Nat auf einer Decke zusammengerollt hatte. Als sie für den Bruchteil einer Sekunde warme Haut berührte, zuckte sie zurück.

»Gute Nacht«, flüsterte sie und kroch aus dem Zelt.

※ ※

Seit langer Zeit hatte sie nicht mehr geträumt, doch in dieser Nacht zogen wieder Bilder durch ihren Geist.

Trommeln schlugen aus der Ferne. Er trug ein schwarzes Gewand mit Fransen und eine Kette aus weißen Perlen. Sie wusste, dass es geschliffene Knochen waren. Auf seinem Kopf saß eine Krone aus schwarzen Federn, die sich hoch aufspreizten. Er stampfte mit den Füßen auf den Boden. Dreimal der linke Fuß. Einmal der rechte. Staub wirbelte auf und hüllte ihn schon bald in einen Nebel.

Ihr war unheimlich zumute und sie hätte sich gerne umgedreht, um zu gehen, doch sie war wie festgewachsen. Eine halbe Ewigkeit sah sie ihm dabei zu, wie er sich bewegte. Irgendwann hob er die Arme und streckte sie zum Himmel. In der linken Hand hielt er ein Bündel getrockneter Pflanzen, aus denen weißer Rauch aufstieg, der vom Wind ergriffen und fortgeweht wurde. Es roch nach Salbei und verbranntem Holz. Eigentlich hatte dieser Geruch eine beruhigende Wirkung auf sie, doch nun spürte sie ein Entsetzen, das kalt durch ihre Adern kroch.

Plötzlich drehte er sich zu ihr um und starrte sie an. Erst jetzt erkannte sie, dass er nicht so groß war, wie sie geglaubt hatte. Es war die Krone, die ihn riesenhaft erscheinen ließ. Sein Gesicht war schwarz bemalt. Weiße Streifen bedeckten die eingefallenen Wangen und seine Stirn, sodass es aussah, als blickte ihr ein knöcherner Schädel entgegen. Er sah aus wie der Tod. Unter der Farbe war es schwer, ein menschliches Gesicht auszumachen, doch seine Augen glänzten und seine Lider flatterten. Er starrte tief in sie hinein. Durch alle Schichten, durch das ganze Geflecht. Sie wusste, dass er ihr etwas sagen wollte, doch ihr Kopf war leer und die Welt fing an, sich in rasender Geschwindigkeit um sie herum zu drehen. Er war ihr einziger Anhaltspunkt. Alles, was feststand. Der Strudel verdichtete sich, zog näher, schloss sie ein. Nur er blieb regungslos vor ihr stehen. Seine Lippen bewegten sich und gerade meinte sie, einen Laut zu vernehmen, als sie aufwachte. Ihr Herz raste und sie wäre am liebsten zu Nat gekrochen, nur um seinen Körper neben sich zu spüren und ihn atmen zu hören.

## Alpine Lakes Wilderness

Als Nat am nächsten Morgen erwachte, trommelte Regen auf das Zeltdach. Sein Schlafsack war ganz klamm. Mühsam rappelte er sich auf und öffnete den Reißverschluss, um Yukon nach draußen zu lassen. Dunkle Wolken hingen am Himmel und ließen die Sonne hinter sich nur erahnen. Es regnete in Strömen. Der Boden war schon ganz aufgeweicht und kleine Bäche flossen hinab zum Pfad, wo sich die Pfützen sammelten.

Als er zur Blockhütte blickte, saßen dort die Leute von gestern über eine Wanderkarte gebeugt und schienen sich zu besprechen. Sie trugen knallbunte Regencapes und waren wohl kurz davor, weiter zu wandern. Nat hob die Hand, als sie ihn erblickten.

»Macht ihr heute einen Zero?«, wollte die Frau wissen.

»Hä?«

»Sie will wissen, ob wir heute eine Pause machen. Zero miles«, ertönte eine Stimme aus dem Zelt neben ihm.

»Äh, ja!«, rief er. »Wir machen heute einen Zero. Das Wetter ist echt mies. Geht ihr weiter?«

»Japp«, meldete sich Jeff zu Wort und riss lachend die Faust empor. »No rest for the wicked!«

»Ihr könnt jetzt in die Hütte. Ist viel bequemer als in den Zelten. Vor allem bei diesem Mistwetter«, die Frau schulterte ihren Rucksack. Nat konnte es kaum erwarten, dass diese Menschen endlich abzogen. Es lag nicht daran, dass sie unfreundlich gewesen wären, sie waren nur furchtbar anstrengend.

»Sind sie weg?«, fragte Olivia vorsichtig.

»Komm raus, Squaw!«, knurrte er. »Der Krieger geht jagen.«

Kurz darauf tauchte ihr grinsendes Gesicht zwischen den Zeltplanen auf. Sie tippte sich nur mit dem Zeigefinger an die Stirn. Nat bedachte sie mit einem amüsierten Blick, dann schlüpfte er in seine Jacke und zog sich die Kapuze auf. Eilig stapfte er davon, um den Sack zu holen. Der Boden war rutschig und gab unter seinem Gewicht nach, sodass er tief einsank.

Er wendete sich um und sah Olivia, die gerade ihre Rucksäcke zur Blockhütte schleppte. Unter dem Regencape wirkten ihre Beine wie Zahnstocher, die wiederum in klobigen Wanderschuhen steckten. Auf Zehenspitzen hüpfte sie durch den Matsch. Er musste schmunzeln und dachte daran, dass es sich wirklich gut anfühlte, zu ihr zu gehören – zumindest für diese Wanderung.

Sie saßen auf ihren Schlafsäcken in der Hütte und ließen sich viel Zeit mit allem, weil ihnen die Motivation fehlte, die Rucksäcke aufzusetzen und durch den Morast zu waten.

»Bei dem Wetter schaffen wir bestimmt keine zwölf Meilen«, Olivia kratzte mit dem Löffel den letzten Rest Haferbrei aus der Tüte. »Wahrscheinlich können wir schon froh sein, wenn wir vor Anbruch der Dunkelheit den Cathedrale Pass hinter uns bringen.«

»Wäre es ein Problem, wenn wir länger brauchen?«

»Nein«, sie klopfte auf ihre Bauchtasche. »Ich habe genügend Tabletten dabei. Zur Not müssen wir das Essen besser rationieren, aber das bekommen wir schon hin.«

»Ich dachte eher an Jacob. Macht er sich keine Sorgen?«

Er registrierte das kurze Zittern ihrer Lider. Da war er wieder – dieser dunkle Glanz in ihren Augen.

Nat hatte sie heimlich beobachtet. Morgens, wenn sie mit einer zerbeulten Emailletasse vor ihrem Zelt saß und gedankenverloren in die Ferne starrte. Wenn sie voraus stapfte – unermüdlich und verbissen, als müsste sie einem unsichtbaren Publikum beweisen, dass sie kräftig genug war. Er hatte sie in der Dunkelheit beobachtet, wenn ihr Blick suchend über den Sternenhimmel huschte und ihr Seufzen die Stille zerriss. Auch wenn sie lachte und versuchte, unbekümmert zu wirken, sah er in ihren Augen, dass sie etwas vor ihm verbarg. Dieser dunkle Glanz – er verschwand, als sie ihn anlächelte und sagte: »Ach, mit einer Verzögerung muss man doch immer rechnen. Das weiß er.«

»Weiß er auch, dass ich dich begleite?«

»Nein«, sie faltete die leere Tüte sorgfältig zusammen und steckte sie zu dem ganzen anderen Müll, den sie bis zur Zivilisation mit sich herumschleppen mussten. Nat runzelte die Stirn und verschränkte die Arme vor der Brust.

»Gibt es dafür einen bestimmten Grund?«

»Nicht so richtig«, Olivia wurde rot und konzentrierte sich auf die Kordel ihrer Shorts, die sie zusammenknotete, nur um kurz darauf den Knoten wieder zu lösen. »Es liegt jedenfalls nicht an dir.«

»Woran dann?«

»Ich habe mich von ihm getrennt«, sie befeuchtete ihre Lippen und blickte ihn an.

»Getrennt? Wann denn?« Nat glotzte sie ungläubig an, dann fiel sein Blick auf den Ring an ihrem Finger.

»Kurz nachdem ich bei dir war, um auf Yukon aufzupassen.«

»Aber warum? Was ist passiert?«

»Es ist nichts vorgefallen. Ich habe einfach seit sehr langer Zeit keine Liebe mehr für ihn gefühlt. Jedenfalls keine Liebe, die ausgereicht hätte, um bei ihm zu bleiben.«

Offensichtlich kostete es sie viel Mühe, diese Wort auszusprechen. Sie schaffte es nicht mal, ihn dabei anzusehen.

»Aber ihr habt so viel miteinander durchgemacht. Ihr seid jahrelang zusammen. Meinst du nicht, dass man gemeinsam versuchen muss, solche Phasen -«

»Das ist keine Phase«, unterbrach sie ihn. »Ich musste etwas in meinem Leben verändern, weil ich ein anderer Mensch geworden bin, verstehst du? Alles war so eng, so furchtbar starr. Du kennst das Gefühl, Nat. Du hast mir gestern erzählt, wie es dir die Luft abgeschnürt hat.«

»Mhm, aber -«

»Nach der Operation habe ich einfach nicht mehr in mein altes Leben zurückgefunden. Es wäre nicht fair gewesen, bei ihm zu bleiben und währenddessen ständig von einem anderen zu träumen.«

»Von einem anderen?«

»Leben«, sagte sie so leise, dass er sie kaum verstand. »Ich habe von einem anderen Leben geträumt.«

Als sie den Kopf hob und ihn anblickte, spürte er wie sich das Blut unter seiner Haut erwärmte und wie diese Wärme tiefer in ihn eindrang. Er verspürte den Wunsch, ihr das Haar aus dem angestrengten Gesicht zu streichen, sie in den Arm zu nehmen – er wollte irgendwas tun, aber fand keinen Mut.

»Aber weshalb trägst du noch seinen Ring?«, fragte er mit brüchiger Stimme.

»Das sollte ein Alibi sein.« Sie wendete den Blick ab. »Ich wollte nicht darüber sprechen.«

»Ich sollte nichts von der Trennung wissen?«

»Ich wollte es geheim halten«, sie stand auf. «Starten wir?«

• •

Während sie mit verbissenen Mienen über den schlammigen Pfad wanderten, dachte Nat darüber nach, weshalb Olivia ihm verschweigen wollte, dass sie sich von Jacob getrennt hatte. Dachte sie, er würde sich sonst falsche Hoffnungen machen? Glaubte sie, er würde wie ein Tier über sie herfallen? Bei dem Gedanken lachte er trocken. Schwachsinn. Dennoch konnte er nicht leugnen, dass ihn die Botschaft beflügelt hatte. Sie räumte etwas aus dem Weg, das er niemals angetastet oder in Frage gestellt hätte. Aber jetzt... Nat versuchte, sich auf seine Schritte zu konzentrieren. Diese Wanderung war zu einer rutschigen Angelegenheit geworden. Man musste den Blick schärfen und aufpassen, wohin man trat.

Trotz des Regens war die Landschaft atemberaubend. Sie wanderten durch eine tiefe Schlucht, entlang an steilen Felsen, bis sie schließlich den Fuß der Kathedrale erreichten. Ein Berg, dessen Gipfel in einem Wolkenmeer versunken war.

Hier begann ein anstrengender Aufstieg. Nat geriet schnell aus der Puste und hatte irgendwann das Gefühl, als würde seine Lunge beim nächsten tiefen Atemzug einfach zerbersten. Schweiß und Regen. Keuchender Atem. Während er immer langsamer wurde, rammte Olivia unerbittlich ihre Wanderstöcke in den Boden und hatte bald schon einen großen Vorsprung. Der helle Farbklecks wurde zwischen den grauen Steinen immer kleiner und kleiner, bis er schließlich verschwand.

Aus der Ferne vernahm Nat ein dumpfes Grollen. Er blieb stehen und suchte den Himmel ab. Schwarze Wolken trieben aus dem Norden auf sie zu. Wenn der Wind nicht drehte, würden sie geradewegs in ein Gewitter laufen.

Er beschleunigte seine Schritte, um zu Olivia aufzuschließen. Wie ging diese Regel? Die Sekunden zwischen Blitz und Donner musste man durch 5 teilen, dann erhielt man die Meilen, die das Gewitter noch entfernt war. Und wie musste man sich in der Wildnis verhalten, wenn es gewitterte? Nat hatte keine Ahnung, aber er sah, dass die Wolken schnell auf ihn zutrieben. Er hörte das laute Grollen und sah, wie Blitze den Himmel spalteten. Der Wind wurde heftiger und riss an seiner Jacke, während der Regen erbarmungslos auf ihn niederprasselte.

»Olivia?«, brüllte er und blieb kurz stehen, um zu lauschen, aber er hörte nur, wie der Regen auf den Felsen trommelte und der Wind durch die Bäume rauschte. Inzwischen hatte er die Baumgrenze erreicht und der Pfad führte in den Wald. Sofort wurde alles um ihn herum leiser. Die Abstände zwischen Blitz und Donner wurden hingegen immer kürzer. Bald musste das Gewitter direkt über ihnen sein. Wo war Olivia?

Immer wieder leuchtete der Himmel grell auf, dann folgte der Donnerschlag. Allmählich wurde ihm unheimlich zumute. Das war kein Gewitter, das man vom Fenster aus beobachten konnte, während man im Trockenen saß und an einem Grog nippte. Das war die Wildnis. Nat wusste, dass man nicht mit Wasser in Berührung kommen durfte und sich nicht unter exponierte Bäume stellen sollte. Plötzlich hörte er seinen Namen, dann kam ihm etwas entgegen geschossen. Olivia wirkte wie ein verschrecktes Reh, als sie schließlich patschnass vor ihm stand. Sie keuchte so sehr, dass sie kaum sprechen konnte.

»Es ist direkt über uns«, sie deutet zum Himmel. »Das ist richtig gefährlich. Wir müssen zusammen bleiben.«

»Das habe ich von Anfang an gesagt«, er zog spöttisch die Augenbrauen hoch. «Aber du rennst ja immer wie eine Wahnsinnige voraus. Bist du okay?«

»Mir geht es gut, aber ich fürchte, wir müssen warten, bis es vorbei ist. Wir können nicht weiter.«

● ●

Alle metallischen Gegenstände packten sie in den Lebensmittelsack und ließen ihn inmitten der Heidelbeersträucher zurück, dann bauten sie in Windeseile ihre Zelte zwischen den dichten Nadelbäumen auf.

»Hoffen wir, dass wir nicht von einem Baum erschlagen werden«, Olivia wischte sich über das nasse Gesicht, dann grinste sie ihn an und verschwand in ihrem Zelt.

Nat streckte sich aus und glotzte zum Zeltdach. Die Schatten der Äste schwankten hin und her, Regen perlte über die Plane und immer noch hörte man das Gewitter über ihnen wüten.

»Ich habe Hunger«, hörte er sie nach einer Weile jammern. Olivia fing an, ihm alle Dinge aufzuzählen, die sie essen würde, wenn sie wieder zuhause waren. Nat tastete seine Taschen ab. In der Seitentasche seiner Hose wurde er schließlich fündig.

Als er den Reißverschluss von ihrem Zelt aufzog, blickte ihm eine halbnackte Olivia entgegen. Sie trug nur ein Shirt und war gerade dabei ihren Schlafsack aufzuschütteln.

»Huch?«

»Sorry«, Nat warf ihr drei Schokoriegel vor die Füße, dann fummelte er wieder am Reißverschluss herum.

»Jetzt komm schon rein.«

»Rein?«, echote er.

»Bringst du Yukon und deinen Schlafsack mit?«

Schließlich lagen sie aneinander gequetscht in dem winzigen Zelt und teilten sich die Schokoriegel.

»Ich glaube, wir müssen hier übernachten«, sie warf ihm einen flüchtigen Blick zu. Nat nickte. Eigentlich fand er die Vorstellung sehr reizvoll. Das lag einerseits an seinem zerschundenen Körper, andererseits an der Behaglichkeit in diesem Zelt: Neben ihm lag Olivia und dort draußen war nichts als Natur. Das feuchte Laub, das auf dem Boden lag und dort vor sich hin moderte, verströmte einen süßen Geruch. Fast wie Honig. Honig. Wie war das? Bären fuhren auf süßes Zeug ab.

»Hast du nicht gesagt, dass man im Zelt nicht essen darf wegen der Bären?«

»Oh nein. Daran habe ich ja überhaupt nicht mehr gedacht«, Olivia drückte ihm blitzschnell das Schokoladenpapier in die Hand. »Jemand muss sofort den Müll zum Sack bringen und ihn in die Bäume hängen.«

»Jemand? Du bist die Squaw!«

»Eben! Und du bist der furchtlose Krieger.«

Nat quälte sich wieder ins Freie. Mittlerweile war es so kalt geworden, dass er sich fragte, ob der Schlafsack tatsächlich ausreichen würde. Es dauerte eine Weile, bis er einen geeigneten Baum gefunden hatte, an dem er den Sack befestigen konnte. Hektisch zerrte er aus seinem Rucksack die Fleecejacke, dann krabbelte er zurück zu Olivia, die mittlerweile auf dem Bauch lag und Yukon kraulte.

»Es ist echt eisig«, bemerkte er, als er wieder neben ihr lag und sich mit dem Schlafsack zudeckte.

»Mhm, ein richtiges Unwetter«, sie wälzte sich auf den Rücken und lächelte. »Aber hier drin haben wir es doch ganz kuschelig.«

Sein Herz geriet aus dem Takt. Olivia ließ ihren Zeigefinger über die Zeltplane wandern und zeichnete die Rinnsale des Regens nach. Es war wie Musik: Der prasselnde Regen, der vom Laub der Bäume aufgehalten wurde, um dann schwer auf die Zelte hinabzufallen. Das Knacken im Dickicht, das entfernte Donnergrollen.

»Warum hast du mir nicht von Jacob erzählt?«

Sofort zog Olivia ihren Arm zurück, dann kroch sie noch tiefer unter den Schlafsack und drehte sich zu ihm um. Ihr Gesicht war so nah, dass er ihre Sommersprossen hätte zählen können. In dem fahlen Licht sahen ihre Augen noch dunkler aus.

»Wie hätte das für dich ausgesehen?«

»Was meinst du?«

»Wenn du gewusst hättest, dass ich mich von Jacob getrennt habe, hättest du dann nicht gedacht, ich würde versuchen, dich...«, ihre Mundwinkel zuckten. «Ich will dich nicht anmachen. Deswegen sind wir nicht hier.«

Nat hätte sich fast an seinem eigenen Speichel verschluckt. Seine Wangen fingen an zu brennen und er war froh, dass sie das in dem schummrigen Licht nicht erkennen würde.

»Nein, nein. Weiß ich doch. Das hätte ich auch nicht vermutet«, erklärte er und rollte sich auf den Rücken, weil er ihrem Blick entgehen wollte.

»Okay, dann ist alles gut?«

»Alles gut«, er nickte. Olivia wollte ihn nicht anmachen, dann dachte er an den leuchtend roten Slip und musste lachen. Nat verschränkte die Arme hinter seinem Kopf und lauschte eine Weile dem Regen. Mit der Zeit wurde er schläfrig. Yukon schnarchte.

»Ich muss dir etwas sagen«, hörte er eine leise Stimme neben sich. Er drehte sich wieder zu ihr um und ließ seine Augen über ihr Gesicht wandern.

»Was denn?«

»Ich habe deine Liste gefunden.«

»Welche Liste?«

»Mit den vielen Wegen«, sie schluckte. »Um zu sterben.«

Nat zuckte zusammen, als sie das letzte Wort aussprach. Es kam ihm vor wie ein Phantasiewort, etwas Ausgedachtes, das keinen Sinn ergab. Sein Kopf war mit einem Mal ganz leer.

»Aha? Und wie hast du sie gefunden?«, fragte er mechanisch.

»Die Schublade von deinem Nachttisch war nicht richtig zu. Ich habe das Papier gesehen und war neugierig und dann...«, sie befeuchtete ihre Lippen. «Das hat mir echt Angst gemacht.«

Er starrte sie regungslos an und wusste nicht, welches Gefühl sich gerade in ihm zusammenbraute. Als er nichts erwiderte, befreite Olivia eine Hand aus dem Schlafsack und wischte sich über die Augen.

»Bitte sag doch etwas.«

»Das war privat.«

»Ich weiß.«

»Du hättest das nicht lesen sollen.«

Es kam ihm vor, als würde ein Fremder aus ihm sprechen. Die Situation war surreal – obwohl er erwartet hätte, wütend zu werden, war er so ruhig, als hätte dieses Stück Papier rein gar nichts mit ihm zu tun.

»Bist du nicht böse?«, sie blickte ihn irritiert an und hob ein wenig den Kopf. «Du musst mir doch böse sein, Nat.«

»Die Liste bedeutet nichts.«

»Willst du sterben?«, ihre Stimme war kaum mehr ein Flüstern. Nat schloss die Augen. Die Frage schallte als Echo durch seinen Schädel, dann regte sich sein Herz.

»Manchmal hat es solche Momente gegeben.«

»Und jetzt?«

»Jetzt nicht.«

Sie schwiegen und Nat dachte an die Momente, in denen alles zu Bedeutungslosigkeit verwittert war und er mit einer gewissen Genugtuung festgestellt hatte, dass ihn nichts mehr berühren konnte. Diese Momente waren gerade weit weg und wirkten im Rückblick wie Schauergeschichten.

»Es tut mir leid«, flüsterte sie.

»Schon gut.«

Plötzlich berührte ihn eine Hand. Olivia fing an, sanft über sein Haar zu streicheln. Als er ihr einen verwunderten Blick zuwarf, beugte sie sich über ihn. Er spürte ihren warmen Atem auf seiner Haut, roch die Schokolade.

»Morgen hat es bestimmt aufgehört zu regnen.«

»Ja, bestimmt.«

»Gute Nacht, Bleichgesicht!«

Sie küsste seine Wange mit warmen Lippen, dann drehte sie sich um. Vorsichtig tastete er mit den Fingerspitzen über die Stelle, die sie berührt hatte.

◆ ●

Yukon lag mit halbgeschlossenen Augen neben ihm. Der Tag war gerade erst angebrochen – die Sonne kroch nur langsam empor. Obwohl sie bereits die Wipfel golden färbte, wehte ein rauer Wind zwischen den Baumstämmen hindurch, weshalb er den Kragen seiner Jacke hochgeschlagen hatte. Der warme Boden dampfte und Nebelschwaden stiegen daraus empor. Wenn er einatmete, füllte eisige Luft seine Lungen und vertrieb die Müdigkeit. Immer wieder musste er an den Moment denken, als Olivia ihm gestanden hatte, dass sie von seiner Liste wusste. Er hatte das Ende schon vor sich gesehen, war kurz davor, fest entschlossen. Und jetzt? Mit jeder Meile, die er zurücklegte, entfernte er sich weiter von dieser Idee. Wenn er nun zurückblickte, stellte er fest, dass alles aus der Distanz viel kleiner wirkte –

fast bedeutungslos. Hier und jetzt war die Liste nichts als ein Stück Papier.

Nat vergrub die Hände in den Jackentaschen und das Kinn hinter dem Kragen. Olivia hatte sich wie Wasser in die Lücken seines Lebens gezwängt. Seine Gedanken wanderten zu ihrer Narbe. Vorgestern hatte er beobachtet, wie sie vor dem Zelt saß und sie eingecremt hatte. Automatisch legte er eine Hand auf seine eigene Brust.

»Was machst du da?«

»Ich denke nach. Das ist so etwas wie Morgengymnastik mit dem Kopf, schätze ich.«

Olivia ließ sich neben ihm nieder und rutschte so nah an ihn heran, dass er ihre Schulter an seiner spürte.

»Darf ich mitmachen?«

»Mhm, gerne.«

Ohne etwas zu sagen, legte sie ihre Hand auf seinen Oberschenkel. Erst blickte er auf die schmalen Finger, dann in ihr Gesicht. Sein Magen zog sich zusammen und er hatte Mühe, das Lächeln zu erwidern. Ihre Hand war klein, aber schwer und sie blieb auf seinem Oberschenkel liegen, als wäre es selbstverständlich, dass sie dort lag. Auch dann noch, als Olivia den Blick hob und eine Weile die Wolken beobachtete, die über den Himmel zogen. Der Wind ließ ihr Haar flattern und verlieh ihr damit einen kühnen Ausdruck. Das Indianermädchen. Ihm wurde heiß und noch heißer, als sein Blick hinabglitt. Unter ihrer Jacke trug sie ein ausgeschnittenes Shirt, sodass man den Ansatz ihrer Narbe erkennen konnte. Wenn er sich vorstellte, wie groß die Wunde gewesen sein musste, kam es ihm wie ein Wunder vor, dass sie jemals verheilt war. Auch innere Wunden konnten heilen - manchmal spürte er, wie sich die Löcher seiner Seele zusammenzogen.

»Vertraust du mir eigentlich?«, fragte sie unvermittelt und wendete sich zu ihm um. Er nickte zögerlich. So weit man einem anderen Menschen vertrauen konnte, vertraute er ihr vermutlich. »Ich möchte nämlich gerne etwas mit dir ausprobieren.«

»Aha«, er hob die Augenbrauen. »Und was?«

Olivia öffnete den Jutebeutel, der in ihrem Schoß lag. Darin befanden sich neben einer Schachtel Streichhölzer, getrocknetes Gras, das zu einem Zopf geflochten war, und eine handtellergroße Muschel, deren Perlmutt in allen Farben funkelte.

»Es ist ein sehr altes Ritual. Wir laden damit gute Geister ein, gute Gedanken und Gefühle. Hast du Lust?«

Er versuchte, sich seine Entgeisterung nicht anmerken zu lassen, als er sich am Kinn kratzte und zu einer Antwort ausholte: »Ähm, das hört sich ja ganz nett an und ich weiß, dass du es nur gut meinst, Olivia, aber an solche Dinge glaube ich nicht.«

»Das macht nichts«, erwiderte sie unbeeindruckt und wiegte die Muschel in ihrer Hand. »Vor ein paar Jahren hat mir jemand gezeigt, wie es geht. Damals fand ich es total befremdlich, aber ich habe schnell festgestellt, dass es tatsächlich irgendetwas mit mir macht. Es beruhigt mich.«

Während sie das trockene Süßgras zwischen ihren Fingern knistern ließ, erzählte sie, dass dieses Ritual den Geist stärken und das Herz weiten würde, sodass gute Energien hineinfließen konnten. Dabei war Süßgras ein Sinnbild für Kraft und Sanftmut: Wenn man über Gras ging, beugte es sich zwar, aber es brach nicht. Es richtete sich wieder auf. Egal, ob eine Büffelherde darüber hinweg galoppierte oder ob ein winziger Käfer die Halme empor kletterte. Es ging darum, Widerstandskraft zu entwickeln.

»Klingt das nicht schön?«

»Naja, für mich klingt das eher so, als würden Menschen sich an solchen Ritualen festhalten, um wenigstens das Gefühl von Kontrolle zu haben.« Nat rieb sich über die Stirn und hob die Schultern, dann lachte er.

»Machst du trotzdem mit?«, fragte sie.

Olivia zündete ein Streichholz an und hielt es gegen den Süßgraszopf, der in der Muschel lag und sofort Feuer fing. Mit leiser Stimme erklärte sie, dass man es nicht auspusten durfte, um die Geister nicht zu vertreiben. Einige Sekunden verstrichen, dann erlosch die Flamme von selbst. Nur ein Glühen blieb davon zurück. Nat fiel es schwer, ernst zu bleiben, doch gleichzeitig empfand er eine gewisse Faszination, als er Olivia beobachtete.

Die Hitze ließ das Gras leise knistern. Rauch schlängelte sich in die Luft und verströmte einen Duft, der ihn an sonnenwarmes Heu erinnerte, vielleicht sogar an Vanille. Olivia hielt ihre Hände in den Rauch und rieb die Handflächen aneinander, dann nahm sie das Süßgras und ließ es sehr langsam um ihren Kopf wandern. Ihre Augen waren geschlossen, ihre Lippen bebten, als würde sie still beten. Schließlich öffnete sie die Augen und hob das qualmende Gras eine Weile vor ihre Brust, während sich ihr Blick verlor.

»Danke«, flüsterte sie und atmete tief durch. Ein Lächeln erhellte ihr Gesicht, als sich ihre Blicke begegneten. Olivia rutschte vor ihn und stellte die Muschel mit dem Räucherwerk auf den Boden. Kaum merklich schüttelte er den Kopf.

»Und jetzt du.«

»Ne, lieber nicht. Mir reicht's, wenn –«

»Mach einfach die Augen zu.«

Und er schloss die Augen, als besäße er keine Kontrolle mehr über seine Lider. Nat presste die Lippen aufeinander und knetete seine Hände. Der Rauch kroch in seine Nase. Vanille. Es war Vanille.

»Damit deine Augen Schönes sehen«, sagte eine sanfte Stimme und ihre Bewegungen hinterließen eine kühle Spur auf seiner Haut. »Damit deine Ohren Musik hören, dein Mund die Wahrheit spricht und dein Geist wieder gute Gedanken denkt.«

Als er blinzelte, sah er, wie sie das Süßgras vor seine Brust hielt. Ihr Blick ruhte auf ihm.

»Und damit dein Herz weit wird.«

»Olivia«, war das einzige Wort, das ihm in den Sinn kam und das er laut aussprach. Tatsächlich spürte er, wie sich sein Herzschlag in diesem Moment vervielfachte. Dieser Rauch hatte seine Sinne verdreht, machte ihn ganz benommen. Ihm war sogar ein wenig schwindelig.

»Wie hat es sich angefühlt?«, wollte sie wissen und legte das Süßgras zurück in die Muschel, in der es träge vor sich hin qualmte.

»Naja, ich habe nicht viel gespürt.«

»Das kommt vielleicht noch. Manchmal merkt man erst sehr spät, dass man sich verändert hat. Weißt du, damals habe ich dein Haus mit Salbei gereinigt.«

»Wie bitte?« Er runzelte die Stirn.

»Nachdem ich die Liste gefunden habe, war da plötzlich so viel Dunkelheit. Ich wollte irgendetwas tun, um dir zu helfen und da dachte ich, dass –«

»Du wolltest mir helfen, indem du irgendwelche Pflanzen in meinem Haus verbrennst?«

»Ich möchte einfach für dich da sein«, erwiderte sie und legte ihre Hand auf seinen Unterarm. Nat fühlte sich dieser Nähe gerade nicht gewachsen. Er hatte keine Ahnung, wie man die Gefühle nannte, die in ihm auflodernten, und er hatte keine Ahnung, wie spät es war, trotzdem sagte er: »Es ist schon spät, Olivia. Ich denke, wir sollten jetzt die Sachen zusammenpacken.«

Umständlich rappelte er sich auf und schnappte sich den Napf, in dem sich noch ein wenig Wasser befand, das er auf den moosigen Boden kippte. Olivia drückte das glimmende Süßgras aus, stand ebenfalls auf und ging davon, ohne ein Wort zu sagen.

• •

Sie hatte den Schlafsack mit ein paar geschickten Handgriffen eingepackt und machte sich jetzt an ihrem Zelt zu schaffen.

»Yukon«, Nat schnalzte mit der Zunge, um den Hund aus seinem Dämmerschlaf aufzuwecken, dann setzte er sich in Bewegung. Immer noch irritiert über dieses Ritual und über alles, das zwischen ihnen war.

»Ich wollte dich schon lange etwas fragen«, sagte er, nachdem sie eine Weile schweigend nebeneinander ihren Kram eingepackt hatten. »Hast du eigentlich das Gefühl, du müsstest dich um mich kümmern, weil Eva nicht mehr da ist und du ihr etwas schuldig bist?«

»Nein, so ist das nicht. Jedenfalls nicht mehr. Mir geht es einfach nur um dich.«

Sie warf ihm einen flüchtigen Blick zu und schloss ihren Rucksack. Ohne ein Wort zu sagen, half er ihr dabei, ihn aufzusetzen, dann trat er vor sie und verschloss erst den

Hüft-, dann den Brustgurt. Er wusste auch nicht, weshalb er das tat. Ihm fehlten Worte. Vielleicht war es das.

»Danke«, sagte sie und wollte sich umwenden, als er sie zurückhielt, indem er ihre Hand ergriff.

»Mir geht es nicht mehr darum, mich an Eva zu erinnern, wenn ich mit dir zusammen bin«, erklärte er mit überraschend fester Stimme. Olivia blickte ihn für ein paar Sekunden an, ohne etwas zu erwidern. Ihre Lippen bebten und er dachte kurz daran, sie zu küssen oder wenigstens seine Arme um sie zu legen, aber er schaffte den winzigen Schritt nicht, der ihn von ihr trennte.

»Nat«, murmelte sie. Die Spannung war fast unerträglich. Wenn sie herumalberten oder in wohltuender Monotonie wanderten, fühlte er sich sicher, aber sobald sie ganz aufeinander konzentriert waren, kam es ihm vor, als würde die Luft brennen, als könnte er die Hitze kaum noch ertragen. »Lass uns lieber aufbrechen. Wir haben einen weiten Weg vor uns.«

# Olivia

## Alpine Lakes Wilderness

»Wegen der Liste«, Olivia band sich die Haare zu einem Pferdeschwanz zusammen. »Ich wollte dich noch etwas fragen.« Er blickte von der Wanderkarte auf und hob die Augenbrauen.

»Wann hast du sie geschrieben?«

»Schon lange her«, er fuhr sich durchs Haar, dann senkte er den Blick und starrte auf das Koordinatensystem.

»Und wie oft denkst du noch daran?«

»Du musst dir keine Sorgen machen.«

»Wie oft?«, wiederholte sie und legte ihre Hand auf seinen Unterarm.

»Kann ich nicht so genau sagen«, er trat einen Schritt beiseite und fing an, die Karte zusammenzufalten. »Aber die Gedanken sind nicht mehr so intensiv.«

»Du denkst noch daran?«

»Ich weiß nicht, ob man die Option jemals vergisst, wenn man sie einmal in Betracht gezogen hat«, er presste die Lippen aufeinander und erwiderte ihren Blick aus dunklen Augen. Sie kannte diesen starren Ausdruck, die Lichtlosigkeit.

»Wie würdest du es tun?«, fragte sie tonlos.

»Olivia«, er schüttelte den Kopf. »Wir haben doch gestern schon davon gesprochen. Es reicht. Das Thema gehört nicht hierher.«

»Kannst du mir nicht einfach sagen, dass es jetzt andere Optionen für dich gibt?«

»Ach, neben dem Tod gibt es noch andere Optionen? Was du nicht sagst«, höhnte er.

»Ja, natürlich.«

»Man verbrennt einfach ein paar Pflanzen und plötzlich ist die Welt wieder in Ordnung. Funktioniert das so in deiner Vorstellung?«

Olivia starrte ihn fassungslos an.

»Du kannst mich mal«, fauchte sie, schulterte ihren Rucksack und stiefelte an ihm vorbei. Nat eilte ihr hinterher und zwang sie zum Stehenbleiben, indem er sich einen Gurt ihres Rucksacks schnappte.

»Willst du einfach nur hören, dass jetzt alles wieder paletti ist, damit du beruhigt sein kannst? Oder willst du wirklich wissen, wie es sich anfühlt, solche Gedanken zu haben und nichts dagegen tun zu können?«

»Warst du denn jemals bei einem Arzt?«

»Ich habe eine Weile Pillen geschluckt und bin auch ein paar Wochen zur Therapie gegangen, als ich noch in der Stadt gewohnt habe, aber jetzt...«

»Warum hast du damit aufgehört?«

»Weil es nichts gebracht hat.«

»Du hättest dir mehr Zeit geben müssen«, sagte sie anklagend. »Du hättest mehr -«

»Lassen wir das«, unterbrach er sie. »Wie viel Zeit ich mir gebe, ist meine Sache. Das geht dich nichts an.«

»Doch, das geht mich sehr wohl etwas an.«

»Du hast in meinem Haus herumgeschnüffelt, Olivia. Das war falsch und es ist falsch, mich jetzt zu diesem Gespräch zu nötigen. Das ist übergriffig. Kapiert?«

»Aber du hast mir Angst gemacht«, protestierte sie, obwohl ihr, schon als sie die Liste aus der Schublade gezogen hatte, bewusst gewesen war, dass sie einen Fehler machte, und es war, als würde sie in seinem Tagebuch lesen.

»Ich? Du hast dir selbst Angst gemacht. Wenn du deine Nase nicht in Dinge gesteckt hättest, die dich nichts angehen, hättest du auch keine Gedanken daran verschwenden müssen. Ganz einfach«, sagte er scharf.

»Oh, du bist so ein Idiot!«

»Idiot?«, er lachte laut auf.

»Ist mir egal, was du machst, aber ich will jetzt wandern«, sie warf ihm einen grimmigen Blick zu, dann riss sie ihm den Gurt aus der Hand und setzte ihren Weg fort.

»Du findest nicht wirklich, dass ich ein Idiot bin«, rief er ihr hinterher.

Eigentlich hätte sie ihm den Wind aus den Segeln nehmen können, wenn sie gesagt hätte, wie viel er ihr bedeutete. Sie hätte ihm sagen können, dass sie zuhause immer wieder sein Profilbild betrachtet hatte, einfach so, dass sie von ihm träumte und dass sie manchmal nicht wusste, ob sie in ihn verliebt war. Kaum gedacht, wurde ihre Atmung flacher, was dazu führte, dass ihr ein wenig schwindlig wurde und sie ihre Schritte verlangsamte. Sie wagte es nicht, sich nach ihm umzudrehen, aber das war auch nicht nötig, weil sie jede Furche seines Gesichts kannte. Sie kannte das amüsierte Schimmern seiner Augen, sein Lächeln, seine konzentrierte Miene, wenn er die Lippen aufeinander presste. Als er damals gesagt hatte, dass er nichts mehr von ihr wissen wollte, war sie völlig neben sich gestanden. Nacht für Nacht hatte sie schwarze Löcher in den Himmel gestarrt, während sie ihn beschwor, zum Telefon zu greifen und sich endlich bei ihr zu melden. Irgendwann redete sie sich ein, dass es keinen Sinn machte, an jemandem festzuhalten, der losgelassen hatte. Sie hatte sich verboten, wegen ihm zu weinen und ihre Gedanken verflucht, die sich ganz automatisch zu ihm verirrten, sobald sie ihrer Kontrolle entglitten. Es war sein Gesicht gewesen, das in ihrem Geist auflodert, sobald Jacob sie berührt hatte – es war unerträglich geworden.

● ●

Der Pfad stieg steil an und ihr Muskelkater machte sich bemerkbar. Es dauerte nicht lange und sie hörte Yukon hinter sich hecheln und Nat schwer schnaufen, doch sie ignorierte ihn geflissentlich. Ihre Gedanken waren bei der Liste. Erhängen war einer der Punkte. Genickbruch geht schnell. Ersticken dauert lange. Extreme Schmerzen. Muss hoch genug sein.

Wie war es möglich, dass der Mann, der so ein strahlendes Lächeln besaß, solche abgründigen Pläne schmiedete? Ihr Herz schmerzte und Olivia bezweifelte, dass dieser Schmerz auf die körperliche Anstrengung zurückzuführen war. Wenn Nat beschließen würde, zu gehen - unbemerkt und allein - sie wüsste nicht, wie sie das verkraften sollte.

»Indianermädchen, warte. Wir müssen das Kriegsbeil begraben. Ich kann so nicht weiterwandern«, riss eine vertraute Stimme sie aus ihren Gedanken. Olivia blieb stehen und drehte sich zu ihm um. Er hatte sich wieder dieses eigenartige Tuch um den Kopf geschlungen und lächelte sie an. Es blieb ihr gar nichts anderes übrig, als sein Lächeln zu erwidern.

»Also, wie sieht's aus? Schließen wir Frieden?«, er streckte ihr die Hand entgegen. Getrocknete Erde klebte daran.

»Frieden«, Olivia griff nach seiner Hand und hüpfte von dem Felsen, auf dem sie gestanden war, sodass sie nun direkt vor ihm stand. »Aber kannst du nicht verstehen, dass ich mir Sorgen um dich mache? Dieser Lebensüberdruss - es verletzt mich, dass du solche Gedanken hast.«

»Es verletzt dich?«, er machte ein verblüfftes Gesicht.

»Jetzt tu doch nicht so«, sie entzog ihm ihre Hand und spürte, dass sie errötete. »Du weißt doch ganz genau, wie sehr ich dich mag.«

»Naja, ich glaube schon.« Er riss er sich das Tuch vom Kopf und wischte sich damit den Schweiß von der Stirn.

»Was war eigentlich der wahre Grund?«

»Der wahre Grund wofür?«

»Warum wolltest du keinen Kontakt mehr zu mir? Nach den ganzen Briefen, den Telefonaten, nachdem ich auf Yukon aufgepasst habe?«

»Was soll ich sagen? Das kannst du dir doch denken«, sagte er sanft und trat einen Schritt auf sie zu.

»Aber du hast es mir nie erklärt.«

»Es hatte jedenfalls nichts mit dir zu tun«, er schüttelte den Kopf und lachte verhalten. »Schwachsinn. Eigentlich hatte das jede Menge mit dir zu tun.«

»Habe ich mich zu sehr aufgedrängt?«

»Nein, das ist es nicht. Ich wollte einfach mein Ding durchziehen. Niemand sollte mir dabei im Weg stehen«, er blickte hinab zu seinen Schuhen. «Ich wollte mich nicht verbunden fühlen. Zu nichts.«

»Und was willst du jetzt?«

»Naja, ich bin mit dir hierher gekommen. Das ist doch ziemlich eindeutig«, er bückte sich, zurrte die Schnürsenkel und band sie neu, dann richtete er sich auf. »Wir sind so etwas wie eine Seilschaft.«

»Wir sichern uns also gegenseitig gegen Absturz«, sie lächelte schwach. »Das klingt schön.«

»Ich habe jedenfalls nicht vor, dich abstürzen zu lassen«, er neigte den Kopf zur Seite und funkelte sie an. »Es sei denn, das Essen wird knapp. Das wäre aber wirklich der einzige Grund.«

• •

Der Mensch konnte aus sich selbst heraus nicht bestehen. Von Anfang an war er mit allem verbunden – mit jedem noch so winzigen Steinchen, mit jedem Atom. Doch im Leben mancher Menschen rissen umso mehr Verbindungen ab, je älter sie wurden. Dann war es so, als würde man in die Wolken blicken und darin nur noch kondensiertes Wasser sehen. Der Verlust der Verbundenheit war schmerzhaft, weil es sich so anfühlte, als würde man an einem Faden baumeln, als könnte man hören, wie die Fasern unter der Last langsam rissen. Jahr um Jahr noch ein Stück – man sank ein wenig tiefer – und noch ein Stück. Manche Menschen verloren sogar die Verbindung zu sich selbst. Das waren die traurigsten von allen. Olivia warf ihm einen flüchtigen Blick zu, als sie neben ihm herging. Vielleicht hatte er trotz der Trauer und seinen Schuldgefühlen endlich wieder einen Anknüpfungspunkt gefunden und vielleicht war dieser Punkt derselbe, an dem auch sie angeknüpft hatte.

Die Mittagssonne ließ das Blut in ihren Adern brodeln. Es war selbst im Schatten der Bäume noch unerträglich heiß. Das Wetter in den Bergen wechselte ständig. Wegen ihrem erhöhten Hautkrebsrisiko, was mit den Medikamenten zusammenhing, musste Olivia aufpassen, dass sie sich keinen Sonnenbrand einfing. Sie war eigentlich ständig damit beschäftigt, sich mit Sunblocker einzuschmieren. Gerade hatte sie ihre Arme wieder damit zugekleistert, als Nat einen erleichterten Seufzer ausstieß.

»Na endlich!«

Zwischen den Bäumen sah man das funkelnde Wasser eines Sees, der so klar war, dass man selbst von hier aus die grauen Steine am Grund erkennen konnte.

»Das muss der Deception Lake sein. Ich dachte schon, wir kommen nie an«, lachte sie und verteilte die Creme in ihrem Gesicht. »Da machen wir eine Pause, okay? Danach geht es nämlich wieder steil bergauf.«

Dieses Mal war Nat vor ihr im Wasser. Sie hatte sich brav umgedreht und hörte nur sein ersticktes Keuchen.

»Ich werde verrückt. Scheiße, ist das kalt.«

Als Olivia einen Schulterblick riskierte, winkte er ihr zu.

»Komm, wenn du dich traust.«

Eilig zog sie sich das Shirt über den Kopf und hängte es an die knöchernen Äste eines Baumstammes, der am Ufer lag. Gerade wollte sie ihre Hose ausziehen und hatte bereits den Knopf geöffnet, als sie bemerkte, dass Nat sie beobachtete.

»Umdrehen, Bleichgesicht!«

Olivia fokussierte seinen dunklen Hinterkopf und zog sich aus, bis sie splitterfasernackt war, dann rannte sie. Kaum hatte sie es geschafft, den ersten Schwimmzug zu machen, drehte Nat sich wieder um und schwamm ihr entgegen.

»Krass kalt, was?«

»Ich schrumpfe. Ich werde zum Eisklotz«, erwiderte Olivia zähneklappernd.

»Du musst dich nur bewegen.«

Sie schwammen gemächlich nebeneinander her, bis Nat kraulend einen Vorsprung gewann.

»Ist das alles, was du drauf hast?«, spottete er, als er sich wieder zu ihr umdrehte. Sie legte an Geschwindigkeit zu und schnappte sich seinen Fuß.

»Warte.«

»Ne, das geht nicht. Wir müssen in Bewegung bleiben.«

»Ich bin plötzlich so schwach«, kicherte sie.

»Du bist plötzlich so schwach?«

Er schwamm auf der Stelle und grinste, während sie sich ihm näherte. Sein Blick verirrte sich nur für den Bruchteil einer Sekunde, doch das genügte, um sie langsamer werden zu lassen.

»Deine Narbe.«

»Was ist damit?«, Olivia bedeckte ihre Brüste und hielt sich mit einem Arm über Wasser.
»Ich finde sie echt schön.«
Stirnrunzelnd blickte sie an sich hinab. Sie hätte mit viel gerechnet, aber nicht damit, dass Nat ihre Narbe schön fand. Mittlerweile hatte sie sich daran gewöhnt, dass jeder auf den ersten Blick erkennen konnte, dass sie eine schwere Operation hinter sich hatte. Eigentlich nahm sie die Narbe kaum noch wahr, wenn sie sich im Spiegel betrachtete. Sie gehörte zu ihrem Körper, verschmolz mit ihm – trotzdem wäre sie nie auf die Idee gekommen, diese Narbe als schön zu bezeichnen.
»Ehrlich?«
»Mhm, sehr schön sogar«, er lächelte und schwamm so nah an sie heran, dass sie die einzelnen Wassertropfen auf seinem Gesicht erkennen konnte, sogar die zwischen seinen Wimpern.
»Das hat noch nie jemand zu mir gesagt.«
»Vielleicht sind alle von deiner Zahnlücke abgelenkt.«
Das Wasser, das sie umschloss, konnte sie nicht mehr schützen – widerstandslos wich es seinem Körper, ließ ihn näher und näher kommen.
»Die ist ja auch ziemlich cool«, versuchte sie, den Zauber zu brechen. Sie tauchte ein wenig unter, sog Wasser ein und spritzte ihm einen Strahl ins Gesicht.
»Mhm, sehr beeindruckend.«
Kurz streifte sie mit dem Fuß sein Bein, was er registrierte, ohne mit der Wimper zu zucken. Das nasse Haar klebte wie ein Helm an seinem Kopf. Sie hätte darüber gelacht, wenn seine Augen sie nicht eingefangen hätten. Wenn sie nur wüsste, was er dachte, was er fühlte? Was jetzt? Olivia wäre am liebsten einfach untergetaucht und zwar im wahrsten Sinne des Wortes. Und eigentlich wollte sie ihre Ehe wie ein Schutzschild vor sich her tragen. Nat sollte nicht auf falsche Gedanken kommen – genau so wenig wie sie selbst. Nervös fingerte sie an ihrem Ring herum, um sich irgendwie zu besänftigen. Plötzlich flutschte er von ihrem Finger. Olivia versuchte ihn aufzufangen – er streifte noch ihre Hand, dann tauchte sie unter und strampelte mit den Beinen, während sie mit den Armen durchs Wasser ruderte. Vergebens. Der Ring

sank auf den Grund. Als sie wieder auftauchte und nach Luft schnappte, brach Nat in schallendes Gelächter aus.

»Was war denn das?«

»Mein Ring«, schnaufte sie. »Der Ring ist weg.«

»Der Ehering? Brauchst du ihn denn noch?«

»Als Erinnerung.«

Sie glotzte auf ihren nackten Ringfinger. Dort, wo der Ring gesteckt hatte, war ihre Haut jungfräulich weiß.

»Du brauchst doch keinen Ring, um dich zu erinnern.«

»Aber ich fand ihn wirklich wunderschön.«

Nat griff nach ihrer Hand. Mit zusammengekniffenen Augen betrachtete er sie.

»Er hat dir nicht mehr gepasst. Deine Hand ist ohne diesen Ring sowieso viel schöner, wenn du mich fragst.«

Als er sie anlächelte, kam es ihr vor, als strömte Lava durch ihre Adern, als wäre das Wasser um sie herum ein Wellenspiel. Schnell entzog sie ihm ihre Hand.

»Naja, aber ich frage dich nicht«, ihre Stimme bebte wie das Vibrato einer Violine. Sie entfloh seiner Nähe, indem sie umdrehte und zurück zum Ufer schwamm.

## Alpine Lakes Wilderness

Er war nur kurz eingenickt, als ein atemloses Keuchen ihn aufschrecken ließ. Yukon hatte sich zusammengerollt und schnarchte leise – dieses beruhigende Brummen, das gleichmäßige Heben und Senken des Brustkorbs.

»Olivia?«

Eigentlich musste sie jetzt sagen: Ich bin hier. So wie sie es immer gesagt hatte. Doch nichts geschah. Einzig der Wind wehte zwischen den Felsenritzen hindurch und wälzte kleine Hölzer und Steine über den Boden.

»Olivia? Bist du noch wach?«

Eine Weile lauschte er in die Stille. Kein Räuspern, kein Seufzen, kein raschelnder Schlafsack. Nat beschlich ein eigenartiges Gefühl. Vielleicht war es maßlos übertrieben, aber er musste sich vergewissern, dass Olivia in ihrem Zelt lag und friedlich schlummerte. Er musste es mit eigenen Augen sehen, vorher würde er nicht einschlafen können.

Als er vorsichtig den Reißschluss öffnete, war dort nichts als Schwärze. Mit einer Hand tastete er über den Boden. Isomatte, Schlafsack. Müsste er nicht ihre Füße spüren? Wenigstens ihren Atem hören? Er riss ruckartig an dem Schlafsack, der ihm sofort entgegenflog. Olivia war nicht hier. Sein Herzschlag beschleunigte sich. Wahrscheinlich war sie noch schnell hinter ein Gebüsch gekrochen, um zu pinkeln. Gut möglich, dass sie ihm das nicht auf die Nase binden wollte. Nat beschloss, auf sie zu warten und setzte sich vor ihr Zelt. Der Nachthimmel war kristallklar. Mit bloßem Auge erkannte man den Sternennebel als ein funkelndes Band über den Himmel ziehen. Verrückt, dass die meisten dieser Sterne schon längst erloschen waren. Ein Fenster in die Vergangenheit – und sie leuchteten immer noch.

Es war eine wunderschöne Nacht und trotzdem lag etwas in der Luft. Irgendeine Energie, irgendeine Schwingung.

Olivia tauchte auch nach zehn Minuten nicht auf. Keine Schritte, keine vertraute Stimme. Irgendwas stimmte nicht. Vielleicht hatte sie Hunger und war zu den Bäumen gegangen, in denen ihr Sack mit den Lebensmitteln hing? Unwahrscheinlich.

»Hey, du kannst jetzt wieder rauskommen. Wenn du mich erschrecken willst, solltest du wissen, dass ich bewaffnet bin.«

Nichts.

»Ich bin echt müde. Kannst du jetzt einfach kommen?«

Nichts.

»Ich finde das nicht lustig, Olivia!«

Wieder nichts. Es vergingen nur Sekunden, ehe er es nicht mehr aushalten konnte. Nat kroch in sein Zelt und fischte die Stirnlampe aus seinem Rucksack, dann rief er Yukon zu sich, der sich nur widerwillig in Bewegung setzte.

»Olivia? Es reicht jetzt«, er ging zügig den Pfad entlang und blieb immer wieder stehen, um zu lauschen. Nichts, nur das Rauschen des Flusses, der durch die Schlucht galoppierte. Langsam bekam er es mit der Angst zu tun. Wo war sie nur? Olivia wäre niemals ins Dickicht gegangen, hätte sich niemals zu weit vom Lager entfernt. Jeder wusste, wie gefährlich das sein konnte. Vor allem bei Nacht.

»Olivia?«

Es war, als würde die Dunkelheit seine Stimme einfach verschlucken. Nat fing an, vor Nervosität zu schwitzen. Sein Puls raste, als er zwischen den Bäumen hindurch ging. Vielleicht würde sie ihn gleich mit einem lauten Buuuh anspringen – es wäre ihr zuzutrauen.

»Olivia, verdammt, wo bist du?«, schrie er, als der Wald so dicht war, dass er nicht mal mehr den Sternenhimmel über sich sehen konnte. Gerade dachte er darüber nach, wieder umzukehren, als Yukon unruhig wurde. Er zerrte an der Leine, hatte die Rute aufgestellt und schnupperte in die Luft. Nat stolperte dem großen Rüden hinterher, der immer schneller über den Pfad preschte. Offensichtlich hatte er Fährte aufgenommen. Irgendwann blieb er jedoch abrupt stehen und starrte zwischen den Bäumen hindurch zum Fluss.

»Was soll das?«

Yukon rührte sich nicht vom Fleck. Auch nicht, als Nat an der Leine zerrte, um ihn zum Umkehren zu bewegen. Stattdessen trat er noch näher an den Abgrund. Nat wollte nur einen flüchtigen Blick in die Schlucht werfen, als sich sein Herz verkrampfte und er von eiskalten Schauern geschüttelt wurde. Unten in der Schlucht glomm ein schwaches Licht, dann erkannte er eine dunkle Gestalt, die zwischen zwei Felsen reglos im Wasser lag.

Panisch stürmte er den steilen Abhang hinab und rutschte auf dem Geröll aus, sodass er stürzte und sich das Knie aufschlug. Nat ignorierte den Schmerz, nahm ihn nicht mal richtig wahr, rannte einfach weiter. Endlich war er unten angekommen und ließ sich neben Olivia auf die Knie sinken.

»Olivia!«, keuchte er. «Was ist?«

Sie lag in kniehohem Flusswasser, das unverdrossen um sie herum plätscherte. Mit einer Hand umfasste sie eine Wurzel, die vom Ufer ins Wasser ragte. Wahrscheinlich hatte sie sich daran festhalten wollen. In ihren Haaren hingen kleine Äste, die der Fluss angespült hatte, ihre Kleidung hatte sich vollgesogen und klebte nass an ihrem Körper. Im gespenstischen Licht der Kopflampe erkannte Nat, dass frisches Blut aus einer Stirnwunde über ihrer Augenbraue sickerte. Olivia lag einfach da, als würde sie schlafen, als wäre sie...

»Nicht tot.« Nat griff unter ihre Arme und zog sie zu sich auf den Stein, dann schlüpfte er aus seinem Pullover und deckte sie damit zu. Orientierungslos wanderten seine Hände über ihr Gesicht, dann hinab zu ihrem Herzen. Sekundenlang starrte er auf ihren Körper. Die Angst krallte sich in seinen Eingeweiden fest. Erinnerungen blitzten auf. Nicht noch ein Mensch, der starb, während er hilflos dabei zusehen musste. Ängstlich presste er sein Ohr auf ihre Brust. Nass und eiskalt. Das Blut rauschte in seinen Ohren, der Fluss toste. Er konnte nichts hören. Seine Atmung beschleunigte sich und er hatte das Gefühl, sich jeden Moment übergeben zu müssen. Das war ein Alptraum.

»Nein«, brüllte er gegen die Felswände. »Scheiße!«

Niemand würde ihn hören. Eine größere Einsamkeit als diese war kaum vorstellbar. Nat legte den Kopf in den Nacken und versuchte, einen klaren Gedanken zu fassen.

Nach ein paar Sekunden wischte er sich den Schweiß von der Stirn, dann hielt er den Atem an und legte seine Hand auf ihre Brust. Während er wartete, erforschte er ihr Gesicht, hoffte irgendeine Regung darin wahrzunehmen. Sie war so ruhig, so furchtbar still.

»Hey Indianermädchen, du kannst mich hier doch nicht allein lassen.« Seine Kehle schnürte sich zu. Er war schon einmal neben einer Frau gekniet, die so schwer verletzt war, dass sie nur wenige Stunden später verstarb. Er kannte das Gefühl, kannte diese verdammte Angst. Schließlich schob er den Pullover beiseite und seine Hand unter ihr Shirt, sodass er ihre eisige Haut spüren konnte.

»Komm schon«, flehte er, drückte seine Hand noch fester auf ihren Brustkorb. Und tatsächlich. Da war ein schwaches Pulsieren. Da war eine sanfte Bewegung. Nat biss sich so fest auf die Unterlippe, dass er sein eigenes Blut schmecken konnte. Nein, er täuschte sich nicht: Sie atmete. Ihr Herz schlug. Wieder presste er sein Ohr auf ihre Brust und nun konnte er ihren Herzschlag ganz deutlich vernehmen.

»Oh Gott, Olivia!« Er streichelte mit zitternden Händen über ihr Gesicht, dann beugte er sich über sie und zog sie in seine Arme. Er drückte ihren nassen Körper an sich und wiederholte ihren Namen so oft, dass er glaubte, davon wahnsinnig zu werden. Irgendwann vernahm er ein leises Geräusch an seinem Ohr und hob den Kopf.

»Olivia!«

Ihre Oberlippe zuckte, dann wimmerte sie leise.

»Ich bin hier. Ich bin jetzt hier!«

Ihre Lider flatterten, dann hustete sie. Suchend tasteten ihre Hände über den Stein. Irgendwelche Worte drangen über ihre Lippen. Er blickte verständnislos zu ihr hinab. Sie drehte den Kopf zur Seite und deutete in die Dunkelheit.

»V-v-verloren.«

»Wie bitte? Ich verstehe nicht.«

»Me-medika-kamente.« Sie hustete wieder, dieses Mal heftiger. Nat dämmerte langsam, was sie ihm sagen wollte. Vorhin hatten sie Wasser geschöpft, um damit zu kochen. Er erinnerte sich daran, dass Olivia dazu ihre Bauchtasche mit den Medikamenten neben ihren Rucksack gelegt hatte. Angestrengt kniff er die Augen zusammen und tatsächlich konnte er auf einem Stein schwarze Umrisse ausmachen. Olivia musste beim Versuch, dort hinzugelangen, ausgerutscht sein und hatte sich dabei den Kopf verletzt.

»Die Medikamente sind hier. Ich sehe die Tasche, aber darum kümmere ich mich später«, er legte beide Hände auf ihre Wangen und blickte sie so lange an, bis ihre Augen seine gefunden hatten. »Hast du Schmerzen?«

Sie zitterte am ganzen Körper und konnte kaum sprechen. Ihre Lippen waren so dunkel, als wären sie angemalt.

»Nein«, presste sie hervor, dann tastete sie über ihre Stirn und starrte auf ihre blutigen Fingerspitzen. »Nur so kalt.«

»Wir müssen zu den Zelten. Schaffst du das?«

Olivia machte Anstalten, sich aufzusetzen. Sie atmete tief durch und mit seiner Hilfe gelang es ihr schließlich. Ohne darüber nachzudenken, zog er ihr das klatschnasse Shirt aus, warf es einfach ins Flussbett und zog ihr dann seinen Pullover über. Sie fror so sehr, dass ihre Zähne laut aufeinander klapperten.

»Ich bringe dich zurück, dann hole ich die Tasche.«

Nat hatte keine Ahnung, wie er es schaffen sollte, Olivia den steilen Abhang hochzuhieven. Sie gab sich zwar Mühe, aber sie war so schwach, dass sie keinen Schritt machen konnte. Nat wuchtete sie auf seinen Rücken. Das Adrenalin, das durch seinen Körper zirkuliere, entfesselte ungeahnte Kräfte in ihm und er schaffte es tatsächlich, Olivia den ganzen Weg zurück zu tragen. Sie wimmerte und hörte nicht auf, ihm immer wieder zu danken, während sie sich an ihm festklammerte.

Im Zelt saß sie schluchzend vor ihm und er überlegte fieberhaft, was er nun tun sollte.

»Du musst aus den nassen Klamotten raus.«

Olivia versuchte, den Knopf ihrer Hose zu öffnen, doch sie zitterte so sehr, dass es ihr einfach nicht gelingen wollte.

»Ich helfe dir, okay?«

»Bitte«, Olivia presste die Lippen aufeinander und half ihm bereitwillig, als er vorsichtig anfing, sie zu entkleiden. Ihr Körper strahlte eine solche Kälte aus, dass er sicher war, dass sie in der Nacht gestorben wäre, wenn er einfach weitergeschlafen hätte. Sie kauerte sich auf die Isomatte, dann deckte er sie mit beiden Schlafsäcken zu und beugte sich über sie.

»Ich bin gleich zurück. Yukon passt auf dich auf.«

»Nicht gehen«, sie blickte ihn so flehend an, dass er sie am liebsten in den Armen gehalten und getröstet hätte, aber er musste die Medikamente holen.

»Alles gut«, er strich ihr das nasse Haar aus dem Gesicht, dann drückte er seine Lippen auf ihre Stirn. Väterlich und ohne Hintergedanken. »Du musst keine Angst haben. Ich beeile mich.«

Als er zehn Minuten später mit den Medikamenten zurück ins Zelt kroch, weinte sie immer noch und hatte sich wie ein kleines Kind unter die Schlafsäcke gekauert.

»Nat«, flüsterte sie unter Tränen. »Mir ist so kalt.«

»Ich habe den Gaskocher geholt. Du bekommst gleich etwas Warmes«, er wollte gerade den Schlafsack zurück über ihre Schulter ziehen, als sie nach seiner Hand griff und sie sich an ihre Wange drückte. Während Olivia vor Kälte zitterte, glühte er wie ein Kohleofen. Kurzerhand schlüpfte er aus den Schuhen und aus seiner Hose, dann legte er sich zu ihr unter die Schlafsäcke. Neben der Erleichterung, sie noch rechtzeitig gefunden zu haben, durchzogen auch andere Gefühle seine Brust. Er war dazu in der Lage, einen Menschen zu retten. Aber was war, wenn es nicht genügte, sie gefunden zu haben?

»Du brauchst einen Arzt.«

»Nein«, erwiderte sie. »Ich bin okay.«

»Was ist, wenn dein Herz -«

»Mir ist nur so kalt.«

Nat rang mit sich, weil er nicht wusste, wie er sich verhalten sollte. Wenn Olivia kerngesund wäre, würde ihn wahrscheinlich allein die Tatsache erleichtern, sie lebendig vor sich zu sehen. Er nagte an seiner Unterlippe und starrte sie an, als könnte er in ihrem Gesicht lesen, wie groß die Gefahr war, in der sie schwebte. Inzwischen wusste er, dass Olivia gerne die Tapfere mimte, um wenigstens für einen Moment vergessen zu können, wie angreifbar sie war.

»Jetzt ist alles gut«, beteuerte sie mit erstickter Stimme, doch Nat hatte keine Ahnung, ob er ihrer Einschätzung trauen konnte. Offensichtlich erkannte sie seine Zweifel, weswegen sie nachschob: »Wirklich, Nat, ich bin okay. Alles, was ich brauche, ist ein bisschen Wärme. Nimmst du mich in den Arm?«,

Sein Herz raste, als er seine Arme um sie schlang und ihren Körper nah an sich heranzog. Sie war nackt und er konnte die kalte Haut unter seinen Händen spüren. Als sie sich an ihn schmiegte, erfasste ihn ein wohliger Schauer. Die Situation hätte unverfänglich sein können, wenn nicht alles in ihm angefangen hätte, nach ihr zu verlangen. Nat rief sich zur Raison.

»Stell dir einfach vor, ich wäre eine Wärmflasche«, sagte er mehr zu sich als zu ihr. »Nichts weiter.«

Eine Weile streichelte er über ihren Rücken und ihre Arme, um sie zu wärmen, doch Olivia hörte einfach nicht auf zu zittern. Ihre Haut war so eisig kalt, dass er davon eine Gänsehaut bekam.

»Was soll ich tun?«, fragte er hilflos.

»Kann ich etwas trinken?«

Vorsichtig löste er sich von ihr und kroch wieder hinaus, wo das Wasser auf dem Gaskocher bereits brodelte. Während sie die Tasse hielt und winzige Schlucke trank, hatte er schützend den Arm um sie gelegt und konnte nicht aufhören, sie wie gebannt anzuglotzen. Sie war kreidebleich und saß in sich zusammengesunken da. Die Wunde hatte inzwischen aufgehört zu bluten, sodass sich eine feine Kruste gebildet hatte. Zum Glück schien sie nicht tief zu sein, aber womöglich hatte sich Olivia eine Gehirnerschütterung zugezogen. Er strich das Haar zurück, das wie ein Vorhang vor ihr Gesicht gefallen war.

»Wird es langsam besser?«

»Kannst du mich nochmal in den Arm nehmen?«, fragte sie, nachdem sie die leere Tasse abgestellt und sich wieder hingelegt hatte. Allein der Gedanke, ihr so nah zu kommen, ließ Hitze in ihm aufwallen. Irgendwie schaffte er es, den Reißverschluss des einen Schlafsackes zu schließen und den anderen wie eine Decke über ihnen auszubreiten. Obwohl es in dem Schlafsack so eng war, dass sie sich kaum mehr rühren konnten, kuschelte sich Olivia noch enger an ihn.

»Du hast mir das Leben gerettet«, flüsterte sie nach einer Weile, in der es ganz still geworden war. »Dabei wollte ich doch deins retten.«

Nat streichelte ihre Wange und wusste nicht, was er darauf erwidern sollte. Olivia ließ ihn nicht kalt, was in Anbetracht der Umstände fast unmöglich schien. Er schüttelte die Zweifel ab, legte eine Hand in ihren Nacken und küsste ihre kühle Stirn. Olivia hatte die Augen geschlossen, sie seufzte leise. Mit den Lippen strich er über ihre Wangen und zog sie noch etwas näher zu sich. Weicher und wärmer. Kurz hielt er inne und lauschte in die Nacht, während er seine Finger in ihrem feuchten Haar vergrub. Alles, was er hören konnte, war sein eigener Herzschlag. Gerade hatte er ebenfalls die Augen geschlossen, als er Olivia seinen Namen murmeln hörte. Mit kalten Fingerspitzen berührte sie sein Kinn.

»Danke«, sagte sie und küsste ihn so zärtlich auf die Lippen, dass er nicht sicher war, ob er phantasierte. Doch dann schmeckte er das Salz ihrer Tränen und spürte das Beben ihres Körpers. Vorsichtig löste sie sich von ihm, ohne den Blick zu heben, ohne etwas zu sagen.

Während er sie im Arm hielt, musste er daran denken, dass er womöglich eine Option auf seiner Liste vergessen hatte. Wie in einem Kokon lagen sie da. Olivia hatte das Gesicht an seiner Brust verborgen und er konnte ihren warmen Atem auf seiner Haut spüren. Sie hatte inzwischen aufgehört zu zittern und schlief irgendwann ein. Nat lächelte. Er hatte nicht geglaubt, dass er noch zu solchen Gefühlen fähig war. Dem Garten Eden entsprangen vier Flüsse – Pischon, Gihon, Hiddekel, Perat. Wasser bedeutete Leben und der Rhythmus des Lebens war ein Atemzug begleitet von vier Herzschlägen.

*Olivia*

## Alpine Lakes Wilderness

Es war hell und die Vögel zwitscherten, als Olivia zum ersten Mal die Augen aufschlug. Ihr Kopf wurde von stechenden Schmerzen durchzuckt und es kam ihr vor, als wäre sie von einem Tanklaster überrollt worden. Die Erinnerungen an die vergangene Nacht drängten sich in ihr Bewusstsein. Sie wäre gestorben, wenn Nat sie nicht gefunden hätte. Sie wäre erfroren, doch jetzt lag sie hier und ihr war nicht mehr kalt. Im Gegenteil. Ihr Kopf ruhte auf einer warmen Brust, die sich unter ruhigen Atemzügen bewegte. Zu ihrer Verwunderung strahlten sie zwei Augen an, als sie den Blick hob. Er war wach und grinste sie so breit an, als habe er schon lange auf diesen Moment gewartet.

»Hey Indianermädchen!«

»Bleichgesicht«, sie schob ihre Hand aus dem Schlafsack und rieb sich mit dem Handrücken über die Augen.

»Wie geht es dir?«

»Mir ist warm. Aber ich glaube, ich habe noch nie in meinem Leben so heftig gefroren wie gestern Nacht. Mir war so kalt.«

Nat rutschte ein wenig hinab, sodass er sie direkt ansehen konnte. Ihr Herz klopfte wie verrückt, als sie an die Berührung seiner Lippen dachte.

»Und dein Kopf? Hast du Schmerzen?«

»Geht schon.«

»Wir machen heute einen Zero«, raunte er. »Aber hey, du darfst mir nie wieder so einen Schrecken einjagen. Das war ein einziger Alptraum.«

»Indianerehrenwort!«

»Nein, ernsthaft. Wenn du mal wieder auf die Idee kommst, nachts alleine rumzuirren, dann sag mir vorher Bescheid«, er tippte ihr sanft auf die Stirn.

»Wollte ich ja, aber du hast geschlafen.«
»Du hättest mich aufwecken sollen.«
»Nat«, Olivia tastete nach seiner Hand. »Ich kann dir nicht genug danken. Wenn du später gekommen wärst, wenn dir nicht aufgefallen wäre, dass ich nicht im Zelt war... Die Nacht hätte ich da draußen bestimmt nicht überlebt. Ohne dich wäre ich vielleicht gestorben.«
»Vielleicht. Und wer weiß, wo ich ohne dich wäre? Sicher nicht hier«, erwiderte er mit dunkler Stimme.
»Aber jetzt bist du hier.«
»Mhm. Und du auch.«
»So ein Glück.«
»Könntest du das nächste Mal vielleicht versuchen, nicht zu ertrinken oder zu erfrieren?«, er beugte sich über sie. »Ich weiß ja, dass du eine tapfere Indianerin bist, aber versuch einfach, dich nicht mehr in Lebensgefahr zu bringen, okay?«

• •

Olivia war ratlos, weshalb sie ewig im Zelt liegen blieb, während Nat mit Yukon nach draußen gegangen war. Ihre Gedanken verirrten sich ständig: ihre Träume, die Liste, Jacob, die Meilen, der Kuss - zuerst waren da seine Lippen und dann waren da ihre Lippen. Ihr Magen flatterte, wenn sie zu lange in diesem Moment verweilte.

Linda hatte gesagt, er sei ein einsamer Wolf, der sich in die Wälder zurückgezogen hatte - am Tag des Unfalls wären in Wahrheit drei Menschen gestorben. Olivia dachte lange darüber nach. Es musste Nat unwahrscheinlich viel Überwindung gekostet haben, sich auf sie einzulassen. Zwischenmenschliche Beziehungen waren für ihn kein zufälliges Nebenprodukt, sondern eine bewusste Entscheidung. Dahinter steckte mehr als die Bereitschaft, sich ein wenig die Zeit zu vertreiben. Er meinte es ernst – darauf hatte ihr Herz die ganze Zeit gepocht, doch jetzt schüchterte sie die Nähe ein.

Die Sonne hatte den Zenit erreicht, als Olivia sich aus dem Schlafsack quälte und aus dem Zelt ins Freie krabbelte. Nat lag wie hingegossen neben Yukon auf der Wiese und döste.

»Hey«, Olivia ließ sich so erschöpft neben ihm ins Gras fallen, als hätte sie einen mehrstündigen Gewaltmarsch hinter sich.

»Ausgeschlafen?« Er schirmte die Augen gegen das gleißende Sonnenlicht ab, um ihren Blick zu erwidern. »Hast du Hunger?«

»Machst du mir einen Obstsalat? Ich hätte Lust auf etwas Frisches. Äpfel, Heidelbeeren, keine Bananen, aber vielleicht noch eine Kugel Vanilleeis.«

»Sorry, das habe ich gerade nicht vorrätig. Es gibt nur noch Haferbrei aus der Tüte und einen zerquetschten Schokoriegel. Vielleicht sogar zwei.«

»Dann verzichte ich«, sie seufzte und betastete vorsichtig die Wunde auf ihrer Stirn. »Gerade kann ich mir gar nicht vorstellen, weiterzulaufen. Von mir aus könnten wir noch ein paar Zeros machen. Mein ganzer Körper schreit nach Schlaf, mein Hals kratzt und mein Kopf ist immer noch schockgefroren.«

»Wenn wir hier bleiben, muss ich mit Pfeil und Bogen jagen gehen, oder?«, er wälzte sich auf die Seite und stützte seinen Kopf in die Hand.

»Wenn du jagen gehst, sammle ich Beeren und wir essen irgendwelche Wurzeln.«

»Klingt schön. Aber ganz im Ernst: Glaubst du, dass du es noch bis zum Stevens Pass schaffst?«

»Habe ich eine andere Wahl? Morgen geht es mir bestimmt schon viel besser und wir holen die Meilen wieder ein, die wir verloren haben.«

»Wir haben keine Meilen verloren. Außerdem können uns gerne Zeit lassen. Mit allem«, er kratzte sich am Hinterkopf. »Werden wir uns eigentlich sehen, wenn wir wieder zuhause sind?«

»Was ist das für eine merkwürdige Frage?« Olivia richtete sich auf und bedachte ihn mit einem skeptischen Blick.

»Naja, du hast dich von Jacob getrennt und vielleicht musst du das erst noch verarbeiten, brauchst Zeit für dich?«

»Nein, ich...«, sie lächelte. »Ich hoffe, dass wir uns treffen, wenn wir wieder zuhause sind.«

»Das klingt gut«, er zögerte einen Moment, dann fragte er: »Wie ist das eigentlich für Jacob? Wie geht er mit der Trennung um?«

◆ ◆

## Rückblick

Jacob lag im Bett und lächelte sie vielsagend an, als Olivia aus dem Badezimmer kam und im Gehen ihr Nachthemd anzog. Aus den Lautsprechern tönte eine sanfte Melodie und auf dem Fensterbrett flackerten ein paar Kerzen, deren Wachs an den alten Weinflaschen langsam hinabsickerte.

»Schatz«, wisperte er und hob die Bettdecke an. »Kommst du zu mir?«

Es waren Wochen vergangen, seitdem sie das letzte Mal miteinander geschlafen hatten. Olivia spürte seinen Hunger und konnte seine Frustration nachvollziehen, aber sie brachte es einfach nicht mehr übers Herz. Immer wieder vertröstete sie ihn oder wies ihn mit fadenscheinigen Entschuldigungen ab.

»Ich bin so unglaublich müde«, sie ließ sich demonstrativ auf die andere Seite des Bettes plumpsen.

»Ich würde dich jetzt aber echt...«, er berührte ihre Schulter, doch sie entzog sich ihm mit einem leisen Lachen.

»Jacob, wir müssen schlafen.«

»Nein!«, seine Stimme klang so herrisch, dass sie erschrocken herumwirbelte. »Ich ertrage das nicht mehr. Das macht mich echt fertig. Ständig bist du müde, hast Kopfschmerzen oder irgendwas Wichtiges zu tun. Was ist denn los?«

»Es tut mir leid«, erwiderte sie mit belegter Stimme und senkte den Blick. Olivia wusste instinktiv, dass der Moment gekommen war, um ehrlich zu sein und die Worte auszusprechen, die ihr schon seit Wochen auf der Zunge lagen - säuerlich, bitter und schwer.

»Was soll ich machen? Mir fällt nichts mehr ein. Egal, wann. Egal, wie. Du blockst immer ab. Was verdammt ist los mit dir?«

»Ich weiß nicht, ich...«, sie atmete tief durch, dann verstummte sie und fing an, ihre Hände zu kneten.

»Erkläre es mir, Olivia. Ich muss endlich wissen, was es ist«, Jacob legte seine Hand unter ihr Kinn und zwang sie ihn anzusehen. »Kann ich etwas dagegen tun?«

»Nein«, flüsterte sie und kämpfte mit den Tränen, als sie den grauen Schleier erkannte, der sich über sein Gesicht legte. Seine Augen waren wie gefrorenes Wasser. »Ich kann einfach nicht mehr.«

»Wir sind verheiratet. Ich verstehe das nicht. Nach allem, was passiert ist. Diese zweite Chance auf ein gemeinsames Leben. Wie kann das alles weg sein?«

»Es ist nicht alles weg. Es reicht nur nicht. Es reicht einfach nicht mehr«, sie presste die Lippen aufeinander, während die Tränen heiß über ihre Wangen strömten.

»Für was? Für was reicht es nicht?«, Jacob sprang aus dem Bett und fing an, vor ihr auf und ab zu tigern. Er war kreidebleich. »Liebe verändert sich eben. Jede Liebe verändert sich irgendwann. Das hast du doch selbst immer gesagt.«

»Ja, ich weiß, es ist nur -«

»Du hast gesagt, dass wir zusammen bleiben, bis wir grau und alt sind. Du hast es versprochen, Olivia. Kreuzfahrten in die Karibik, Bingo, Seniorentanz. Dieser ganze Unsinn, den du immer erzählt hast. Was ist damit?«

»Ich habe versucht, es hinzubekommen. Es tut mir so leid, Jacob. Ich weiß nicht, wie ich es dir erklären soll, aber ich fühle mich nicht mehr -«

»Was denn?«, er wirkte wie ein verletztes Tier, als er vor ihr stand und sie mit glasigen Augen anblickte.

»Ich fühle mich hier einfach nicht mehr zuhause«, schluchzte sie. »Ich habe das Gefühl, dass ich das alles nicht mehr kann. Hier leben. Mit dir.«

»Können das nicht die Medikamente sein? Du weißt, dass sie dich verändern, aber das bist du nicht. Das geht vorüber. Du bist nur verwirrt und stellst jetzt alles in Frage, aber du weißt genau, wohin du gehörst.«

»Jacob, ich bin dir so dankbar für alles, was du -«

»Ich war immer da. Monatelang im Krankenhaus. Davor und danach. Ich war jeden Tag an deiner Seite. An jedem einzelnen Tag«, er starrte sie verständnislos an, dann hob er die Hand mit dem goldenen Ring. »In guten wie in schlechten Tagen. Vor allem in den schlechten. Darauf kommt es doch an, oder? Ich war da!«

»Das weiß ich doch, Jacob. Ohne dich hätte ich das niemals geschafft und ich werde dir dafür immer dankbar sein, aber es –«

»Du bist meine Frau«, seine Lider zuckten unkontrolliert, als er sprach. »Ich kenne dich und ich weiß ganz genau, dass du das nicht ernst meinst. Das ist nur eine Phase.«

Es gab keine Faser in ihrem Körper, die nicht schmerzte. Sie hatte sich die Worte gedanklich zurechtgelegt, aber keines davon wollte ihr mehr einfallen. Plötzlich überkamen sie Zweifel – dort stand Jacob in kunterbunten Boxershorts. Ihr Mann, mit den smaragdgrünen Augen und den großen Händen. Sie hatten früher so viel miteinander gelacht, so viel miteinander geteilt. Olivia dachte an die Ausflüge mit seinen Neffen, an Nachmittage im Garten ihrer Eltern, an Weihnachten und Geburtstagsfeste, Krankenhausbesuche und ihren Nachnamen: Labelle. Mit all diesen Dingen hatte sie sich identifiziert. All diese Dinge hatten sie ausgemacht und den Menschen geformt, der sie gewesen war, bis sie irgendwann feststellen musste, dass ihr Herz seinen Rhythmus verändert hatte. Olivia kam nicht mehr in Einklang.

»Gibt es einen anderen?«, Jacob verschränkte die Arme vor der Brust, als wollte er sich vor ihrer Antwort schützen.

»Nein, natürlich nicht. Es ist etwas Inneres, ein Gefühl und es geht einfach nicht weg«, erwiderte sie verzweifelt. »Ich passe nicht mehr hierher.«

»Doch, verdammt«, erwiderte er heftig. »Liebe ist eine Entscheidung. Jeden Tag entscheide ich mich für dich. Was ist los mit dir? Wo ist dein Kampfgeist?«

»Ich habe es doch versucht«, sie stand nun ebenfalls auf und trat vor ihn. »Es tut mir schrecklich leid, das musst du mir glauben, aber...«

»Willst du dich von mir trennen?«

Als sie schwieg, schlang er seine Arme um sie.

»Nein, das willst du nicht! Du weißt, dass ich dich liebe! Wir stehen das durch. Wir haben bisher alles geschafft. Das ist nur eine Probe und wir sind so stark, dass...«

»Jacob!«, sie versuchte sich aus seiner Umarmung zu lösen, doch er drückte sie nur noch fester an sich.
»Du gehörst doch zu mir, Olivia. Hier ist dein Platz. Du gehörst hierher«, weinte er und fing verzweifelt an, ihren Hals zu küssen.
»Jacob, bitte hör' auf. Wir können reden, wir reden über alles«, sie streichelte ihn, weil sie sich völlig hilflos fühlte. Er war kein Mensch, der weinend in sich zusammensank, der um Liebe bettelte und seinen Schmerz nach außen kehrte. Ihn so zu erleben, brach ihr das Herz.
»Ich liebe dich.«
Sanft wollte er sie zum Bett bugsieren, doch Olivia duckte sich unter ihm weg.
»Es geht nicht mehr.« Sie zog die Decke vom Bett und presste sie an ihren Körper.

● ●

Nat hatte sie die ganze Zeit nicht aus den Augen gelassen. Inzwischen hatte er sich den letzten Schokoriegel in den Mund geschoben.
»Dann ist es endgültig?«
Olivia rupfte Grasbüschel aus der Erde und nickte. Es war ihr unangenehm, über Jacob zu sprechen, weil sie das Gefühl hatte, ihn zu verraten, wenn sie von der Trennung erzählte. Er gehörte nicht hierher. Er war meilenweit entfernt.
»Und wegen gestern«, Nat setzte sich auf und stützte sich auf seinen Knien ab, sodass er ihrem Blick entging. An seinem Pullover klebten Grashalme und kleine Äste.
»Hm?«
»Wir im Zelt...« Er fuhr sich durchs Haar.
»Oh, das? Naja, das ist eben passiert«, stammelte sie.
»Ist eben passiert.«
Er warf ihr einen flüchtigen Schulterblick zu, dann nickte er. Sie schwiegen und beobachteten Yukon, der fein säuberlich die Rinde von einem Stock abknabberte, bis irgendwann nur noch weißes, skelettartiges Holz übrigblieb. Olivia folgte mit den Augen einem Bussard, der am Himmel seine Kreise zog und nur darauf wartete, sich im Sturzflug ins Tal fallen zu lassen.

»Hoffentlich ist morgen gutes Wetter und wir müssen nicht wieder durch den Regen –«

»Das war schon die ganze Zeit zwischen uns. Du hast es gewusst und ich auch. Das kam nicht überraschend, oder?«

Sie schaffte es nicht, ihn anzusehen, als sie kaum merklich den Kopf schüttelte und sich im selben Moment fragte, ob sie nicht hätte nicken sollen. Olivia wusste es nicht. Seine Hand schien Tonnen zu wiegen, schien zu glühen und sich in ihre Haut zu brennen. Ihr Herz veränderte seinen Rhythmus und sie hielt die Luft an, um dem stürmischen Klopfen zu lauschen. Natürlich wusste sie, was das zu bedeuten hatte. Sie verstand es ganz genau, aber ihr Kopf grätschte dazwischen – wie so oft.

»Das war eine Extremsituation. Wahrscheinlich ist es normal, dass unsere Emotionen verrückt gespielt haben.«

Die einzelnen Herzschläge flossen ineinander und wurden zu einem Dröhnen in ihrem Brustkorb. Er bedachte sie mit einem skeptischen Blick, dann sprang er auf und klopfte den Dreck von seiner Hose.

»Was auch immer. Ich gehe jagen!«, verkündete er und stapfte davon.

•••

Nachdem sie eine grässliche Pampe gegessen und sich danach den Mund ausgespült hatten, machte sich Nat auf den Weg, um das Geschirr etwas abseits ihrer Zelte auszuwaschen. Er wollte partout nicht, dass sie ihm half. Ihre Aufgabe war es, Stöcke und trockenes Moos zu sammeln, damit sie ein kleines Feuer machen konnten.

Schließlich saß sie vor einem kleinen Haufen Holz und wartete darauf, dass Nat zurückkam. Es dauerte eine Weile, bis sich eine Gestalt aus dem Schatten der Bäume löste und langsam auf sie zukam. Er hatte beide Hände in den Taschen seiner Cargohose vergraben und hielt den Kopf gesenkt, als würde er den Boden nach Stolperfallen absuchen. Das karierte Hemd, das er offen über einem schwarzen Shirt trug, flatterte im Wind. Eigentlich fehlte nur noch eine Schrotflinte, die er sich lässig über die Schulter hätte hängen können. Nat passte in die Landschaft mit den schroffen Felswänden, den Nadelbäumen und den moosbewachsenen Steinen. Obwohl er feine Gesichtszüge besaß und jungenhaft strahlen konnte, gab es Momente, in denen er hart und verhärmt wirkte. Dann wurden seine Augen dunkler, seine Lippen schmaler und sein Blick unnachgiebig. Wechselhaft wie der Himmel.

»Hat alles geklappt?«

»Das war keine große Sache«, sagte er, setzte sich und rieb sich mit zusammengekniffenen Lippen den Rücken.

»Hast du Schmerzen?«

»Geht schon. Meine Wirbelsäule ist nur ein bisschen angeknackst. Ist keine große Sache.«

»Okay, machst du Feuer?« Olivia stand auf. »Währenddessen gehe ich mich waschen.«

»Waschen?« Mit einem Satz war auch er wieder auf den Beinen. »Das geht jetzt aber nicht.«

»Warum sollte das nicht gehen? Jetzt bist du ja wieder da und ich kann mich in aller Ruhe –«

»Du kannst doch nicht alleine zum Fluss gehen. Außerdem hast du doch erst gestern gebadet.«

»Gebadet? Du spinnst«, sie tippte sich an die Stirn und verzog augenblicklich das Gesicht, weil sie dabei versehentlich ihre Wunde berührt hatte.

»Ich komme mit.«

»Willst du mein Seifenspender sein?«

»Dein Seifenspender? Nein, ich will einfach nur in der Nähe sein, falls etwas passiert.«

»Das musst du nicht. Du weißt doch, wo ich bin.«

»Ich komme mit!«

## Alpine Lakes Wilderness

Während er ein Loch für das Seifenwasser schaufelte, war Olivia zum Wasserschöpfen gegangen. Man musste sich mindestens zweihundert Fuß vom Fluss entfernen, wenn man sich mit Seife waschen wollte, weshalb Nat immer wieder nach ihr Ausschau hielt, um sicherzugehen, dass sie nicht wieder kopfüber in den Fluss gefallen war.

»Ist noch alles okay?«

»Jaahaa!«, schallte ihre genervte Stimme aus der Schlucht.

Das Prozedere war ziemlich mühsam und Nat fragte sich, warum ihr nicht früher eingefallen war, sich zu waschen. Außerdem hatte sie gestern noch ziemlich gut gerochen. Jedenfalls für seinen Geschmack. Sicherheitshalber hob er die Arme und schnupperte an seinen Achseln. Ging noch.

Schließlich schleppte Olivia zwei Beutel mit Wasser an und lud sie auf dem Waldboden ab.

»Danke für das Loch. Ich wäre dann soweit.«

»Okay, dann gehe ich mal«, er deutete zwischen die Bäume. »Ich warte dort. Du kannst einfach rufen, wenn -«

»Nat, ich wasche mich nur. Das mache ich seit Jahren.«

»Ehrlich? Riecht man gar nicht.«

Ehe sie ihm den Zeigefinger zwischen die Rippen bohren konnte, hastete er davon. Als er sich nochmal zu ihr umdrehte, winkte sie ihm lachend zu.

»Noch ein bisschen weiter, Bleichgesicht!«

Hinter einem Baumstamm setzte er sich auf den weichen Boden und fing an, kleine Äste zu zerbrechen, während er wartete. Nat war schon den ganzen Tag nicht ganz bei sich, weil seine Gedanken immer noch in der vergangenen Nacht hingen. Früher hätte er sich wegen eines Kusses niemals solche Gedanken gemacht, aber früher war lange her und jetzt war er ein anderer Mensch. Die Nähe schüchterte ihn ein, aber zugleich war er davon völlig berauscht. Dieses elektrisierende Gefühl, das sich tief in seiner Magengrube entwickelte, verrückte seinen Fokus. Olivia hatte immer von Lebensgeistern gesprochen - Nat spürte nun ganz deutlich, wie sie durch seine Adern pulsierten. Er war schwach geworden, aber anders als erwartet fühlte es sich nicht falsch an. Nach einer Weile lehnte er sich ein wenig zur Seite und spähte zu der Lichtung, auf der Olivia sich wusch. Er wagte nur einen kurzen Blick, aber sofort ertönte ihre helle Stimme: »Nicht spicken!«

»Sorry. Nur ein kurzer Check!«, schnell zog er sich zurück und presste seinen Rücken an den Baumstamm. Leise fluchend rieb er sich die Stirn, bis sie ganz heiß wurde. Olivia war nur in Unterwäsche zwischen den Bäumen gestanden und hatte sich gerade die Haare eingeseift. Im bläulichen Abendlicht sah ihre Haut aus wie Elfenbein. So ungewöhnlich hell und leuchtend. Sanfte Rundungen, fließende Bewegungen. Er blies sich eine Haarsträhne aus der Stirn und schüttelte den Kopf.

»Ich hab's geschafft.«

Als er aufblickte, stand Olivia in einem blütenweißen Shirt vor ihm und stemmte triumphierend die Hände in die Hüften. Das Haar hing nass über ihre Schulter, sodass sich der Stoff an der Stelle mit Wasser vollgesogen hatte.

»Endlich«, Nat schnupperte, dann reckte er den Daumen in die Höhe. »Du darfst dich jetzt wieder nähern, Indianermädchen.«

Als sie nebeneinander zurück schlenderten, bildete Nat sich ein, dass ihr Körper tatsächlich einen süßlichen, frischen Duft verströmte. Irgendwas mit Vanille – irgendwas mit Pheromonen. Wahrscheinlich spielten ihm seine Sinne einen Streich. Er war nicht ganz bei Trost. Je näher sie dem Lager kamen, desto nervöser wurde er, weil er unweigerlich darüber nachdenken musste, wie es wäre, wenn Olivia wieder in seinem Zelt schlafen würde. Nat ertappte sich sogar bei der irren Vermutung, dass sie sich deswegen noch abends hatte waschen wollen. Wieso war er nur mit diesem wilden Geist gestraft, der ständig zwischen Utopie und Dystopie schwankte?

»Warum lachst du?«

»Habe ich gelacht?«

»Mhm, hast du.« Sie stopfte die Seife und das Deo zurück in den Sack.

»Dumme Gedanken«, murmelte er, nahm ihr den Sack aus der Hand und befestigte das Seil, um ihn daran hochzuziehen.

Es dauerte seine Weile, bis er das Feuer in Gang gebracht hatte. Olivia saß mit angewinkelten Beinen da und hatte das Kinn auf den Knien abgestützt und blickte in die Nacht. Der Mond hing wie eine Laterne am Himmel. Er war so groß, dass man glaubte, ihn mit den Fingerspitzen berühren zu können, wenn man sich danach ausstreckte. Yukon hatte sich zusammengerollt und ließ sich von Olivia kraulen. Auch für den alten Hund war die Pause eine Wohltat. Zwar hatte er keine Probleme, weite Distanzen hinter sich zu bringen, aber er war lange nicht mehr so strapazierfähig wie früher. Sobald sie Rast machten, legte er sich hin und schlief wie ein Stein.

»Kommst du mal?«

Olivia griff nach der Wanderkarte und breitete sie auf ihrem Schoß aus. »Ich denke, morgen schaffen wir es vielleicht sogar bis zum Stevens Pass.« Ihr Zeigefinger glitt über die Koordinaten und zeichnete den Weg nach. »Das große Ziel unserer beschwerlichen Reise.«

Bei der Vorstellung, sich von ihr zu verabschieden, verdunkelten sich seine Gedanken. Marblemount war Stunden von ihm entfernt – dort hatte sie ihren Job, ihre Familie und ihre Freunde. Dort hatte sie ein Leben. Vielleicht konnten sie die Nähe, die sich zwischen ihnen entwickelt hatte, nicht aufrechterhalten. Vielleicht war das eine absehbare und völlig normale Entwicklung, mit der er kalkulieren musste. Alles, was hier draußen geschah, war eine Ausnahme.

»Dann ist es also soweit«, er griff nach einem Stock, um damit in der Glut herumzustochern, als ein stechender Schmerz seinen Rücken durchfuhr.

»Was ist?«, fragte sie erschrocken, als er zusammenzuckte und aufstöhnte.

»Seit dem Unfall habe ich ein paar Probleme.« Er richtete sich auf und stützte seine Hand in den Rücken.

»Tut es da weh? Sind es die Bandscheiben?«

»Ja, genau«, ächzte er, dann tippte er auf die Karte. »Es ist nicht mehr weit, ne?«

»Das schaffen wir. Und weißt du, was dort auf uns wartet?«

»Keine Ahnung.«

Plötzlich spürte er eine Hand, die in kreisenden Bewegungen über seinen Rücken streichelte.

»Pancakes«, flötete sie unverdrossen. »Dort befindet sich die *White Mountain Lodge* und die haben ein sehr gutes Restaurant. Wir werden bergeweise Pancakes essen.«

Seine Aufmerksamkeit zerriss. Da war ihre Hand und dort waren ihre Worte. Nat wusste nicht, worauf er sich konzentrieren sollte.

»Das fühlt sich gut an. Hört sich gut an, meine ich.«

»Ja, oder?«, sie funkelte ihn an und ließ ihre Hand über seine Schultern wandern. Er bekam eine Gänsehaut.

»Und dann?«, fragte er, weil er das Gefühl hatte, jetzt irgendwas sagen zu müssen, um nicht völlig zu versinken.

»Naja, und dann gehen wir wahrscheinlich nachhause.«

»Sollen wir nicht einfach weiter bis nach Kanada laufen?«

»Wir machen nur eine kleine Pause und dann treffen wir uns wieder.«

»Um zu wandern?«

»Wenn wir Lust darauf haben?«

»Ich habe Lust.«

Nat wurde urplötzlich so heiß, dass er anfing zu schwitzen. Ihr Blick war zu intensiv und er zu unsicher, um ihm standzuhalten. »Ich hole Wasser. Ich habe Durst.« Er stand auf und sie faltete hektisch die Karte zusammen.

Als er im Zelt vor seinem Rucksack saß, tätschelte er sich die Wangen. Sein Puls raste, als er die Plane beiseite schob und Olivia am Feuer sitzen sah. Sie hatte die Arme um die Beine geschlungen und starrte abwesend in die Flammen. Etwas versteckte sich zwischen den Worten, in ihren Blicken und dem Gelächter. Schon damals auf der Parkbank hatte die Luft danach gerochen. Er lächelte, als Olivia anfing, mit einem Stock in der Glut herumzustochern und dabei etwas erzählte, das scheinbar nur für Yukon bestimmt war. Vielleicht ein Indianermärchen. Der Hund schlief.

# Olivia

## Alpine Lakes Wilderness

»Nat?«, flüsterte sie nur wenige Minuten, nachdem sie sich eine gute Nacht gewünscht hatten. In der Dunkelheit konnte sie nur schemenhafte Umrisse erkennen. Es war mucksmäuschenstill. Nur Yukon schmatzte, gähnte und schien sich auf die andere Seite zu drehen. Sein Halsband klimperte. »Was? Alles okay?«, vernahm sie eine verschlafene Stimme, dann tauchte sein Gesicht vor ihr auf.

»Darf ich wieder zu dir?«

»Wieder zu mir?«, er lachte leise und sie hörte das Knistern seines Schlafsacks, als er zur Seite rückte. Olivia krabbelte in das Zelt und zog ihren Schlafsack hinter sich her. Sorgfältig breitete sie ihn neben Nat aus, dann schloss die den Reißverschluss des Zeltes und legte sich neben ihn. Sie erschauderte, als sie spürte, wie seine Hand kurz über ihr Haar strich. Nat schwieg und sie wagte nicht, sich zu ihm umzudrehen. Er war ihr so nah, dass sie glaubte, sogar seinen Atem in ihrem Nacken spüren zu können.

»Ich weiß nicht, ob ich jetzt noch schlafen kann.«

»Ist dir das zu eng?«

»Nein, überhaupt nicht«, er legte die Hand auf ihre Taille.

»Es ist schöner, wenn man nicht allein im Zelt liegt, hier in der Wildnis, oder?«

»Das kommt wohl ganz darauf an, mit wem man zusammen ist, denke ich.«

»Du? Wenn wir zuhause sind...«, sie streichelte über seine Hand, deren Haut sich warm und weich anfühlte. »Kannst du die Liste dann wegwerfen? Wäre das möglich?«

»Wäre dir das wichtig?«, fragte er nach ein paar Sekunden, in denen sie ihn nicht mal atmen hören konnte. Olivia drehte sich zu ihm um.

»Ja«, vorsichtig legte sie ihren Arm um ihn. »Ich würde mir wünschen, dass die Liste verschwindet und dass du nie wieder daran denkst. Das geht wahrscheinlich nicht, aber ich hoffe, dass du niemals beschließt, naja, ich hoffe einfach, dass du hier bleibst, weil alles andere...du weißt schon.«

»Ich bin doch hier.«

»Ja, das bist du.« Sie zupfte am Stoff seines Shirts, dann rutschte sie noch etwas näher an ihn heran. «Kannst du versuchen, zu bleiben?«

»Okay«, erwiderte er im Flüsterton und nicht gerade überzeugend, aber das war im Moment genug.

Olivia dachte daran, wie er sich am Fluss über sie gebeugt hatte, wie er sie zum Zelt getragen und sich um sie gekümmert hatte. Ihr Herzschlag war satt und eindeutig. Trotz der Dunkelheit erkannte sie, wie seine Lippen von einem Lächeln umspielt wurden.

»Du wirst es mir jeden Tag versprechen müssen.«

»Ich versuche es.«

»Da gibt es so eine Geschichte der Cherokee. Es geht um Wölfe und ich finde, Wölfe passen zu dir.«

»Wölfe passen zu mir?«

»Sie sagen, dass in jedem Menschen zwei Wölfe leben. Der weiße Wolf ist sanftmütig, liebevoll und gütig. Der schwarze Wolf ist zornig, traurig und voller Dunkelheit. Die beiden Wölfe kämpfen ständig miteinander.«

»Und welcher Wolf gewinnt?«

»Eigentlich ist es ganz einfach: Du kannst es dir aussuchen. Es ist der Wolf, den du fütterst«, sie lächelte ihn an.

»Es geht also darum, den schwarzen Wolf verhungern zu lassen, oder?«

»Nein, auf keinen Fall. Wir brauchen den schwarzen Wolf. Ohne ihn hätte der weiße Wolf keine Bedeutung. Wir müssen nur versuchen, mit den Gegensätzen zu leben. Weißt du, wenn du deinen weißen Wolf –«

»Glaubst du wirklich, dass ich einen weißen Wolf habe?«

»Erst war ich mir nicht sicher, aber dann habe ich ihn mit eigenen Augen gesehen. Er ist noch sehr scheu, aber ich glaube, so langsam fasst er Vertrauen.«

»Das tut er.« Nat gähnte verhalten.

»Wir müssen schlafen.«

»Mhm. Morgen wird ein anstrengender Tag. Du brauchst Kraft für die letzte Etappe. Und ich auch.«

»Gute Nacht«, flüsterte sie in die Luft, die nicht mehr ganz so kalt war. Kurz zögerte sie, dann beugte sie sich über ihn und küsste ihn sanft auf die Lippen. Zu kurz, um ihm die Chance zu geben, darauf zu reagieren, aber lange genug, um sie spüren zu lassen, wie sich seine Muskeln anspannten. Olivia drehte sich um und rutschte noch etwas tiefer unter ihren Schlafsack. Ihr Herz raste. Es hatte schon immer auf ihn reagiert – sie hatte ihn noch nicht mal persönlich getroffen, da war er schon ein Teil von ihr gewesen. Vielleicht das Echo einer großen Liebe. Nat rutschte dicht an sie heran, legte den Arm um sie und vergrub sein Gesicht in ihrem Haar.

»Schlaf gut, Indianermädchen.«

»Du auch, Bleichgesicht.«

● ●

In dieser Nacht träumte sie wieder und dieses Mal führten sie die Spuren zu einem vertrauten Ort.

Es musste noch früh am Morgen sein, als er auf den Stufen zu seiner Veranda saß und Yukon kraulte. Er blickte einfach durch sie hindurch und trotzdem hatte sie das Gefühl, dass er sie genau erkannte. Seine Augen waren müde, klein und verwässert. Sie spürte wie dunkel seine Gedanken waren und bewegte sich auf ihn zu, bis sie eine Hand ausstrecken und tröstend über sein Haar streicheln konnte. Er hob kaum merklich den Kopf, dann schüttelte er ihn und stand schwerfällig auf. Unbewegt blickte er hinauf zum Himmel, der von sattgrünen Baumkronen eingefasst wurde. Sein Gesicht war ihr so wohlig vertraut. Wenn sie ihn sah, fühlte es sich jedes Mal an wie heimzukehren, wie ein erleichtertes Aufseufzen, wenn man sich nach einem anstrengenden Tag ins Bett fallen ließ. Allein sein Anblick und die Gewissheit, dass es ihn immer noch gab, genügten, um sie glücklich zu machen. Sie wünschte sich, dass er ihr die Hand entgegenstreckte, dass er sie herumwirbelte und sie sein Lachen ganz nah an ihrem Ohr hören konnte. So wie früher. Doch bevor sie den Gedanken weiter verfolgen konnte, drehte er sich um und ging ins Haus. Er ließ die Tür offen stehen und sie folgte ihm lautlos. Als sie die Küche betrat, saß er auf einem Stuhl und starrte auf vier Schwarznüsse, die vor ihm auf dem Tisch lagen. Er schnippste eine Nuss über die Tischplatte und blickte ihr nach, bis sie über die Kante fiel. Die Nuss kullerte über den Boden und als das Geräusch verstummt war, folgte die zweite Nuss, dann die dritte. Gerade hatte er gegen die vierte Nuss geschnipst, als sie die Hand ausstreckte und sie auffing. Er hob ruckartig den Kopf und blickte sie an. Ganz langsam breitete sich ein Lächeln auf seinem Gesicht aus – sie wachte auf. Nat lag neben ihr und sie kroch noch tiefer in seine Arme.

•  •

Das gleichmäßige Klackern der Wanderstöcke, wenn der Dorn auf Stein traf, hatte eine beruhigende Wirkung auf sie. Olivia hatte aufgehört in eifrigem Stechschritt voran zu gehen. Stattdessen liefen sie nun gemeinsam über die engen Pfade, die sich in Serpentinen den Berg hinaufschlängelten. Durch den Nordwind war es recht kühl und sie hatten sich dicke Pullover angezogen. Gut möglich, dass sie geradewegs auf einen Regenschauer zusteuerten. In der Ferne zogen dunkle Wolken auf und der Wind rüttelte immer kräftiger an den Bäumen. Nat summte leise vor sich hin. Sie hatten nicht viel miteinander gesprochen – jedenfalls nicht mit Worten. Es waren viel mehr verstohlene Blicke, zufällige Berührungen und dieses verlegene Lächeln, das ihre Münder verzog. Sie gingen miteinander um, als wären sie Porzellanmenschen. Kein falsches Wort, bloß kein falsches Wort, durch das diese Atmosphäre erschüttert werden würde.

Erst am späten Nachmittag luden sie die Rucksäcke ab und streckten sich nebeneinander aus.
»Bald haben wir es geschafft«, knurrte er und deutete in eine unbestimmte Ferne. »Leider.«
»Wir bleiben für immer hier.«
Olivia streifte die klobigen Wanderstiefel von ihren Füßen und blickte ihn an. Seine Augen waren immer ein wenig wässrig und wirkten dadurch verklärt, verträumt, manchmal tieftraurig, doch jetzt funkelten sie in allen Farben.
»Einverstanden«, Nat rollte sich zur Seite und stützte den Kopf auf der Hand ab. »Wir bleiben für immer hier.«

Amüsiert blickte sie ihn an und wartete darauf, dass er lachte, doch er rührte sich nicht. Licht und Schatten tanzten über sein Gesicht, ließen seine Augen aufleuchten und ermatten.

»Was ist mit einer heißen Dusche?«

»Brauche ich nicht.«

»Ein weiches Bett?«

»Auch nicht.«

Er beugte sich über sie und kam ihr dabei so nah, dass sie seinen Atem spüren konnte, der warm über ihr Gesicht strich. Mit den Fingerspitzen berührte er ihre Wange. Zunächst noch vorsichtig, doch dann fing er schließlich an, mit dem Daumen über ihre Haut zu streicheln. Er befeuchtete seine Lippen.

»Und du?«, fragete er mit rauer Stimme.

Kaum merklich schüttelte sie den Kopf. Ihr Verstand schwebte längst in anderen Sphären, als Nat seine Lippen auf ihre legte. Kurz verharrte er, doch dann küsste er sie endlich. Seine Bartstoppeln kratzten auf ihrer Haut. Er schmeckte salzig und verströmte einen herben Duft, doch seine Lippen waren weich und zärtlich. Olivia hatte das Gefühl, nicht mehr atmen zu können, tiefer und tiefer zu sinken. Ihr war ein bisschen schwindelig. Es war aufregend, ihn zu küssen, aber zugleich fühlte es sich an, als wäre sie nach einem langen Tag endlich zuhause angekommen. Als sie mit den Fingern in sein Haar fuhr, spürte sie, dass es im Nacken völlig nassgeschwitzt war. Sie waren wirklich einen sehr weiten Weg gegangen. Olivia lächelte in den Kuss hinein, als sie daran dachte, dass vielleicht alle Pfade hierher geführt hatten und dass es keine höheren Gipfel zu besteigen gab. Behutsam löste er sich von ihr. Sein Gesicht war erhitzt, seine Atemzüge tief. Fragend blickte er sie an, hob erst die rechte, dann die linke Augenbraue.

»Was hast du?«

»Wenn wir heute noch ankommen wollen, sollten wir vielleicht langsam aufbrechen, sonst –«

»Nein, noch nicht«, flüsterte sie und zog ihn wieder zu sich hinab. Olivia küsste seine Wange, dann seine Lippen, die er sogleich öffnete und ihr entgegen drückte. Die Hitze war selbst durch den dicken Stoff seines Pullovers spürbar.

• •

Es dämmerte bereits, als sie sich den Berg zum Stevens Pass hinauf quälten. Sie hatten sich viel Zeit gelassen und waren langsam nebeneinander hergegangen, wenn der Pfad dafür nicht zu schmal war. Im Grunde wollten sie nirgendwo ankommen, doch die Vorstellung auf einer federnden Matratze zu liegen und endlich wieder etwas zu essen, das auch essbar schmeckte, trieb sie an.

Die Sonne lag wie eine Kirsche auf dem schneebedeckten Gipfel des White Mountains und schickte die letzten müden Strahlen ins Tal. Stimmen und Motorengeräusche drangen an ihre Ohren und schon von weitem erkannte man die bunten Lichter und das Gewusel der Menschen. Der Gedanke, dorthin zu gehen, fühlte sich befremdlich an und auch Nat war deutlich anzusehen, wie sehr es ihm widerstrebte, aus der Stille der Wildnis aufzutauchen.

»Nur noch achthundert Meter bis zum Höllentor.«

»Ach Bleichgesicht«, sie drehte sich zu ihm um und hob spöttisch die Augenbrauen. »Wir sind meilenweit gewandert, ohne zu sterben oder uns ernsthaft zu verletzen. Wir haben es geschafft. Jetzt lach doch mal.«

»Was du willst«, er schnitt eine Grimasse, doch dann lachte er tatsächlich.

»Eigentlich sind wir doch gerade erst aufgebrochen, weißt du?«, raunte sie ihm zu, als sie seine Hand nahm.

»Im wahrsten Sinne des Wortes.«

Nachdem sie sich ein Zimmer besorgt hatten und danach wie ausgehungerte Tiere über das Buffet in der Lodge hergefallen waren, saßen sie nun an der Bar, um ein Bier zu trinken und auf ihre Wanderung anzustoßen. Der kleine Raum war gerammelt voll und sie mussten nah beieinander sitzen. Es war eigenartig, wieder von anderen Menschen umgeben zu sein. Ein munteres Stimmengewirr, Musik, der Geruch nach Essen und frischgewaschenen Körpern – die Reize prasselten auf sie ein.

Nat trug ein graues Shirt und hatte sich die Haare ordentlich frisiert. Im schummrigen Licht wirkten seine Augen zwar kohlrabenschwarz, aber sie leuchteten immer wieder hell auf, wenn er lachte. Mit einer Hand hielt er das Bierglas, die andere hatte er lässig auf ihrem Oberschenkel abgelegt. Olivia erzählte gerade von den Westernfilmen, in denen natürlich auch echte Indianer mitgespielt hatten.

»Die haben sich einen Spaß daraus gemacht«, sie wischte sich mit dem Handrücken Bierschaum von den Lippen. »Kein Mensch hat verstanden, was sie da geredet haben. Es sollte sich nur irgendwie Indianisch anhören und deswegen haben sie sich die ganze Zeit über die dummen Weißen lustig gemacht, die versucht haben, Cowboy zu spielen und noch nicht mal richtig auf einem Pony sitzen konnten.«

»Weißt du, was mir gerade einfällt?«

Nat beugte sich vor, doch plötzlich wich er zurück und hob den Blick. Olivia runzelte die Stirn, als sie jemanden hinter sich wahrnahm. Langsam drehte sie sich um und blickte in ein breit grinsendes Gesicht. Das Herz sackte ihr in die Hose.

»Oh Mann! Das ist ja vielleicht cool.« Er drückte sie an sich und tätschelte ihre Schulter. »Was ist denn mit deinem Kopf passiert? Das ist 'ne ordentliche Schramme.«

•• ••

»Klärst du mich vielleicht mal auf? Warum müssen wir fliehen?«, Nat hastete ihr hinterher, als sie eilig durch die kleine Straße schritt, in der sich ihre Pension befand. Noch bevor sie das Tor erreichten, kramte sie den Schlüssel aus ihrer Tasche und fing an, nervös damit herum zu klimpern.

»Du hast es ja gehört«, murrte sie. »Jacob ist hier, weil er mit seinen Jungs biken will. Ja, klar. Rein zufällig.«

»Zufällig?«

»Nein, natürlich nicht zufällig«, sie blieb abrupt stehen und stöhnte gequält auf. »Er muss gewusst haben, dass ich irgendwann hier lande und deswegen hat er seine Mannschaft zusammengetrommelt und ist gekommen.«

»Und was will er hier in den Bergen?«, Nat runzelte die Stirn. »Fahrradfahren?«

»Offensichtlich. Jedenfalls behauptet Anthony das. Ich weiß nicht, was wirklich dahinter steckt. Es ist sehr eigenartig.«

»Wäre es dann nicht vielleicht besser, wenn wir zwei Einzelzimmer nehmen?«

Olivia neigte den Kopf zur Seite und dachte ein paar Sekunden über seine Frage nach. Natürlich sollte Jacob nicht davon erfahren, dass Nat bei ihr war. Es würde ihn zutiefst verletzen. Andererseits wollte sie diese Nacht nicht alleine verbringen. Auf gar keinen Fall.

»Ach nein, wieso denn?«, sie versuchte unbekümmert zu klingen. »So spät können wir doch ohnehin kein anderes Zimmer mehr auftreiben und Jacob wird davon sicher keinen Wind bekommen. Sie wohnen in den Hütten am Fluss.«

»Wie du möchtest«, er grinste schief. »Ich will nur nicht verprügelt werden.«

»Ich versuche, mich zu beherrschen.«

Nat lachte, dann legte er den Arm um sie, nur um ihn kurz darauf wieder zurückzuziehen.

»Sorry«, murmelte er und blickte sich um. »Wir sollten nichts provozieren.«

● ●

Als sie das kleine Zimmer betraten, lag Yukon mitten auf dem Bett und blinzelte ihnen verschlafen entgegen.

»Sorry, Kumpel, runter da.«

Nat versuchte es mit freundlichen und bestimmten Kommandos, doch Yukon machte keine Anstalten, sich auch nur einen Zentimeter zu bewegen. Erst als Nat an einem Bettpfosten rüttelte, sprang der Rüde auf den Boden und rollte sich schnaufend zusammen, nachdem er seinem Herrchen einen bitterbösen Blick zugeworfen hatte.

Während Nat das Bett zurückerobert hatte, stand Olivia am Schreibtisch, wo sie ihr Telefon an den Strom gehängt hatte. Es waren einige Nachrichten eingegangen, doch keine einzige kündigte an, dass Jacob mit seiner Entourage hierher kommen würde. Schnell tippte sie noch eine Nachricht an Linda, die sie morgen abholen kommen wollte, denn ihr eigenes Auto stand immer noch in Snoqualmie, wo sie vor einigen Tagen ihre Wanderung begonnen hatten.

Schließlich legte sie das Telefon beiseite, band das Haar zu einem Pferdeschwanz zusammen und setzte sich nonchalant auf den Tisch. Nat saß mit angestrengter Miene auf dem Bett und hielt ebenfalls sein Telefon in den Händen. Er hatte noch nicht mal seine Jacke ausgezogen.

Olivia ließ den Blick durch das Zimmer schweifen. Vergilbte Tapeten, zerschlissene Vorhänge aus kariertem Stoff und alte Holzmöbel. Der Röhrenfernseher war eingestaubt und auf der Mattscheibe erkannte man fettige Fingerabdrücke.

Das Zimmer war zwar einfach, aber nach den Nächten auf dünnen Isomatten und in feuchten Zelten, genügte es vollkommen ihren Ansprüchen. Sie hatten die erstbeste Pension angesteuert und das erstbeste Zimmer gebucht. Es gab andere Dinge, die sie im Sinn hatten.

Obwohl ihre Gedanken gerade noch bei Jacob waren, rückten sie in den Hintergrund, als Nat sein Telefon auf den Nachttisch knallte und sich auf dem Bett ausstreckte. Olivia war nervös. Ihr Puls raste, ihr ganzes Gesicht brannte. Wie sollte sie sich jetzt verhalten? Plötzlich gab es nichts mehr, das sie wie selbstverständlich hätte tun können. Es gab scheinbar keine Regeln mehr, denen ihre Beziehung folgte.

»Machst du dir Sorgen wegen Jacob?«, Nat setzte sich wieder auf, schlüpfte aus seiner Jacke und warf sie auf den Stuhl.

»Nein, nein«, sie sprang auf den Boden und griff nach ihrem Rucksack. »Ich spreche mit ihm, wenn ich wieder zuhause bin. Wir waren hier ja nicht verabredet und deswegen...ach, ich gehe erst mal duschen, okay?«

In dem kleinen Store am Ende der Straße hatte Olivia sich richtiges Shampoo gekauft und sie konnte es kaum erwarten, nicht mehr nur sich selbst zu riechen. Außerdem war sie froh, sich zurückziehen zu können. Eine kleine Pause für ihre strapazierten Nerven.

»Dann schaue ich solange in die News«, Nat schnappte sich die Fernbedienung.

Während sie duschte, überlegte sie sich verschiedene Szenarien. Warum war Jacob hier und was würde sie tun, wenn sie ihm zufällig begegnete? Wie würde sie ihm erklären, dass sie ausgerechnet mit Nat unterwegs war?

Seit sie wieder bei ihren Eltern wohnte, weil die Situation zuhause kaum auszuhalten war, hatte sie zwar täglich mit Jacob telefoniert, aber sie hatte ihm verschwiegen, dass sie einen Trail wandern würde. Die Diskussion, die dann ausgebrochen wäre, wollte sie sich ersparen. Jacob hätte ihr ins Gewissen geredet und alle Horrorszenarien aufleben lassen, die er sich vorstellen konnte. Er hätte gesagt, dass es gefährlich und verantwortungslos war, in die Wildnis zu gehen. Er hätte sie angefleht und alle Register gezogen, doch Olivia wollte sich nicht aufhalten lassen. Woher zur Hölle wusste Jacob, dass sie hier war? Es gab tausend Ortschaften, in denen sie hätte sein können. Wahrscheinlich hatte er sich bei ihren Eltern erkundigt - ganz einfach - und wahrscheinlich wusste er schon längst, dass sie nicht alleine hier war.

»Verdammt«, fluchte sie in das Rauschen des Wassers und quetschte eine riesige Portion Shampoo auf ihre Hand.

Für Jacob musste es so aussehen, als hätte sie ihn verlassen, damit sie ungestört mit Nat zusammen sein konnte. Das war nicht der Grund, doch er würde ihr nicht glauben. Die einfachste Erklärung war nicht der Niedergang der Liebe, sondern das Wandern von einem Menschen zu einem anderen.

Zehn Minuten später stand Olivia vor dem Spiegel und kämmte sich in Zeitlupe das nasse Haar. Durch die Tür drangen die Geräusche des Fernsehers und hinter der Tür saß Nat auf einem Bett, in dem sie heute Nacht miteinander liegen würden. Olivia war verunsichert. Sie starrte minutenlang in den Spiegel. Mit ihren Gedanken war sie überall sonst, aber nicht hier.

»Okay«, sie atmete tief durch und zupfte an ihrem Top. Ihre Narbe war deutlich zu sehen und eine Handbreit daneben wummerte ihr Herz.

## Stevens Pass, Skykomish

Über den Bildschirm flimmerten bunte Bilder und irgendwelche Leute erzählten irgendwas über eine Demonstration vor dem Weißen Haus, aber Nat konnte sich beim besten Willen nicht konzentrieren. Er verstand nicht mal, wofür oder wogegen diese Menschen demonstrierten.

Aus dem Badezimmer hörte er das monotone Rauschen der Dusche. Jeden Moment würde Olivia zurückkommen und damit brach ihre letzte Nacht an. Er war froh, dass sie nicht auf ein eigenes Zimmer bestanden hatte. Nachdem sie in der Bar diesen Typen getroffen hatten, war er eigentlich davon ausgegangen, dass sie sich ihm gegenüber distanzierter verhalten würde. Er hätte es sogar verstanden.

Anthony war ein drahtiger Typ mit breiten Schultern und dunklen Locken. Er war locker einen Kopf größer als Nat – das war zwar kein Kunststück, aber dennoch ziemlich imposant. Mit einem breiten Grinsen hatte Anthony erklärt, dass er mit Jacob und ein paar Kumpels spontan hierher gefahren wäre, um ein bisschen zu biken. Es wäre »echt ein krasser Zufall«, Olivia ausgerechnet hier zu treffen. Nat zweifelte daran. Jacob war hier, weil er dort sein wollte, wo Olivia war. Er war immer noch ihr Ehemann. Bei dem Gedanken fühlte sich Nat wie ein Dieb – als hätte er sich etwas genommen, das ihm nicht zustand.

»Oh, das war die allerbeste Dusche meines Lebens.«

Die Tür flog auf und Olivia tänzelte barfuß zum Schreibtisch, wo sie nochmal einen Blick auf ihr Telefon warf, dann drehte sie sich zu ihm um.

Sie trug eine rosafarbene Jogginghose mit ausgebeulten Knien und ein knalliges schwarzes Top. Nur das Licht des Fernsehers erhellte den Raum und bunte Lichter tanzten über ihr Gesicht. Sie wirkte unschlüssig, als sie die Lippen zusammenkniff und die Schultern hob.

»Das Bett ist jedenfalls ganz bequem«, erklärte er und grinste schief. »Falls du vorhast, dich irgendwann hinzulegen.«

»Ja, also, ja«, sie lächelte, stieß sich vom Schreibtisch ab, schüttelte die Bettdecke aus und setzte sich dann neben ihn. Als er ihr einen Blick zuwarf, erkannte er, dass sie sich die Decke bis unter die Nase gezogen hatte.

»Bekommst du noch Luft?«

»Gerade noch so«, ertönte eine erstickte Stimme. »Was guckst du denn da?«

Als er den Blick zum Fernseher richtete, weil er es selbst nicht so genau wusste, tauchte Olivia wieder hinter ihrer Bettdecke auf.

»Sollen wir einfach ein bisschen durch die Programme zappen?«, schlug er vor, weil er plötzlich keine Ahnung mehr hatte, wie er sich verhalten sollte. »Vielleicht kommt ja was Interessantes?«

»Ja, das wäre gut«, sie klang erleichtert.

Schließlich blieben sie bei einer Unterwasserdokumentation hängen. Irgendwelche Korallen, Fische und Quallen. Während Olivia so gebannt zuschaute, als hätte sie in ihrem ganzen Leben nie etwas Spannenderes gesehen, zermarterte er sich das Gehirn.

Olivia hatte gesagt, dass es noch nicht vorbei wäre – was auch immer – aber jetzt saßen sie so stocksteif nebeneinander auf dem Bett, als hätten sie sich nie geküsst. Jede Ablenkung kam gelegen. Tiefseequappen, Leuchtfische und Säbelzahnfische schwammen untermalt von klassischer Musik über den Bildschirm, während der Sprecher mit sonorer Stimme erklärte, dass Tageslicht nur bis 300m unter die Meeresoberfläche gelangen konnte, weswegen die Augen der Tiefseefische verkümmert wären.

»Ich gehe auch mal ins Badezimmer.«

Um Zeit zu schinden, stellte er sich unter die Dusche und rasierte sich mit dem billigen Einmalrasierer, den Olivia ihm aus dem Store mitgebracht hatte. Olivia. Es gab kaum etwas, mit dem er weniger gerechnet hätte, als damit, wieder so etwas wie Lust zu entwickeln. Er trocknete sich nachlässig ab, dann putzte er sich die Zähne, straffte die Schultern und ließ die Badezimmertür aufschwingen.

Es war stockfinster. Hatte er sich so viel Zeit gelassen, dass Olivia beschlossen hatte, zu schlafen? Verhalten räusperte er sich und tastete sich in der Dunkelheit zum Bett vor.

»Ich bin hier«, flüsterte eine sanfte Stimme. Bei diesen Worten lief ihm ein warmer Schauer den Rücken hinab. Er würde sie am liebsten immer und immer wieder hören.

»Bist du müde?«

»Mh, nein. Aber ich finde, wir sollten nicht fernsehen. Die Zeit ist doch kostbar.«

Nat schlüpfte unter die Decke und drehte sich zu ihr um. Es dauerte ein paar Sekunden, ehe seine Augen sich an die Dunkelheit gewöhnt hatten und er die Konturen ihres Gesichts erkennen konnte.

»Ich kann mich sowieso auf nichts anderes konzentrieren«, murmelte er mit belegter Stimme. Sie streichelte seine Wange und seufzte wehmütig. Nat griff nach ihrer Hand und küsste sie, dann schob er sich näher an sie heran. Olivia lächelte, als er seine Decke wegstrampelte und stattdessen unter ihre kroch. Eigentlich hätte er jetzt gerne etwas gesagt, aber sein Kopf schaffte es nicht, Silben zu Worten und Worte zu sinnvollen Sätzen zusammenzufügen. Ihr Atem roch nach Zahnpasta. Sein ganzer Körper stand unter Strom und er bildete sich ein, das Surren deutlich hören zu können, als sie anfing, seinen Nacken zu kraulen.

»Woran denkst du?«

»An dich.«

Tatsächlich lagen alle seine Gedanken neben ihm im Bett. Ihr Oberteil war ein wenig hochgerutscht und er konnte die warme Haut ihrer Hüften spüren. Er hatte keine anderen Gedanken. Zärtlich streichelte er über ihren Rücken und stellte mit Entzücken fest, dass sie eine Gänsehaut bekam.

»Du wirst mir echt fehlen«, wisperte sie ganz nah an seinem Mund.

»Wir sehen uns bald wieder«, er schob den Träger ihres Oberteils zur Seite und küsste ihre Schulter, küsste ihr Schlüsselbein und die kleine Kuhle unterhalb ihres Halses.

Sie roch betörend – alles in ihm kribbelte und pulsierte. Mit dem Zeigefinger zeichnete er ihre Narbe nach.

»Versprochen?«

»Indianerehrenwort.«

Olivia zog ihn zu sich herab. Sie küsste ihn mit weichen Lippen und vergrub ihre Finger in seinem Haar, während er das Beben seines Körpers kaum kontrollieren konnte. Er wollte ihr nah sein. Auf jede erdenkliche Art und Weise. Als er nach dem Saum ihres Oberteils griff, hielt er kurz inne und zog fragend die Augenbrauen hoch. Olivia atmete tief durch und lächelte ihn an – ihre Lippen zitterten ein wenig – dann half sie ihm bereitwillig, das Top auszuziehen. Er drückte sich auf sie, küsste sie innig und verschränkte seine Finger mit ihren. Irgendwann richtete er sich wieder auf und schlüpfte aus seinem Shirt. Achtlos warf er es hinter sich. Sein Herz schlug so kräftig, dass er davon völlig berauscht war. Für den Bruchteil einer Sekunde dachte er an das Herz, das Olivia am Leben hielt. Wahrscheinlich war das der Grund, warum Nat das Gefühl hatte, endlich wieder freier atmen zu können. Er wollte alles in sich aufsaugen, was mit diesem geschenkten Leben zu tun hatte. Mit verklärtem Blick betrachtete er Olivia.

Ihre Haut schimmerte in der Dunkelheit milchig weiß. Fast schon andächtig ließ er seine Hände ihre Seiten empor gleiten. Es gefiel ihm, die Bewegungen ihres Körpers unter sich zu spüren, wenn er sie berührte – vor allem, wenn sie erschauderte und eine Gänsehaut bekam. Es gefiel ihm, wie sie seufzte und dabei lächelte, wie ihr Haar auf dem Kissen lag und ihre Augen im Dunkeln glänzten.

Feine Rippenbögen zeichneten sich unter ihrer Haut ab, wenn sich ihr Brustkorb hob. Erst jetzt konnte Nat erkennen, wie groß die Narbe tatsächlich war. Sie verlief als silberne Linie zwischen ihren Brüsten hinab bis zum Sonnengeflecht.

»Schlimm?«, fragte Olivia unsicher.

»Überhaupt nicht«, er küsste sie und legte dabei seine Hand behutsam auf ihre Narbe. »Ich finde sie wirklich schön. Dich. Ich finde dich wirklich schön.«

Nat genoss ihre sanften Berührungen, ihre Stimme an seinem Ohr und ihre warme Haut. Es vergingen Stunden, bis sie irgendwann so erschöpft waren, dass sie ständig verhalten gähnten.

»Nur noch ein bisschen schlafen«, murmelte Olivia an seinem Hals. Er schob den Abschied so weit von sich, dass sich kein Gedanke dorthin verirren konnte. Olivia lächelte ihn an, dann drehte sie sich um und seufzte wohlig auf. Nat schmiegte sich an ihren Rücken, küsste ihren Nacken und legte seine Hand über ihr Herz. Es schlug so schnell und kräftig, dass er sich wunderte, wie Olivia so jemals einschlafen würde.

◆ ●

Sie saßen sich an einer großen Fensterfront gegenüber. Von hier aus überblickte man eine große Wiese, auf der ein paar Pferde grasten. Hinter der Koppel erhob sich der Wald. Erst gestern waren sie nach Tagen in der Wildnis dort aus dem Schatten der Bäume getreten. Am Himmel hingen winzige Wölkchen und die Sonne strahlte mit voller Kraft zur Erde hinab, obwohl es noch recht früh war und noch kaum ein Vogel zwitscherte.

Es war noch nicht viel los. Vereinzelt saßen Menschen mit Wanderstiefeln an den Tischen und stärkten sich für einen anstrengenden Tag auf einem der unzähligen Wanderpfade, die von hier aus in die Wälder führten.

Olivia trug wieder ihr weißes Shirt, in dem ihre Haut noch viel dunkler aussah. Karamell. Genauso weich und süß. Amüsiert über seine Gedanken, schüttelte er den Kopf. Kurz blickte sie von der Speisekarte auf und grinste ihn an, dabei entblößte sie ihre kleine Zahnlücke. Nat musste sich zusammenreißen, um nicht aufzuseufzen, weil er glaubte, niemals einem schöneren Menschen begegnet zu sein. Vermutlich war er ziemlich verliebt.

Als die Bedienung an den Tisch trat, um die Bestellung aufzunehmen, hatte er außer »Welcome to The White Mountain Lodge« noch kein einziges Wort gelesen, das in der Speisekarte stand. Er bestellte einfach das, was auch Olivia bestellte: Pancakes mit Heidelbeeren, Sour Cream und Ahornsirup.

Nachdem sie die Karte beiseite gelegt hatte, lehnte Olivia sich zurück und löste die Spange, die ihre Haare zusammengehalten hatte. Während ihr Blick suchend umher wanderte, ordnete sie ihr Haar.

»Ich hoffe, Jacob kommt hier nicht vorbei. Er hat vorhin geschrieben, dass er mich heute noch sehen will, aber ich habe ihm noch nicht geantwortet.«

»Willst du ihn treffen?«

»Nein, ich bin doch mit dir hier.«

»Eben. Jacob weiß nichts von mir.«

»Bis gestern wusste ich ja auch noch nichts von dir«, sie kicherte und ihre Wangen färbten sich rot. »Jedenfalls nicht so eindeutig.«

»Findest du es jetzt eindeutig?«

Er griff nach ihrer Hand und streichelte mit dem Daumen über ihren Handrücken. Olivia erwiderte seinen Blick aus glänzenden Augen.

»Kann schon sein. Aber ich will Jacob nicht mit unvollendeten Tatsachen konfrontieren«, erklärte sie mit verhaltener Stimme. »Das wäre viel zu früh und würde ihn total verletzen. Kannst du das verstehen?«

»Kann ich«, er zog seine Hand zurück. »Wenn wir ihn treffen, sagst du einfach, dass ich dich schon seit Tagen verfolge und dass du überhaupt keine Ahnung hast, wer ich bin.«

»Und dann ruft er die Polizei und du kommst ins Gefängnis.«

»Puh. Ich bin doch gerade erst aus meiner einsamen Zelle ausgebrochen und...«

In diesem Moment wurde ein großer Stapel Pancakes vor ihm abgestellt. Allein bei dem Anblick der goldgelben Pfannkuchen lief ihm das Wasser im Mund zusammen.

»Oh mein Gott. Das riecht ja himmlisch«, hauchte Olivia ehrfürchtig und klaute sich eine Heidelbeere, die dann sofort in ihrem Mund verschwand.

»Und alles nur für mich«, er zog seinen Teller näher zu sich und drückte grinsend die Gabel in den dampfenden Teig. »Aber hey, was meintest du mit unvollendeten Tatsachen? Mich, oder was?«

Olivia kicherte und warf ihm einen amüsierten Blick zu, dann hob sie die Schultern und steckte sich noch eine Heidelbeere zwischen die Lippen.

»Unvollendete Tatsache«, er schüttelte den Kopf und bedachte sie mit einem strengen Blick, dann lachte er. Ihm war bewusst, was Olivia damit meinte. Es war vielleicht wirklich noch zu früh von Fakten zu sprechen, obwohl sein Herz sich dafür überhaupt nicht interessierte.

»Du, ich habe noch eine Frage«, setzte Olivia an und wischte sich Sour Cream von den Lippen. »Wegen deiner Liste.«

In ihrem Gesicht stand geschrieben, dass sie sich immer noch sorgte und dem Frieden noch nicht wirklich trauen konnte. Immer wieder lenkte sie das Gespräch auf die Liste und immer wieder wurden ihre Augen glasig.

»Was möchtest du wissen?«

»Diese Zahlen. 444. Was ist das?«

Nat überlegte einen Moment, ob er ihr wirklich von einem Plan erzählen sollte, den er irgendwo auf ihrer Wanderung verloren hatte und den es nicht mehr gab. Jetzt saß er in einem gemütlichen Restaurant, verdrückte süße Pancakes und betrachtete ein Indianermädchen, das diese Liste völlig absurd erscheinen ließ.

»Ich habe dir von Thoreau erzählt. Erinnerst du dich?«

»Natürlich«, sie legte ihre Hand auf seine. Für einen Moment vergaß er, worüber sie gesprochen hatten. Viel zu sehr war er damit beschäftigt, ihr tief in die Augen zu schauen und sich zu fragen, wie es nun weitergehen würde. Tief leben. Alles fühlen. Weiße Wölfe, schwarze Wölfe.

»Hallo?«, sie tippte auf seinen Handrücken. »Bist du eingeschlafen?«

»Ne«, er atmete tief durch, blinzelte. »Also, Thoreau hat zwei Jahre, zwei Monate und zwei Tage in einer einsamen Hütte in den Wäldern gelebt.«

»So wie du?«

»Naja, nicht so ganz. Er war wirklich tief in der Wildnis.«

»Verstehe«, sie streichelte seine Hand. »Und was hat die Zahl damit zu tun?«

»Ich habe immer nach Symbolen gesucht. Das klingt jetzt bestimmt völlig bescheuert, aber ich habe mir nach dem Unfall in den Kopf gesetzt, noch vier Jahre, vier Monate und vier...«, er verstummte und blickte hinab zu ihren Händen. Seine Haut wirkte grau, wohingegen ihre golden schimmerte und er fragte sich, ob dieser Glanz nicht vielleicht ein wenig auf ihn abgefärbt hatte. Was hatte er sich damals gedacht? Es war ihm peinlich, diese Gedanken auszusprechen. Um ihn herum pulsierte das Leben, war alles warm und voll Farbe. Diese Finsternis passte nicht hierher.

»Leben«, sie drückte seine Hand. »Du wolltest noch so lange leben und dann gehen.«

»Es war nur eine Überlegung«, versuchte er sich rauszureden. »Strafe tilgt Schuld. Ich wollte mich selbst bestrafen, indem ich dieses Leben noch so lange aushalte, bis... Naja, aber es hat mir auch irgendwie geholfen, zu wissen, dass diese Zeit irgendwann vorbei sein wird. Ich hatte ein Ziel, an dem ich mich orientieren konnte.«

»Das ist grausam, Nat. Es tut mir wirklich von ganzem Herzen leid, dass du solche Gedanken haben musstest, solche Gefühle.«

»Der Tod kam mir nie grausam vor. Du wirst das wahrscheinlich nicht verstehen, weil du diese Gefühle nicht kennst. Ich wollte nicht sterben, nicht wirklich. Ich wollte nur, dass es aufhört. Der Tod hätte mich erlöst. Mein Leben war unerträglich.«

Ihr war jegliche Farbe aus dem Gesicht gewichen. Als sich ihre Blicke begegneten, senkte sie den Kopf und zog ihre Hand zurück. Nat wusste nicht, was er sagen sollte, um sie wieder aufzumuntern. Irgendwie blieben die Worte in seiner Kehle stecken, weil sie viel zu eng geworden war. Er räusperte sich.

»Jetzt ist das anders«, quetschte er hervor. Eigentlich hätte er damit gerechnet, dass sie ihn nun dankbar anlächeln würde, aber sie blickte ihn einfach nur an. »Ich will das nicht mehr«, versuchte er es erneut und dieses Mal bewegten sich ihre Mundwinkel. »Ich habe mich nur verlaufen und kam nicht mehr raus. Aber jetzt sehe ich wieder Möglichkeiten. Andere Möglichkeiten.«

»Das ist schön. Du bist nämlich nicht umsonst hier. Ich hoffe, das weißt du«, sie hob die Tasse und trank den letzten Schluck.

»Ähm, naja«, er hüstelte. »Was mir gerade einfällt: Du hast gesagt, dass Linda gegen Mittag hierher kommt, oder?«

Die Überleitung war holprig, aber dringend notwendig.

»Wir könnten das Gepäck holen und uns noch ein bisschen auf die Terrasse setzen, um auf sie zu warten. Die Sonne scheint so herrlich.«

Ihre Stimme klang immer noch unsicher, immer noch bewegt und er hätte sie gerne in den Arm genommen, um ihr nochmal zu versichern, dass er keine Pläne mehr schmiedete, die mit dem Leben unvereinbar waren.

»Klingt gut. Aber was ist mit Jacob?«, er blickte sich suchend im Restaurant um, obwohl er keine Ahnung hatte, wie Jacob aussah.

»Tja, ich weiß nicht?«, sie verzog das Gesicht, als wäre ihr jetzt erst wieder eingefallen, dass ihr Ehemann darauf wartete, sie zu sehen. »Ich muss ihn anrufen, wenn wir in der Pension sind und dann, ich weiß nicht, dann verabrede ich mich mit ihm zuhause?«

*Olivia*

**Stevens Pass, Skykomish**

Erleichtert stopfte sie das Telefon in ihre Hosentasche. Auch beim vierten Versuch, Jacob zu erreichen, ertönte nur die Mailbox. Vielleicht war er mit seinen Jungs schon auf der Piste. Vielleicht hatte auch er sich vorgenommen, das Gespräch einfach zu verschieben, bis sie wieder zuhause waren. Es gab ohnehin noch genug zu regeln. Ein Leben musste entwirrt werden, sodass wieder zwei Leben daraus entstanden.

Nat lag auf dem Bett und hatte die Arme hinter dem Kopf verschränkt. Im Spiegel hatte sie gesehen, dass er immer wieder eingenickt war – sie hatten in der letzten Nacht kaum geschlafen und auch Olivia würde sicherlich auf der Stelle einschlafen, wenn sie die Matratze nur mit dem kleinen Finger berührte.

»Sollen wir?«, sie griff nach ihrer Jacke.

»Ne«, er kniff die Augen zusammen. »Ich kann noch nicht.«

»Die Dame an der Rezeption hat aber...«

»Mein Rücken«, ächzte er. Sein Gesicht war schmerzverzerrt und Schweiß glitzerte auf seiner Stirn. Olivia ließ die Jacke wieder fallen.

»Brauchst du eine Tablette? Irgendwas gegen Schmerzen?«

»Ich weiß nicht. Oh shit«, er versuchte sich aufzusetzen, aber ließ sich kraftlos wieder zurücksinken. »Ich glaube, da hat sich ein Wirbel verschoben.«

»Was? Dann musst du zu einem Arzt? Oder, ich weiß nicht...«

»Ich muss aufstehen«, er streckte die Hand nach ihr aus. Kaum hatte Olivia sie ergriffen, brach er in schallendes Gelächter aus und zog sie auf sich.

»Geschnappt«, er schlang die Arme um sie und drückte ihr einen Kuss auf den Mund.

»Du bist fies«, empörte sie sich. »Damit macht man keine Scherze.«

»Ach Indianermädchen.«

Nat lächelte sie mit geröteten Wangen an, doch dann erstarb das Lächeln und er strich ihr das zerzauste Haar aus dem Gesicht, während seine Augen sie aufmerksam musterten. Plötzlich wurde es ganz still um sie herum.

»Das hier ist echt intensiv und ich habe keine Ahnung, was gerade mit mir passiert, aber und du musst mir glauben, dass ich diese Liste nicht mehr brauche. Ich will wandern gehen und alles andere auch.«

»Versprochen?«

»Ehrenwort«, er legte die Hand auf seine Brust und schenkte ihr ein strahlendes Lächeln. Sie wurde butterweich und wollte ihn gerade küssen, als ein schrilles Klingeln die Stille zerriss. Das Telefon in ihrer Hosentasche vibrierte.

Olivia setzte sich an den Bettrand. Wie erwartet war es Jacob, der sie nun zurückrief. Nach einem letzten entschuldigenden Blick zu Nat, nahm sie ab.

»Hey Jacob«, sie versuchte beschwingt zu klingen. »Ich habe dich vorhin nicht erwischt.«

»Ja, kann sein. Ich bin eine kleine Tour gefahren und gerade erst wiedergekommen.«

»Echt lustig, dass ihr zufällig auch hier seid. Ist -«

»Linda hat mir gesagt, dass sie dich hier abholen soll«, er räusperte sich. »Ich habe mir echt Sorgen gemacht. Du kannst doch nicht einfach tagelang da draußen rumlaufen. Was, wenn dir etwas passiert wäre?«

»Aber es ist doch alles gut gegangen«, sie lachte. »Ich habe mit Dr. Gartner gesprochen und er hat gesagt, dass ich problemlos ein paar Tage -«

»Und wer ist dieser Typ?«

Olivia biss sich auf die Unterlippe. Auf die Frage war sie nicht vorbereitet, obwohl sie sich hätte denken können, dass er danach fragen würde.

»Nat«, antwortete sie knapp, weil ihr keine Zeit blieb, um sich eine andere Geschichte auszudenken. Plötzlich spürte sie, wie eine warme Hand unter ihr Shirt glitt und anfing sie zu streicheln.

»Der Herztyp mit dem Nagel in der Hand?«, Jacob sog scharf die Luft ein. »Hätte ich mir ja denken können.«

»Hat Linda dir das nicht erzählt?«

»Ich hätte wahrscheinlich danach fragen müssen.«

Es war ihm deutlich anzuhören, wie misstrauisch er war. Olivia fühlte sich fürchterlich und sie wollte nichts mehr, als dieses Telefonat auf schnellstem Wege zu beenden. Sie würde sich auf das Gespräch konzentrieren müssen, was gerade aber unmöglich war. Nat saß dicht hinter ihr und streichelte sie.

»Was machst du jetzt?«, wollte Jacob wissen.

»Ach, Linda kommt ja bald und dann bringt sie mich nach Snoqualmie. Da steht der Wagen. Wir könnten uns ja zuhause treffen. Dann haben wir Zeit, um in Ruhe über alles zu reden.«

»Ah, ja. Können wir machen.«

Olivia war perplex, weil er so leichthin zustimmte. Eigentlich hatte sie sich auf eine längere Diskussion eingestellt.

»Cool«, sie lachte. »Dann melde ich mich morgen Abend bei dir? Passt dir das?«

Kaum hatte sie aufgelegt, schlang Nat seine Arme um sie und küsste ihren Hals.

»Alles okay?«

»Ja«, sie lachte immer noch. »Ja, komischerweise ist alles okay. Wir treffen uns zuhause.«

»Wo waren wir vorhin stehengeblieben?« Er legte seine Hand unter ihr Kinn und zwang sie, ihn anzusehen - ihr Herz schwoll an. Sie liebte sein Gesicht und das Leuchten seiner Augen. Vermutlich waren das die Spuren alter Sterne. Es musste so sein.

◆ ◆

Olivia saß mit dem ganzen Gepäck auf der kleinen Mauer vor dem Store und streckte ihr Gesicht der Sonne entgegen, während Nat drinnen erst zur Toilette gehen und danach Eiscreme besorgen wollte.

Es kam ihr vor, als könnte sie seine Lippen immer noch spüren und sie grinste selig vor sich hin. Das Indianermädchen hatte einen Wolf gezähmt. Er war nie gefährlich gewesen, nur ängstlich und verletzt. Vermutlich trug er die Wunden immer noch, aber er ließ sie so nah an sich herankommen, dass sie ihm helfen konnte.

Die Kallawaya glaubten, der Mensch würde seine Seele verlieren, wenn er sich erschreckte. So könnte es passieren, dass die Seele immer an dem Ort zurückblieb, an dem ein großes Unheil geschehen war. Vielleicht war Nat vor drei Jahren deswegen hierher gekommen? Er war auf der Suche nach seiner Seele - nicht nach dem Tod.

Ein Schatten fiel über sie und verwundert blickte sie auf.

»Hey Olivia. Jetzt habe ich dich endlich gefunden«, Jacob grinste. »Ich habe es mir nämlich anders überlegt.«

»Oh hallo!«, sie sprang auf und strich ihm flüchtig über den Oberarm, weil sie nicht wusste, wie sie ihn sonst begrüßen sollte. Er hatte die Cap so tief ins Gesicht gezogen, dass sie seine Augen darunter kaum erkennen konnte.

»Ich möchte, dass wir jetzt nachhause fahren. Auf der Fahrt können wir reden«, erklärte er ruhig.

»Wir können uns gleich morgen treffen, wenn du-«

»Ich möchte, dass wir jetzt nachhause fahren.«

»Ach nein«, sie lachte. »Linda kommt doch.«

Im Augenwinkel erkannte sie, wie Nat gerade aus dem Store trat. Kaum hatte er sie entdeckt, wich er wieder einen Schritt zurück und zog Yukon an der Leine hinter sich her.

»Nein, sie kommt nicht. Wozu denn auch? Ich bin ja hier. Ich nehme dich mit.«

»Danke, das ist lieb, aber das geht nicht, Jacob«, erwiderte sie freundlich. »Linda -«

»Ich habe Linda schon gesagt, dass sie sich den Weg sparen kann. Das wäre nur verschwendetes Geld und verschwendete Zeit.«

»Was hast du?«, Olivia trat einen Schritt zurück und glotzte ihn verständnislos an.

»Linda kommt nicht und wir fahren jetzt«, Jacob schnappte sich ihre Bauchtasche mit den Medikamenten. »Los geht's.«

»Was machst du da?«, irritiert blickte sie zu ihm auf. »Das geht nicht. Da sind meine Medikamente drin.«

»Das weiß ich«, er presste die Bauchtasche an sich. »Wir fahren jetzt nachhause, Olivia. Du warst lange genug fort.«

»Ich fahre nirgendwohin. Ich will hier bleiben«, sie verschränkte die Arme vor der Brust und funkelte ihn an.

»Du hast keine Ahnung, wie das war. Du bist irgendwo da draußen mit irgendeinem Typen, der völlig gestört ist. Ich bin hier fast ausgeflippt.«

»Jacob!«, sie senkte die Stimme. »Ich bleibe hier und du gibst mit jetzt sofort meine Medikamente zurück. Du weißt ganz genau, dass ich sie pünktlich nehmen muss.«

»Wir fahren nachhause«, sein Blick war stechend. »Dann kannst du deine Medikamente haben und alles wird gut. Nimm deinen Rucksack. Wir fahren jetzt.«

»Ich bleibe hier und du gibst mir jetzt auf der Stelle meine Tasche zurück«, als sie danach greifen wollte, riss er einfach den Arm in die Höhe.

»Kommst du jetzt bitte? Ich will nicht erst abends zuhause ankommen«, Jacob drehte sich um und ging eiligen Schrittes davon. Er wendete sich kein einziges Mal nach ihr um und Olivia spürte Panik in sich aufsteigen.

»Meine Medikamente! Du musst mir meine Medikamente geben!«, brüllte sie wütend, doch er verschwand hinter den dichten Hecken des Parkplatzes.

Olivia stand fassungslos da, starrte dorthin, wo er verschwunden war, und wartete darauf, dass er zurückkam. Je länger sie wartete, desto verzweifelter wurde sie. Jacob wusste, dass ihr Leben von diesen Medikamenten abhing. Von jeder einzelnen Tablette in dieser verdammten Bauchtasche. Olivia würde alles riskieren, wenn sie ihn jetzt einfach gehen ließ. Was sollte sie nur tun? Wenn sie zu ihm ging, würde er nicht warten, bis sie sich von Nat verabschiedet hatte. Wenn sie hier blieb, dann - es ging nicht. Sie musste pünktlich ihre Tabletten nehmen. Verzweifelt blickte sie sich um und entdeckte Nat schließlich auf einer Bank, von der aus er den Mountainbikern zusehen konnte, die den Berg hinabgedüst kamen.

»Nat«, sie stürmte auf ihn zu. Sofort sprang er auf und drehte sich zu ihr um. Er hielt immer noch zwei Eistüten in der Hand.

»Olivia, was...«

»Ich muss gehen«, sie deutete zum Parkplatz und Tränen stiegen ihr in die Augen. »Jacob hat die Medikamente mitgenommen. Er ist einfach gegangen.«

»Was?«

»Er will, dass ich mit ihm nachhause gehe. Er hat meine Medikamente.«

»Ernsthaft?«, er starrte sie fassungslos an.

»Ich muss nachhause«, Olivia wischte sich umständlich über die Wangen. »Es tut mir so leid, aber ich brauche diese verdammten Tabletten.«

»Soll ich mit ihm sprechen? Kann ich irgendetwas tun? Ich würde...irgendwas?«, er schmiss die Eistüten in den Müll und fuhr sich mit beiden Händen durchs Haar. »Das ist doch der pure Wahnsinn. Er erpresst dich.«

»Er ist verzweifelt und er -«

»Was soll ich machen? Wo ist er?«, Nat straffte die Schultern und kniff die Lippen zusammen, während er sich suchend umblickte. Es schien ihm ernst zu sein.

»Es geht nicht«, flüsterte sie und trat etwas näher an ihn heran. »Ich muss jetzt wirklich gehen.«

»Nein. Wir finden einen Arzt oder eine Apotheke oder irgendwas«, er legte seine Hand auf ihre Hüfte. »Du musst bei mir bleiben.«

»Er hat meinen Transplantationsausweis. Einfach alles«, sie trat einen Schritt zurück, weil sie fürchtete, dass Jacob sie heimlich beobachtete oder schlimmer noch – dass er einfach davon fuhr. »Ich muss mich beeilen. Es tut mir wirklich leid. Ich würde so gerne noch bleiben, aber die Medikamente sind mein Leben, verstehst du?«

»Olivia«, er spähte über ihre Schulter, dann griff er nach ihrer Hand. »Ich kann dich doch so nicht gehen lassen. Was ist, wenn er dir irgendwas antut?«

»Nein, er würde mir niemals wehtun. Er will nur reden. Jacob ist nicht gefährlich. Er ist nur so verletzt und deswegen -«

»Und deswegen weiß er nicht, was er tut«, unterbrach er sie. »Wir rufen die Polizei!«

»Nein!«, erwiderte Olivia energisch. »Auf keinen Fall. Ich gehe jetzt mit ihm nachhause und dann versuche ich, ihn zu beruhigen. Ich denke, er braucht mich, um das alles zu bewältigen.«

»Er braucht dich? Das ist doch Schwachsinn«, Nat lachte höhnisch auf. »Er erpresst dich, Olivia.«

»Ich gehe jetzt und versuche, das zu klären«, sie strich ihm über die Wange und lächelte traurig. »Du bist wirklich ein großer Krieger, Bleichgesicht. Ich hätte das nie erwartet. Alles, was passiert ist. Das war wunderschön.«

»Bleib hier. Ernsthaft. Bleib hier.«

»Umarmst du mich zum Abschied?«

Man sah ihm deutlich an, wie Gedankenwolken durch seinen Kopf zogen.

»Das ist beschissen, so richtig beschissen«, knurrte er, doch zog sie in seine Arme und drückte sie fest an sich.

◆ ◆

Je näher sie dem Auto kam, desto wütender wurde sie. Der Motor lief bereits und Jacob schien es kaum abwarten zu können, loszufahren. Olivia hatte Verständnis für seine Verzweiflung und es tat ihr aus ganzem Herzen leid, aber dass er sie mit den Medikamenten erpresste, war schlichtweg grausam. Sie riss die Tür auf und beugte sich hinab, um ihn anzusehen.

»Hast du dich wieder beruhigt?«

»Ich bin ruhig«, erwiderte er und deutete auf den Beifahrersitz, doch Olivia blieb stehen.

»Ich brauche meine Medikamente. Gib sie mir.«

»Steig' ein.«

»Ich muss mein Azathioprin nehmen«, sie versuchte die Tränen wegzublinzeln, die ihr vor Wut in die Augen stiegen.

»Olivia«, er blickte sie an und sprach mit zitternder Stimme. »Du bekommst alles, was du willst, aber ich brauche dich jetzt. Verstehst du das nicht? Ich muss mit dir reden. Zwölf Jahre. Wir waren zwölf Jahre zusammen. Mein Gott! Steig' jetzt einfach in das verdammte Auto.«

»Wir können reden, Jacob, aber ich möchte noch nicht gehen. Zuhause treffen wir uns und nehmen uns ganz viel Zeit, um über alles zu sprechen, okay?«

In seinem Blick erkannte sie, dass er mit sich kämpfte. Jacob wollte sich nicht so verhalten, wie er es gerade tat. Er wollte sie nicht gefährden. »Du fährst heute doch eh zurück«, fauchte er. »Wegen den paar Stunden machst du so einen Aufstand? Was soll das Drama?«

»Ich will selbst bestimmen, wann ich gehe.«

»Ich fahre jetzt«, er warf einen Blick in den Seitenspiegel, ließ den Motor aufheulen und fuhr an. Olivia zögerte keine Sekunde. Sie sprang in den Wagen und zog die Tür hinter sich zu.

»Na also.«

»Was ist falsch mit dir? Spinnst du, Jacob?«, herrschte sie ihn an.

Ohne auf sie einzugehen, steuerte er den Wagen über den Parkplatz. Vereinzelt standen Wanderer beisammen, schnürten ihre Schuhe, starrten mit angestrengten Gesichtern auf Landkarten oder tippten auf Telefonen herum. Olivia war viel zu aufgewühlt, um einen klaren Gedanken zu fassen. Suchend blickte sie sich im Wageninneren um.

»Wo ist das Azathioprin?«

»Alles da«, er klopfte auf die Fahrertür, aus deren Fach die Bauchtasche hervorlugte. »Olivia, ich will doch, dass es dir gut geht. Es ist nur so verdammt schwer. Ich verstehe einfach nicht, wie das sein kann? Nach zwölf Jahren fällt dir plötzlich ein, dass es nicht mehr geht?«

»Das fällt mir nicht plötzlich ein«, erwiderte sie grimmig und fummelte an den Lüftungsschlitzen herum. »Das war ein langer Prozess, bis ich erkannt habe, dass es nicht mehr geht.«

»Wo ist der Ring?«, er wollte nach ihrer Hand greifen, doch sie war schneller und presste sie in ihren Schoß.

»Der liegt zuhause«, erklärte sie, um Jacob nicht noch wütender zu machen.

»Und das hat nicht zufällig etwas mit Nat zu tun?«

»Nein, hat es nicht. Er wusste von Anfang an, dass ich verheiratet bin.«

»Das bist du. Du bist verheiratet.«

Während Olivia sehnsüchtig aus dem Fenster blickte und Jacob mit halbem Ohr dabei zuhörte, wie er gemeinsame

Erinnerungen heraufbeschwor, beschloss sie in Snoqualmie in ihren Wagen zu steigen und geradewegs zurückzufahren. Sie würde Nat anrufen und ihn abholen.

»...überall Schläuche, überall irgendwelche Maschinen und du mittendrin. Du hast so winzig ausgesehen. Diese riesige Narbe. Alles noch ganz geschwollen. Und dann war da dieser Moment. Das war echt magisch. Du hast ganz leise gewimmert und langsam die Augen aufgemacht. Dieser Blick. Wow. Ich habe noch nie so sehr geweint wie in diesem Moment, weißt du das? Ich war noch nie in meinem Leben so glücklich.«

»Ich weiß«, flüsterte sie und musste sich zusammenreißen, um nicht zu weinen. Das schlechte Gewissen nagte an ihr, fraß sie förmlich auf. »Du warst da. Als ich die Augen zugemacht habe und als ich sie wieder geöffnet habe. Mit dem alten Herz und mit dem neuen. Ich weiß es doch und ich danke...«

»Und erinnerst du dich noch an den Herzikopter? Wir sind jedes Mal fast ausgeflippt, wenn wir ihn gehört haben.«

»Natürlich«, sie lächelte gequält.

»Es war so ein verdammt großes Glück, Liv. So verdammt groß. Ich weiß noch, wie wir darüber Scherze gemacht haben, dass du dich jetzt nie wieder herzlos verhalten wirst«, er warf ihr einen flüchtigen Blick zu

»Ach, Jacob«, Olivia atmete tief durch und strich sanft über seine Hand, die auf dem Schaltknüppel ruhte.

»Du musst bei mir bleiben. Bitte!«, stieß er aus. Ihr Herz zuckte zusammen, weil seine Stimme so gebrochen klang, als fände er kaum die Kraft zu sprechen.

»Ich will dich nicht verletzen«, sie schluckte. »Ich will nicht, dass du wegen mir traurig bist, aber es würde nur noch viel mehr wehtun, wenn ich bei dir bleibe. Es geht einfach nicht mehr.«

»Das stimmt nicht«, er presste die Lippen so fest aufeinander, dass ihnen jegliche Farbe entwich. In seinen Augen glitzerten Tränen. »Mann, Olivia, siehst du nicht, was du mir antust? Du und ich. Unser Leben. Ohne dich bekomme ich das nicht hin.«

Ihr Herz bäumte sich auf, um im nächsten Moment in sich zusammenzusacken. Sie wusste, dass er tatsächlich so fühlte – es waren keine leeren Worte, die er unbedacht aussprach.

»Das braucht Zeit. Du musst dich nur daran gewöhnen«, flüsterte sie. »Irgendwann wird es leichter.«

»Warum gibst du mir keine Chance?«, er wischte sich die Tränen von der Wange und umschloss das Lenkrad noch fester. »Ich habe es nicht verdient, dass du mich einfach so wegwirfst.«

»Ich werfe dich doch nicht weg«, Olivia blickte ihn erschrocken an, doch er starrte unverwandt auf die Straße. »Ich habe Liebe für dich, Jacob. Die werde ich immer haben, aber du musst verstehen, dass sie nicht mehr ausreicht. Ich bin nicht mehr glücklich.«

Ihr war speiübel und sie kurbelte das Fenster auf, weil sie das Gefühl hatte, jeden Moment zu ersticken. Die Bäume rasten an ihnen vorbei, wurden zu einem grünen Rauschen. Sie musste hier weg.

Olivia setzte sich kerzengerade hin, weil es nicht mehr weit war, bis sie den Highway in Richtung Snoqualmie erreichen würden. Sie zählte die Minuten, zählte die Bäume und Meilen.

Nach einer Ewigkeit erreichten sie schließlich die Kreuzung. Gleich würde sie in ihr Auto steigen. Vorsichtig tastete sie über ihre Hosentasche. Sie würde Nat anrufen, um ihm zu sagen, dass sie auf dem Weg zu ihm war. Erst zu spät bemerkte sie, dass Jacob den Blinker in die andere Richtung gesetzt hatte. Nicht nach Snoqualmie, sondern nach Marblemount.

»Du hast vergessen, dass ich noch meinen Wagen holen muss«, sie lachte unsicher.

»Machen wir am Wochenende.«

Und plötzlich war da ein anderes Gefühl, das sich mit scharfen Krallen in ihren Nacken bohrte. Jacob wollte mit aller Macht verhindern, dass sie sich ihm entzog. Er wollte sie in seiner Nähe haben – unabhängig davon, ob sie das wollte. Ihr war klar, dass es nun keinen Sinn machen würde zu protestieren. Sie schluckte die Wut und Verzweiflung runter, knetete ihre Hände und überlegte dabei fieberhaft, wie sie an die Medikamente kam, um dann zu verschwinden. Immer wieder blickte sie in den Rückspiegel und wünschte sich, sie würde dort Nats Wagen entdecken, der ihnen folgte. Aber da war kein anderes Auto. Das Indianermädchen musste sich selbst helfen.

»Hast du Wasser dabei? Ich muss jetzt unbedingt die Azathioprin nehmen«, fragte sie schließlich und versuchte es natürlich und beiläufig klingen zu lassen.

»Unter dem Sitz.«

Olivia beugte sich vor und tastete über den Boden. Tatsächlich lag dort eine Plastikflasche, in der sich ein kläglicher Schluck Wasser befand.

»Das kann ich doch nicht trinken«, sie wackelte mit der Flasche vor seiner Nase herum.

»Dann nimmst du sie ausnahmsweise ohne Wasser.«

»Die riesigen Dinger? Wie soll das gehen?«

»Wird schon«, Jacob fischte die Bauchtasche aus dem Seitenfach und legte sie sich auf den Schoß. Mit einer Hand versuchte er den Reißverschluss zu öffnen, was ihm jedoch erst nach ein paar ungeduldigen Versuchen gelang, dann fingerte er umständlich nach den Medikamenten.

»Nicht die«, murrte sie. »Rote Packung.«

»Da ist keine rote Packung.«

»Natürlich. Die Azathioprin sind immer in einer roten Packung.«

»Nein«, er linste immer wieder hinab zu der Bauchtasche.

»Ach, du hast Recht. Die haben ein neues Design. Sehen wie Prednison aus.«

»Was?«

»Hellblau«, Jacob schmiss ihr eine blaue Packung in den Schoß. »Das ist Dunkelblau.«

»Oh, verdammt.«

Fluchend reichte er ihr die Bauchtasche. Olivia riss sie ihm fast aus den Händen und zog sie sich um, bevor sie tatsächlich nach der hellblauen Packung der Azathioprin suchte und die Tabletten schließlich triumphierend hervorzog. Währenddessen überlegte sie die ganze Zeit, wie sie aus dem Wagen gelangen konnte. In Filmen sprangen die Menschen aus fahrenden Zügen, warfen sich aus Autos auf die Straße oder hechteten sich von galoppierenden Pferden. Sie versuchte die Geschwindigkeit und den Aufprall einzuschätzen. Jacob raste nicht, aber er fuhr nicht gerade so langsam, dass sie sich auf den Asphalt hätte werfen können. Und dann? Was würde sie machen, wenn er umdrehte? Er würde sie ja bestimmt nicht einfach zurücklassen. Es bedurfte eines anderen Planes.

»Wenn ich zuhause bin, muss ich gleich Paula besuchen und ihren Bauch inspizieren. Bald ist's soweit. Kannst du das glauben?«

»Sie sieht aus, als würde sie jeden Moment platzen«, er räusperte sich. »Ben hat gesagt, dass sie jetzt immer klassische Musik hört, weil sie gelesen hat, dass man damit das Gehirnwachstum fördern kann oder so.«

»Meine Güte. Das musst du dir mal vorstellen. Paula wird Mama und dabei kann sie sich ja nicht mal richtig um einen Hamster kümmern«, lachte sie und steckte sich eine rosarote Tablette zwischen die Lippen. »Ich weiß nicht, wie viele Hamster verendet sind, weil sie dachte, man könnte sie mit Gummibärchen dressieren.«

Die Tablette schmeckte bitter und giftig. Olivia behielt sie einen Moment um Mund, würgte und spuckte die Pille zurück in ihre Hand.

»Boah, nein. Ich kann die Dinger nicht ohne Wasser schlucken, Jacob. Das ist unmöglich.«

»Wir sind in knapp zwei Stunden zuhause.«

»Ich würde ja warten, aber mittags muss ich doch schon wieder die Prednison nehmen«, sie stöhnte auf. »Wenn ich die Dinger zusammen nehme, hänge ich zwei Tage über der Kloschüssel, das weißt du doch.«

»Dann musst du eben das Wasser trinken. Wird schon nicht so...«

»Wer weiß, wie lange das schon vor sich hin fault?«, sie schüttelte den Kopf. »Fahr' einfach in der nächsten Ortschaft raus. Das dauert doch nicht lange.«

Als Jacob nichts erwiderte, schloss sie die Bauchtasche wieder. Wenn sie nur wüsste, wie sie das Gespräch auf etwas Unverfängliches lenken konnte? Sie wollte ihn in Sicherheit wiegen, wollte ihn zuversichtlich stimmen.

»Waren deine Eltern inzwischen mal im Theater?«

»Sie waren in The Great Gatsby. War wohl ganz gut, sagt Mum, aber Dad ist einfach kein Theaterfreund. Er ist ständig eingeschlafen. Ich glaube, das nächste Mal müssen wir ihnen etwas anderes schenken.«

»Einen Restaurantgutschein?«, schlug sie zögerlich vor und fühlte sich dabei so heuchlerisch, dass sie Mühe hatte, die Lippen zu öffnen.

»Ist zwischen dir und Nat etwas gelaufen?«

Ihn den Namen aussprechen zu hören, ließ sie erschaudern und der Gedanke an die vergangene Nacht jagte direkt den nächsten Schauer ihren Rücken hinab.

»Wie bitte?«, sie lachte hell auf. »Daran ist überhaupt nicht zu denken. Ich kenne keinen Menschen, der griesgrämiger ist. Außerdem hat er jemanden.«

»Ach ja? Einen zahmen Waschbären oder einen ausgestopften Fuchs vielleicht?«, er grinste hämisch.

Ihre Augen suchten die Straße nach irgendwelchen Schildern ab. Sie konnte nicht länger hier sitzen und mit Jacob plaudern, als wäre nie etwas vorgefallen. Schon gar nicht über Nat.

»Hey«, sie fuchtelte durch die Luft. »Da ist eine Tankstelle. Dort können wir halten.«

»Okay, dann kann ich auch noch ein bisschen Sprit nachtanken. Kann ja nicht schaden.«

Noch während sie auf die Tankstelle zusteuerten, ließ Olivia ihren Blick suchend umherwandern. Hinter den Zapfsäulen erkannte sie einen Mann, der vor einem Motorrad kniete und an dem Vorderreifen herumdrückte. Sie hatte keine Ahnung, was sie tun sollte. Natürlich könnte sie auch den Tankstellenwart um Hilfe bitte - »Mein Ehemann hat mich entführt« - oder sich weigern, wieder einzusteigen. Sie könnte versuchen, sich irgendwo zu verstecken.

»Ich glaube, dann gehe ich noch schnell zur Toilette«, flötete sie. »Dazu hast du mir vorhin ja überhaupt keine Zeit gelassen.«

Jacob parkte den Wagen neben einer Zapfsäule, als ein schwarzer Truck auf das Tankstellengelände einbog, anhielt und ein langhaariger Mann ausstieg. Er trug eine Jeansweste, die mit unzähligen Aufnähern versehen war. Als er sich umdrehte, erkannte Olivia seine dunkle Haut. Er besaß die Augen eines Raubvogels und sah so gefährlich aus, dass sie unter anderem Umständen einen weiten Bogen um ihn gemacht hätte.

»Was ist?«, Jacob stand bereits vor dem Auto und warf ihr einen auffordernden Blick zu.

»Ich brauche frische Unterwäsche«, sie wühlte demonstrativ in ihrem Rucksack. »Kannst du mir einfach eine Flasche Wasser mitbringen? Und Kaugummis? Die Dinger, die nach Kirsche schmecken, du weißt schon.«

»Sonst noch etwas?«, er grinste. »Wenn es da drin Schokolade gibt, wäre ich jedenfalls nicht abgeneigt.«

Sie wedelte mit einem Slip durch die Luft und versuchte zu lachen, obwohl sie das Gefühl hatte, vor Nervosität kaum zu einer Regung fähig zu sein.

Während Jacob tankte, spazierte sie zu den Toiletten. Bevor sie die Tür hinter sich schloss, winkte sie ihm ein letztes Mal zu. Innerlich zählte sie bis zehn, dann schob sie die Tür wieder auf. Gerade so weit, dass sie Jacob beobachten konnte. Er wirkte völlig verkrampft und stand mit unbewegter Miene da, bis er schließlich den Tankdeckel zuklappte, sein Portemonnaie aus der Hosentasche zog und sich umdrehte.

In diesem Moment stieß Olivia die Tür wieder auf und ging zum Wagen zurück. Sie ging langsam und blickte sich nicht um. Auch dann nicht, als sie hastig den Rucksack vom Beifahrersitz zog und so schnell sie konnte hinter den Truck auf der anderen Seite des Geländes rannte. Atemlos blieb sie im Schatten des großen Lastwagens stehen und lauschte einige Sekunden. Außer dem Dröhnen vorbeifahrender Autos war nichts zu hören.

Sie würde den Raubvogelmann fragen, ob er sie mitnehmen konnte, aber wo sollte sie auf ihn warten? Vorsichtig linste sie um den Truck herum und erkannte Jacob, der mit einer Wasserflasche und einer Zeitschrift unter dem Arm gerade die Tankstelle verließ.

»Olivia? Bist du noch auf dem Klo?«, hörte sie kurz darauf seine forschende Stimme.

Das Herz schlug ihr bis zum Hals. Ohne darüber nachzudenken, versuchte sie die Tür des Trucks zu öffnen und tatsächlich – sie atmete auf – fast lautlos wuchtete sie ihren

Rucksack auf den Sitz und kletterte hinterher. Olivia hielt sich geduckt, als sie die Tür hinter sich schloss, dann kauerte sie sich auf den Sitz und hoffte inständig, dass Jacob nicht auf die Idee kam, sie hier zu suchen. Es roch nach Zigarettenrauch. Vom Rückspiegel baumelte ein Traumfänger und ein Plüschherz, auf dem *I love you* stand. Der Raubvogelmann war ihre einzige Hoffnung.

»Olivia?«

Jacobs dumpfe Stimme drang ins Wageninnere, dann hörte sie Männerstimmen, die miteinander sprachen. Das Blut toste durch ihre Adern, rauschte in ihren Ohren und ließ ihr Herz anschwellen. Wie ein kleines Kind, das sich versteckt hielt, presste sie die Augen zusammen. Schritte. Dann wurde die Wagentür aufgerissen.

»Na, wenn das mal nicht Olivia ist.«

Der Raubvogelmann kletterte in den Wagen, setzte sich und zog die Tür wieder zu.

»Sie müssen mir helfen«, flüsterte sie. »Können Sie mich mitnehmen?«

»Kann ich«, er kurbelte das Fenster runter und beugte sich hinaus. »Viel Glück bei der Suche, Kumpel. Wird schon wieder auftauchen. Muss sich wahrscheinlich schminken.«

»Was?« Olivia drückte sich noch tiefer in den Sitz.

»Ich habe gesehen, wie du in meinen Truck geklettert bist, Mädchen. Dein Mann sucht nach dir, sagt, du hättest was am Herzen und brauchst deine Medikamente.«

»Alles gut. Ich habe alles, was ich brauche. Ich muss nur hier weg, bitte.«

»Immer mit der Ruhe«, der Raubvogelmann grinste und zog einen ledernen Tabakbeutel aus seiner Hosentasche. »Lass' mich noch eine Kippe rauchen, dann geht's los.«

»Er darf mich nicht finden.«

»Schon gut. Gerade telefoniert er.«

In aller Seelenruhe drehte sich der Raubvogelmann eine Zigarette und zündete sie an.

»Wohin musst du, Mädchen?«

»Snoqualmie oder Stevens Pass«, würgte sie hervor und konnte das Schlagen ihres Herzens kaum noch ertragen.

»Ich fahr' nach Isaaquah und dann hoch nach Kanada. Kann dich in Snoqualmie abladen. Da habe ich eh noch etwas zu erledigen«, er startete endlich den Motor, dann winkte er aus dem Fenster. »Bye, Kumpel! Im Zweifelsfall rufste eben die Cops.«

Olivia wäre am liebsten in den Fußraum gekrochen, als sie Jacobs hilflose Stimme hörte, doch dann kurbelte der Raubvogelmann das Fenster wieder hoch und lenkte den Truck zurück auf den Highway.

»Danke«, wisperte sie. »Danke, dass Sie das machen.«

»Bist doch meine Schwester«, er grinste sie mit gelbbräunlichen Zähnen an.

»Ich?«

»Was bist du? Lakota? Cree?«

»Mataka«, sie blinzelte und strich sich eine schwarze Haarsträhne aus dem Gesicht.

»Ah, ein Küstenindianer. Ich bin ein Snoqualmie. Komme aus der Gegend.«

»Ein Bergindianer?«

»So ist es. Kannst wieder hochkommen«, er nickte aus dem Fenster. »Wir sind weit genug weg. Dein Mann wird noch lange nach deinen Spuren suchen.«

Mühsam rappelte Olivia sich wieder auf und schenkte dem Raubvogelmann ein dankbares Lächeln. Von Nahem sah er noch verbrauchter und verlebter aus. Seine Haut glänzte fettig und er hatte tiefe Aknenarben auf den Wangen. An den Fingern trug er silberne Ringe und unter dem Ärmel seines Hemdes blitzte die verschwommene Tätowierung einer nackten Frau hervor.

»Danke«, wiederholte sie. »Danke, dass...«

Wahrscheinlich hätte sie es noch tausendmal wiederholt, wenn er nicht abgewinkt hätte.

»Ich habe mich von ihm getrennt und er will es einfach nicht wahrhaben. Er hat sich meine Medikamente geschnappt. Ich musste ihn begleiten«, sprudelte es aus ihr heraus, während er unbeeindruckt an seiner Zigarette nuckelte. »Wir sind verheiratet. Es war auch alles gut, aber irgendwann wurde ich so unglücklich und...«, sie hielt inne und schüttelte den Kopf. Was interessierte es den Raubvogelmann? Er hatte ihr geholfen, aber es schien ihn nicht zu kümmern, warum sie seine Hilfe benötigte.

Olivia starrte auf die Straße, die unter ihnen hinwegtauchte. Jacob war inzwischen bestimmt völlig verzweifelt. Wahrscheinlich würde er tatsächlich die Polizei rufen. Vielleicht sogar zurückfahren. Sie fummelte die Azathioprin aus ihrer Bauchtasche und würgte sie ohne Wasser hinunter. Es war ekelhaft.

»Wenn du merkst, dass du ein totes Pferd reitest, dann steig ab«, bemerkte der Raubvogelmann, kurbelte das Fenster runter und warf den Zigarettenstummel hinaus. »Hatte dein Mann ein Motorrad dabei?«

»Wieso?«, fragte sie verwirrt.

»Fährt schon eine Weile hinter uns her.«

»Er fährt Mountainbike. Ich glaube kaum, dass er bei der Geschwindigkeit mithalten könnte«, sie reckte sich und warf einen prüfenden Blick in den Rückspiegel. Kein Mountainbike. Kein Jacob. Natürlich nicht.

Sie sprachen nicht, sie fuhren bloß Meile um Meile. Irgendwann kramte Olivia aus ihrem Rucksack das Telefon hervor und schaltete es an. Nach wenigen Sekunden trafen die ersten Nachrichten ein. Linda. Nat. Paula. Jacob. Fast vierzig Anrufe. Acht Nachrichten auf ihrer Mailbox.

Zuerst schrieb sie eine knappe Nachricht an Jacob, dann schrieb sie Nat:

> 13:02:44 Hey Nat, *ich hole meinen Wagen in Snoqualmie und dann komme ich zu dir. Wo bist du?*

Kaum hatte sie die Nachricht abgeschickt, klingelte ihr Telefon. Nachdem sie dem Fahrer einen kurzen Blick zugeworfen hatte, nahm sie ab.

»Indianermädchen«, Nat klang atemlos. »Gott sei Dank meldest du dich. Ich habe die ganze Zeit gewartet. Scheiße, ich habe mir echt Sorgen gemacht.«

Seine Stimme war wohltuend weich und sie kämpfte mit den Tränen, weil sie so froh war, nicht mehr allein zu sein.

»Ich bin auf dem Weg. Ich weiß nicht, wie lange das noch dauert, aber ich komme dorthin, wo du bist.«

»Bist du okay? Hast du die Medikamente?«

»Ja, alles gut. Er hat mich an einer Tankstelle rausgelassen und jetzt fahre ich mit einem Truck.«

»Zum Glück. Das ist gut. Oh Mann, das ist echt gut«, er schnalzte mit der Zunge. »Ich komme jetzt nach Snoqualmie, okay? Hier sind ein paar Typen, die mich mitnehmen.«

»Dann treffen wir uns dort?«, fragte sie hoffnungsvoll und spürte, wie sich ihr Herzschlag augenblicklich beschleunigte.

»Wir treffen uns dort, Indianermädchen. Aber warte - du fährst in einem Truck? Bist du getrampt, oder was?«

Nat war ziemlich besorgt und es dauerte eine Weile, bis sie ihm glaubhaft versichert hatte, dass es keine große Sache war, zu einem fremden Mann ins Auto zu steigen, um mit ihm irgendwohin zu fahren.

»Hast ein anderes Pferd gefunden?«, fragte der Raubvogelmann, als sie aufgelegt und das Telefon in ihre Hosentasche geschoben hatte.

»Ich weiß nicht«, sie lächelte. »Kann schon sein.«

## Snoqualmie

Als er um die alte Holzkirche herumtrat und Olivia sah, die mit gesenktem Kopf an ihrem Wagen lehnte, atmete er erleichtert auf. Die letzten drei Stunden waren fürchterlich gewesen. Weder hatte Nat sie telefonisch erreichen können, noch wusste er, wann er sie wiedersehen würde. Er konnte nicht einschätzen, ob sie wirklich in Gefahr war und verfluchte sich, weil er nicht einfach zu diesem Idioten gegangen war, um ihm eine Ansage zu machen. Nat war zwar kein Verfechter von körperlicher Gewalt, aber wenn es nötig gewesen wäre, hätte er sich eben geprügelt. So oder so. Er hätte Olivia helfen müssen. Stattdessen war er jedoch wie ein Klosterschüler vor ihr gestanden und hatte untätig dabei zugesehen, wie sie zu diesem Typen gegangen war, um an ihre Medikamente zu kommen. Das musste man sich mal vorstellen: Lebenswichtige Substanzen, ohne die Olivia völlig hilflos war. Nat schüttelte den Kopf und beschleunigte seine Schritte. Als sie den Kopf hob und ihn erblickte, breitete sich ein strahlendes Lächeln auf ihrem Gesicht aus.

»Jesus«, keuchte er und drückte sie fest an sich. Sofort stieg ihm der Duft ihres Haares in die Nase und ließ warme Gefühle in ihm aufsteigen. »Was für ein Wahnsinn! Geht es dir gut? Hast du alles, was du brauchst?«

»Keine Sorge. Es ist alles in Ordnung. Ich hab die Medikamente.«

»Er hat dich doch nicht einfach gehen lassen?«, er linste skeptisch zu ihr hinab.

Während sie engumschlungen dastanden, erzählte Olivia ihm von irgendwelchen Tabletten, von Wasser, einer Tankstelle und einem Raubvogelmann. Auch wenn sie immer wieder sagte, wie viel Angst sie gehabt hatte, kam sie ihm ungeheuer mutig vor. Nat küsste ihre Stirn und drückte sie noch etwas fester an sich. Es war ihm unbegreiflich, wie man willentlich das Leben eines Menschen gefährden konnte, den man liebte. Aber wenn die Verzweiflung groß genug war, konnte es geschehen, dass sich irre Gedanken in den Gehirnwindungen festsetzten. Wenn der Schmerz alles andere unter sich vergrub - Nat konnte ein Lied davon singen.

»Was wird Jacob jetzt machen?«

»Ich weiß es nicht«, sie seufzte und löste sich aus seiner Umarmung. »Aber ich hoffe, dass er einfach nachhause fährt und sich beruhigt.«

»Was hat er sich dabei gedacht? Was wollte er denn?«, er setzte seinen Rucksack ab und fing an, darin herumzuwühlen, bis er seinen Autoschlüssel gefunden hatte.

»Er wollte mich nachhause holen«, sie stieß einen inbrünstigen Seufzer aus. »Ich weiß einfach nicht, wie ich ihm begreiflich machen soll, dass ich nicht mehr kann. Jacob tut so, als wäre das wieder so eine Phase, die irgendwann vorübergeht.«

»Aha. Und du bist dir sicher, dass es nicht wieder so eine Phase ist, die irgendwann vorbei ist?«, er blitzte sie an.

»Ja«, sie zog die Augenbrauen hoch. »Eigentlich bin ich mir ziemlich sicher.«

»Geht das auch ohne eigentlich? Das Eigentlich stört mich ein bisschen.«

»Ich bin sicher.«

Nat konnte nichts gegen das Grinsen tun, das sich nun auf sein Gesicht schlich.

»Und jetzt?«, Olivia zupfte an seinem Hemd. »Fahren wir wirklich nachhause? Du könntest mich doch zu dir einladen?«

»Hast du noch Zeit?«

»Am Montag muss ich wieder in die Redaktion. Das sind noch zwei Tage«, sie wickelte sich eine Haarsträhne um den Zeigefinger. »Ich habe genügend Medikamente dabei und naja, irgendwie fände ich einen kleinen Abstecher nach Blackwater ziemlich schön.«

◆ ◆

Blackwater

Als er aus dem Badezimmer trat, das Licht ausschaltete und Olivia in seinem Bett sitzen sah, kam es ihm vor wie eine Halluzination. Es war unwirklich, dass ihn jemand besuchte und sich dann auch noch unter seine Decke kuschelte. Es war unfassbar, dass es ausgerechnet Olivia war.

Gerade hatte er sich auf den Bettrand gesetzt und wollte einen letzten Blick auf sein Telefon werfen, als er bemerkte, dass die Schublade seines Nachttisches nicht ganz geschlossen war.

»Olivia?«, er räusperte sich. »Hast du zufällig in die –«

»Oh, entschuldige«, sie krabbelte hinter ihn und legte ihr Kinn auf seine Schulter. »Ich habe Taschentücher gesucht.«

»Ah, wirklich?«

»Mhm«, sie schlang ihre Arme um ihn. »Okay, okay. Um ehrlich zu sein, wollte ich einen Blick auf die Liste werfen. Ich wollte nur, also, weil...sorry.«

»Sie ist noch da«, er zog die Schublade auf und griff nach dem Papier, das vielfach gefaltet und zerknittert war. Olivias Kopf lag schwer auf seiner Schulter.

»Auf welche Art wolltest du es tun? Welche Art ist die beste?«, fragte sie leise und er bekam am ganzen Körper eine Gänsehaut. Jedes einzelne Härchen stellte sich auf. Aus der Höhe in die Tiefe. Langsam entfaltete er das Papier und deutete auf *Fühlt sich wie Fliegen an.*

Olivia drückte sich noch fester an ihn. Nat überflog die anderen Punkte auf der Liste – sie waren ihm fremd, erschienen ihm abwegig und abgründig, doch sie standen da und erinnerten ihn an die finstersten Episoden seiner Trauer.

»Wenn dein Herz schwach wird, dann fängt es an, ganz schnell zu schlagen, weil es verzweifelt versucht, dich am Leben zu halten. Es kämpft. Du bekommst nur noch wenig Luft und dir ist ständig kalt. Irgendwann wirst du ganz müde, ganz benommen. Du willst schlafen, weil du kaum mehr die Augen offen halten kannst, so schwach bist du. Immer wieder überfällt dich die Angst, dass du sterben könntest, dass alles aufhört und du nicht mehr aufwachst, aber die Angst vergeht. Du hast irgendwann keine Kraft mehr, um Angst zu haben. Aber obwohl es sich so anfühlt, als wärst du schon fast verschwunden, ist da diese trotzige Hoffnung«, flüsterte sie in sein Ohr und ihr Atem strich warm über seine Haut. Nat starrte auf die Holzdielen zwischen seinen Füßen, während er ihr lauschte. »Ich habe ein neues Herz geschenkt bekommen. Noch eine Chance auf ein Leben. Vielleicht hast du die Chance auf einen neuen Geist?«

»Meinst du dich?«, er hob fragend die Augenbrauen.

»Ich bin doch kein Geist.«

Nat ließ die Liste einfach auf den Boden fallen und drehte sich zu ihr um. Ihre Wangen waren glühend, als er seine Hände darauf legte.

»Aber ein bisschen unheimlich bist du schon.«

»Furchteinflößend?« Ihre Augen glitzerten, als würde ihr der Gedanke gefallen. Tatsächlich musste er sich eingestehen, dass sie ihm irgendwie Angst gemacht hatte, als sie ihm näher und näher gekommen war.

»Ein bisschen?«

»Da gibt es ein kleines Problem«, sie tippte sanft an seine Stirn. »Ich kann nicht durch Wände gehen.«

»Und mir wird auch nicht kalt, wenn du da bist. Eher ein bisschen warm.«

Ihre Blicke begegneten sich, krochen ineinander und hielten einander fest.

»Mir auch«, sie lächelte, dann legte sie ihre Lippen auf seine und küsste ihn zärtlich. Nat hatte das Gefühl von einer Hitzewelle fortgespült zu werden, als er den Kuss vertiefte. Ihre Hände hinterließen eine prickelnde Spur auf seiner Haut. Dieses Mal zögerte er nicht. Er knöpfte ihre Strickjacke auf und küsste ihren Hals, küsste ihre Narbe.

»Nat? Vielleicht möchte ich doch ein Geist sein.«

»Mhm, muss ich dich dann beschwören?«

»Weißt du, wie das geht?« Sie saß plötzlich rittlings auf ihm und drückte ihre Lippen auf seine.

»Kommt drauf an. Was für eine Art Geist bist du?«

»Ein Lebensgeist«, flüsterte sie in sein Ohr. Nat schob ihr die Strickjacke von den Schultern. Sein Herz bezeugte mit lautem Pochen, dass sie die Wahrheit sprach.

»Dann muss ich sehr gut auf dich aufpassen.« Er zog sie zu sich hinab und schloss sie fest in seine Arme, dann deckte er sie zu.

»Hast du eigentlich das Gefühl, dass Eva in mir steckt?«

»Nur ihr Herz«, erwiderte er mit belegter Stimme. »Am Anfang habe ich mir eingebildet, sie in dir zu spüren, aber jetzt nicht mehr. Jetzt spüre ich nur noch dich.«

»Eva ist mein Lebensgeist«, sie küsste seinen Hals.

»Alles ist Energie. Alles ist miteinander verbunden«, er legte seine Hände auf ihre Hüften. »Hast du das nicht selbst gesagt? Nichts vergeht. Es verändert nur seine Form.«

»Ich träume manchmal von ihr.«

»Alpträume?«

»Nein. Es sind sehr schöne Träume.«

Olivia legte ihren Kopf auf seine Schulter und ließ gedankenverloren ihre Finger über seinen Bauch wandern. Man hörte Yukons Krallen auf den Holzdielen, hörte den Wind und aus der Ferne das Brummen des Highways. Nat hörte das Rauschen seines Blutes, das Schlagen seines Herzens und zum ersten Mal seit langer Zeit, hatte er das Gefühl, glücklich zu sein. Nicht übersprudelnd und euphorisch, aber glücklich.

»Wenn ich mal sterbe, dann werde ich überall sein. So wie Eva. Ich glaube, sie ist überall.«

»Glaubst du eigentlich an Gott?«

»Ich glaube an etwas Geistiges. Du kannst es Gott nennen, aber eigentlich hat es viele Namen«, sie richtete sich ein wenig auf, um ihn anzublicken. »Wusstest du, dass es in der Milchstraße so viele Sterne gibt, wie das menschliche Gehirn Nervenzellen besitzt? Die Galaxien sind über Energiefäden miteinander verbunden. Wie Synapsen. Ist das nicht wahnsinnig spannend? Da draußen ist vielleicht ein unfassbar großes Bewusstsein, zu dem wir irgendwann zurückkehren.«

»Das sind Buddah, Manitu, Allah, Jahwe und alle anderen Götter«, er zog die Decke zurück über ihre Schulter. »Ein einziger großer Geist. Glaubst du das?«

»Ich glaube, dass die Natur beseelt ist und dass wir mit allem verbunden sind. Ich träume davon«, sie kuschelte sich an ihn. »Wenn wir irgendwann keine Körper mehr haben, werden wir wie Wasser sein. Wir zerfließen ineinander. Dann gibt es keine Grenzen mehr.«

Nat wäre in diesem Moment am liebsten in sie reingekrochen – er wollte jetzt schon verschmelzen. Ihn erfüllte ein so warmes Gefühl, dass er nicht wusste, wie er es jemals ausdrücken könnte.

»Weißt du, woran ich gerade denken muss?«, fragte sie nach einer Weile, in der sie still in seinem Arm gelegen war. »Wenn man ein Herz entnimmt, hat man nur vier Stunden. Nach vier Stunden muss es wieder schlagen, sonst ist es verloren. Das haben mir die Ärzte damals erklärt. Ich hatte so viel Glück, dass es rechtzeitig zu mir gekommen ist.«

Als er zu ihr hinabblickte, sah er, dass sie lächelte. Ihr Körper schmiegte sich an seinen, als wäre es schon immer so gewesen – er hatte Glück, dass er noch rechtzeitig auf ihre Briefe geantwortet hatte.

*Olivia*

## Blackwater

Da Nat lediglich zwei klägliche Scheiben Toastbrot zuhause hatte, schlug er vor, in ein Diner am Ortsrand zu fahren. Olivia packte gerade ihren Rucksack, als sie erst das Knarren der Tür und dann ein ersticktes Geräusch hörte.
»Scheiße. Was ist das denn?«
Olivia warf einen erschrockenen Blick in die Küche. Die Tür stand offen und Nat hatte sich über etwas gebeugt, an dem auch Yukon schnupperte.
»Was ist?«
»Ich brauche eine Tüte«, er drehte sich um und verzog das Gesicht. »Da liegt ein Vogel.«
»Kann er nicht mehr fliegen?«
»Tote Vögel fliegen nicht.«
»Ein toter Vogel liegt vor deiner Haustür? Hast du dich etwa mit dem Katzen in der Nachbarschaft angefreundet?«
»Von denen bekomme ich eigentlich nur halbtote Mäuse«, er lachte und zog eine Plastiktüte aus der Schublade des Küchenschranks.

Als Olivia nach draußen trat, sah sie einen schwarzen Vogel auf den Holzplanken liegen. Die blutigen Flügel waren wie im Flug ausgebreitet, der spitze Kopf merkwürdig verdreht.
»Oje. Was für ein trauriges Geschenk.«
»Kann man wohl sagen. Das ist ein Rotflügelstärling. Die sind hier echt weit verbreitet«, erklärte Nat, als er den Vogel vorsichtig aufgehoben hatte und ihr die haselnussgroßen Flecken auf seinen Flügeln zeigte. Erleichtert stellte sie fest, dass es kein Blut war, sondern tiefrotes Gefieder.
»Müsste er nicht irgendwie zerrupfter aussehen, wenn eine Katze ihn hierher geschleppt hat?«

»Keine Ahnung. Vielleicht hat er sich nicht gewehrt, weil er krank war?«, Nat betrachtete das tote Tier. »Ich vergrabe ihn schnell, dann können wir los.«

Olivia blickte ihm nach, bis er hinter den Hecken verschwunden war. Noch kurz vor ihrer Wanderung hatte sie etwas über den Kopfschmuck der Indianer gelesen. Jeder rote Punkt stand für einen getöteten Feind.

»Das muss wohl ein berüchtigter Krieger gewesen sein, dieser Vogel«, sie warf Yukon einen vielsagenden Blick zu und ging zurück ins Schlafzimmer.

♦ ●

Das Mobiliar schien noch aus dem letzten Jahrhundert zu stammen. Die knallroten Kunstlederbezüge waren völlig durchgewetzt und die steinernen Bodenplatten zersprungen. Auch wenn helles Licht durch die großen Fenster fiel, wirkte der Innenraum düster und eingestaubt. Es roch nach Bratenfett und Kaffee. Sie setzten sich ans Fenster - mit Blick zur Straße - und verschanzten sich hinter abgegriffenen Speisekarten. Im Fernseher lief die Sportschau.

»Was sind deine Pläne?«

»Hm?«, sie warf ihm einen fragenden Blick zu.

»In nächster Zeit. Was hast du vor?«

Es gab keine Pläne. Olivia würde nachhause fahren und dann wieder jeden Tag in der Redaktion sitzen, einmal in der Woche zum Arzt gehen und zwischendurch irgendwelche Menschen treffen. Vielleicht würde sie jedoch in Zukunft mehr Zeit im Auto verbringen, um nach Blackwater zu fahren.

»Ich weiß noch nicht«, sie zuckte mit den Achseln. »Und du? Gibt es irgendwelche Abenteuer?«

»Mal sehen«, er legte die Karte beiseite und griff nach ihrer Hand. Sie verschränkte ihre Finger mit seinen und spürte, wie sich ihre Wangen augenblicklich rot färbten.

»Vielleicht komme ich bald wieder zu dir?«

»Vielleicht?«, er verstärkte den Druck seiner Hand und ließ seine Augen forschend über ihr Gesicht wandern.

»Haben Sie gewählt?«

Nat wich zurück und lächelte die Bedienung an. Sie trug ein hellblaues Kostüm, das jedoch einige Nummern zu eng war. Die Knöpfe über ihren Brüsten mussten einiges aushalten. Olivia erkannte unter dem auseinander klaffenden Stoff einen rosafarbenen Büstenhalter. Geschmacklos und spitzenbesetzt. Sie zwang sich dazu, in das verwitterte Gesicht zu blicken. Blauer Lidschatten, rötlicher Lipgloss, Falten und mausgraues Haar.

»Kaffee und die Waffeln, bitte.«

»Sahne, Apfelkompott, Karamell, Kirschen, Schokosoße, Krokant?«, leierte die Frau gelangweilt runter.

»Oh, das klingt phantastisch.«

»Wie jetzt? Normalerweise essen die Leute nur eine Portion und sind satt.«

Augenblicklich richtete Olivia sich auf und zog den Bauch ein, dann reckte sie das Kinn in die Höhe.

»Äh, nein, okay. Bitte nur mit Apfelkompott«, sie bedachte Nat, der sie amüsiert beobachtet hatte, mit einem strengen Blick, und versuchte sich nicht anmerken zu lassen, wie peinlich ihr die Situation war.

»Und du? Wie immer?«, fragte die Bedienung an Nat gewandt, nachdem sie sich die Bestellung notiert hatte. Sie hatte manikürte Fingernägel, die vage an Krallen erinnerten: glitzernde Krallen in schrecklichem Pink.

»Wie immer, Priscilla. Rührei und Schwarztee.«

»Geht klar.«

Priscilla stöckelte mit wiegenden Hüften davon, brüllte die Bestellung in die Küche, dann schnappte sie sich eine Kanne und zwei Tassen vom Tresen. Nachdem sie ihnen erst Kaffee eingeschenkt und sich dann noch fünf Minuten über die Baustelle am Ortseingang aufgeregt hatte, verschwand sie wieder hinter dem Tresen.

»Also«, Nat kniff die Augen zusammen. »Du kommst vielleicht bald wieder zu Besuch.«

»Nur, wenn du das möchtest. Wir können uns Zeit lassen. Ich will mich nicht in dein Leben drängen.«

»Ach wirklich?«, er schnitt eine Grimasse. »Das hat sich gestern aber noch ganz anders angehört.«

»Du bist nachts ins Wohnzimmer geflohen und hast auf dem Sofa geschlafen«, erinnerte sie ihn.

»Ich konnte ewig nicht einschlafen und wollte dich nicht stören. Das ist alles.«

»Und warum konntest du nicht einschlafen? Du musst doch totmüde gewesen sein.«

»Es ist einfach noch ungewohnt für mich. Ich war sehr lange alleine und es fühlt sich komisch an... Nein, das ist Quatsch. Es fühlt sich gut an. Ich bin nur ein bisschen überfordert.«

Er fuhr sich durchs Haar. Es war lang geworden und fiel ihm immer wieder zurück in die Stirn. Ihr Herz pochte und ließ das Blut durch ihre Adern rauschen, als er sie anlächelte. Dass er attraktiv war, hatte sie schon bei ihrer ersten Begegnung gedacht, doch nun kam er ihr wirklich schön vor.

»Ich bin auch überfordert, um ehrlich zu sein«, antwortete sie. »Aber es fühlt sich richtig an. Wenn du da bist, wenn ich an dich denke. Es gibt nichts, woran ich zweifle. Ich würde wirklich gerne herausfinden, was wir sein können.«

»Was wir sein können?«

»Genau«, sie lächelte ihn an. »Wir haben zusammen in der Wildnis überlebt. Das ist ein gutes Zeichen, oder?«

»Es ist ja nicht sonderlich schwer, an deiner Seite zu überleben. Du bist immerhin Indianerin und Lebensgeist«, er streichelte sanft über ihren Handrücken und wollte gerade noch etwas hinzufügen, als ein Schatten über den Tisch fiel.

»Genug geturtelt. Essen ist fertig.«

Entsetzt glotzte Olivia die Kellnerin an, die plötzlich aufgetaucht war und dampfende Teller vor ihnen abstellte. Ausgerechnet jetzt? Hatte sie damit nicht warten können?

»Danke, Priscilla«, Nat rieb sich über den Bauch. »Das sieht richtig, richtig gut aus.«

»Lasst es euch schmecken.«

Kaum stand der Teller vor ihm, hatte er nur noch Augen für sein Rührei. Er griff gierig nach dem Besteck und schien völlig vergessen zu haben, dass sie gerade mitten ins Gespräch vertieft waren. Olivia räusperte sich.

»Was ist?«, fragte er kauend. »Schmeckt es dir nicht?«

»Ich hätte jetzt schon noch ein bisschen mehr Honig verkraften können«, scherzte sie und entfaltete die Serviette, um sie sich auf den Schoß zu legen. Immerhin waren sie zurück in der Zivilisation.

◆ ◆

Er stand mit in den Hosentaschen vergrabenen Händen da und kaute angespannt auf seiner Unterlippe herum, während sie sich von Yukon verabschiedete. Als Olivia sich schließlich aufrichtete und in sein Gesicht blickte, sprang ihr das Herz fast aus der Brust. Am liebsten würde sie an den Zeigern der Uhr drehen - sie wollte sich nicht verabschieden und nachhause fahren. Das lag einerseits an der unausweichlichen Konfrontation mit Jacob, andererseits daran, dass sie lieber bei Nat sein wollte als irgendwo sonst. Fast hätte sie ihn gebeten, mit ihr zu kommen, aber sie schluckte die Worte einfach runter.

»Warte hier! Bin gleich zurück«, stieß er aus, als sie gerade den Mund öffnen wollte, dann drehte er sich um und rannte ins Haus. Kurz darauf stand er wieder vor ihr drückte ihr etwas in die Hand.

»Was bedeutet das?«

Seine Wangen waren feuerrot und er fuhr sich mehrmals durchs Haar, bevor er ihren Blick erwiderte und ihr antwortete.

»Ich brauche sie nicht mehr. Du sollst nur wissen, dass ich nicht vorhabe, irgendwohin zu gehen. Ich bleibe hier. Du musst dir wegen mir keine Sorgen mehr machen.«

Olivia starrte auf das Papier in ihren Händen.

»Danke, Nat«, wisperte sie und küsste ihn. »Das bedeutet mir unendlich viel.«

# Blackwater

Olivia fuhr am späten Nachmittag und kaum waren die Rücklichter hinter den Brombeerhecken verschwunden und das Motorengeräusch verstummt, ließ sich Nat erschöpft und fassungslos auf die Treppe vor seinem Haus fallen. Immer wieder schüttelte er den Kopf. Wer war er nun? Über siebzig Meilen später? Er dachte an die Nächte, in denen sie eng beieinander im Zelt gelegen waren, in einer heruntergekommenen Pension, in seinem Bett. Dann dachte er an das, was Olivia mit hoffnungsvoller Stimme gesagt hatte: Sie wollte herausfinden, was sie sein könnten. Vielleicht alles, dachte er. Vielleicht konnten sie alles sein.

In einem Anflug von überraschender Motivation holte er die *Gretsch* - seine lädierte Westerngitarre - aus der Abstellkammer, zog neue Saiten auf und stimmte sie. Früher hatte er immer davon geträumt, in die Fußstapfen Bob Dylans zu treten. Tatsächlich hatte er ein paar Gigs gespielt und damit sogar ein bisschen Geld verdient, aber es hatte nie ausgereicht, um seinen Job an den Nagel zu hängen. Am Ende war Musik nur die Träumerei eines Jungen, der dachte, besonders talentiert zu sein, weil es ihm gelungen war, mit seiner Mundharmonika die Hunde auf dem Schrottplatz zu hypnotisieren.

Während Nat vor seinem Haus saß und ein bisschen herumklimperte, stellte er sich vor, wie Olivia neben ihm am Lagerfeuer saß und wie sie ihn voller Bewunderung, aber vor allem mit grenzenloser Liebe anschmachtete.

Nächstes Wochenende, hatte sie gesagt. Nat spielte einen satten Akkord, dann versuchte er, eine Melodie zu zupfen, doch die Töne, die er der Gitarre entlockte, waren nicht gerade geschmeidig. Er griff ständig daneben, was selbst Yukon so sehr irritierte, dass er sich ins Haus verkroch.

Seine Gedanken zogen zurück ins Gebirge, in die Wälder, an kristallklare Seen und in ein kleines Zelt. Wahrscheinlich würde er noch eine Weile brauchen, um die ganzen Ereignisse zu verarbeiten. Olivia mit ihren ganzen Märchen, mit Essen aus Plastikbeuteln, verschwitzt und völlig erschöpft, bewusstlos im Wasser, nackt in seinen Armen. Wenn er nur daran dachte, verzogen sich seine Lippen zu einem Grinsen. Nat stand auf und lehnte die Gitarre an die Hauswand, dann ging er in die Küche, um seine Schwester anzurufen.

Sein Telefon blieb stumm. Olivia rief nicht an, schrieb nicht mal eine Mitteilung. Nat verbot sich, dafür Gründe zu erfinden und tat es trotzdem. Ein Sinneswandel war naheliegend. Vielleicht hatte sie bemerkt, dass alles zu schnell gegangen war? Vielleicht hatte sie festgestellt, dass sie nicht genug Energie hatte, um sich auf einen verlotterten Typen einzulassen, der verschiedene Arten der Selbsttötung aufgeschrieben hatte und diese Liste in seinem Nachttisch verwahrte.

Nachdem Nat den Rucksack ausgepackt und die Schmutzwäsche einfach ins Badezimmer geworfen hatte, legte er eine Platte auf. Dann ließ er sich mit einer Flasche Bier in den Sessel sinken und starrte die Tapete an, deren Muster schon bald vor seinen Augen verschwamm. Es wurde später und später. Olivia rief nicht an und er widerstand den Impuls, der Sache auf den Grund zu gehen. Er war zu müde und irgendwie auch zu stolz. Die Musik lullte ihn ein. Gerade war er eingedöst, als das Telefon in seiner Gesäßtasche vibrierte.

»Olivia?«, meldete er sich vielleicht ein wenig zu enthusiastisch. Er räusperte sich. »Hey.«

»Hey, ich bin hier, also, ich bin dran.«

Bei den Worten und dem vertrauten Klang ihrer Stimme lösten sich die Klumpen schlechter Gedanken sofort auf und flossen im Strom seines Blutes davon.

»Wie war die Fahrt? Geht es dir gut?«

»Ich bin wahnsinnig müde und habe Muskelkater und Blasen auf dem Fußrücken. Kannst du dir das vorstellen?

Auf dem Fußrücken«, sie lachte. »Aber davon ganz abgesehen, geht es mir sehr gut. Und dir?«

»Mir auch«, er räusperte sich und versuchte, seine Stimme nicht vorwürflich klingen zu lassen. «Wann bist du denn zuhause angekommen?«

»Abends. Ich bin dann aber sofort zu Jacob gegangen, um mit ihm zu sprechen, weil er mich auf der Fahrt tausendmal angerufen hat.«

Es genügte den Namen zu hören, um seine Muskeln kontrahieren zu lassen. Nat richtete sich auf.

»Was hat er gesagt? Hat er sich entschuldigt?«

»Mehr als einmal. Er hat sich total geschämt und konnte mir nicht mal ins Gesicht sehen. Es fällt ihm so schwer, zu akzeptieren, dass es vorbei ist.«

»Er kann es nicht verstehen und deswegen auch nicht akzeptieren.«

»Ich kann es auch nicht verstehen, aber ich denke, dass er sich daran gewöhnen wird«, sagte sie nach kurzem Zögern und seufzte inbrünstig auf. »Veränderungen sind manchmal schwer zu ertragen. Vor allem, wenn man sie nicht wollte und sie einfach passieren.«

Er dachte an seine eigenen Transformationen und sah plötzlich Eva vor sich. Sie stand in einem dottergelben Leinenkleid im Türrahmen und blickte ihn still an. Unter dem Stoff wölbte sich ihr Bauch hervor. Das Haar, das ihr über die Schultern fiel, war so hell, fast weiß. Früher hatte Nat ihre Gestalt oft heraufbeschworen, um sich an seine Schuld zu erinnern, doch in den letzten Monaten war Eva immer blasser geworden, war fast verschwunden.

»Es gab keine Rehe«, sagte er gedankenlos.

»Natürlich gab es Rehe. Es gab sogar Bären. Wir haben sie nur nicht gesehen.«

»Damals«, erklärte er mit heiserer Stimme. Er musste die Worte mühevoll aus seiner Kehle quetschen. »Es gab keine Rehe. Ich bin eingeschlafen und wollte nicht die Verantwortung dafür übernehmen. Deswegen habe ich Rehe erfunden.«

»Du hast Rehe erfunden?«

»Ich habe etwas erfunden, das man nicht kontrollieren kann. Etwas, woran ich keine Schuld haben konnte.«

»Ach Nat«, sagte sie leise.

»Ich habe die Polizei belogen, ihre Familie, unsere Freunde. Ich habe alle belogen und mich als Opfer dargestellt. Ich wollte der arme Nathaniel sein, der reflexartig ein paar Rehen ausgewichen ist.«

»Du bist eingeschlafen. Das ist der wahre Grund?«

»Ich war total übermüdet. Schon vor dem Unfall bin ich kurz eingenickt. Ich weiß noch, dass ich mir ständig auf die Lippe gebissen habe, damit der Schmerz mich wach hält. Es war nicht mehr weit. Ich dachte, ich würde es schaffen.«

»Und keiner kennt die Wahrheit?«

»Keiner.«

»Warum erzählst du mir davon?«

»Vielleicht, weil du –«

»Weil nichts zwischen uns stehen soll?«

»Ich will, dass du weißt, mit wem du es zu tun hast.«

»Das weiß ich schon sehr lange.«

Er bekam eine Gänsehaut und richtete den Blick auf das Fenster, vor dem sich dichte Hecken erhoben. Man konnte nur einen schmalen Streifen des Nachthimmels sehen. Mondbeschimmerte Wolken trieben darüber hinweg.

»Wann kommst du?«, fragte er.

And after these things I saw four angels standing on the four corners of the earth, holding the four winds of the earth, that the wind should not blow on the earth.

## Blackwater

Alles war für ihren Besuch vorbereitet. Er hatte geputzt, sogar das Badezimmer, und seine Plattensammlung alphabetisch sortiert. Bevor er ins Motel musste, um seine Nachtschicht anzutreten, war er noch kurz zu Susan gefahren, um ihren gesamten Laden leerzukaufen.

»Du scheinst eine sehr hungrige Freundin zu haben.«

Nat traute seinen Ohren kaum. Das waren die ersten Worte, die Susan seit langer Zeit mit ihm gesprochen hatte, aber viel mehr wunderte ihn, dass sie von Olivia wusste.

»Wie bitte?«, er legte die Kaugummipackung wieder zurück und nahm stattdessen einen Schokoriegel.

»Priscilla«, sie ließ das Telefon sinken. »Spricht sich schnell rum, wenn hier draußen ein neues Gesicht auftaucht. Hast du die Kleine im Motel kennengelernt?«

»Ja, so könnte man es ausdrücken.«

»Und woher kommt sie?«

»Von der Küste. Sie ist eine Mataka«, sagte er mit einem gewissen Stolz in der Stimme, dann zog er ein paar Dollarscheine aus der Hosentasche und legte sie auf den Tresen. Mit spitzen Fingern griff Susan danach.

»Eine Indianerin also. Interessant. Ich habe übrigens auch jemanden in Aussicht.«

»Toll, das freut mich für dich«, behauptete er, obwohl es ihm völlig egal war.

»Er hat sich schon zum dritten Mal ein Zimmer bei mir gemietet. Wir haben eine Runde auf seinem Motorrad gedreht und er macht mir Komplimente. Deswegen schätze ich, dass es etwas zu bedeuten hat.«

»Klingt gut. Ich drücke dir die Daumen.«

Nat hetzte gerade über den Parkplatz, als sein Telefon klingelte. Als er einen Blick darauf warf und sah, dass Olivia

anrief, beschleunigte er seine Schritte, riss die Tür zu seinem Büro auf und ließ sich auf den Stuhl plumpsen.
»Indianermädchen.«
»Hallo Bleichgesicht«, ihre Stimme besaß einen so angenehmen Klang, dass er das Telefon noch etwas fester an sein Ohr drückte. »Was machen die Trucker?«
»Es ist niemand hier, aber ich rechne noch mit ein paar Gästen diese Nacht. Wie war dein Tag?«
»Er hat gut angefangen, aber dann ist etwas passiert.«
»Jacob?«
»Nein«, sie räusperte sich. »Mein Vater hat mich angerufen, weil sein Cousin sich bei ihm gemeldet hat.«
»Ist das so außergewöhnlich?«
»Meine Großmutter ist gestorben.«
»Wie bitte?«, er schaltete den Bildschirm des Computers aus und stand auf. »Ich dachte, sie wäre schon lange tot?«
»Tja, das dachte ich auch, aber offensichtlich hat mein Vater das nur erzählt, um sie aus seinem Leben zu verbannen«, Olivia schnaubte auf. »Und jetzt ist sie tatsächlich gestorben.«
»Okay, das ist krass. Ich weiß nicht, was ich sagen soll? Das tut mir echt leid«, er kratzte sich am Kinn. »Also, dass er gelogen hat und natürlich auch, dass sie gestorben ist. Wie geht's dir damit? Bist du ihm böse?«
»Am Anfang war ich eher entsetzt. Ich dachte, ich höre nicht richtig. Aber weißt du, ich kannte sie ja nicht und nach allem, was Dad mir erzählt hat, ist das wahrscheinlich auch besser so.«
»Mhm. Und jetzt? Fährt er hin?«
»Ja, und er hat mich gefragt, ob ich ihn zur Beerdigung begleiten möchte. Wahrscheinlich braucht er seelischen Beistand«, sie lachte leise.
»Was ist mit deiner Mutter? Kommt sie nicht mit?«
»Sie bleibt zuhause bei Paula. Es kann jeden Moment soweit sein, dass sie ins Krankenhaus muss.«
»Ach, stimmt, deine Schwester ist ja schwanger«, er hielt kurz inne, bevor er weitersprach. »Das ist wahrscheinlich der Anlass, den du gebraucht hast. Jetzt lernst du endlich deine Wurzeln kennen.«

»Der Anlass ist etwas gewöhnungsbedürftig, muss ich sagen. Meine totgeglaubte Großmutter ist gestorben. Das ist irgendwie verrückt.«

»Klar, der Anlass ist nicht gerade schön, aber wer weiß, was daraus entsteht? Wann fahrt ihr denn los?«

»Morgen früh. Wir bleiben ein paar Tage und deswegen, naja – wir müssen unser Treffen leider verschieben.«

»Oh«, er verzog das Gesicht und versuchte, sich seine Enttäuschung nicht anmerken zu lassen. »Familie geht natürlich vor, äh, das verstehe ich.«

»Aber danach komme ich zu dir. Sobald wir wieder zuhause sind, sobald Wochenende ist.«

»Ich laufe nicht weg. Du musst jetzt deinen Stamm kennenlernen. Das ist wichtiger.«

»Nein, das ist nicht wichtiger, aber so eine Beerdigung lässt sich nicht verschieben.«

»Das wird bestimmt sehr emotional. Besonders für deinen Vater. Die alte Heimat und so.«

»Ich weiß nicht, ob er Heimatgefühle hat. Es wundert mich sowieso, dass er dabei sein möchte. Er hatte ja überhaupt keinen Kontakt mehr zu ihr. Zu niemandem von dort. Eigentlich war es so, als hätte es sie nie gegeben.«

»Trotzdem war sie seine Mutter.«

»Sie muss wirklich furchtbar gewesen sein, früher zumindest. Er hat immer von ihr gesprochen, als wäre sie ein richtiges Ungeheuer«, Olivia hielt inne. »Aber vielleicht möchte er jetzt seinen Frieden mit ihr machen? Um seinetwillen.«

»Frieden um seinetwillen?«

»Ja, weil er in seinem Leben viel erreicht hat, das vermutlich nicht möglich gewesen wäre, wenn sie ihn behalten hätte. Stell dir vor, er wäre im Reservat aufgewachsen und hätte meine Mutter nicht kennengelernt. Dann wäre ich nie geboren worden. Das wäre doch fürchterlich.«

»Das wäre grausam«, Nat lachte. »Wer würde sich dann Kreuzworträtsel ausdenken, bei jeder Gelegenheit irgendwelche Geschichten erzählen und verrückte Geräusche mit seiner Zahnlücke machen?«

»Eben.«

»Es ist höchste Zeit, dass du ins Reservat fährst. Für dich und auch für alle anderen Menschen. Dann kannst du zur Abwechslung mal Indianergeschichten erzählen, die du selbst erlebt hast.«

»Oh, und ich erzähle dir alles bis ins kleinste Detail.«

»Ich kann's kaum erwarten. Bist du gerade eigentlich noch bei deinen Eltern?«

»Klar, wo denn sonst?«, sie seufzte. »Ich wohne in meinem alten Kinderzimmer. Auf meiner Bettwäsche sind lauter kleine Engel und diese rot-weißen Zuckerstangen, die es immer an Weihnachten gibt. Hier hängt sogar noch eine Urkunde vom Buchstabierwettbewerb. Da habe ich den zweiten Platz gemacht, musst du wissen.«

Er schnalzte mit der Zunge und wollte gerade einen dämlichen Spruch ablassen, als Olivia plötzlich seinen Namen sagte.

»Hm?«

»Ich weiß ja, dass es nicht geht, aber es wäre wirklich schön, wenn du jetzt hier wärst.«

Er ließ sich wieder auf den Stuhl sinken und schloss die Augen, weil ihre Stimme auf diese Weise noch viel tiefer in ihn hineinkroch.

»Das nächste Mal könnte ich auch zu dir kommen, dann musst du nicht schon wieder so weit fahren. Wir treffen uns heimlich und –«

»Heimlich?«

»Dann musst du dich nicht für mich rechtfertigen.«

»Du bist doch kein Geheimnis«, sie holte tief Luft, um loszupoltern – er konnte es an ihrer Intonation hören – doch dann wurde es plötzlich ganz still am anderen Ende der Leitung. »Es ist nur zu früh. Die Trennung von Jacob ist noch so frisch. Ich glaube, jetzt ist kein guter Zeitpunkt, um dich meiner Familie vorzustellen.«

»Würdest du mich überhaupt vorstellen wollen? Also, ganz grundsätzlich?«

»Wie bitte?«, sie lachte hell auf. »Selbstverständlich. Wieso stellst du nur immer so eigenartige Fragen, Nat?«

»Da ist gerade viel in Bewegung. Es ist lange her, dass ich mit einer Frau auf diese Art, naja... mit jemandem zusammen sein – ich habe vergessen, wie das geht.«

»Nein, hast du nicht. Du machst das alles ganz wunderbar, finde ich«, sagte sie mit so viel Herzenswärme, dass seine Knie augenblicklich wachsweich wurden.

»Wenn du mir sagst, dass ich kommen soll, dann würde ich sofort ins Auto steigen und zu dir fahren.«

»Auch mitten in der Nacht? Sogar wenn es dunkel ist?«

»Mhm, wenn du darauf bestehst, würde ich es vielleicht hinbekommen.«

»Jetzt?«

»Oh, naja, also...«, er kratzte sich am Kinn. »Es kommen bestimmt noch ein paar Trucker vorbei. Ich kann nicht einfach verschwinden.«

»Das war auch nicht so ernst gemeint. Ich bin nur furchtbar müde und schlafe jeden Moment ein. Wenn du hier wärst, könnten wir zusammen sein, ohne zu reden.«

»Wir müssen nicht weitertelefonieren«, er lachte. »Wir legen jetzt auf und dann machst du die Augen zu.«

»Ich will aber nicht auflegen.«

Er konnte das Lächeln hören, das ihre Lippen verzog und ihre Stimme leichter klingen ließ.

»Was machen wir denn da?«

»Kannst du nicht einfach dran bleiben? Ich lege das Telefon neben mich und höre dir noch ein bisschen zu?«

»Wobei willst du mir denn zuhören? Ich sitze hier nur rum und halte Nachtwache.«

»Kann ich zuhören, wie du rumsitzt? Es würde sich ein wenig so anfühlen, als wärst du hier.«

Nat ließ die Dose, aus der er gerade hatte trinken wollen, wieder sinken.

»Bleibst du noch ein bisschen dran?«, fragte sie nochmal.

»Ich lege dich auf den Tisch, okay?«

»Auf den Tisch? Klingt gut«, sie seufzte. »Dann hoffe ich, dass du gut durch die Nacht kommst. Ich mache jetzt die Augen zu.«

»Schlaf gut«, flüsterte er und hätte sie gerne in den Arm genommen. Eine Weile lauschte er noch ihrem Atem, dem Rauschen und Rascheln, dann stellte er die Lautstärke seines Telefons auf Maximum und legte es vor sich auf den Tisch. Er schlug das Buch auf, das ein Gast auf dem Nachttisch zurückgelassen hatte. Nahezu alle seine Bücher hatte er von

Fremden. Da er während den Nachtschichten eh nicht viel zu tun hatte, las er die meiste Zeit - oder er machte Kreuzworträtsel. Es vergingen einige Minuten, in denen er fast lautlos umblätterte und versuchte, sich auf die Geschichte zu konzentrieren, doch immer wieder linste er zu seinem Telefon. Die Verbindung stand und der Gedanke, dass Olivia am anderen Ende der Leitung in ihrem Bett lag, machte ihn in diesem Moment ziemlich glücklich. Er hatte gerade wieder umgeblättert und die Beine auf der Tischplatte abgelegt, als er ihre Stimme hörte:

»Nat?«

»Bin noch hier.«

»Deine Liste liegt in meiner Nachttischschublade.«

»Hast du sie nochmal gelesen?«, er drückte sich das Telefon wieder ans Ohr.

»Nein, aber ich verwahre die dunklen Gedanken für dich. Du brauchst sie nicht mehr, oder?«

»Das stimmt«, sagte er mit rauer Stimme.

»Ich schlafe jetzt weiter.«

»Gute Nacht, Indianermädchen.«

»Aber nicht auflegen!«

## Mitaquah

Olivia dachte an die Tage am Fluss, an denen er seine Angel ins Wasser gehalten hatte. Im Mundwinkel eine schiefe Zigarette, mit einem Ohr bei den Nachrichten, die aus dem alten Kofferradio plärrten, mit dem anderen beim Strömen des Wassers. Währenddessen war sie mit Paula über die Wiesen gerannt. Im hohen Gras suchten sie nach Käfern, die sie sich über die Hände krabbeln ließen. Manchmal zerdrückten sie Pflanzen zu einer braunen Pampe und spielten Medizinfrauen. Manchmal lagen sie einfach nur auf dem Rücken und beobachteten die Wolken. Irgendwann ertönte die Stimme ihres Vaters, der nach ihnen rief. Irgendwann hörten sie ein lautes Klatschen - dann versteckten sie sich noch tiefer im Gras, weil sie wussten, was dieses Geräusch bedeutete. Er betäubte die Fische, indem er sie an der Flosse packte und hart auf einen Stein schlug. Danach stach er ihnen ins Herz.

Manchmal saßen sie neben ihrem Vater am Ufer, warfen Kieselsteine ins Wasser und wunderten sich darüber, wie sie einfach verschluckt wurden - selbst die großen - und wie man dem Wasser überhaupt nichts ansah. Keine Löcher, keine Risse. Es heilte in Sekundenschnelle. Ihr Vater hatte ihnen erklärt, dass alle Flüsse ins Meer fließen würden. Sie entsprangen weit entfernten Quellen und ließen sich nicht aufhalten, flossen mit ewiger Geduld, bis sie ihr Ziel erreichten.

Aber es gab auch andere Erinnerungen an ihren Vater. Er war ein zerrissener Mensch, nirgendwo zuhause, und ließ seine Töchter oft genug spüren, dass der schwarze Wolf wieder zugebissen hatte. Ihr Vater konnte sehr streng sein. Manchmal ließ er sie auf trockenen Erbsen knien. So lange, bis es sich anfühlte, als wäre ihnen die Haut abgezogen worden und die harten Kugeln würden in ihren Knochen stecken. Seine Mutter hatte ihn auf diese Weise gestraft und er wiederholte, was er von ihr gelernt hatte.

Schon immer hatte sie ihren Vater abgöttisch geliebt - egal, wie finster und hart er sein konnte. Die dunklen Seiten blendete sie einfach aus und war umso dankbarer für die Momente, in denen er sich liebevoll um sie kümmerte. Als sie schließlich im Krankenhaus lag und nicht wusste, ob sie weiterleben würde, saß er jeden Tag an ihrem Bett. Er sprach nicht viel, aber er hielt ihre Hand und versuchte ihr jeden Wunsch von den Lippen abzulesen. Sie wusste, dass ihn das schlechte Gewissen quälte. Es stand ihm deutlich ins Gesicht geschrieben. Irgendwann - sie hatte ihn gerade an das Gutenachtlied erinnert, das er ihr früher immer vorgesungen hatte - bat er sie um Verzeihung.

»Ich wollte immer ein guter Vater sein, aber ich wusste einfach nicht wie. Ich war manchmal so hilflos mit euch Kindern. Ich kann es nicht rückgängig machen, aber es tut mir leid, Olivia. Es tut mir wirklich sehr leid, dass ich so alt werden musste, um zu verstehen, dass es andere Wege gegeben hätte.«

Olivia bildete sich ein, Tränen zu erkennen, die seine Augen funkeln ließen. Vielleicht war es tatsächlich so, dass er aus Reue weinte, vielleicht waren es aber auch die Medikamente, die sie benebelten und ihre Wahrnehmung trübten. Aber das warme Gefühl seiner väterlichen Liebe - das war in diesem Moment ganz real.

Es war komisch, mit ihrem Vater ins Auto zu steigen, um gemeinsam fortzufahren. Olivia konnte sich nicht mehr daran erinnern, wann sie das letzte Mal etwas mit ihm alleine unternommen hatte. Wynono Saunders war kein Mann der großen Worte. Der Weg nach Mitaquah war weit, weswegen es jede Menge Zeit gab, die sie füllen mussten.

»Was ist deine letzte Erinnerung an sie?«, fragte sie, als Wynono gerade in nordöstliche Richtung auf die Interstate abgebogen war.

»Sie hat geweint, als ich gegangen bin.«

»Als man dich weggebracht hat?«

»Ja. Das war das einzige Mal, dass ich das Gefühl hatte, ihr etwas zu bedeuten.«

»Gab es davor nie ein liebes Wort? Keine Zuneigung?«

»Du kennst die Geschichte. Ich habe sie oft genug erzählt«, er warf ihr einen kurzen, aber eindringlichen Blick zu, der ihr sagte, dass er lieber schweigen wollte.

»Hast du sie denn nicht schrecklich vermisst? Du konntest doch kein anderes Leben. Sie war deine Mutter.«

»Ich habe nur das Meer vermisst. Ansonsten gab es nicht viel, das ich hätte vermissen können«, brummte er. »Hunger und Hiebe vielleicht. Das war's.«

»Aber warum fahren wir ausgerechnet jetzt dorthin? Sie könnten die Zeremonie auch ohne dich abhalten, oder?«

»Wir fahren nicht wegen der Zeremonie, sondern wegen Anoki. Ich möchte ihn sehen.«

»Ausgerechnet jetzt?«

»Ja, ausgerechnet jetzt.«

Olivia verstand, dass es sinnlos war, ihn weiter auszufragen. Offensichtlich gab es etwas, das nichts mit dem Tod seiner Mutter zu tun hatte, das ihren Vater zurück ins Reservat trieb.

»Ich freue mich«, erklärte sie. »Endlich kann ich Mitaquah mit eigenen Augen sehen.«

»Schön ist es nicht gerade.«

»Das macht nichts. Ich freue mich trotzdem. Darauf habe ich schon lange gewartet.«

»Du interessierst dich sehr für den Stamm, obwohl du ihn überhaupt nicht kennst.«

»Weil ich ihn überhaupt nicht kenne. Deswegen interessiere ich mich dafür«, Olivia seufzte auf. »Das ist der Ursprung. Ich will einfach wissen, wo ich herkomme.«

»Wo du herkommst? Du wurdest in Marblemount geboren und bist dort aufgewachsen. Deine Eltern sind Wynono und Margarete Saunders«, ein Lächeln huschte über sein Gesicht.

»Aber mein Blut, dein Blut, unsere Wurzeln. Ich will sehen, wo alles angefangen hat.«

»Du hast dich verändert. Das beobachte ich schon lange.«

»Du beobachtest das schon lange?«, echote sie und drehte sich überrascht zu ihm um.

»Ich sehe dich an und weiß, dass du es bist. Deine Stimme klingt so wie früher, aber was du sagst und wie du bist – das hat sich verändert.«

»Bin ich dir fremd geworden?«

»Natürlich nicht. Ich kenne dich seit deinem ersten Atemzug«, ihr Vater schüttelte lachend den Kopf. »Aber du lebst ein zweites Leben. Vielleicht ist es das, was dich verändert hat.«

»Vielleicht, ja.«

Mitaquah war ein kleiner Ort direkt am Meer, von dem aus man auf eine kleine vorgelagerte Insel blicken konnte, die wie grünes Moos im Wasser schwamm.

Viele der Häuser waren alt und baufällig. Manche Dächer waren beschädigt und nur notdürftig mit blauen Plastikplanen geflickt worden. Immer wieder standen Autowracks auf den Grundstücken, weil das Geld fehlte, um sie reparieren zu lassen. Die Armut in den Reservaten war kein Mythos – sie war deutlich zu sehen.

Hinter der Ortschaft erhob sich ein dichter Wald mit verschlungenen Pfaden, weshalb es auch immer wieder Touristen hierher zog. Natürlich konnte man keineswegs von florierendem Fremdenverkehr sprechen, allerdings gab es mehr Pensionen und Restaurants, als man dem kleinen Ort zugetraut hätte. Es gab auch einige Geschäfte, Schulen, drei Kirchen und sogar ein Museum. Man konnte viele Dinge über Mitaquah sagen, aber ein verschlafenes Nest war es nicht. Im Hafen waren unzählige kleine und größere Schiffe vertäut. Viele der Einwohner lebten von der Fischerei. Schon seit jeher waren sie mit ihren Kanus hinaus aufs Meer gefahren – vor allem, um Grauwale oder Robben zu jagen. Das hatte sich inzwischen natürlich geändert. Die Meere waren durch eine mächtige Industrie überfischt und die Anzahl der Wale dezimiert worden. Schließlich wurde auch den Mataka verboten, ihrer Tradition zu folgen.

Es war eisig kalt, als sie an diesem Nachmittag aus dem Auto stiegen. Der Atem stieg als Rauch aus ihren Mündern und Olivia war froh, ihren dicken Mantel angezogen zu haben. Auch Wynono sah mit seiner Wollmütze eher aus, als würde er zu einer Expedition in die Antarktis aufbrechen, anstatt zu einer Beerdigung zu gehen.

Das Gemeindezentrum war ein Kasten aus Beton, der schnell und günstig errichtet worden war. Vor dem Eingang standen ein paar Menschen im Windschatten einer hölzernen Skulptur, die ihrer Form nach wohl einen Wal darstellen sollte. Wynono verlangsame seine Schritte.

»Sind sie das?«

»Ja, ich denke, das sind sie. Und Anoki ist verdammt alt geworden, wirklich verdammt alt.«

Erst jetzt entdeckte Olivia das Ebenbild ihres Vaters. Er trug einen schwarzen Anzug und hatte sich gegen die Kälte einen Schal mit dunklen Mustern über die Schultern gelegt. Sein Haar war nachtschwarz. Er trat vor, als sie nur noch wenige Schritte voneinander entfernt waren, dann nahm er Wynono in die Arme. Schulterklopfen.

»Anoki«, sagte ihr Vater, nachdem er sich aus der Umarmung gelöst hatte. »Du bist ein alter Mann.«

»Du bist auch nicht mehr taufrisch«, antwortete sein Cousin und wendete sich dann Olivia zu. »Das ist also deine Tochter. Man kann es nicht leugnen. Willkommen bei uns.«

Anoki war mit seiner Familie gekommen. Das Haar seiner Frau Diana war ergraut, doch ihr Gesicht wirkte jung, sodass es kaum möglich war, ihr Alter einzuschätzen. Freundliche Augen blinzelten beinahe ins Groteske vergrößert durch dicke Brillengläser. Anstatt Olivia die Hand zu geben, breitete sie die Arme aus.

»Wir wussten nichts von dir«, sagte sie. »Aber es ist sehr gut, dass wir es jetzt wissen. Wir freuen uns, euch endlich kennenzulernen.«

»Und das sind unsere drei«, stellte Anoki seine Kinder vor. »Mein Ältester hat gerade seine Dienstmarke bekommen.«

Alan war frisch gebackener Reservatspolizist mit festem Händedruck und einem verhuschten Lächeln. Die goldene Dienstmarke prangte auf seiner dunkelblauen Jacke. Neben ihm stand sein Bruder Matto und seine Schwester Yepa, die ungefähr so alt war wie Olivia. Sie trug einen kleinen Jungen auf dem Arm. Aus großen Augen schaute er Olivia an, dann verbarg er sein Gesicht an der Schulter seiner Mutter.

»Sei nicht so schüchtern, Henry. Das ist doch Olivia, deine, naja, was ist sie eigentlich? Deine Tante.«

Überrascht hob Olivia die Augenbrauen, dann lachte sie und streichelte sanft über den Rücken des Jungen.

»Wir lernen uns hoffentlich noch besser kennen, dann bin ich dir vielleicht nicht mehr so fremd.«

Die Aufregung verwandelte sich in ein warmes Gefühl, das beruhigend durch ihren Körper strömte, als Olivia in die Gesichter blickte und sich selbst darin wiedererkannte.

»Dan hat geschrieben. Es könnte jetzt losgehen«, sagte Alan mit einem kurzen Blick auf sein Telefon »Das Grab ist ausgehoben. Machen wir uns auf den Weg?«

»Bist du bereit, Wynono?«, fragte Anoki.

»Ich habe schon lange auf diesen Moment gewartet.«

Irritiert blickte sie ihren Vater an, doch er hatte sich bereits in Bewegung gesetzt und schritt an Anokis Seite zur Straße.

Auf einer hölzernen Bahre lag ein Körper in bunte Pendleton-Decken gehüllt. Bündel mit Blumen, Gräsern und Federn rahmten ihn ein. Eine Frau mit grauem Haar, das sie im Nacken als Dutt trug, trat vor. Sie hielt einen Fächer aus Federn in der Hand, deren Stiele mit einem schwarzen Band umwickelt worden waren. In alle vier Himmelsrichtungen hielt sie die Federn und sprach sanfte Worte. Sie grüßte Mutter Erde und Vater Himmel, dann betete sie mit ausgebreiteten Armen und geschlossenen Augen. All das in einer Sprache, die Olivia nicht verstand. Die beiden Männer mit den Trommeln fingen an, einen Rhythmus zu schlagen. Gesänge erhoben sich. Alle sangen, nur Olivia und ihr Vater blieben stumm.

Es war nicht die Trauer um eine Frau, die sie nie kennengelernt hatte, die ihr Tränen in die Augen trieb. Der Rhythmus und die Stimmen ergriffen sie, weil dadurch eine tiefe Verbundenheit zum Ausdruck kam. Zu allem. Worüber hatte sie mit Nat gesprochen? Alles würde irgendwann miteinander verschmelzen - es war das erhebendste Gefühl, das sie sich vorstellen konnte.

Schließlich gingen zwei junge Frauen mit hölzernen Schalen von Gast zu Gast. Zuerst wurde weißes Pulver auf die Köpfe gestreut, danach Hände und Gesicht mit einer Flüssigkeit eingerieben.

»Gemahlene Muscheln und Meerwasser zur Reinigung für die Zeremonie«, flüsterte Yepa.

Auch der Körper der Toten wurde mit dem Pulver bestreut und mit dem Wasser besprenkelt, bevor fest verschnürte Bündel darauf gelegt wurden. Wieder wurden die vier Himmelsrichtungen, Mutter Erde und Vater Himmel um ihren Segen gebeten.

»Was ist das?«

»Proviant für die Reise«, wisperte Yepa ihr zu und drückte ihren kleinen Sohn an sich, der angefangen hatte, Stöcke aufzusammeln und zu zerbrechen.

Nun trat ein Gast nach dem anderen vor, griff in einen Eimer, der neben der Toten stand, und legte etwas Weißes zu ihren Füßen. Als Olivia an der Reihe war, erkannte sie, dass es schneckenförmige Muscheln waren - ebenfalls für die weite Reise in die andere Welt.

Anoki verschaffte sich Gehör, indem er in die Hände klatschte. Seine Stimme war tief und ruhig, als er von der Toten erzählte. Er sprach von ihrem beschwerlichen Start ins Leben, von der Umerziehung in der Boarding School, in der man versucht hatte, den Kindern die Kultur auszutreiben und stattdessen eine neue einzupflanzen. Er erzählte von Armut, Schicksalsschlägen und davon, dass sie im Alter ganz still geworden war.

»Der Tod bringt etwas Neues hervor, bringt Tote in die andere Welt und verlorene Söhne wieder nachhause«, Anoki blickte zu Wynono und grinste ihn an, doch ihr Vater zuckte nicht mal mit der Wimper. Er war wie gefrorenes Wasser.

Neben dem Erdhaufen stand eine große Kiste, in der sich die Habseligkeiten der Verstorbenen befanden. Zuerst hatte Olivia geglaubt, sie würden mit ihr begraben werden, aber als die Gebete gesprochen waren, wurden alle Trauergäste dazu aufgefordert, sich etwas davon zu nehmen. Wynono weigerte sich. Er wollte nichts haben, wollte noch nicht mal einen Blick in die Kiste werfen. Mit verbissener Miene starrte er über den Leichnam hinweg in die Ferne, die Arme vor der Brust verschränkt. Er wirkte teilnahmslos, aber Olivia kannte ihn gut genug, um in seinen Augen zu lesen. Er versuchte, sich zu beherrschen. Als Olivia zuletzt an die Kiste herantrat, lag darin nur noch ein silberner Bilderrahmen. Das Glas war zersprungen und verschmutzt. Nachdem sie ihn aufgehoben und mit dem Ärmel vorsichtig über das Glas gewischt hatte, erkannte sie einen kleinen Jungen. Es sah aus, als hätte jemand sein schwarzes Haar mit einem stumpfen Messer irgendwie abgeschnitten. Der dürre Körper steckte in einem Pullover, die Beine waren nackt. Er riss die Mundwinkel zurück, sodass es aussah, als würde er lächeln. Er hatte eine ulkige Zahnlücke - Olivia drehte sich zu ihrem Vater um. Als sie wieder neben ihn trat, gab sie ihm den Bilderrahmen. Er warf nur einen kurzen Blick darauf, dann drückte er ihn an sich und starrte wieder auf die Grabstelle. Holz wurde aufgeschichtet, dann wendeten sich alle Anoki zu. Mit einer Schale schritt er begleitet von leisem Trommeln um die Tote herum, dann trat er vor Wynono.

»Zum Zeichen deiner Trauer und zum Schutz, damit du nicht versehentlich auf der anderen Seite landest«, sagte er mit einem Augenzwinkern, tauchte zwei Finger in eine schwarze Paste und fing an, sie sorgfältig auf Wynonos Gesicht zu verteilen. Ihr Vater ließ die Prozedur mit verbissener Miene über sich ergehen, bis sein Gesicht pechschwarz war.

»Und in vier Tagen wäschst du die Farbe ab. Genau so wie den Schmerz, den du in dir trägst.«

# Blackwater

Ihre Stimme war so leise, dass er kurz einen Blick auf sein Telefon warf, weil er sich nicht sicher war, ob die Lautstärke richtig eingestellt war. Nat saß auf dem Bordstein unter der Leuchtreklame des Motels und starrte roten Rücklichtern nach, bis sie in der Nacht verschwanden.

»Ich kann es nicht beschreiben. Es war irgendwie magisch. Dieser Rhythmus ging mir durch Mark und Bein. Die Trommeln und Gesänge, das Gebet unter freiem Himmel – es war einfach wunderschön. Sie begraben ihre Toten am Waldrand. Von dort aus sieht man sogar das Meer.«

»Das klingt nach einem sehr schönen Ort.«

»Aber bald wird sie nicht mehr dort sein. Sie haben an ihrem Grab ein Feuer gemacht, damit ihre Seele den Weg findet. Sie sagen, die letzte Reise würde vier Tage dauern und so lange brennt auch das Feuer. Ich kann es sehen, wenn ich aus dem Fenster schaue. Dad passt darauf auf, damit es nicht ausgeht.«

Ihm liefen kalte Schauer den Rücken hinab, als er das Beben ihrer Stimme vernahm.

»Und die letzte Reise dauert vier Tage?«

»Ja, dabei musste ich an dich denken. Es ist, als wäre die Vier eine magische Zahl. Plötzlich taucht sie überall auf«, sie seufzte. »Aber nicht nur deswegen. Ich denke sowieso sehr oft an dich.«

»Ich denke ständig an dich.«

»Nur noch ein paar Tage, vielleicht eine Woche, dann bin ich da und wir haben ganz viel Zeit. Hältst du es so lange noch aus?«

»Was würdest du denn tun, wenn ich es nicht aushalten könnte?«, er lachte. »Nein, nein. Ich kann warten. Du musst dich jetzt um Familienangelegenheiten kümmern. Was steht morgen an? Gibt es einen Plan?«

»Meine Cousine hat mich zum Essen eingeladen. Davor wollte ich durch den Ort spazieren. Zum alten Haus meiner Großmutter und zu dem Platz, auf dem der Wohnwagen stand, in dem mein Vater als Kind gewohnt hat.«

»Kommt dein Vater nicht mit?«, Nat sammelte einen Kieselstein auf und schmiss ihn gegen das Straßenschild auf der gegenüberliegenden Straßenseite.

»Er hält Wache.«

»Er sitzt die ganze Zeit an ihrem Grab? Tag und Nacht?«

»Niemand soll alleine gehen müssen. Außerdem hat er ihr wahrscheinlich noch viel zu sagen. Da war immer dieser Groll in ihm, diese Wut. Ich denke, das muss er loswerden.«

»Es ist schwer, sich mit jemandem zu versöhnen, der nicht mehr da ist«, Nat rollte einen Kieselstein zwischen Daumen und Zeigefinger hin und her.

»Ich denke, es geht vor allem darum, sich mit seiner eigenen Vergangenheit zu versöhnen, damit man nicht für den Rest seines Lebens darunter leidet, oder?«

»Vermutlich, ja, aber wie du weißt, bin ich kein Experte in solchen Dingen«, er lachte verhalten, dann stand er auf und öffnete die Tür zum Büro. Stickige Luft schlug ihm entgegen, die Heizung brummte. Er schob den Keil unter die Tür, damit sie einen Spaltbreit offen stehenblieb.

»Weißt du, wir finden ganz sicher unseren Weg. Du und ich«, sagte sie mit weicher Stimme.

»Eigentlich habe ich schon einen Weg gefunden. Ich könnte ihn dir zeigen, wenn du willst?«

»Bist du etwa ein Kompass?«, sie kicherte.

»Ne, ich bin ein Weg.«

»Hat das nicht auch Jesus gesagt?«

»Ich versuche dir gerade nur zu sagen, dass ich...ach, vergiss es«, er tippte gedankenlos auf den blinkenden Tasten des Spielautomaten herum.

»Entschuldige«, sie holte tief Luft. »Ich würde diesen Weg wahnsinnig gerne besser kennenlernen. Er klingt nämlich sehr sympathisch, obwohl er am Anfang eher einen holprigen Eindruck gemacht hat.«

Ihr Lachen war perlend und so frisch, als wäre sie gerade erst aufgewacht.

## Mitaquah

Mit gemischten Gefühlen schritt sie am Abend die Hauptstraße entlang. Hunde kläfften aus den Vorgärten und Kinder düsten auf kleinen Fahrrädern an ihr vorbei – überall wuselten Menschen umher. Manche beobachteten sie verstohlen, manche grüßten sie freundlich. Wahrscheinlich wusste jeder im Ort, dass sie die Tochter des Heimgekehrten war. Die Enkelin der Toten.

Olivia hielt die ganze Zeit ihr Telefon in der Hand, weil sie die Totempfähle fotografieren wollte. Es waren kunstvolle Schnitzereien mit bunten Farben, die sich vor den Häusern in den Himmel streckten. Das Holz war meist schon verwittert und die Farben verblasst, doch man konnte noch deutlich erkennen, welche Tiere dargestellt werden sollten – Raben, Bären, Wölfe, Adler, manchmal auch menschliche Gesichter.

Mit den Totempfählen sollten die Mitglieder der Familie repräsentiert oder irgendwelche Geschichten erzählt werden. Olivia fragte sich, ob auch ihre Familie einen solchen Pfahl besaß und ob es dort vielleicht sogar eine Erinnerung an ihren Vater gab, doch sie verwarf den Gedanken. Ihr Vater war so viele Jahre verschwunden gewesen. Wieso sollte es jemandem wichtig sein, dass er seinen Platz auf einem Totempfahl erhielt?

Yepa lebte mit ihrer Familie in einem Haus, das direkt an der Hauptstraße stand. Zwei Autos parkten davor – kein Totempfahl. Im Vorgarten lagen ein paar Spielsachen und der Müll quoll über. Olivia war schon die ganze Zeit nervös gewesen, doch jetzt potenzierte sich ihre Aufregung. Das

Herz schlug ihr bis zum Hals, als sie den Finger auf den Klingelknopf legte.

Es dauerte nur wenige Sekunden, da wurde die Tür aufgerissen und Yepa stand mit Henry auf dem Arm vor ihr.

»Olivia«, strahlte sie. »Hereinspaziert. Alle sind da.«

»Alle sind da?«

Olivia konnte nichts gegen das Zittern in ihrer Stimme tun, doch noch bevor sie sich deswegen Gedanken machen konnte, wurde sie in einen schmalen Flur gezogen. Es roch nach Essen. Der Fernseher, der gerade noch gelaufen war, verstummte. Yepa plapperte munter auf sie ein und schob sie vor sich her, bis Olivia schließlich im Wohnzimmer stand. Vier bekannte Gesichter lächelten ihr entgegen. Offensichtlich war die ganze Familie versammelt.

»War gerade bei Wynono und habe ihn versorgt, damit er nicht vom Fleisch fällt«, erklärte Anoki, nachdem er sie in den Arm genommen hatte. »Man sollte nicht glauben, wie anstrengend es ist, einfach nur dazusitzen und Wache zu halten.«

»Der Geist kommt nie zur Ruhe«, pflichtete Diana ihm bei. »Das ist natürlich kräftezehrend, aber ich bin mir ganz sicher, dass es ihm danach besser geht.«

»Wird immer vier Tage neben dem Grab gewacht, wenn jemand gestorben ist?«

»Kommt ganz darauf an, ob es jemanden gibt, dem es wichtig ist. Manchmal bleibt nur das Feuer.«

Yepa hatte sich nicht lumpen lassen und gekocht, als müssten sie sämtliche Festtage der vergangenen Jahre nachholen. Auf dem Tisch standen große Porzellanschalen mit Ozette-Kartoffeln, einem Karottengemüse und dicken Lachsfilets. Obwohl sie erst gestern noch ein Familienmitglied verabschiedet hatten, waren alle ausgesprochen gut gelaunt.

Olivia hatte schon bald das Gefühl, einfach dazuzugehören. Es war ein ganz normales Familienessen. So wie immer. Es gab kein stocksteifes Frage-und-Antwort-Spiel, in dem Olivia sich erst mal beweisen musste, keine aufgesetzte Freundlichkeit, keine falsche Zurückhaltung.

Als Yepa gerade Henry durch den Flur hinterher jagte, weil er sich weigerte, am Tisch sitzenzubleiben, fragte Olivia schließlich nach ihrer Großmutter.

»Ich weiß nicht viel von ihr. Fast nichts.«

»Es sind keine ruhmreichen Geschichten, die man über sie erzählen könnte«, Anoki seufzte. »Aber ich schätze, du willst sie trotzdem hören.«

Und so erzählte er aus dem Leben einer Frau, die von einem Unheil ins nächste geschlittert war. Unglückliche Beziehungen, Gewalt, Armut, Drogen. Sie fand keinen Platz in der Welt und deswegen gab es in ihrem Leben auch keinen Platz für ein Kind.

»Die Drogen haben ihren Geist besetzt und ihn kaputt gemacht«, knurrte Anoki. »Wenn es nicht Marihuana war, dann war es Alkohol und Gott weiß, mit was sie sich noch betäubt hat. Ich denke, es war ein Glück, dass sie Wynono weggebracht haben – wer weiß, was sonst aus ihm geworden wäre.«

Auch Anoki stammte eher aus ärmlichen Verhältnissen und hatte sich aus eigener Kraft emporgekämpft. Er war sogar studieren gegangen. Nun arbeitete er seit vielen Jahren als Lehrer in der Elementary School des Ortes, in der auch Diana als Direktorin arbeitete.

Schließlich fing Olivia an, von ihrer eigenen Familie zu erzählen. Von ihrer Mutter, Marblemount, der schwangeren Paula, Kreuzworträtseln und Todesanzeigen. Sie erzählte so viel, dass ihr Mund irgendwann ganz trocken wurde und sie eine Pause einlegen musste.

»Es ist wirklich total schade, dass wir uns nicht früher kennengelernt haben«, sagte sie und trank einen Schluck Wasser.

»Das stimmt, aber ich kann nachvollziehen, dass er keinen Kontakt zu seiner Mutter haben wollte. Nach allem, was damals passiert ist«, brummte Anoki. »An seiner Stelle wäre ich vielleicht auch auf Nimmerwiedersehen verschwunden.«

»Kann schon sein, aber es gab ja nicht nur seine Mutter. Ihr seid doch auch seine Familie?«

»Er wird seine Gründe gehabt haben. Jetzt ist er hier. Darauf kommt es an«, Anoki lächelte. »Wer weiß, vielleicht bekommen wir euch nun öfter zu Gesicht?«

»Das wäre schön«, Olivia richtet sich auf. »Ich habe schon so viel über die Mataka gelesen und trotzdem habe ich das Gefühl, überhaupt nichts zu wissen.«

«Du musst uns erleben«, erwiderte Yepa. »Hier sagt man, dass man das Herz der Menschen nur erkennt, wenn man ihren Liedern und Geschichten zuhört und sieht, wie sie tanzen.«

»Du könntest zum nächsten Powwow kommen. Das ist immer ziemlich spektakulär«, schlug Matto vor, während er damit beschäftigt war, den verdrehten Arm eines Spielzeugroboters zu reparieren.

»Ich tanze auch immer mit«, sagte Yepa. »Beim *Gathering Of Nations* habe ich vor drei Jahren sogar den ersten Platz gemacht.«

Es war spät in der Nacht, als Olivia sich schließlich auf den Heimweg machte. Alan hatte zwar angeboten, sie mit dem Polizeiwagen nachhause zu bringen, weil es furchtbar kalt war, aber sie wollte mit Nat telefonieren, weswegen ihr ein kleiner Spaziergang ganz gelegen kam.

»Hey Indianermädchen«, meldete sich eine beschwingte Stimme. Nat saß wahrscheinlich im Motel und zählte die Minuten, bis er endlich nachhause gehen konnte. »Wie war's bei deiner Familie?«

»Das war einer der schönsten Abende meines Lebens, glaube ich«, sagte sie schwärmerisch und klemmte sich das Telefon zwischen Kopf und Schulter, um ihre Handschuhe aus der Manteltasche zu zerren. »Wir haben uns richtig gut unterhalten, deswegen rufe ich auch erst so spät an. Wenn Yepa uns nicht irgendwann rausgeschmissen hätte, würden wir wahrscheinlich immer noch dort sitzen.«

»Du klingst richtig glücklich. Deine Stimme vibriert so.«

»Ehrlich?«, sie lachte und legte kurz den Zeigefinger auf ihre Kehle, bevor sie in ihre Handschuhe schlüpfte. «Sie haben mir einfach das Gefühl gegeben, dazuzugehören. Als wäre es völlig selbstverständlich, dass ich mit ihnen am Tisch sitze.«

Olivia redete wie ein Wasserfall und konnte auch nicht damit aufhören, als sie schon längst bei der Pension angekommen war. Eigentlich tat Nat ihr schon fast leid, weil sie ihn derart überhäufte, aber er machte nicht den Anschein, genervt zu sein. Im Gegenteil – er wollte alles ganz genau wissen.

»Fühlt es sich nach einem Zuhause an?«, fragte er schließlich. In ihr tobten gerade so viele Gefühle, dass sie kaum Worte fand, um sie auszudrücken.

»Nicht so ganz«, sie grinste und kramte den Schlüssel aus ihrer Tasche. »Zuhause sind doch immer Menschen.«

»Könnte ich ein Zuhause sein?«

»Du bist Bleichgesicht, Kompass, Weg, Zuhause. Bei der großen Auswahl weiß ich ja gar nicht, wofür ich mich entscheiden soll.«

»Was würdest du sagen, wenn du alles haben könntest?«

»Das wäre zu schön, um wahr zu sein.«

In ihrem Unterbewusstsein befanden sich Fragmente, die nicht ihr allein gehörten. Sobald sie träumte, war es, als würde ihr jemand ein Geheimnis anvertrauen. So sehr sie sich auch anstrengte – Olivia wusste nicht, woher diese Spuren kamen und wie sie daraus lesen sollte. Deswegen versuchte sie irgendwann, die Ungewissheit anzunehmen. So wie damals, als es ungewiss war, ob es jemals ein Herz für sie gäbe. Und trotzdem übten die Träume eine so große Faszination auf sie aus, dass sie sich danach zurücksehnte, sobald ihr Kopf abends das Kissen berührte. Es waren Märchen, die ihr Geist erzählte. Eine schwere Hand auf ihrer Stirn, eine träge Stimme, ein dunkler Schatten, der an ihrem Bettrand saß, um sie in den Schlaf zu begleiten.

In letzter Zeit waren die Nächte schwarz geblieben, doch heute träumte sie wieder. Sie saß neben ihrem Vater auf der Wiese. Er hatte sich eine Decke um die Schultern gelegt und starrte in die Flammen, die vor ihm in den Himmel loderten. Er war sternenübersät – so dicht, das man darin Muster und

Formen sah. Eine Weile blickte sie hinauf. Aus der Ferne hörte man das Meer und schon bald versank sie im Rhythmus der Wellen und im Anblick der Sterne. Als sie den Ruf einer Eule vernahm, wendete sie sich um. Hinter dem Feuer erkannte man die schwarzen Umrisse des Waldes. Der Wind wiegte die Wipfel, sodass es aussah, als läge dort ein keuchendes Tier. Auf einmal sah sie eine Gestalt, die sich langsam aus den Flammen löste. Noch ehe sie begriff, was gerade geschah, wurde der Körper zu Rauch und verflüchtigte sich. Sie wollte etwas sagen, deutete zum Feuer und blickte ihren Vater an. Als ihm ein erlöstes Seufzen über die Lippen kroch, wachte sie auf.

Olivia blieb paralysiert liegen und starrte in den Lampenschirm, der über ihr von der Decke baumelte, bis das Telefon auf ihrem Nachttisch vibrierte.

Das Feuer brannte vier Tage lang und vier Tage saß Wynono daneben, um darüber zu wachen. Manchmal saß Olivia bei ihm, manchmal Anoki. Sie brachten ihm Essen, füllten seine Thermoskanne mit Tee und lösten ihn für kurze Zeit ab, damit er sich ein wenig regenerieren konnte - aber die meiste Zeit saß er alleine dort und blickte schweigend in die Flammen.
Irgendwann legte er kein Holz mehr nach. Das Feuer wurde kleiner, bis irgendwann nur noch die Glut davon übrig war. Menschen aus dem Ort kamen, um gemeinsam das Grab zuzuschaufeln. Wynono wusch die Farbe von seinem Gesicht, dann ging er, ohne ein Wort zu sagen oder sich noch einmal umzudrehen.

# Blackwater

Sorgfältig schnitt er den Rand der Pizza ab, dann pflückte er die vor Fett triefenden Salamischeiben ab und schob sie sich in den Mund. Es war die fünfte Nachtschicht in Folge und Nat war ziemlich erschöpft, weil er sich noch nicht wieder an diesen Rhythmus gewöhnt hatte. Gerade hatte er seinen Kontrollgang hinter sich gebracht. Fast alle Zimmer waren belegt. Viele Trucker, eine Familie aus Frankreich und zwei ältere Paare, die zum Wandern in die Berge fahren wollten. In den Zimmern brannte kein Licht mehr. Es war tief in der Nacht.

Nat schaltete den Fernseher an, zog seine Schuhe aus und kaute abwesend auf einem Stück Pizza herum. Morgen wollte er weiter an dem Song schreiben, mit dem er heute Nachmittag angefangen hatte. Es war eine Mischung aus C-Dur, A-Moll und F-Dur. Die Melodie war plötzlich da. Sie schwirrte einfach durch seinen Kopf – erst noch leise, dann immer lauter und vehementer. Es war schon sehr lange nicht mehr vorgekommen, dass er den Drang verspürt hatte, etwas Neues zu erschaffen. Manchmal kam es ihm vor, als wäre die Quelle, aus der er früher ein Lied nach dem anderen geschöpft hatte, einfach versiegt. Aber jetzt war da diese Melodie – sie war nicht leicht, nicht beschwingt, aber sie versprach Hoffnung. Gerade stellte er sich vor, wie sie sich auf einem Piano anhören würde, als ein Geräusch aus dem Vorraum zu ihm drang. Nat stellte den Fernseher leiser und lauschte. Der Spielautomat klimperte vor sich hin und er schüttelte den Kopf, dann lehnte er sich wieder zurück und konzentrierte sich auf die langen Käsefäden, die von der Pizza hinabbaumelten.

Plötzlich bimmelte es. Das war nicht der Spielautomat, sondern die Glocke, die auf dem Tresen stand. Entweder war das ein Neuankömmling oder einer seiner Gäste, der

sich darüber beschweren wollte, dass kein warmes Wasser aus der Leitung kam – wie immer.
»Ja«, rief er gedehnt. »Moment noch. Bin gleich da.«
Nat wischte sich den Mund an seinem Pullover ab, schlüpfte wieder in seine Schuhe und schnappte sich den Schlüsselbund. Während er zum Empfang trottete bewegte er seine Finger, als würde er auf einem unsichtbaren Klavier spielen.
»Ist hier noch ein Zimmer frei?«
Sie lehnte auf dem Tresen und hatte sich eine dunkle Haarsträhne um den Finger gewickelt. Ihre Augen funkelten und hinter ihr blinkte der Spielautomat in bunten Farben. Nat öffnete den Mund, doch kein Ton drang über seine Lippen.
Gestern war sie noch in Mitaquah gewesen. Erst vorhin hatten sie noch miteinander telefoniert. Sie hatte gesagt, sie wollte am nächsten Wochenende kommen. Wann war das? Nicht jetzt. Wie ging das?
Ungläubig starrte er sie an und schüttelte den Kopf.
»Oh wow, krass, was machst du denn hier?«
Langsam trat sie um den Tresen herum und lächelte ihn an. Eigentlich hatte Olivia immer Jeans mit lockeren Shirts getragen, wenn er sie gesehen hatte, aber jetzt stand sie in einem schwarzen Kleid vor ihm, über dem sie eine lederne Weste trug, die am Saum mit bunten Perlen bestickt worden war. Goldene Armreifen blitzten auf, als sie sich bewegte. Sie war sogar ein wenig geschminkt.
»Ich habe vorhin die Liste wiedergefunden und gelesen. Da musste ich einfach kommen.«
»Deine...ich dachte, du wärst bei deiner, du weißt schon, Familie und du müsstest arbeiten?« Nat wusste nicht, warum er stotterte. Ihm war urplötzlich so heiß, dass Schweiß aus seinen Poren trat.
»Ich fahre morgen zurück, aber ich wollte jetzt bei dir sein. Nicht nur telefonieren.«
Olivia ließ sein Herz in unbekannten Tönen schlagen. Er legte beide Hände auf ihre Wangen und küsste sie innig. Sie fühlte sich so kühl an, als wäre sie lange draußen gewesen und trotzdem waren ihre Lippen glühend. Zärtlich ließ er

seine Hände über ihre Schultern hinab zu ihrer Taille wandern.

»Du bist wegen der Liste gekommen?«

»Nein, wegen dir«, sie lachte und drückte ihre Lippen wieder auf seine. »Okay, auch ein bisschen wegen der Liste. Dieser letzte Punkt...«

»Oh, ich verstehe. Du meinst, diesen neuen Punkt?«, er grinste sie an.

»Nat«, sie betrachtete ihn mit einem warmen Lächeln. »Können wir zu dir nachhause fahren?«

»Das würde ich sofort machen, aber ich muss noch ein paar Stunden arbeiten, fürchte ich.«

»Okay«, sie schmiegte sich an ihn. »Dann bleiben wir eben hier und halten zusammen Nachtwache.«

»Indianermädchen«, er küsste ihren Hals, während sie ihre kühlen Hände unter sein Hemd geschoben hatte, um ihn zu streicheln. Olivia seufzte leise, was nicht gerade hilfreich dabei war, sich zurückzuhalten. Er war völlig elektrisiert.

Entschlossen zog er sie mit sich ins Büro und warf die Tür hinter ihnen ins Schloss, dann drängte er sich an sie und zog mit einem Ruck den Reißverschluss ihres Kleides auf. Überrascht blickte sie ihn an, dann kicherte sie, nur um kurz darauf erschrocken herumzuwirbeln, als die Glocke aus dem Vorraum ertönte.

»Verflucht!«, Nat fuhr sich durchs Haar. »Warte hier. Ich muss kurz meinen Job machen.«

Olivia saß rittlings auf seinem Schoß und knabberte an einem Stück Pizza - ohne Salami.

»Wie geht es deinem Vater?«, erkundigte er sich und streichelte über ihren Oberschenkel.

»Er versucht, sich nichts anmerken zu lassen, aber er sieht aus wie ein Gespenst. Kennst du das, wenn die Haut ganz grau wird? Fast durchscheinend?«

»Das ist die Trauer. Ich glaube, das ist normal.«

»Weißt du, bevor wir abgefahren sind, habe ich mich noch mit Yepa getroffen«, sie legte die Arme um seinen Hals. »Wir sind spazieren gegangen und sie hat mir sehr viele Dinge erzählt.«

»Sehr viele Dinge?«, er hielt ihr das letzte Stück Pizza unter die Nase, doch sie schüttelte den Kopf.
»Vom Leben im Reservat. Wie es ist, dort zu leben. Zum Schluss hat sie gesagt, dass sich sehr viele Jugendliche aus den Reservaten umbringen. In den Medien nennen sie es Suizid-Epidemie. Da musste ich an dich denken.«
»Wegen der Liste«, er nickte langsam.
»Genau«, sie küsste seine Stirn, dann blickte sie ihn liebevoll an. »Und dann habe ich gesehen, was du aufgeschrieben hast. Dein letzter Punkt hat mich wirklich sehr berührt.«
»Das habe ich nach der Wanderung geschrieben, als du mit mir nachhause gegangen bist.«
Als sie eingeschlafen war, hatte er die Liste vom Fußboden aufgehoben und einen letzten Punkt notiert. Wie er die Worte niederschrieb und Olivia neben sich atmen hörte, kam es ihm vor, als würde er einen Vertrag unterzeichnen. Mit dem Leben und mit ihr.
»Ich bin der neue Punkt.«
Sie streichelte seine Wange, als er nickte. »Weißt du noch, was du mir jeden Tag versprechen musst?«
»Ich verspreche es.«
»Du musst es sagen.«
»Du weißt doch, um was es geht.«
»Trotzdem. Es ist ein Schwur.«
»Okay, okay«, er räusperte sich. »Ich verspreche dir, dass ich den weißen Wolf regelmäßig füttere.«
»Und jetzt musst du mir versprechen, dass du schon bald mit mir nach Mitaquah gehst.«
»Ich soll mit dir nach Mitaquah gehen?«
»Nur für ein paar Tage. Ich würde mir wünschen, dass du dabei bist. Du bist doch jetzt... Naja, es wäre auf jeden Fall sehr schön«, sie wurde knallrot und fing an, mit ihrem Haar zu spielen. »Nur wenn du willst?«
»Was bin ich jetzt?«, er hob die Augenbrauen.
»Das weißt du doch.«
»Ich würde es aber gerne hören. Es ist ein Schwur.«
»Der Mann meiner Träume«, säuselte sie, legte beide Hände über ihr Herz und blinzelte ihn verzückt an, dann lachte sie.

Seine Lippen wanderten über ihre Haut. Sie hatte ein wenig geschwitzt und er konnte das Salz schmecken. Das waren sein neues Leben, sein neuer Geist, sein neues Herz.

Eine Weile sprach Olivia noch von ihrem Vater und den vielen Eindrücken aus dem Reservat. Am Anfang sprühten ihre Augen noch Funken, doch je später es wurde, desto kleiner wurden ihre Augen und desto leiser sprach sie. Irgendwann konnte sie kaum mehr einen Satz sagen, ohne zu gähnen. Nat rollte mit ihr auf dem Schoß zum Schreibtisch und warf einen Blick in den Computer, dann zupfte er am Saum ihres Kleides.

»Ich bringe dich jetzt ins Bett.«

»Was machst du?«, sie hob den Kopf.

»Ich bringe dich in Nummer 9. Dort kannst du schlafen und wenn ich hier fertig bin, fahren wir zu mir nachhause.«

Olivia war so müde, dass sie nicht mal protestierte. Nachdem er den Schlüssel vom Haken gefischt hatte, führte er sie über den spärlich beleuchteten Parkplatz vorbei an den unzähligen Türen, hinter denen fremde Menschen schliefen. Schließlich steckte er den Schlüssel ins Schloss und öffnete die Tür. Es war ein einfaches Zimmer, aber das Bett war groß und sah ziemlich einladend aus. Zu gerne hätte er sich zu ihr gelegt, aber die Nacht war noch nicht vorbei und es war jederzeit möglich, dass jemand hereingeschneit kam.

»Hier kann ich schlafen?«, sie deutete auf das Bett.

»Du könntest dich auch davor legen. Der Teppich sieht doch ganz bequem aus, oder?«, er zwinkerte ihr zu. Olivia schlüpfte aus den Schuhen, dann stellte sie sich vor ihn und deutete auf ihren Reißverschluss.

»Würdest du?«

Je weiter er den Reißverschluss öffnete und je mehr Haut unter ihrem Kleid hervorblitzte, desto heftiger verfluchte er seinen Job. Wenn er nicht so pflichtbewusst gewesen wäre, hätte er die Nacht einfach hier verbracht. Aber Nat war ein gewissenhafter Mensch. Als er das Kleid schließlich von ihren Schultern schob und es zu Boden fiel, hatte er allerdings große Probleme gewissenhaft zu bleiben. Sie trug weiße Unterwäsche, die sich leuchtend von ihrer dunklen Haut abhob. Bevor Olivia sich rühren konnte, schlang er die Arme um sie.

»Du machst es mir schwer«, raunte er ihr zu.

»Ja?«, sie kicherte und lehnte sich an ihn.

»Olivia«, seine Hände streichelten über ihre Hüften. »Ich kann wirklich nicht bleiben, aber...«

»Nur kurz.«

Sie löste sich von ihm und krabbelte auf die Matratze, dann drehte sie sich zu ihm um. Ihre Augen besaßen ein tiefes Glimmen.

»Ich kann nicht oder...«, er lachte nervös und fuhr sich durchs Haar, rieb sich den Nacken. »Was soll's!«

Er war aufgeheizt und das Blut rauschte durch seine Adern, als er sich zu ihr legte. Unverwandt blickte sie ihn an und lächelte, als er mit dem Zeigefinger ihre Narbe entlang fuhr. Sie bekam eine Gänsehaut, dann rollte sie sich auf die Seite, sodass sich ihre Nasenspitzen fast berührten.

»Bleibst du bei mir, bis ich eingeschlafen bin?«

Anstatt zu antworten küsste er sie zärtlich und zog dabei die Decke über sie. Schließlich kuschelte sie sich an ihn und legte ihren Kopf auf seine Brust. Nat zwang sich dazu, nicht die Augen zu schließen. Er betrachtete Olivia, die gedankenverloren mit den Knöpfen seines Hemdes spielte und immer wieder verhalten gähnte. Irgendwann wurden ihre Bewegungen langsamer und schließlich lag ihre Hand ruhig auf seinem Bauch.

Eine Weile blieb er noch liegen und streichelte ihr Haar. Olivia war der letzte Punkt auf seiner Liste. Von diesem Punkt aus zweigten viele Wege ab und gleichzeitig schienen dort alle Wege zu enden.

Vorsichtig legte er die Hand über ihr Herz. Es schlug friedlich und beständig. Es war sein Herz, ihr Herz. Sie war sein Herz. Irgendwie so. Zu müde, um klar zu denken. Seine Lider flatterten vor Erschöpfung. Bevor der Schlaf ihn übermannte, beugte er sich über Olivia und küsste sie, dann stand er auf.

Er wollte gerade zurück auf den Parkplatz treten, als sein Blick auf etwas Schwarzes fiel, das zu seinen Füßen auf dem Asphalt lag. Ein Rotflügelstärling. Verwirrt blickte er sich um. Im Laternenlicht glänzte das Metall einiger Autos. Die Leuchtreklame flimmerte. Es war still hier draußen.

»Was ist?«, hörte er die benommene Stimme Olivias.

»Alles gut«, erwiderte er hastig und warf ihr über die Schulter hinweg ein Lächeln zu. »Schlaf schön. Morgen früh komme ich dich abholen.«

Nachdem er die Tür geschlossen hatte, beugte er sich über den Vogel. Er wusste beim besten Willen nicht, wie das Tier hierher gekommen war. Tot und drapiert, als würde es der Dekoration dienen. Seine Augen wanderten langsam über den menschenleeren Parkplatz - nichts. In seinem Innern brodelte es, weil er wusste, dass es eine Botschaft war. Jemand kündigte sich an.

Die ganze Nacht lag er auf der Lauer. Er saß hinter den weißen Vorhängen im Büro und spähte auf den Parkplatz, während er verschiedene Szenarien durchspielte. Fürsorgliche Katzen oder eifersüchtige Männer. Nat war schließlich davon überzeugt, genau zu wissen, wem er die toten Vögel zu verdanken hatte. Kurz spielte er mit dem Gedanken, Olivia von seinem Verdacht zu erzählen, aber stattdessen beschloss er, sie nicht unnötig zu beunruhigen. Mit toten Tieren würde er alleine fertigwerden.

Er räusperte sich und versuchte, sein Grinsen in ein Lächeln zu verwandeln, um nicht wie ein Wahnsinniger auszusehen, dann klopfte er. Nichts rührte sich.

»Zimmerservice!«

Er klopfte erneut - dieses Mal vehementer, doch Olivia machte keine Anstalten, ihm zu öffnen oder wenigstens auf sein Klopfen antworten.

»Verlassen Sie sofort das Zimmer, sonst hole ich die Polizei! Hallo?«

Füße tapsten über den Boden, dann wurde die Tür einen Spaltbreit geöffnet und Olivia blinzelte ihm entgegen. Kurz glaubte er, sie hätte geweint, weil ihr Gesicht ganz nass war, doch dann erkannte er das kleine Handtuch, in das sie sich gewickelt hatte.

»Verzeihung, Herr Nachtwächter, ich war unter der Dusche.« Sie zog ihn zu sich ins Zimmer und drückte ihm einen feuchten Kuss auf die Wange, dann tänzelte sie zurück ins Badezimmer.

»Warte hier«, sie lächelte, dann schloss sie die Tür.

Nat schmiss sich aufs Bett, das so sehr federte, dass er fast auf dem Boden gelandet wäre.

»Ist das ein Trampolin, oder was?«, knurrte er.

»Hast du was gesagt?«, brüllte Olivia.

»Ne.«

Auf dem Bett lag ihre Unterwäsche. Erst griff er nach dem BH, doch dann hob er den kleinen Slip empor und ließ ihn über seinem Gesicht baumeln, während er dem Rauschen aus dem Badezimmer lauschte und immer tiefer in die Matratze sank. Die Tür schwang auf und Olivia trat aus einer Dampfwolke ins Zimmer. Nur ein winziges Handtuch bedeckte ihren Körper. Mit einem anderen trocknete sie gerade ihre Haare.

»Na?«, sie lächelte ihn an. »Bist du sehr müde?«

Er versuchte, den Slip unter die Decke zu stopfen.

»Äh, es geht so.«

Umständlich hielt sie das Handtuch fest, als sie sich bückte und eine Bürste aus ihrer Tasche angelte, dann stellte sie sich vor den Spiegel, der über dem Schreibtisch hing. Bei ihrem Anblick wurde ihm schwindelig. Glänzende Rinnsale liefen über ihre Beine hinab. Ihre Haut sah aus wie Satin. Als sie anfing, leise zu summen, hielt er es nicht mehr aus. Nat stand auf und stellte sich hinter sie.

»Hey«, flüsterte er, als sich ihre Blicke im Spiegel begegneten.

»Hey«, sie ließ den Bürste sinken. Er zögerte nur einen kurzen Augenblick, dann legte er seine Hände auf ihre Hüften und zwang sie sanft, sich zu ihm umzudrehen.

»Hey«, wiederholte er und küsste sie. Die Bürste fiel mit einem dumpfen Knall zu Boden, als er sie zum Bett bugsierte. So wie sie ihn ansah und wie sie ihn küsste – er konnte sich nicht länger zurückhalten. Sein Herz raste, als er das Handtuch zur Seite schob und einen Moment innehielt, um ihren Körper zu betrachten. Olivia fing an, sein Hemd aufzuknöpfen. Als sie bei der Hälfte der Knöpfe angelangt war, zog er es sich ungeduldig über den Kopf.

Sie küssten sich, als wäre das die letzte Stunde auf Erden. Olivia auf ihm. Er auf Olivia. Sie pulsierte durch seine Adern. Sie war überall um ihn herum und er hätte in diesem

Moment nicht sicher sagen können, ob es außerhalb diesen Zimmers noch eine andere Welt existierte. Er hätte nicht mal sagen können, wo sein Körper endete und wo ihrer anfing. Sie besaßen keine Hüllen mehr.
Mit verklärtem Blick betrachtete er sie, als sie schwer atmend nebeneinander lagen. Ihr Geruch klebte an seiner Haut. Sie hatte es geschafft, ihn zurückzuholen. Ihn überkam eine so große Zuneigung, dass er ergriffen aufseufzte.
»Ich glaube, ich muss schon wieder duschen.«
»Quatsch«, er biss sanft in ihren Hals. »Wir haben doch nur Liebe gemacht.«
»Liebe gemacht«, wiederholte sie flüsternd.
»Mhm«, er räusperte sich und legte seine Hand flach auf ihre Narbe. Auch ihr Herz klopfte noch so heftig, dass ihr ganzer Brustkorb bebte. »Mir war gar nicht klar, wie sehr ich das vermisst habe. Ich habe vergessen, wie gut sich das anfühlt.«
»Und jetzt ist es dir wieder eingefallen?«
»Nein, nicht jetzt, viel früher. Da war diese Frau. Sie hatte keinen Stift dabei, also gab ich ihr meinen, und dann wollte sie plötzlich, dass ich meine Hand über ihr Herz lege. So wie jetzt. Kannst du dir das vorstellen? Wir waren uns wildfremd.«
»Hast du es getan?«
»Sie hatte eine magische Aura. Ich konnte mich beim besten Willen nicht dagegen wehren. Später hat sie mich sogar in die Wildnis gelockt.«
»Oh, das klingt aber ganz schön unheimlich, muss ich sagen. An deiner Stelle hätte ich...«
»Ich liebe dich«, unterbrach er sie.
»Was?«
»Naja.«
Er hatte geredet, ohne darüber nachzudenken. Er hatte einfach das gesagt, was ihm in den Sinn gekommen war – diese Worte schwebten seit Tagen durch seinen Geist – aber das Gefühl war viel älter. Es war irgendeine Urkraft. Irgendwas Archaisches. Ihre Augen wanderten über sein Gesicht und Nat war sich plötzlich nicht mehr sicher. Es war zu früh gewesen. Damit hätte er warten sollen. Konnte Olivia nicht irgendwas sagen? Wenigstens lachen? Am liebsten

hätte er sich jetzt auf die Seite gedreht, aber ihre Hand lag immer noch auf seiner. Innerlich verfluchte er sich.

»Tust du das?«, flüsterte sie mit geröteten Wangen.

»Du musst dazu nichts sagen.«

Ihr Blick verlor sich für einen Moment, doch dann sah sie ihm in die Augen und lächelte.

»Ich glaube, ich liebe dich von Anfang an.« Sie sprach die Worte so behutsam aus, als könnten sie noch auf ihrer Zungenspitze zerbrechen. Er spürte Hitze in sich aufwallen.

»Von Anfang an?«

»Seit dem ersten Treffen. Vielleicht sogar noch länger.«

»Noch länger? Wie kann das sein?«

»Das sind die unergründlichen Wege der Liebe.«

»Ich kann nicht richtig denken.«

»Du musst auch nicht denken. Dafür hast du doch mich.«

»Sehr witzig«, er zog sie in seine Arme und küsste ihr Haar. Olivia verschränkte die Finger mit seinen und seufzte wohlig auf.

»Ich gehe zum Anwalt«, versprach sie schließlich. «Es wird sicher noch eine Weile dauern, bis alles geregelt ist.«

»Es ist wichtig, dass ihr friedlich auseinandergeht. Bis das alles über die Bühne gegangen ist, haben wir einfach eine Affäre.«

»Blödsinn«, sie hauchte einen Kuss in seine Halsbeuge. »Du musst bald die ganze Familie kennenlernen. Jeden einzelnen Saunders. Du musst Tante Rosies Glibberpudding essen, mit uns zum Bowling gehen und dir stundenlang die Vietnamgeschichten von Onkel Fred anhören.«

»Das klingt super«, lachte er heiser, doch wurde schlagartig wieder ernst, als er daran dachte, dass Jacob früher all diese Dinge getan hatte. »Sie denken bestimmt, dass du dich wegen mir getrennt hast, oder?«

»Nein, und selbst wenn?«, sie lächelte ihn an. »Ich bin glücklich mit dir und darum geht es doch. Da ist so ein ganz warmes Gefühl in mir. Das bist du.«

Ihre Worte legten sich wie Balsam auf seine Seele und drangen tief in ihn ein. Was auch immer sie praktizierte, es war seine Heilung. Lazarus war am vierten Tag von den Toten auferstanden, dachte er mit einer gewissen Faszination. Er dachte daran, Irland zu besuchen und Olivia seiner

Schwester vorzustellen. Er malte sich aus, wie es wäre, mit ihr zusammenzuziehen, sie zu heiraten und jeden Tag neben ihr aufzuwachen. Er dachte an ein gemeinsames Leben - er träumte, er phantasierte, er war lebendig.

Olivia gab ihm das Gefühl, nichts beweisen zu müssen. Er musste kein Haus bauen, die Karriereleiter nicht bis zur letzten Sprosse hochklettern und keine Lösung für alle zukünftigen Probleme parat haben. Es genügte, dass er in diesem schäbigen Motel arbeitete, manchmal zum Friseur ging und Bücher las, die Gäste auf dem Nachttisch vergessen hatten.

Zum Frühstücken fuhren sie wieder in das Diner am Ortsrand, in dem Priscilla sie lustlos bediente und noch immer über die Baustelle schimpfte. An den Fenstern hing geschmacklose Weihnachtsdekoration. Blinkender Glitzerkram in bunten Farben - aber das war vollkommen egal. Während Olivia ihren nächsten Trip plante und darüber sinnierte, ob sie sich beim *Bureau Of Indian Affairs* registrieren lassen sollte, um dem Stamm beizutreten, konnte er nicht aufhören, sie mit verklärtem Blick anzusehen. Nat neigte dazu, sich in Gefühle reinzusteigern, aber es blieb ihm auch gar nichts anderes übrig.

»Kannst du das mit deinem Häuptling besprechen?«
»Was?«, er zog die Nase kraus.
»Kannst du deinen Chef fragen, ob du frei bekommst?«
»Wann?«
»Nathaniel«, empörte sie sich lachend.
»Sorry, ich war gerade abgelenkt«, er verschränkte seine Finger mit ihren, stützte sich auf der Tischplatte ab und fokussierte sie. »Sag es nochmal.«

Olivia wollte, dass er sie nach Mitaquah begleitete, um die Gegend zu erkunden und um die Kultur der Mataka kennenzulernen. Es war ihr deutlich anzumerken, wie sehr der Wunsch auf ihrer Seele brannte. Sie wollte zurück zu ihren Wurzeln, näher zu ihren Verwandten, mehr zu sich.

»Es wäre so schön, wenn du mich begleitest. Vielleicht finden wir ja einen richtigen Krieger, der dir beibringt, wie man mit dem Tomahawk umgeht?«

»Was soll das denn bitte heißen? Ich bin ein richtiger Krieger. Damit dir nichts passiert, habe ich Blitze mit meinen bloßen Händen aus den Wolken gerissen. Schon vergessen?«

»Tja, aber jetzt wirst du dich mit anderen Kriegern messen müssen«, sie kicherte. »Du kannst ja noch ein bisschen trainieren. Ich muss sowieso noch eine Weile arbeiten, dann ist Weihnachten und außerdem kommt doch bald das Baby zur Welt. Paula braucht bestimmt Unterstützung. Aber danach fahren wir, okay?«

»Klingt gut«, er beugte sich zu ihr und küsste sie. »Erst schleppst du mich in die Wildnis, ertrinkst beinahe und jetzt besuchen wir Indianer. Ist das immer so mit dir?«

»Ja«, hauchte sie verschwörerisch. »So ist das immer. Macht dir das Angst?«

»Sehe ich aus, als hätte ich Angst?«

»Naja, du bist ein bisschen bleich, wenn du mich fragst.«

»Sag mal, glaubst du wirklich, dass Jacob jetzt akzeptiert hat, dass du nicht mehr mit ihm zusammen sein willst?«

»Es ist immer noch schwer für ihn und es tut mir leid, dass ich ihm so wehtun musste«, sie stocherte in ihrem Rührei herum. Mit jeder Sekunde, die verstrich, sank sie tiefer in die Polster, dann hob sie den Blick und sagte mit leichtem Lächeln: »Aber er kommt darüber hinweg. Früher oder später. Er ruft nicht mehr mehrmals am Tag an. Ich denke, das ist schon ein kleiner Fortschritt.«

# Marblemount

In den Schaufenstern hingen blinkende Lichterketten und goldenes Lametta, aus den Lautsprechern sang Frank Sinatra *Baby, it's cold outside*. Tatsächlich war es seit Tagen bitterkalt. Eisblumen wuchsen auf den Frontscheiben der Autos, Schnee fiel aus allen Wolken und erhellte die Nächte. Die Menschen blieben lieber zuhause, kauften kleine Tannenbäume, standen umweht von Zimtduft in der Küche und fingen an, Pullover zu tragen, die geschmacklos, aber weihnachtlich waren.

»*Cherry Mistmas*«, flötete Linda und deutete auf ihren Pullover, auf dem eine große Kirsche in roten Pailletten aufgenäht worden war. «Das ist so bescheuert.«

»Was?«

»Dein Pullover ist heute besonders bescheuert.«

»Danke«, sie lächelte geistesabwesend und stierte wieder in den Bildschirm. Olivia war zwar wieder zuhause, aber gedanklich weit weg. Es fiel ihr schwer, sich auf die Arbeit zu konzentrieren. Immer wieder musste Linda sie aus Tagträumen reißen, damit sie ihre Aufgaben fristgerecht erledigen konnte. Auch ihr Vater war seit der Reise nach Mitaquah irgendwie abwesend. Zuhause war es ruhig geworden, fast geisterhaft still, weil er noch weniger sprach als sonst. Ihre Eltern waren schon immer ganz gerne spazieren gegangen, doch neuerdings zog Wynono auch alleine los, wanderte am Fluss entlang und kam manchmal erst zurück, wenn es längst dunkel geworden war.

»Ich denke, er braucht das, um zur Besinnung zu kommen«, erklärte Olivia seine Wanderungen.

»Um zu heilen. Ich kenne das.«

Wenn Nat arbeiten musste, telefonierten sie oft noch spät in der Nacht. Manchmal gähnten sie sich nur gegenseitig an, aber es war schön, dass sie sich trotz der Meilen, die zwischen ihnen lagen, auf diese Weise nah sein konnten. Olivia mochte es, wenn er ihr von seinem Tag erzählte. Besonders liebte sie Geschichten über die illustren Gäste des Motels, weswegen Nat ihr jede Nacht erst mal aufzählen musste, wer mit wem in welchem Zimmer schlief, wohin die Reise ging und weshalb die Gäste überhaupt zu ihrer Reise aufgebrochen waren. Wahrscheinlich war die Hälfte der Geschichten erfunden, aber das war einerlei - Olivia kam auf andere Gedanken und schmückte seine Worte mit Bildern: ein dickbäuchiger Elvis-Imitator mit seiner achtzigjährigen Mutter auf dem Weg nach Las Vegas, der voller Stolz seinen Hüftschwung präsentierte, während er von seiner Mutter angefeuert wurde. Ein Trucker mit Sinn für klassische Musik, der erst eine Zigarette rauchte und dann seine Geige anschleppte, um ein bisschen Debussy zu spielen. Olivia hungerte den Nächten entgegen, in denen sie mit Nat abtauchen konnte und es ihr so vorkam, als wäre er gar nicht so weit weg.

»Wir haben nie über Weihnachten gesprochen«, sagte sie und stellte die Schachtel mit den Geschenkbändern zurück in den Schrank. »Sorry, ich habe überhaupt nicht daran gedacht, dich zu fragen, wie du feierst.«
»Für Yukon gibt's ein Stück Lachs. Das ist alles.«
»Du bist ganz allein? Ich habe es mir schon gedacht.«
»Naja, du kannst mir sehr gerne Gesellschaft leisten. Dann bekommst du auch ein Stück Lachs und ich mache den Ofen an.«
»Das geht leider nicht. Wir feiern alle zusammen bei meinen Eltern. Die ganze Verwandtschaft kommt«, Olivia nagte an ihrer Unterlippe und überlegte fieberhaft, wie sie es schaffen sollte, zeitgleich bei Nat als auch bei ihrer Familie zu sein.
»Klingt gut.«
»Aber ich wäre gerne bei dir. Die Vorstellung, dass du allein bist, während die halbe Welt feiert, ist furchtbar. Wenn meine Familie dich kennen würde, wenn das mit Jacob nicht so frisch wäre«, sie seufzte inbrünstig auf.

»Das ist kein Problem, Olivia. Ich erwarte keine Einladung und auch keine Geschenke. Indianerehrenwort.«

»Du musst danach kommen.«

»Ich muss danach kommen?«

»Auf jeden Fall. Du besuchst mich nach Weihnachten und dann feiern wir Silvester. Nur du und ich«, erklärte sie, als wäre es beschlossene Sache.

»Lädst du mich in dein Zelt ein, Indianermädchen?«

»Naja, gerade wohne ich eher in einem winzigen Zimmer zwischen Pferdepostern und Kuscheltieren.«

»Das würde mich zwar nicht stören, aber deine Eltern wären wohl nicht sonderlich begeistert, wenn ein fremder Mann bei euch übernachtet.«

Natürlich hatten ihre Eltern längst mitbekommen, dass es einen Mann gab, der sie dämlich grinsend auf ihr Telefon blicken ließ, sobald eine Nachricht aufleuchtete. Ihre Mutter ahnte längst, wer dieser Mann war und lächelte jedes Mal wissend, sobald Olivia mit roten Wangen von ihrem Telefon aufsah. Trotzdem war es noch zu früh.

»Ihr müsst euch erstmal kennenlernen, dann ist das bestimmt kein Problem mehr. Außerdem werde ich ja nicht ewig hier bleiben. Ich suche mir bald etwas Eigenes.«

»Ich habe von einer Hütte gehört. Da lebt zwar ein zwielichtiger Typ mit seinem Hund, aber vielleicht gibt es dort auch noch ein Plätzchen für dich?«

»Vielleicht?«, sie kicherte. »Aber bevor mein Weg mich dorthin führt, wüsste ich gerne, ob dieser zwielichtige Typ mich besuchen kommt.«

»Ehrlich gesagt, weiß ich nicht, ob ich wirklich nach Marblemount kommen sollte. Immerhin hast du dort mit Jacob gelebt. Jeder kennt dich, jeder kennt ihn.«

»Aber ich muss dich unbedingt sehen. Das ist total wichtig für mein Herz, sagt mein Arzt. Ich brauche eine sehr hohe Dosis, um gesund zu bleiben.«

So wie sie die Worte ausgesprochen hatte, spürte sie wieder dieses Kribbeln, das sich mehrmals am Tag in ihrem ganzen Körper ausbreitete.

»Ach, ist das so?«, er lachte und sie stellte sich vor, wie seine Augen dabei leuchteten, wodurch sich das prickelnde Gefühl nur noch verstärkte.

⋆⋆

Olivia war schon den ganzen Morgen voller Vorfreude durchs Haus getänzelt und hatte Stunden damit zugebracht, alle Kleidungsstücke ihres Schrankes an- und wieder auszuziehen, bis sie sich schließlich für einen dunkelgrünen Pullover und eine Jeans entschieden hatte. Wie immer lässig, wie immer unaufgeregt, obwohl es in ihr ganz anders aussah. Sie war tierisch nervös.

Schließlich stand sie im Badezimmer, hatte sich gerade von einer Parfümwolke verschlucken lassen, und frisierte ihr Haar, als es an der Tür klingelte.

»Ich gehe!«

Wie ein Pfeil schoss sie in den Flur, nur um abrupt vor der Kommode stehenzubleiben, tief durchzuatmen und dann möglichst lässig zur Tür zu schlendern. Ihr Herz schlug in den höchsten Tönen.

»Endlich. Ich freue mich so, dich endlich zu sehen!«, Olivia fiel ihm um den Hals und hauchte Küsse auf seine winterkalten Wangen – sie waren so kalt, dass sie daran festgefroren wäre, wenn ihre Lippen zu lange an einer Stelle verharrt wären.

»Mhm, frohe Weihnachten.«

Er lehnte sich ein wenig zurück, um sie ansehen zu können. Ein breites Grinsen ließ seine Augen strahlen, dann küsste er sie.

»Wie war die Fahrt? Du hast echt lange gebraucht.«

»Ganz okay. Du weißt ja, wie es im Winter ist. Die Hälfte der Strecke ist quasi im Schnee versunken.«

»Das haben sie im Radio gesagt. Zum Glück ist alles gut gegangen«, sie zupfte am Revers seines Sakkos. »Du hast dich ja richtig schick gemacht.«

Er trug Jeans, aber dazu ein blütenweißes Hemd unter einem dunkelblauen Sakko aus festem Tweed – abgerundet wurde das Outfit mit einem grob gestrickten Wollschal, auf dem sie bei genauerem Hinsehen ein paar Hundehaare entdeckte.

»Naja, ich besuche immerhin eine Weltstadt. Daher dachte ich, dass es vielleicht besser wäre, nicht wie ein

Höhlenmensch hier aufzuschlagen«, er grinste schief und deutete auf seinen Wagen. »Sollen wir gleich los?«

»Möchtest du dich nicht kurz vorstellen? Meine Eltern sind im Wohnzimmer.«

»Ich weiß nicht. Ich dachte, wir würden uns gleich verziehen. Das Hotel ist sehr schön, musst du wissen«, er spähte über ihre Schulter in den Flur.

»Jetzt komm schon. Es gibt sogar Kuchen.«

Olivia duldete keine Widerrede und zog ihn mit sich ins Haus. Nachdem sie die Tür zugestoßen hatte, drückte sie ihre Lippen auf seinen Mund.

»Ist das der richtige Zeitpunkt?«, fragte er. «Vielleicht sollten wir damit noch warten?«

»Worauf wollen wir denn warten?«

»Keine Ahnung«, er hob die Schultern und machte einen ziemlich überforderten Eindruck.

»Du musst dir keine Sorgen machen. Wir sind zusammen, oder nicht? Du gehörst jetzt zu mir«, versuchte sie ihn zu beruhigen.

»Was ist mit Jacob?«

»Er gehört nicht mehr zu mir.«

Olivia hatte ihm verschwiegen, dass Jacob an Weihnachten plötzlich vor der Tür gestanden war und mit ihr reden wollte. Betrunken und sentimental. Sie hatte ihm auch verschwiegen, dass sie zwei Stunden mit Jacob durch die bitterkalte Nacht spaziert war. Es hatte nichts zu bedeuten. Sie wollte Jacob trösten, weil sie ein schlechtes Gewissen hatte, und Nat nicht verunsichern.

»Bestehst du drauf?«, er lächelte - halbherzig, aber immerhin.

»Wir bleiben auch nicht lang, okay?«

»Wenn es sein muss«, er verzog das Gesicht und heftete den Blick auf die Tür zum Wohnzimmer, durch die man verhaltene Stimmen hören konnte. »Bin ich nur ein Freund oder wissen sie, dass wir etwas engeren Kontakt haben?«

»Etwas engeren Kontakt?«, Olivia lachte ihn an.

»Du weißt schon, wie ich's meine. Wer bin ich?«

»Ich weiß es nicht, aber ich habe echt lange nach dir gesucht. Fast vier Jahre lang. Bist du bereit?«

»Geht so.«

Sie führte ihn an der Hand durch den Flur, an dessen Wände sich unzählige Bilderrahmen aneinander reihten. Familienfotos aus längst vergangenen Tagen. Sein Blick blieb daran hängen und er verlangsamte seine Schritte.

»Das ist ein echtes Indianermädchen!«

Nat deutet auf ein Foto, auf dem die kleine Olivia zwei Zöpfe trug, die ihr lang über die Schultern fielen. Sie saß auf einem wippenden Pferd, das vor dem Supermarkt stand und auf dem man für einen halben Dollar reiten konnte. Heute noch konnte sie sich ganz genau an die Melodie erinnern, die jedes Mal ertönte, wenn man eine Münze in den Slot gesteckt hatte.

*Jambalaya, crawfish pie and fillet gumbo.*
*For tonight, I'm-a gonna see my ma cher a mi-o.*

## Marblemount

Wynono saß in einem ledernen Sessel und las in einem Buch, als sie ins Wohnzimmer traten. Ihre Mutter stand gerade am Esstisch und drapierte rote Servietten auf den Tellern. Kerzen flackerten. Es roch nach Früchtetee und Gebäck.
»Darf ich vorstellen? Das ist Nathaniel«, Olivia legte den Arm um seine Hüften. Während er sich fragte, worauf er sich da nur eingelassen hatte, setzte Nat ein Lächeln auf und straffte die Schultern. Er war tierisch nervös.
»Das ist aber schön. Hallo Nathaniel«, flötete ihre Mutter. Die roten Flecken auf ihrem Dekolleté ließen vermuten, dass auch sie aufgeregt war. »Wir haben schon so viel von Ihnen gehört. Ich bin Margarete, aber nennen Sie mich ruhig Maggie. Das machen alle.«
»Es freut mich sehr, Sie kennenzulernen, Margarete, äh, Maggie«, er schüttelte ihre Hand und lachte unsicher.
Margarete war eine rundliche Frau mit blondem Haar, das sie mit einer Klammer zurückgesteckt hatte. Ihre Nase war spitz, ihre Augen groß und himmelblau. Es war kaum zu glauben, dass Olivia ihre Tochter war, doch sie besaß ein Lächeln, das ihm inzwischen so vertraut war, dass er es mit geschlossenen Augen sehen konnte. Nat hatte sich schon tausendmal in diesem Lächeln gesonnt und auch jetzt war es wärmend.
»Nathaniel, ich grüße Sie.«
Mit der kräftigen Hand, die Nat nun schüttelte, konnte man vermutlich Kokosnüsse so leicht zerdrücken, als wären es Weintrauben. Wynono war ein großer Mann mit schwarzem Haar, das an den Schläfen bereits silbern geworden war. Seine Haut war so dunkel wie die seiner Tochter und seine Augen vom gleichen Schwarz. Er trug ein hellblaues Hemd, das so faltenlos war, dass Nat sein Sakko

am liebsten zugeknöpft hätte. Er besaß kein Bügeleisen und zog meist Kleidung an, die er gerade aus dem Trockner gefischt hatte. Das sah man seinem Hemd deutlich an.

»Wie war die Fahrt?«, erkundigte sich Wynono. »Ist im Winter eine tückische Strecke. Waren Schneeketten nötig?«

»Auf der 542 gab es ein paar Probleme, aber ansonsten lief es ganz gut. Man kommt eben nur langsam voran.«

»Es schneit seit Tagen. Sie hätten über einen Hundeschlitten nachdenken sollen.«

»Die Idee ist fabelhaft. Nat hat tatsächlich einen Schlittenhund zuhause«, Olivia lachte. »Er ist sogar den Yukon Quest gelaufen. Kannst du dir das vorstellen?«

»Respekt«, Wynono blies die Wangen auf. »Die Strecke ist gewaltig. Wie lange haben Sie dafür gebraucht?«

»Das ist ein Missverständnis. Mein Hund hat früher einem Musher gehört, der mit ihm den Quest gefahren ist. Ich war noch nie in Alaska und habe überhaupt keine Ahnung, wie man einen Hundeschlitten führt.«

»Verstehe. Aber Alaska ist einer der schönsten Landstriche dieser Welt, würde ich behaupten. Diese Weite, diese raue Natur. Früher war ich –«

»Sollen wir uns nicht setzen?«, unterbrach ihn Margarete und deutete zum Tisch, auf dem die Kerzen fast runtergebrannt waren. »Ich weiß, dass Sie gleich weiter wollen, Nathaniel, aber eine Tasse Tee ist doch nie verkehrt, oder?«

»Das stimmt. Gegen eine Tasse Tee ist nichts einzuwenden, denke ich«, Nat lächelte.

»Sie sollten unbedingt von dem Kuchen probieren.«

Nat warf einen fragenden Blick auf den unförmigen Berg aus Puderzucker, der mitten auf dem Tisch stand.

»Eine Spezialität mit Rosinen und Marzipan«, flüsterte Olivia ihm zu und schob ihn vor sich her zu einem Stuhl.

Wynono erzählte schließlich von einer Reise nach Alaska, die er als junger Student unternommen hatte. Nat inhalierte währenddessen den Kuchen, ohne sagen zu können, ob er ihm schmeckte. Rosinen und Marzipan. Die Atmosphäre war gelöst, das Gespräch fließend und leicht – zumindest schienen Olivia und ihre Eltern das so zu empfinden. Er hingegen war angespannt und versuchte, in seinem zerknitterten Hemd einen guten Eindruck zu machen.

Ihre Eltern erkundigten sich eingehend nach seiner Zeit in New York, seinem Job als Nachtwächter und dem Leben in Blackwater. Während er von sich erzählte und unbeholfene Scherze machte, lächelte Olivia ihn glückselig an. Ihre Augen besaßen ein zauberhaftes Glimmen, das es ihm schwer machte, den Blick wieder von ihr abzuwenden.

Irgendwann kamen sie natürlich auf das Herz zu sprechen. Nat hatte nur darauf gewartet, dass sich das Gespräch in diese Richtung entwickelte – er griff nach der Teetasse, in welcher nur noch eine rote Pfütze schwamm.

»Sie wissen ja, was dieses Herz für uns bedeutet, Nathaniel«, Margarete lächelte. »Es hat uns so wunderschöne Jahre mit unserer Tochter geschenkt. Wir sind Ihnen wirklich sehr dankbar. Es ist in Worten nicht auszudrücken.«

»Naja, ihre Familie hat entschieden, dass die Organe gespendet werden. Nicht ich. Wir waren nicht verheiratet.«

»Oh, verstehe«, Margarete nickte. »Wir sind einfach sehr glücklich, wissen Sie?«

»Es ist schön, dass ihr Tod einem anderen Menschen das Leben gerettet hat. Wenn ich Olivia ansehe und mir vorstelle, wem ihr Herz früher gehört hat – das ist überwältigend.«

Nat senkte den Blick, weil seine Gedanken nicht zu Eva, sondern zu Jacob wanderten. Ihm hatte zwar nicht ihr Herz, aber ihre Liebe gehört.

»Hat es Sie denn viel Überwindung gekostet, sich mit Olivia zu treffen?«, erkundigte sich Margarete.

»Um ehrlich zu sein, hatte ich nie vor, sie jemals kennenzulernen. Der Tod von Eva war sehr heftig für mich und es hat lange gedauert, bis ich damit klargekommen bin.« Eine warme Hand legte sich auf seinen Oberschenkel und fing an, ihn zu streicheln. Er lächelte. »Aber am Ende war ich einfach zu neugierig auf Ihre Tochter. Deswegen habe ich irgendwann auch auf die Briefe geantwortet.«

»Zum Glück«, sagte Olivia halblaut.

»Wusste Nat, dass du verheira –«, Margarete verstummte abrupt. Das war der Moment, in dem Nat sich am liebsten in Luft aufgelöst hätte.

»Natürlich wusste er das. Was glaubst du denn?«, Olivia lachte auf. »Das hat am Anfang überhaupt keine Rolle gespielt. Es ging um das Herz. Wir haben uns getroffen, um darüber zu sprechen.«

»Ich weiß, ich weiß«, ihre Mutter war krebsrot angelaufen und fuhr sich hektisch durchs Haar. »Ich wollte nicht davon anfangen. Es kam mir nur in den Sinn und dann habe ich schneller geredet, als ich denken konnte. Entschuldigung.«

»Mir war immer bewusst, dass Olivia verheiratet ist, und das habe ich vollkommen respektiert. Ich hatte keine Absichten, irgendwas kaputt zu machen.«

»Du hast nichts kaputt gemacht«, erwiderte Olivia sanft. «Es war schon kaputt, lange bevor wir uns kennengelernt haben.«

Für ein paar Sekunden herrschte Stille. Margarete schob Kuchenkrümel über den Teller, Olivia streichelte seinen Oberschenkel und Nat konzentrierte sich darauf, ohne zu blinzeln in das grelle Schneeweiß zu starren, das ihm durchs Fenster entgegen strahlte.

»Tja, so haben wir unsere Kinder erzogen. Olivia hat auf ihr Herz gehört«, brach Wynono das Schweigen und zwinkerte seiner Tochter zu. «Man kann nie mit Sicherheit sagen, wo eine Veränderung ihren Anfang genommen hat, aber oft ist es das Herz. Stimmt's?«

»Das ist wahr«, Olivia lächelte ihren Vater dankbar an und legte die Hand über ihr Herz.

## Marblemount

Er griff nach ihrer Hand, als sie schließlich im Auto saßen und zu dem kleinen Waldhotel fuhren, in dem Nat ein Zimmer gebucht hatte. Weil es schon dunkel war, saß Olivia am Steuer.

»Wie hast du dich gefühlt?«, erkundigte sie sich.

»Eigentlich ganz gut. Deine Eltern sind wirklich nette Menschen«, er räusperte sich. »Aber als deine Mutter plötzlich von Jacob angefangen hat, dachte ich, dass sie mir bestimmt gleich eine Standpauke hält. Ich wäre am liebsten im Erdboden versunken.«

»Ja, ich weiß. Das war eine blöde Situation«, Olivia blies sich eine Haarsträhne aus dem Gesicht. »Jacob war lange ein fester Bestandteil unserer Familie. Wir haben viel mit ihm erlebt und er ist irgendwie immer noch präsent.«

»Damit muss ich wohl oder übel klarkommen, wenn ich mit dir zusammen sein will«, er kurbelte das Fenster hinab und ließ kühle Nachtluft ins Wageninnere strömen. »Er gehört zu dir.«

»Nicht so wie du.«

»Nicht mehr«, er tippte auf ihren Handrücken.

»Man kann euch nicht miteinander vergleichen. Du bist ein ganz anderer Mensch. So komplett anders.«

»Das musst du mir erklären«, er lehnte sich zu ihr und strich ihr das Haar hinters Ohr. Sie konnte seinen Atem an ihrer Wange spüren und kicherte, weil er sie kitzelte.

»Würde ich, wenn ich könnte.«

»Streng dich an. Mich würde nämlich wirklich sehr interessieren, was mich so komplett anders macht.«

»Ich weiß nicht«, sie nagte an ihrer Unterlippe. »Was du sagst, worüber du nachdenkst? Schon allein die Tatsache, dass du Bücher liest. Aber vor allem das, was du in mir auslöst.«

»Was löse ich aus?«

»Naja, zum Beispiel, dass ich mich nicht auf den Straßenverlauf konzentrieren kann.«

»Das ist schon jede Menge, oder?«

»Ja«, sie lächelte und warf ihm einen kurzen Blick zu.

Das Waldhotel lag in völliger Abgeschiedenheit am Ende einer Straße, die sich zwischen himmelhohen Bäumen den Berg empor schlängelte. Es war ein schwarzer Koloss, aus dessen Schornsteinen feiner Rauch aufstieg, der jedoch sofort vom Wind fortgerissen wurde. Nur der Schriftzug über dem Eingang des Hotels war beleuchtet. Das Licht flackerte so nervös, als würde es sich vor den späten Besuchern fürchten. Matte Fenster glotzten ihnen entgegen – leblos und leer – und es hätte Olivia nicht gewundert, wenn Krähen über dem Haus ihre Kreise gezogen hätten.

»Bist du dir sicher, dass wir hier richtig sind?«, fragte sie, als sie den Wagen geparkt hatte und den Motor abstellte.

»Mein Zeug liegt jedenfalls schon oben«, er stieß die Autotür auf, dann kramte er den Zimmerschlüssel aus der Innentasche seines Sakkos. »Es ist das allerletzte Zimmer im dunkelsten Flügel unter dem Dach.«

»Denkst du, wir sind die einzigen Gäste heute Nacht?«

»Naja, da drüben steht jedenfalls ein Auto«, er zuckte mit den Achseln. »Irgendwer ist bestimmt noch hier.«

Die Steine knirschten unter ihren Füßen, als sie nebeneinander zum Eingang gingen. Schon von weitem hörte man das Surren der Lampen.

»Ich finde es unheimlich.« Olivia deutete auf die steinerne Statue eines Bären, der das Maul aufriss und dessen linke Pfote abgeschlagen worden war.

»Stell' dich nicht so an, Lebensgeist«, Nat legte den Arm um ihre Taille und küsste ihre Schläfe. »Jetzt lernst du ein paar Kollegen kennen. Sei freundlich. Kettenrasseln, poltern. Du weißt doch, wie das geht.«

»Siehst du, wie sehr ich mich amüsiere?«, mit unbewegter Miene blickte sie ihn an, doch dann konnte sie das Kichern nicht mehr unterdrücken.

Nachdem Nat die schwere Holztür geöffnet hatte, schob er sie vor sich her in ein dunkles Foyer. Es roch nach abgestandener Luft, Staub und der Holzvertäfelung, die den Raum wie einen Schiffsbauch erscheinen ließ. Auf dem Tresen der Rezeption stand neben einer Schale mit Bonbons ein Messingschild: *No Service*. Nat steckte sich ein paar Bonbons in die Jackentasche.

»Für schlechte Zeiten«, raunte er ihr zu. »Falls wir eingeschneit werden und tagelang hier oben bleiben müssen.«

»Oh, ich würde wirklich gerne irgendwann mal eingeschneit werden, aber bitte nicht hier.«

Olivia blickte sich um. In der Glasscheibe einer Vitrine begegnete ihr ein Augenpaar und hinter Nat stand ein schwarzes Wesen, das seine Bewegungen imitierte. Im Innern des Hauses war alles so gespenstisch still, dass ihnen selbst ihre eigenen Schatten geisterhaft nachzujagen schienen.

»Es ist wirklich unheimlich«, wiederholte sie im Flüsterton und hielt sich an seinem Arm fest. »So wie in den ganzen Horrorfilmen. Ein heruntergekommenes Hotel am Waldrand. Stromausfall. Funkloch. Einsamkeit. Nur ein Mann aus dem Hinterland schleicht durch die Korridore und...«

Nat brachte sie zum Schweigen, indem er ihren Mund mit seinen Lippen verschloss, dann führte er sie in einen langen Flur, der nur spärlich beleuchtet war. Sie schritten vorbei an unzähligen Türen, über einen Teppich, der jedes Geräusch verschluckte, dann erreichten sie die Treppe, die hinauf in die obere Etage führte. Olivia hatte es eilig ins Zimmer zu kommen und die Tür hinter sich zu verriegeln, weshalb sie voraus huschte und vor der Nummer 76 stehenblieb, wo sie ungeduldig auf Nat wartete, der nichts Besseres zu tun hatte, als mit seinem Telefon herumzutrödeln.

»Puh, was für ein eigenartiges Hotel«, sie nahm ihm den Schlüssel aus der Hand und verriegelte die Tür, dann blickte sie sich neugierig um. Das Zimmer war zu ihrer Verwunderung wirklich hübsch eingerichtet. Vielleicht ein bisschen antiquiert, aber ausgesprochen gemütlich. Neben dem Bett stand ein Sessel mit geblümtem Stoff unter einem Lampenschirm, von dem goldene Quasten hingen. Ein großes Gemälde über dem Bett zeigte eine Bergkette, hinter der sich gerade die Sonne senkte und die Landschaft in ein warmes Licht tauchte.

Als Olivia ans Fenster trat, konnte sie zunächst nur ihre eigene geisterhafte Reflexion erkennen, doch dann machte sie hinter der Scheibe das sanfte Wiegen der Bäume aus. Als sie sich zu Nat umdrehte, hielt er immer noch sein Telefon in der Hand.

»Na? Was habe ich dir gesagt? Kein Empfang«, sie verzog spöttisch das Gesicht.

»Nicht wichtig«, er grinste. »Ich wollte meiner Schwester nur mitteilen, dass ich den Besuch bei deinen Eltern überlebt habe.«

»Du machst einen ganz lebendigen Eindruck.«

»Komm her«, er warf das Telefon achtlos auf die Matratze, dann streckte er die Hand nach ihr aus. Plötzlich wurde sie nervös. Sie waren allein. Wie schon so oft zuvor. Trotzdem fing ihr Herz wie wild an zu pochen, als sich ihre Blicke begegneten.

Fingerspitzen betastete ihr Gesicht, als würden sie daraus lesen wollen. Seine Augen flammten auf, dann nahm er ihr Gesicht in die Hände und legte seine Lippen auf ihre Stirn. Zarte Küsse bedeckten ihre Haut. Zärtlich küsste er sie auf den Mund und glitt dabei mit eisigen Händen unter ihr Shirt. Obwohl sie augenblicklich eine Gänsehaut bekam, durchfluteten sie warme Gefühle. Sein Kuss war weich und liebevoll. Er küsste sie nicht begierig, das hatte er noch nie getan. Wenn er seine Lippen auf ihre legte, dann schien er völlig in diesem Moment zu versinken – als wäre er aus dem Zeitkontinuum gefallen, als gäbe es kein Danach.

»Du hast mir gefehlt«, wisperte sie, als er sich schließlich von ihr löste, um ihr dabei zu helfen, die Strickjacke auszuziehen. Ihre Lippen fühlten sich ganz taub an, als sie sprach.

»Du mir auch«, er strich über ihren Oberarm, dann trat er einen Schritt zurück und ließ seine Augen über ihren Körper wandern. Als sie ihn anlächelte, seufzte er auf.

»Womit habe ich das verdient?«

»Das ist mir auch ein Rätsel«, Olivia schmunzelte, lehnte sich über die Matratze und angelte nach ihrer Handtasche, die neben dem Bett auf dem Boden lag. »Ich habe noch etwas für dich.«

Vorsichtig nahm sie das Geschenk heraus und überreichte es ihm. »Frohe Weihnachten, Nat.«

»Ist das für mich? Aber wir haben doch ausgemacht, dass wir uns nichts schenken.«

»Du schenkst mir doch auch einen gruseligen Aufenthalt in einem Horrorhotel. Außerdem wollte ich dir einfach eine Freude machen.«

Als er sie anlachte, sah er für einen Augenblick aus wie ein Junge, wie jemand, der schon das ganze Jahr auf diesen Moment gewartet hatte.

»Wow!« Er machte sich an dem goldenen Band zu schaffen. »Das ist toll.«

»Du weißt doch noch gar nicht, was es ist«, lachend schlang Olivia die Arme um ihn und stützte ihr Kinn auf seine Schulter. Nat schlug das grün glänzende Papier auf und blickte auf einen Bilderrahmen. Darin befand sich ein Foto, auf dem sie nebeneinander im schummrigen Licht eines Pubs hoch oben im Kaskadengebirge saßen. Sie sahen erschöpft aus und lächelten ein wenig gequält in die Kamera. Trotzdem wusste Olivia noch ganz genau, wie berauscht sie sich an diesem Abend gefühlt hatte. Unter dem Bilderrahmen klemmte eine Karte aus Kraftpapier und darauf klebte das Foto mit der gespaltenen Schwarznuss.

*Du bist hier.*
*Ich bin hier.*
*Was für eine glückliche Fügung,*
*dass wir zur selben Zeit am Leben sind.*
*Von ganzem Herzen,*
*Olivia*

Erst räusperte er sich, dann kratzte er sich an der Stirn.

»Danke, Olivia, ich glaube, das ist das schönste Geschenk, das ich jemals bekommen habe«, sagte er mit belegter Stimme, drehte sich zu ihr um und nahm ihre Hand.

»Nur eine Kleinigkeit für deinen Nachttisch.«

»Ich weiß immer noch nicht, womit ich das verdient habe«, er zog sie in seine Arme und küsste ihre Stirn.

»Es fühlt sich an, als sollte es genau so sein. Als wäre unser Weg schon lange gebahnt worden«, flüsterte sie, streifte ihm das Sakko von den Schultern und warf es auf den Sessel, dann legte sie beide Hände auf seine Brust.

Vorsichtig wickelte er sich eine ihrer Haarsträhnen um den Zeigefinger und schien eine Weile über ihre Worte nachzudenken, dann legte er die Hand in ihren Nacken und zog sie noch näher zu sich.

»Wegen Eva?«

»Mhm. Das klingt vielleicht merkwürdig, aber ich hatte manchmal das Gefühl, dass etwas mit dem Herz nicht stimmt. Es hat ganz plötzlich den Rhythmus geändert. Schnell, langsam, völlig aus dem Takt.«

»Das ist völlig normal.«

»Nein, nicht so«, sie suchte seinen Blick, dann fing sie an, mit der Handfläche sanft auf seine Brust zu trommeln. Schnell, langsam, völlig aus dem Takt.

»So schlägt dein Herz?«

Olivia schwieg und blickte in sein Gesicht, während sie an ihre Träume dachte. Diese Nebelbilder, dieses Nachttheater.

»Erinnerst du dich noch an den Tag, an dem ich zur Schlucht gekommen bin? Ich wusste nicht, wo du bist, aber trotzdem habe ich den Weg gefunden, weil ich davon geträumt habe.«

»Du hast davon geträumt?»

»Ja, ich kannte diesen Ort, ohne jemals dort gewesen zu sein. Seit der Operation habe ich immer wieder solche Träume.«

Gedanken huschten als Schatten über sein Gesicht, dann runzelte er die Stirn.

»Ich träume auch. Jeder Mensch träumt. Sogar Hunde. Manchmal fängt Yukon an, im Schlaf zu bellen. Seine Beine zucken und es sieht aus, als würde er einem Eichhörnchen nachjagen.«

»Ich habe andere Träume«, insistierte sie. »Ich sehe Dinge, die nicht meinem Geist entsprungen sein können. Sie kommen von irgendwoher, aber nicht von mir.«
»Äh, das klingt merkwürdig«, er kratzte sich am Kinn.
»Oft sind es Nebelbilder. Ich träume von Musik und Gefühlen, aber manchmal kann ich etwas sehen«, sie senkte die Stimme. »Ich habe von einem Baby geträumt und am nächsten Tag hast du mir von Mari erzählt.«
Sein Blick ruhte auf ihr. Es war ihr nicht möglich, in seinem Gesicht zu lesen, doch dann lachte er.
»Du hast einfach eine gute Intuition. Etwas, das nichts mit dem Herz zu tun hat«, er schob sie zum Bett, dann strich er mit den Fingerspitzen über ihre Narbe.
»Es ist etwas von ihr«, flüsterte sie.
»Ich weiß nicht, ob das sein kann, Olivia«, sagte er und blickte sie ernst an.
»Es fühlt sich aber so an. Ich habe gespürt, dass zwischen uns etwas Besonderes ist, Nat. Schon als ich dich das erste Mal gesehen habe, warst du mir so seltsam vertraut. Ich kannte dich, weil ich ständig von dir geträumt habe.«
»Naja, ich sehe ziemlich gut aus«, er schmunzelte. »Ich bin ein Mann, von dem viele Frauen träumen.«
»Warum erzähle ich dir überhaupt davon? Du nimmst das nicht ernst«, stieß sie aus, funkelte ihn an und wollte sich gerade abwenden, als er schnell seine Hand auf ihre Schulter legte.
»Doch. Entschuldige. Erzähl mir von diesen Träumen.«
»Ich behaupte nicht, dass ich Visionen habe, okay? Ich bin nicht verrückt oder davon überzeugt, ein Medium zu sein, das mit der Geisterwelt kommunizieren kann. Ich träume nur.«
»Verstanden. Ich bin ganz Ohr. Erzähl mir, was du träumst.«
Und das tat sie. Erst noch zögerlich, dann mit mehr Selbstvertrauen. Er lachte sie nicht aus, sondern lauschte ihr mit konzentrierter Miene. Seine Lippen waren schmal, sein Blick ließ nicht erahnen, was er dachte.
»Irgendwann habe ich dein Gesicht gesehen und da wusste ich, dass du es schon immer gewesen bist. Du bist wie

ein Geist durch meine Träume gewandert und dann bist du real geworden.«

Sie beobachtete, wie sich sein Kehlkopf bewegte, als er trocken schluckte, dann räusperte er sich.

»Olivia, ich weiß nicht, was diese Träume zu bedeuten haben, aber du bist nicht hier, um einen Menschen zu ersetzen oder ein Leben fortzuführen, das nicht deins ist. Das weißt du doch, oder?«, er lächelte sie an, doch in seinen Augen erkannte sie wieder diese Traurigkeit, die sie auch am ersten Tag darin gesehen hatte. Seine Finger wanderten suchend über ihre Haut.

»Ich bin ich. Und trotzdem gibt es sehr alte Spuren in meinem Erbgut. Nicht nur von Eva. Ich bin mit allem verbunden. So wie du. So wie jeder Mensch«, sagte sie und lächelte schwach. Nat blickte sie nachdenklich an, dann wanderten seine Augen zum Fenster, hinter dem sich die Nacht ausstreckte. Der Mond war bis zur Hälfte gefüllt.

»Machen dir die Träume Angst?«, wollte er wissen.

»Nein, eigentlich machen sie mich sogar glücklich, weil sie bedeuten, dass in uns mehr Leben steckt, als wir uns vorstellen können. Das ist jedenfalls meine Interpretation.«

»Ich bin glücklich, wenn du da bist. Dein Leben in meinem Leben. Mehr brauche ich überhaupt nicht.«

»Wie glücklich bist du genau?«, sie wälzte sich auf ihn und vergrub ihre Finger in seinem Haar.

»So glücklich, dass ich nicht weiß, ob das mit rechten Dingen zugeht. Davon hätte ich nicht mal zu träumen gewagt«, er lachte und streichelte mit beiden Händen über ihren Rücken. »Alles ist besser geworden.«

»Mhm, du hast nämlich aufgehört, so hart zu sein und wieder zugelassen, dass dir etwas Gutes widerfährt«, sie küsste ihn sanft. »Meine Rituale haben also doch etwas bewirkt. Siehst du?«

Nat hatte gerade den Mund geöffnet, um zu antworten, als ein lautes Poltern sie aufschrecken ließ. Jemand trampelte die Treppe hoch. Schritte, die sich ihrem Zimmer näherten - dann plötzlich eine gespenstische Stille. In ängstlicher Erwartung starrte sie zur Tür. Auch Nat lauschte angespannt und verharrte in seiner Bewegung.

»Ist da jemand?«, ihre Stimme war kaum zu vernehmen.

»Ich...«

In diesem Moment knarzte die Tür, als würde sie von einem Luftzug in den Rahmen gedrückt, dann hörten sie dribbelnde Schritte, die sich schnell entfernten.

»Es spukt.«

»Das war bestimmt nur ein Mitarbeiter«, erwiderte er wenig überzeugend. Nat stand auf und schloss die Vorhänge, dann schlich er zur Tür und legte sein Ohr auf das Holz.

»Hörst du etwas?«, Olivia schaltete die kleine Nachttischlampe aus. Als sie über sich ein Knacken vernahm, zuckte sie erschrocken zusammen und blickte hinauf zur Decke.

»Alte Leitungen?«, Nat kroch zurück ins Bett.

»Da oben ist doch nur der Dachboden«, sie sah ihn zweifelnd an. »Da sollte niemand sein.«

»So alte Häuser machen doch immer irgendwelche Geräusche. Es könnte jemand sein, der Wäsche aufhängt oder dort oben seine alten Skier sucht?«

Das Knacken wanderte über ihre Köpfe hinweg und sobald sie glaubten, es würde verstummen, setzte es wieder ein. Olivia schüttelte entsetzt den Kopf.

»Dafür gibt es eine ganz natürliche Erklärung. Du musst keine Angst haben, Indianermädchen.«

»Wir sind hier ganz allein.«

»Ich bin gerne ganz allein mit dir«, er küsste ihre Stirn, dann zog er sein Shirt aus und machte sich an seiner Hose zu schaffen. Olivia nickte und atmete tief durch. Manchmal war es ein Fluch, eine so blühende Phantasie zu besitzen. Wahrscheinlich würden sie morgen darüber lachen, weil jemand tief in der Nacht auf dem Dachboden Wäsche aufgehängt hatte, weil dort oben Tiere lebten. Harmlos. Nachdem Nats Hose auf dem Boden gelandet war, tastete er über ihren Bauch hinab zu ihrer Jeans. Während er sie küsste, zog er sie aus. Es dauerte eine Weile, bis sie sich nackt aneinander kuschelten. Obwohl Olivia es genoss, seine warme Haut zu spüren und von ihm berührt zu werden, konnte sie sich einfach nicht fallenlassen. Das leise Klopfen irritierte sie. War es schon vorhin da gewesen und sie hatten es nur nicht bemerkt? Aber die Schritte vor ihrer Tür waren bestimmt keine Einbildung. Jemand schlich durchs Haus.

»Ich dachte immer, du wärst furchtlos«, stellte Nat schmunzelnd fest, als sie wieder den Blick hob und den Lampenschirm fokussierte, der von der Decke baumelte.

»Aber nicht, wenn dort oben jemand die Messer wetzt und nur darauf wartet, uns –«

»Oh Olivia«, er begrub sie unter sich.

## Marblemount

Er spürte einen Finger, der über seinen Rücken wanderte. Erst dachte er, sie würde etwas schreiben, doch so sehr er sich auch anstrengte, konnte er keine Buchstaben erraten.

»Was machst du denn da?«, fragte er leise. Olivia hauchte einen Kuss zwischen seine Schulterblätter.

»Ich male eine Sternkarte.«

»Wie bitte?«

Als er sich zu ihr umdrehen wollte, schob sie ihn zurück.

»Ich verbinde deine Leberflecke miteinander. Das könnten Sternbilder sein.«

»Bist du verrückt?«

»Man findet das Große im Kleinen und umgekehrt. Hast du dir noch nie überlegt, ob die Konstellation deiner Leberflecke vielleicht einem –«

»Was frage ich überhaupt? Du bist verrückt.«

»Kassiopeia habe ich aber schon entdeckt«, protestierte sie. »Das sind fünf Sterne.«

Ihr Finger tippte irgendwo auf seinem Rücken herum. Nat hatte keine Ahnung, wovon sie sprach und gähnte herzhaft.

»Wenn das noch eine Weile dauert, würde ich nochmal eine Runde schlafen.«

»Nein. Du hast lange genug geschlafen.« Sie kletterte über ihn und ließ sich vor ihm auf die Matratze plumpsen. Sie trug nur einen weißen Slip aus schimmerndem Stoff. Nachdem sich sein Blick verloren hatte, fand er schließlich zu ihrem Gesicht zurück. Olivia lächelte ihn mit funkelnden Augen an, als sie ihre Hand unter die Decke schob und ihn berührte. Nat sog scharf die Luft ein.

Sie standen nebeneinander im Badezimmer, putzten sich die Zähne und grinsten ihre Spiegelbilder an. Eigentlich hatte

Olivia ihren Kollegen aus der Redaktion gesagt, dass sie den Abend ungestört mit Nat verbringen wollte, doch gerade hatte ihre Freundin angerufen und sie förmlich bekniet, doch noch zu kommen.

»Wir können aber auch gerne hierbleiben. Silvester bedeutet mir nichts«, beteuerte Olivia. »Es ist nur eine Tradition, dass in der Redaktion gefeiert wird, weil man von dort aus einen tollen Blick über Marblemount hat.«

»Wir haben auch einen tollen Ausblick, finde ich. Wald soweit das Auge reicht. Besser geht's nicht.«

»Eben«, Olivia nickte. »Außerdem weiß ich ja, dass du keine fremden Menschen magst.«

»Ich? Wie kommst du denn darauf?«, er spuckte weißen Schaum ins Waschbecken und zwinkerte ihr zu. »Was ist mit Jacob? Wo feiert er?«

»Nicht hier. Er wird wie jedes Jahr bei seinem Bruder in Seattle sein, schätze ich.«

»Dann wird er uns wohl nicht über den Weg laufen«, Nat schloss die Schnalle seines Gürtels. »Wir können ja wieder abhauen, wenn es uns nicht gefällt.«

»Was?«

»Du hast schon richtig gehört.«

Olivia schlüpfte in ihren schwarzen Sweater, auf dessen Brust mit weißem Garn *Resilience* eingestickt worden war. Ausgiebig betrachtete sie sich im Spiegel, dann reckte sie das Kinn in die Höhe. Nach der Beerdigung ihrer Großmutter hatte sie den Pullover gekauft, um ein Zeichen zu setzen. Jeder sollte wissen, dass altes Blut durch ihre Adern floss und dass sie das Schicksal ihrer Vorfahren nicht vergessen hatte. Sie waren noch hier, noch am Leben. Resilienz bedeutete Widerstandskraft – bedeutete zu heilen, aufzustehen, weiterzumachen, den Blick über das Trümmerfeld zu erheben.

»Bist du dir sicher?«, riss sie ihn aus seinen Gedanken.

»Lass uns auf diese Party gehen!«

»Du musst verrückt sein.«

»Gefällt dir das?«

Sie band sich das Haar zu einem Pferdeschwanz zusammen und strahlte ihn an.

»Ja, und es beeindruckt mich. Aus dem grimmigen Einsiedler ist ein mutiger Krieger geworden.«

»So ähnlich könnte man das vielleicht ausdrücken.«

Nat versuchte, sein Haar in Form zu bringen und fummelte ewig an einer Strähne herum, die schief von seinem Kopf abstand.

Schon von draußen hörte man Menschenstimmen und einen dumpfen Bass. Olivia hatte sich bei ihm untergehakt und erzählte ihm von irgendwelchen Personen, die er gleich kennenlernen würde. Nach einem Spaziergang am Fluss entlang, waren sie noch bei ihren Eltern vorbeigefahren, um dort das schwarze Kleid abzuholen, das Olivia nun trug. Es war ein bisschen zu eng um die Hüften - jedenfalls behauptete sie das. Nat fand zwar, dass es wie angegossen passte, trotzdem hätte er nichts dagegen gehabt, schnurstracks zurück in ihr Horrorhotel zu fahren, um sie davon zu befreien. Allerdings hatte er ihr heute Morgen noch einigermaßen glaubhaft versichert, dass er sich auf die Feier freute, weswegen er diesen Wunsch für sich behielt.

Olivia stemmte die Glastür auf und grinste ihn an.

»Willkommen bei der weltgrößten Redaktion. Hier arbeiten nur Spitzenjournalisten, musst du wissen. Also bitte benimm dich. Keine Skandale, okay?«

»Ich gebe mir Mühe.«

Ihre Schritte hallten durch das Foyer, als sie über den steinernen Boden zum Fahrstuhl gingen.

»Es ist so schön, dass du mitkommst«, Olivia drückte auf einen Knopf, dann drehte sie sich zu ihm um, zupfte ein paar Fussel von seiner Schulter und küsste ihn.

»Da muss ich wohl durch, wenn ich mich an der Seite einer Kreuzworträtselerfinderin bewähren will.«

»Du hast dich schon bewährt«, sie positionierte sich neben ihm und blickte erwartungsvoll zur Tür. Jeden Moment war es soweit. Die Zahlen auf der Anzeige schossen in die Höhe und schließlich ertönte ein leiser Gong. Kaum hatte sich die Tür geöffnet, gab Olivia ihm einen Klaps auf den Hintern. »Mögen die Spiele beginnen!«

Es war ein hellerleuchteter Raum mit Glasfronten, hinter denen man eine weitläufige Terrasse ausmachen konnte. Nat hatte sich den Redaktionssitz nicht so modern vorgestellt. Er dachte, es wären miefige Büros mit alten Computern und noch älteren Redakteuren, die lustlos auf den Tastaturen herumhämmerten.

Überall standen Menschen in kleinen Grüppchen beisammen und unterhielten sich miteinander. Die Männer trugen Anzüge, die Frauen schillernde Kleider. Manche der Gäste saßen an der langen Tafel, auf der sich leere Flaschen aneinanderreihten und dreckiges Geschirr aufeinander türmte. Offensichtlich war das Fest schon eine Weile in Gange.

Olivia griff nach seiner Hand und zog ihn mit sich durch einen langen Korridor, in dem ein paar Stehtische standen. Immer wieder hob sich ein Kopf, immer wieder streifte sie ein neugieriger Blick und Nat fühlte sich zunehmend unbehaglicher. Schließlich erreichten sie eine große Küche, in der ein paar Leute um einen Tisch saßen und angeregt miteinander diskutierten.

»Ah, Liv!«, ein grauhaariger Mann winkte ihr zu. »Du musst ihnen sagen, dass wir das Logo auf keinen Fall ändern dürfen. Da geht es schließlich um Wiedererkennungswert, okay?«

»Okay, ich sag's ihnen«, Olivia lachte und ließ seine Hand los, um zum Kühlschrank zu gehen. Plötzlich fühlte er sich ziemlich verloren und stand unschlüssig im Raum, während ihn interessierte Augenpaare musterten.

»Du musst also Jacob sein!«, eine rothaarige Frau lachte ihn an. Sein Herz katapultierte sich in seinen Rachen und machte es ihm unmöglich, Luft zu holen. »Wir haben schon so viel von dir gehört. Holst du Olivia wieder mit dem Fahrrad ab, wenn das Wetter -«

»Halt die Klappe«, wurde sie von einer anderen Frau unterbrochen.

»Entschuldigung, mein Fehler«, Olivia drückte ihm eine Flasche Bier in die Hand, dann legte sie den Arm um ihn und räusperte sich. »Das ist Nat!«

»Ach, das ist nicht Jacob?«, die Rothaarige blickte überrascht in die Runde, doch alle anderen ignorierten sie geflissentlich und bemühten sich darum, möglichst unbeeindruckt dreinzublicken.

»Ah, sehr schön. Du bist also Nat. Endlich lernen wir dich kennen!«, der grauhaarige Mann stand auf, zwinkerte ihm zu und reichte ihm die Hand. »Ich bin Ron. Sport!«

Auch wenn Ron wahrscheinlich noch nie in seinem Leben von Nat gehört hatte, versuchte er die Situation zu retten, indem er so tat, als wäre es das Selbstverständlichste auf der Welt, dass Olivia mit ihm hier aufkreuzte.

»Ich bin Rachel. Anzeigenannahme!«, stellte sich eine ältere Dame in einem goldenen Cocktailkleid vor. Nat hatte das Gefühl, als würde sein Kopf jeden Moment explodieren, als er ihr die Hand schüttelte und sich zu einem Lächeln zwang.

»Und ich bin Linda. Graphik und Kaffeekochen!«

»Oh, hey!«, er nickte ihr zu. »Von dir habe ich schon viel gehört. Schön, dich endlich mal kennenzulernen.«

»Ich bin Miranda und ich bin extrem verwirrt, denn eigentlich dachte ich, dass Olivia mit Jacob Labelle –«

»Du bist extrem betrunken«, wurde sie von Ron unterbrochen. »Besser, du schweigst.«

»Wir besorgen uns mal etwas Leckeres und kommen gleich zurück«, verkündete Olivia mit schriller Stimme und schob Nat vor sich her aus der Küche. Kaum hatte sie die Tür hinter sich ins Schloss geworfen, verzog sie das Gesicht und legte beide Hände auf seine Wangen.

»Es tut mir so leid«, sie küsste ihn. »Entschuldige bitte. Das hätte nicht passieren dürfen. Miranda ist ein verdammtes Biest.«

»Scheiße, Olivia«, er blies die Wangen auf. »Hast du deinen Kollegen nicht gesagt, dass du nicht mehr mit Jacob zusammen bist, oder was?«

»Doch, natürlich. Inzwischen weiß jeder davon, aber Miranda ist die Schwester von Anthony. Erinnerst du dich an den Typen, den wir beim Stevens Pass getroffen haben?«

»Ernsthaft?«, Nat raufte sich das Haar. »Dann war das pure Provokation?«

»Ich hätte dich vorwarnen müssen. Sie ist eine Giftspritze. Ich muss mir ihr bescheuertes Gerede jeden Tag anhören, aber ich hätte nie gedacht, dass sie so unverfroren ist.«

In dicke Jacken gehüllt saßen sie unter einem Heizpilz auf der Terrasse und beobachteten das muntere Treiben hinter der Glasscheibe.

»Du musst ein bisschen auf sie aufpassen«, Linda zog an ihrer Zigarette. »Olivia überschätzt manchmal ihre Kräfte und mutet sich zu viel zu.«

»Ich habe eigentlich immer gedacht, dass sie die Signale ihres Körpers ziemlich gut kennt. Auf der Wanderung hatte sie das echt im Griff.«

»Ja, das stimmt schon. Aber sie macht auf mich gerade einen ziemlich übermütigen Eindruck. Im Moment ist ihr Leben ein heilloses Durcheinander. Ich habe einfach Angst, dass wir irgendwann wieder auf der Intensivstation landen. Das war so furchtbar, Nat. Du machst dir keine Vorstellung. Ich weiß nicht, wie lange sie noch gelebt hätte, wenn sie das Herz nicht bekommen hätte.«

Nat warf Olivia einen kurzen Blick zu, die gerade an einem Maiskolben nagte und einer blonden Frau zuhörte, die munter auf sie einredete. Als sie seinen Blick bemerkte, grinste sie ihn breit an und hob die Hand.

»Aber das Herz ist doch...«

»Du musst es wirklich ganz ernst meinen«, Linda blickte ihn eindringlich an und klopfte mit den langen Fingernägeln gegen das Glas, als wollte sie ihrer Forderung dadurch Nachdruck verleihen.

»Wie bitte?«

Die Zweifel an seiner Aufrichtigkeit kamen ihm derart lächerlich vor, dass er ein Lachen nicht unterdrücken konnte. Nat war es so ernst, dass er sich selbst kaum wiedererkannte.

»Ich will dir nicht zu nahe treten, aber deine Frau ist gestorben und Olivia hat ihr Herz bekommen. Du hast Trost gesucht. Es könnte ja sein, dass du in ihr einfach nur...«

»Nein«, unterbrach er sie brüsk. »Was auch immer du jetzt sagen willst: Nein.«

»Sorry, ich mache mir nur Gedanken. Sie soll glücklich sein, okay? Das ist mein einziger Wunsch und im Moment hängt ihr Glück scheinbar von dir ab.«

»Ich habe keine Ahnung, was du von mir denkst, Linda, aber ich kann dir versichern, dass ich vollkommen aufrichtig bin. Olivia ist für mich...«, er hielt kurz inne, um zu überlegen. »Ich denke, sie ist so ziemlich alles für mich.«

»So ziemlich alles?«, ihre Augen weiteten sich und er konnte ein leichtes Zittern ihrer Lippen erkennen, das entweder ihre Entrüstung oder ihre Überraschung zum Ausdruck brachte. Er war sich dessen nicht sicher.

»Ja«, erwiderte er knapp und nahm einen Schluck Bier, dann fokussierte er die Steinplatte, auf der seine Füße standen, und versuchte vergebens, aus dem Stimmengewirr Olivia herauszuhören.

Sie schwiegen eine Weile. Linda wiegte das Cocktailglas in ihrer Hand und seufzte auf.

»Die Trennung von Jacob war vorprogrammiert. Nach der Operation ging es noch eine Weile gut, weil die beiden sich völlig darauf konzentriert haben, dass Olivia wieder fit wird, aber dann hat man allmählich gemerkt, wie sie immer weiter auseinander gedriftet sind.«

»Glaubst du, es war die richtige Entscheidung, dass Olivia sich von ihm getrennt hat?«

»Sie war nicht mehr glücklich, obwohl sie es lange versucht hat. Es ist ja nicht so, als hätte sie kampflos aufgegeben. So ein Mensch ist sie nicht.«

»Sie ist ziemlich widerstandsfähig.«

»Aber das bedeutet nicht, dass sie nicht verletzt werden kann. Ich hoffe einfach, dass sie mit dir glücklich wird und sich nicht täuscht«, Linda stand auf, strich ihren Rock glatt und hob ihr Glas. »Jetzt brauche ich Nachschub. Bin gleich zurück.«

Als Linda davon stöckelte, atmete Nat tief durch. Es war ihm unangenehm, sich immer wieder damit auseinandersetzen zu müssen, dass es vor ihm einen anderen Mann gegeben hatte, mit dem Olivia sogar noch verheiratet war. Jacob lastete auf seinen Schultern und er konnte sich noch so sehr dagegen wehren - wenn er mit Olivia zusammen sein wollte, würde er ihn nicht abschütteln können.

Noch unangenehmer waren jedoch die Zweifel, die Linda offenbart hatte. Es war schlichtweg absurd, davon auszugehen, dass er Eva durch Olivia ersetzen wollte. Sie teilten sich zwar ein Herz, aber dennoch lagen Lichtjahre zwischen ihnen.

Nachdenklich hob Nat die Flasche gegen das Licht und beschloss gerade, kein weiteres Bier mehr zu trinken, als ein lauter Knall ertönte. Augenblicklich verstummten alle Gespräche – nur die Musik dudelte unverdrossen weiter aus den Lautsprechern.

Alarmiert sprang er auf. Dort, wo Olivia vor wenigen Minuten noch gesessen war, saß niemand mehr. Alles, was er sah, waren Menschen, die schockiert zu Boden blickten und einen Mann, der sich hinab beugte. Nat spürte ein heftiges Ziehen in seiner Brust. Gerade wollte er hinein stürmen, als ein hochrotes Gesicht hinter dem Tisch auftauchte und verlegen in die Runde lachte.

»Bisschen viel Prosecco, was?«, scherzte eine Kollegin und half Olivia dabei, Staub von ihrem schwarzen Etuikleid zu klopfen.

»Du sagst es.«

Ihre Blicke begegneten sich für einen Moment – beide wussten, dass sie schon den ganzen Abend nur Mineralwasser in ihr Sektglas gefüllt hatte. Nachdem Olivia noch einen halbherzigen Witz gemacht hatte, eilte sie zu ihm auf die Terrasse. Sie lächelte immer noch, aber das Lächeln wirkte künstlich und eingemeißelt – sie war kreidebleich.

»Was war das denn?«, fragte Nat besorgt.

»Bin umgeknickt.«

»Schwindlerin.«

»Bist du schon mal auf Zahnstochern gelaufen? Ich hasse diese Dinger«, sie zeigte ihm ihre Schuhe, deren Absätze tatsächlich recht hoch waren. Erschöpft lehnte sie sich an ihn, legte den Arm um seine Hüften und hielt sich an einer Gürtelschlaufe seiner Hose fest.

»Im Ernst, Olivia. Was war los?«

»Ich wollte einfach zu schnell aufstehen«, sie küsste seinen Hals. »Alles gut.«

»Du würdest mir doch sagen, wenn –«

»Alles gut«, wiederholte sie, drängte sich an ihn und blickte ihm tief in die Augen. »Hast du dich gut mit Linda unterhalten?«

»Naja, ja«, er schluckte. »Sie passt gut auf dich auf.«

»Musstest du ihr versprechen, mich auf Händen zu tragen und bis in alle Ewigkeit mit mir im siebten Himmel zu schweben?«

»So ähnlich könnte man es ausdrücken.«

»Sehr schön. Das wäre nämlich auch in meinem Interesse.«

»Sie hat Angst, dass ich dir das Herz breche.«

»Ja, das darfst du nämlich nicht«, sie hob mahnend den Zeigefinger. »Lass uns gehen, ja? Mir reicht's.«

»Wolltest du dir nicht noch das Feuerwerk ansehen? Es ist gleich Mitternacht.«

»Du bist doch mein Feuerwerk«, säuselte sie. Noch ehe sie darüber diskutieren konnten, ob sie gehen oder bleiben wollten, fingen Menschen an, nach draußen auf die Terrasse zu drängen. Plötzlich stand Linda bei ihnen und hatte Olivia den Arm um die Schulter gelegt.

»Gleich ist es soweit«, hauchte Olivia und griff nach seiner Hand. Ein Chor zählte runter bis Mitternacht. Bunte Fontänen ergossen sich in den Nachthimmel, glitzernder Regen, dichte Rauchschwaden. Die Stadt brannte. Halbvolle Gläser schwankten durch die Luft und klirrten, wenn sie aneinanderstießen. Menschen lagen sich in den Armen und beobachteten die bunten Explosionen. Linda mischte sich in die Menge und wollte Olivia mit sich ziehen, doch die winkte ab. Stattdessen drehte sie sich zu ihm um und schlang die Arme um seine Hüfte.

»Frohes neues Jahr, Nat«, flüsterte sie und lächelte ihn mit funkelnden Augen an. »Lass uns die bösen Geister vertreiben.«

»Müssen wir dazu ein paar Blumen verbrennen?«

»Nein, es ist viel naheliegender.«

Noch ehe er antworten konnte, legte sie ihre Lippen auf seine und küsste ihn. Gerade hatte er sich gegen die Hauswand gelehnt, als jemand *Auld Lang Syne* anstimmte und Olivia sich sanft von ihm löste. Auch sie waren manch müden Schritt gewandert, dachte er, als er in ihr erhitztes Gesicht blickte.

Heute Morgen hatten sie beim Frühstück mit der Hotelbesitzerin über die Geräusche gesprochen. Die Dame faselte etwas von alten Leitungen – genau so, wie Nat es prophezeit hatte, doch Olivia konnte nicht aufhören, sich irgendwelche Schauergeschichten auszudenken.

»Bestimmt wartet das kleine Mädchen schon auf uns«, schnaufte Olivia, als sie vor ihm die Treppe zum dunklen Obergeschoss hochstapfte. »Plötzlich steht sie röchelnd vor unserem Bett und dann ertönt die leise Melodie eines Glockenspiels.«

»Im Auto waren es doch noch die Geister eines unglücklichen Liebespaares und eine Puppe mit ausgestochenen Augen?«

»Oh, das stimmt. Die kommen ja noch dazu«, sie wirbelte herum und machte ein erschrockenes Gesicht, dann lachte sie. »Schrecklich. Wir gehen nie wieder in so ein Hotel, okay?«

»Du hast es dir selbst ausgesucht«, er legte den Arm um sie. »Da musst du jetzt durch.«

Nat schloss die Zimmertür auf und schaltete das Licht an. Das Bett war ordentlich gemacht und frische Handtücher lagen auf dem geblümten Sessel.

»Ich fühle mich wie gekaut und ausgespuckt. Was für ein Abend«, er schlüpfte aus seinen Schuhen und zog sein Sakko aus, dann ließ er sich langgestreckt auf die Matratze plumpsen.

»Menschen sind ganz schön anstrengend, hm?«

»Vor allem Menschen auf Partys«, er räusperte sich. »Ich hatte das Gefühl, dass mich jeder anstarrt und dass alle über uns reden.«

»Oh, das haben sie auch ganz bestimmt getan«, Olivia setzte sich neben ihn und strengte sich an, den Reißverschluss ihres Kleides zu öffnen. »Wir haben ihnen einigen Gesprächsstoff geliefert, denke ich.«

»Eigentlich ist es ja völlig egal«, Nat rappelte sich auf und öffnete den Reißverschluss. »Hauptsache sie verwechseln mich nicht mit Jacob.«

»Das war keine Verwechslung«, sie schob das Kleid über ihre Hüften und stützte sich dabei auf seinem Oberschenkel ab. »Das war nur eine hässliche Frau, die es nötig hatte, mich bloßzustellen. Solche Affronts muss man ignorieren. Aber die anderen Leute waren doch ganz nett, oder? Und das Feuerwerk war auch schön.«

»Mhm.«

Nat war heilfroh, endlich mit Olivia allein zu sein. Die Stille war wohltuend und das Bett so weich, dass er schläfrig wurde. Aus der Ferne hörte man zwar immer noch das dumpfe Knallen von Feuerwerkskörpern, aber es war so leise, dass es ebensogut die alten Holzbalken hätten sein können. Behutsam legte er seine Hand auf ihren Rücken. Die Haut fühlte sich warm an und war ein wenig klebrig, weil Olivia geschwitzt hatte.

«Danke, dass du mich begleitet hast«, sie lächelte ihm über die Schulter zu.

»Tja, frohes neues Jahr, froher neuer Geist«, er grinste und fuhr mit dem Zeigefinger ihre Wirbelsäule entlang, dann wuchtete er sich auf. »Ich gehe mal ins Badezimmer.«

Im Gehen zog er sein Shirt aus und hatte es gerade auf die Kommode geworfen, als ein ohrenbetäubendes Klirren ertönte, ein Schlag den Boden erschütterte und harte Brocken auf ihn niederrieselten.

Ungläubig blickte Nat auf den Stein, der in einem Meer kristallener Scherben vor ihm auf dem Boden lag, dann drehte er sich in Zeitlupe zum Fenster. Der Atem rasselte durch seine Lungen und trotzdem hatte er das Gefühl, nicht genug Luft zu bekommen. Es dauerte ein paar Sekunden, ehe er sich gewahr wurde, was geschehen war.

Reifen, die auf den Kieseln durchdrehten. Motorengeräusche. Ein rotes Licht, das in der Dunkelheit verschwand. Jemand hatte die Fensterscheibe eingeworfen.

»Oh Gott. Bist du verletzt?«, fragte Olivia mit krächzender Stimme. Sie stand vor dem Bett und hatte sich beide Hände auf die Wangen gedrückt, während sie ihn schockiert anstarrte.

»Ich...«, er blickte an sich hinab und versuchte auszumachen, ob er Schmerzen fühlte. Kleine Scherben klebten auf seiner nackten Brust. »Nein, ich glaube nicht.«

»Wer war das?«

»Woher soll ich das wissen?«

Die Scherben knirschten unter ihren Sohlen, als sie zu ihm hastete, um ihm seine Schuhe zu bringen – den Blick furchtsam auf das Fenster gerichtet. Ein kühler Wind wehte ins Zimmer und rüttelte an den Bäumen, sonst war alles ganz still.

»Sind sie weg?«

»Ich habe einen Motor gehört«, er nickte. »Ich denke, die sind abgehauen.«

»Vielleicht waren es betrunkene Jugendliche?«

»Vielleicht«, er hob die Schultern. Er hatte instinktiv an Jacob gedacht, doch diesen Gedanken würde er nicht mit ihr teilen.

»Sie haben das Licht gesehen und wollten uns einen Schrecken einjagen«, versuchte Olivia eine Erklärung zu finden.

»Gerade als ich am Fenster vorbeigegangen bin?«, er zog argwöhnisch die Augenbrauen hoch und hielt sich an ihr fest, als er umständlich in seine Schuhe schlüpfte.

»Das war bestimmt keine Absicht. Sie wollten niemanden verletzen«, wisperte sie und fing an, mit zitternden Fingern die Glasscherben von seiner Haut zu entfernen. Zum Glück war er unversehrt – nur auf seiner linken Brust hatte er einen kleinen Schnitt abbekommen. Olivia berührte die Wunde mit einer Fingerspitze, dann betrachtete sie das dunkle Blut.

»Tut es weh?«

Nat schüttelte den Kopf und musterte sie. Ihr Gesicht war kreidebleich und sie presste die Lippen so fest aufeinander, dass ihnen jegliche Farbe entwichen war.

»Glaubst du, das war ein Versehen?«, fragte er tonlos.

»Alles andere würde mir zu viel Angst machen«, sie erwiderte seinen Blick. »Das waren einfach nur Jugendliche. Ein dummer Streich.«

»Wir müssen jemanden anrufen«, er deutete zum Fenster, dann auf die Scherben. »So können wir hier nicht bleiben.«

»Sollen wir die Polizei verständigen?«, sie griff nach seiner Hand und zog ihn zurück zum Bett. Nat hatte zwar keine Ahnung, doch er schüttelte den Kopf.

«Die haben heute Nacht bestimmt genug zu tun. Die ganze Stadt ist im Ausnahmezustand.«

Natürlich gelang es ihnen nicht, die Hotelbesitzerin zu erreichen. Die Rezeption war nicht besetzt - so saßen sie nebeneinander auf dem Bett und hatten sich die Decke über die Schulter gelegt, weil es kühler und kühler wurde. Irgendwann stand Olivia auf und schloss die Vorhänge, dann versuchte sie umständlich, die Scherben zusammen zu schieben. Immer wieder loderte der Verdacht in ihm auf, dass es Jacob gewesen war, der die Scheibe eingeworfen hatte. Er wollte ihre Zweisamkeit stören, wollte ihnen Angst machen und seine Wut an ihnen abreagieren. Vielleicht - das war der finsterste Gedanke - hatte er nur darauf gewartet, den Stein zu werfen, wenn Nat am Fenster erschien.

»Morgen. Wir kümmern uns morgen darum, okay? Lass uns jetzt schlafen«, Olivia schlang die Arme um ihren Körper und ging zurück zum Bett. »Ich bin furchtbar erschöpft.«

Nat konnte nicht schlafen. Er beobachtete die Vorhänge, die im Wind flatterten und passte auf, dass die Decke nicht von Olivias Schultern rutschte. Kaum hatte sie sich hingelegt, war sie eingeschlafen. Während der Atem gleichmäßig über ihre Lippen strömte, war Nat aufgekratzt und nervös. Er spielte mit ihrem Haar, dann mit seinem. Er setzte sich auf, legte sich hin. Selbst in der Dunkelheit glitzerten die Scherben.

Er fand keine plausible Erklärung dafür, dass jemand mitten in der Nacht zu einem einsamen Hotel fuhr, um dort eine Scheibe einzuwerfen. Eine einzige Scheibe, hinter der ein einziger Mensch gerade auf dem Weg ins Badezimmer war. Jacob war ihm auf den Fersen. Er witterte seine Anwesenheit, witterte etwas Verwesendes.

Tote Vögel. Fensterscheiben. *Resilience.* Jetzt gab es Olivia in seinem Leben. Mehr noch, jetzt gab es wieder etwas, das man als Leben bezeichnen konnte und das er verteidigen würde.

Am nächsten Morgen standen sie sehr früh auf und packten ihre Sachen, dann riefen sie die Hotelbesitzerin an und teilten ihr mit, was geschehen war. Es dauerte keine fünf

Minuten und die Dame kam mit der gesamten Belegschaft angerauscht, um den Schaden zu begutachten.

»Diese vermaledeite Silvesternacht. Jetzt ziehen sie schon hoch in die Wälder«, knurrte sie.

»Wer?«

»Jugendliche. Gelangweilte Jugendliche, denen nichts Besseres einfällt, als das Eigentum anderer Menschen zu zerstören.«

Olivia nickte und warf Nat einen vielsagenden Blick zu. Das war eine einleuchtende und hinreichend harmlose Erklärung, die sie akzeptieren konnte. Der Schrecken war ihr immer noch ins Gesicht geschrieben. Bleich, mit rot umränderten Augen, erschöpft.

Während das Fenster provisorisch mit Holzbrettern vernagelt wurde, luden sie ihr Gepäck ins Auto. Sie hatten beschlossen, zum Frühstücken in ein Diner zu fahren und hatten es eilig, zu verschwinden, weil sie einen Bärenhunger hatten.

»Keine zehn Pferde bringen mich jemals wieder in so ein abgeschiedenes Hotel«, verkündete Olivia, nachdem sie eingestiegen war. »Das nächste Mal schlafen wir in einem Zelt auf dem Sportplatz.«

»Wenn du darauf bestehst?«, er lachte und startete die Zündung. Während er den Wagen über die Straßen steuerte, lehnte Olivia an ihm und summte leise zur Musik, die im Radio gespielt wurde. Immer wieder seufzte die inbrünstig auf.

»Woran denkst du, Indianermädchen?«

»Wenn du nachhause fährst, bist du so weit weg.«

»Das stimmt«, er legte den Arm um ihre Schulter. »Aber wir sehen uns bald wieder.«

»Mhm.«

Olivia wirkte abwesend. Obwohl sie es genossen hatten, sich endlich wiederzusehen, war das Wochenende auch ziemlich kraftraubend gewesen. Nat musste daran denken, was Linda gesagt hatte – ein bisschen aufpassen – und er verstärkte den Druck seiner Hand.

»Was ist mit dir? Sitzt dir der Schock noch in den Knochen?«

»Nein, das ist es nicht«, sie fuhr mit dem Daumennagel die Rillen seiner Jeans entlang. »Ich bin traurig. Ich will nicht, dass du gehst.«

»Soll ich dich einfach mitnehmen? Ich könnte hier gleich auf die Interstate fahren.«

Natürlich hatte er im Rausch der Gefühle schon tausendmal darüber nachgedacht, sie zu fragen, ob sie nach Blackwater kommen würde, um mit ihm zu leben. Natürlich würde er das wollen. Die Worte lagen auch schon auf seiner Zunge – er hätte sie nur aussprechen müssen, aber dann fehlte ihm der Mut. Es war einfach noch zu früh.

»Ich rufe Yepa an«, murmelte sie. »Vielleicht können wir bald nach Mitaquah fahren.«

»Wenn du mir sagst, wann, bin ich bereit.«

»Und dann suchen wir uns dort ein kleines Häuschen, feiern Hochzeit und gründen eine Familie.«

Es war das erste Mal, dass er sie heute lachen hörte. Sein Herz galoppierte und er lächelte sie glücklich an. Auch wenn es nur ein Scherz war – die Vorstellung dieser Zukunft wurde zu einem Kribbeln in seiner Magengrube.

»Willst du meine Squaw sein, mir Frühstück ans Bett bringen und abends meine Füße massieren, bis wir in die ewigen Jagdgründe eingehen?«

»Ja, ich will!«, hauchte sie mit theatralischer Ergriffenheit, nahm seine Hand und küsste sie.

»Muss ich deiner Mutter jetzt Pferde schenken? Macht man das nicht so bei Indianern?«

Er setzte den Blinker und bog in die Straße ein, in der ihr Elternhaus stand, als Olivia sich in seinen Oberarm krallte und mit der anderen Hand durch die Luft fuchtelte.

»Fahr hier ran«, zischte sie verärgert. »Da steht Jacobs Auto!«

Urplötzlich verspürte er wieder diese Wut, die seine Synapsen feuern ließ und ihn unter Strom setzte. Er stöhnte genervt auf und parkte den Wagen neben einem Spielplatz, von dem aus Kindergeschrei ins Wageninnere drang.

»Kann nicht ein einziger Tag vergehen, ohne dass dieser Typ irgendwie auftaucht? Ich weiß ja, dass er nicht einfach so verschwindet, aber verdammt.«

»Keine Ahnung, was er jetzt schon wieder will. So langsam weiß ich nicht mehr, was ich ihm sagen soll«, sie atmete tief durch und neigte den Kopf zur Seite. »Aber es wäre wahrscheinlich nicht gut, wenn du jetzt noch mit reinkommen würdest.«

Tatsächlich wäre das eine denkbar schlechte Idee, denn so aufgebracht wie er war, würde er kein normales Wort über die Lippen bringen.

»Sehr schön! Das bedeutet, dass ich jetzt nachhause fahre«, erwiderte er in vorwurfsvollem Tonfall. »Und wir müssen uns hier im Auto verabschieden, damit er uns nicht sieht, richtig? Wir müssen uns verstecken.«

»Tut mir leid, dass alles so durcheinander ist«, wiederholte sie hilflos und wickelte sich eine Haarsträhne um den Zeigefinger. Das machte sie immer, wenn sie unsicher war.

»Du trägst keinen Ring mehr, aber du bist immer noch seine Ehefrau. Du musst damit rechnen, dass dein Mann dich sehen will.«

Als er den erschrockenen Ausdruck auf ihrem Gesicht sah, tat es ihm leid, dass er so heftig gesprochen hatte. Wie ein Häufchen Elend saß sie vor ihm und nagte an ihrer Unterlippe. Das Haar zerzaust, bleich und schuldbewusst – dabei war es natürlich nicht ihre Schuld, dass Jacob hier aufgetaucht war.

Nat wollte gerade etwas Besänftigendes sagen, als sie sich abschnallte und plötzlich auf seinem Schoß saß. Etwas überrascht blickte er sie an. Ihm lag schon ein Spruch auf den Lippen, als er die Tränen in ihren Augen erkannte. Kurzerhand zog er an dem Hebel seines Sitzes und ließ ihn zurückgleiten, dann nahm er sie fest in die Arme.

»Schon okay«, flüsterte er und streichelte über ihr Haar.

»Nein«, sie drückte sich an ihn. »Es ist nichts okay.«

»Wir sind doch okay.«

»Ich weiß nicht. Ich fühle mich nicht okay.«

»Wegen Jacob?«

»Und wegen dir.«

»Wegen mir?«, Nat legte beide Hände auf ihre Schultern und schob sie zurück, sodass er ihr ins Gesicht blicken konnte.

»Alles ist so verworren. Hast du nicht langsam die Schnauze voll?«

»Doch, irgendwie schon.«

»Aha!«, stieß sie aus und ließ sich mit dem Rücken gegen das Lenkrad fallen. Im selben Moment ertönte die Hupe und ließ Olivia aufschrecken. Nat brach in schallendes Gelächter aus und zog sie wieder nah zu sich heran. Sie fokussierte ihn aus schwarzen Augen, während ihre Miene unbewegt blieb.

»Du hast die Schnauze voll?«

»Aber nicht von dir. Nur von Leuten, die nach Jacob fragen und von Leuten, die Jacob heißen und mit dir verheiratet sind.«

Kurz zuckte ein Lächeln über ihr Gesicht, dann senkte sie den Kopf und zeichnete mit dem Zeigefinger den Schriftzug nach, der auf seinem Shirt abgedruckt war.

»Irgendwann wird Jacob sich damit abfinden und irgendwann hören die Leute auch auf, davon zu reden.«

»Ach, andere Leute sind mir doch völlig egal«, er küsste sie zärtlich. »Ich komme mit dem Gerede klar. Es ist nur anstrengend.«

»Wir waren noch nie unbeschwert«, ihre Mundwinkel zuckten, als wollte sie Worte zurückhalten, die nicht für seine Ohren bestimmt waren.

»Doch, natürlich waren wir das. Außerdem ist es doch so: Alles, was schwer ist, sinkt tief.«

Er dachte an die Nächte, in denen er mit ihren Briefen auf dem Bett gelegen war und sich vorgestellt hatte, wie sie aussah. Dann dachte er an die Nächte, in denen er sich vorgestellt hatte, wie sich ihr Herzschlag in seiner Hand angefühlt hatte und an die Nächte, in denen er diesen Herzschlag an seiner Brust spüren konnte.

»Ich fühle mich tonnenschwer und ich will versinken«, jammerte sie und machte einen völlig überforderten Eindruck. Olivia hatte zu wenig geschlafen, zu wenig gegessen und der Stress der letzten Wochen, wenn nicht sogar der letzten Monate, forderte seinen Tribut. Niemand konnte immer stark und entschlossen sein – wer wusste das besser als Nat?

»Hey, wo ist denn das Indianermädchen?«, er legte seine Hand unter ihr Kinn. »Ich würde nämlich gerne mit ihr darüber sprechen, wann wir zu ihrem Stamm fahren, damit sie mich dem Häuptling vorstellen kann.«

»Sie kommt bestimmt bald zurück«, ihre Augen leuchteten auf. »Kann ich ihr vielleicht etwas ausrichten?«

»Du könntest ihr sagen, dass sie nicht vergessen soll, den weißen Wolf zu füttern und dann vielleicht noch so etwas in dieser Art...« Er legte seine Lippen auf ihren Mund und küsste so sie langsam und intensiv, bis er spürte, dass ihre Lippen fester wurden – sie lächelte.

»Sonst noch etwas?«

Die Farbe war in ihr Gesicht zurückgekehrt. Olivia hatte die Arme um seinen Hals gelegt und blickte ihn schmunzelnd an.

»Ich flüstere es dir ins Ohr, okay?«

## Blackwater

Nachdem er Yukon abgeholt hatte und noch auf ein Bier bei Joe geblieben war, fuhr er schließlich nachhause. Die Sonne stand tief – er war fast den ganzen Tag unterwegs gewesen und ihm wurde nochmal bewusst, wie groß die Distanz war. Irgendwann würden sie dafür eine Lösung finden müssen.

Nat war ausgelaugt, als er das Tor passierte und den Wagen die Einfahrt hinabrollen ließ. Er musste das Wochenende verdauen. Es kam ihm vor, als hätte er alles zum ersten Mal getan. Die Nervosität, bevor man sich fremden Menschen vorstellte. Der holprige Smalltalk auf einer Party. Mit einer Frau zusammen sein. Eine Attacke überleben.

Wahrscheinlich würde er sofort ins Bett fallen und zwei Tage durchschlafen. Gähnend öffnete er den Kofferraum und ließ Yukon herausspringen, der sofort zu den Hecken trabte und das Bein hob.

»Beeil dich, Kumpel«, Nat wuchtete die Tasche über seine Schulter und drehte sich zum Haus um. »Was ist das für eine Scheiße?«

Die Tasche landete wieder auf dem Boden und er pfiff Yukon heran. Langsam näherte er sich dem Haus und ließ den Hund dabei nicht aus den Augen. Sobald Yukon etwas witterte, würde er die Rute steil aufstellen und die Ohren anlegen. Sie waren fast bei der Treppe angelangt, doch Yukon blieb ruhig. Fassungslos betrachtete Nat die zerschlagenen Blumentöpfe auf der Veranda, dann wanderte sein Blick zu den Fenstern – dorthin, wo er nun seine Reflexion erkennen sollte. Lange Glassplitter ragten aus dem Holz. Wutentbrannt stürmte er ums Haus herum – dicht gefolgt von Yukon. Es gab keine einzige Glasscheibe, die nicht spinnennetzartig zersprungen war. Nat war außer sich. Mit aller Kraft trat er gegen die hölzerne Fassade und brüllte. Durch die Erschütterung stürzte das Mosaik aus Scherben in sich zusammen. Glas bröckelte aus dem Rahmen und Nat trat gleich nochmal zu. Noch fester und noch wütender. Er trat so lange auf die Fassade ein, bis sich das unterste Brett löste und nur noch an einem Nagel baumelte.

»Scheiße!«

Er rannte zurück zur Veranda, schloss mit zitternden Händen die Tür auf und stürzte in die Küche, wo er sich den Baseballschläger schnappte, der unter der Sitzbank lag. Es war keine Angst, die sein Herz wie Fausthiebe gegen seinen Brustkorb schmettern ließ. Er war so wütend, dass er es kaum schaffte, nicht ununterbrochen zu brüllen.

»Wo bist du?«

Nat schwang den Baseballschläger, der schwer in seiner Hand lag, und hechtete ins Wohnzimmer. Nichts, außer drei Steinen und eisiger Kälte. Ins Schlafzimmer. Nichts, außer einem Stein und eisiger Kälte. Auch das Badezimmer sah so aus, wie er es verlassen hatte. Als er zurück in die Küche polterte, stand Yukon mit eingezogener Rute da und zitterte am ganzen Leib. Nie zuvor hatte er erlebt, dass Nat so ausgerastet war.

»Alles okay«, presste er hervor und schmiss den Baseballschläger auf den Boden. »So eine Scheiße, verdammt. So eine verfluchte Scheiße!«

Es bestand kein Zweifel mehr. Das war eine Botschaft. Das war eine Kriegserklärung.

Schnaubend zerrte Nat sein Telefon aus der Hosentasche und wählte die Nummer der Polizei, doch schon nach dem ersten Klingeln legte er wieder auf. Er musste sich erst beruhigen und darüber nachdenken.

Der Schweiß lief in Strömen über sein Gesicht, als er zum Kühlschrank trat und sich eine Flasche Bier holte. Er trank gierig, pumpte das Gesöff runter, bis die Flasche leer war. Grimmig starrte er auf die Scherben, die auf dem Polster der Sitzbank lagen.

Kurz verspürte er den Impuls, Olivia anzurufen, um ihr an den Kopf zu werfen, was ihr Ehemann hier angerichtet hatte. Er wollte hören, dass sie erschüttert war. Er wollte, dass es ihr leid tat und dass sie vor Bestürzung und Schuld in Tränen ausbrach. Jemand sollte Reue zeigen und Verantwortung übernehmen.

»Was ist los mit dir, du Idiot?«, verfluchte er sich selbst.

Nat konnte weder klar denken noch seine Gefühle kontrollieren, aber er wusste genau, dass er Olivia den Boden unter den Füßen wegziehen würde, wenn er sie nun anrief. Nachdem er sich noch ein Bier genommen hatte, stapfte er ins Wohnzimmer und ließ sich auf die Couch fallen. Wer Scheiben zerschlug, würde vielleicht auch Menschen zerschlagen. Nat konnte nicht einschätzen, wie ernst es Jacob mit seinen Drohungen war. Wollte er ihm Furcht einflößen, damit Nat sich von Olivia trennte, um Schlimmeres zu verhindern? Würde die Situation völlig eskalieren, wenn es hart auf hart kam und wenn Nat es darauf anlegte?

# Olivia

## Blackwater

Es war eine weite Strecke. Nat fuhr niemals selbst, wenn es dunkel war. Der Tag war zwar bereits angebrochen und die Sonne blinzelte hinter den Bäumen hervor, trotzdem saß Olivia am Steuer ihres Fords, als sie sich auf den Weg machten. Während sie den Wagen wendete und langsam die Einfahrt hochfuhr, fummelte Nat an den Knöpfen des Radios rum. Es rauschte und knackte aus den Boxen, dann hatte er endlich eine Frequenz gefunden und ließ sich zufrieden zurücksinken.

»Können wir noch kurz bei Susan halten? Ich brauche einen Kaffee, sonst schlafe ich sofort wieder ein«, er gähnte demonstrativ.

»Du hättest doch zuhause einen trinken können.«

»Zuhause musste ich mir aber anhören, dass meine Jeans wie Lumpen aussehen und wurde dazu gezwungen, meinen ganzen Schrank zu durchsuchen.«

»Ist ja gut«, erwiderte Olivia lächelnd und setzte den Blinker. Vor dem Laden standen zwei dicke Autos und ein Motorrad, sodass sie auf der anderen Straßenseite parken musste. »Bringst du mir etwas Süßes mit?«

Sie blickte ihm nach, als er über die Straße joggte und kurz darauf hinter der Tür verschwand, die mit bunten Werbeplakaten volltapeziert worden war.

Gestern hatten sie sich nach zwei Wochen endlich wiedergesehen. Sie mussten im Motel übernachten, weil Nat sein Haus renovierte. Als sie gerade vorbeigefahren waren, um ein paar Klamotten zu holen, hatte Olivia mit eigenen Augen gesehen, wie viel Arbeit er sich gemacht hatte. Das kleine Haus war eine einzige Baustelle - Nat hatte sogar das Tor ausgewechselt. Jeden Tag bewies er ihr, dass er sein Leben wieder in die Hand genommen hatte. Die Liste lag zwar immer noch in ihrer Nachttischschublade, aber sie dachte kaum noch daran. Stattdessen dachte sie an alles, was vor ihnen lag. Wenn Nat bei ihr war, fühlte sich alles besser an. Als wäre es immer der richtige Zeitpunkt, immer der richtige Ort.

Plötzlich wurde die Wagentür aufgerissen. Er stieg mit einem Becher Americano wieder ein und hielt ihr etwas unter die Nase.

»Süß genug?«

Olivia vertrieb die Zuckerwatte aus ihrem Kopf und blinzelte auf einen kitschigen Schlüsselanhänger hinab. Es war ein Waschbär mit grotesk großen Kulleraugen.

»Oh, vielen Dank. Der ist ja niedlich. Ich liebe Waschbären, musst du wissen«, Olivia lachte und hängte den Schlüsselanhänger an den Rückspiegel, dann drückte sie Nat einen Kuss auf die Wange. »Bist du bereit?«

Aus den Lautsprechern dudelte *Wayfaring Stranger* und sie sangen lauthals mit. Olivia schief und schräg, Nat wie eine Nachtigall – zumindest behauptete er das.

Es war regnerisches Wetter und die Wolken wurden dunkler, je näher sie der Küste kamen, aber das tat ihrer Laune keinen Abbruch. Olivia trommelte im Takt auf dem Lenkrad herum, während Nat das Radio noch lauter aufdrehte.

»Ich freue mich so«, strahlte sie ihn an.

»Und ich hoffe, dass sie mich nicht skalpieren.«

»Blödmann!«

## Mitaquah

Yepa hatte ihnen zu einem vergünstigten Preis eine kleine Hütte besorgt, die direkt neben dem Gemeindezentrum auf einem Campingplatz stand. Als Olivia in Mitaquah gewesen war, hatte sie das Gelände gesehen. Es war ziemlich trostlos und bestimmt nicht so idyllisch, dass man sich dort wochenlang aufhalten wollte, aber sie freute sich unbändig darauf, mit Nat zusammen zu sein und ihre Familie besser kennenzulernen – wo sie die Nächte verbrachten, war eigentlich egal.

Noch heute Abend würden sie Anoki und Diana besuchen. Im Kofferraum lagen alte Fotoalben, die sie gemeinsam mit ihnen ansehen wollte. Olivia sprach seit Tagen von nichts anderem als von diesem Besuch. Sogar Paula hatte sich dazu hinreißen lassen, eine Karte zu schreiben, denn jeder sollte wissen, dass Wynono Charles Saunders endlich das Licht der Welt erblickt hatte.

Während sie die Hauptstraße entlang schlenderten, erzählte sie ihm alles, was sie über Totempfähle wusste. Schließlich bogen sie in die schmale Straße ein, die durch einen kleinen Wald führte, dessen Bäume sie mit Dunkelheit umfingen.

»Du bist dir auch wirklich ganz sicher, dass sie mich nicht mit Jacob verwechseln?«

»Ja, natürlich bin ich mir sicher«, sie lachte. »Und nein, sie werden dich sicher nicht mit ihm verwechseln.«

»Puh!«, er tat so, als würde er sich Schweiß von der Stirn wischen. »Gibt es eigentlich etwas Neues von ihm?«

»Linda sagt, sie hätte ihn mit einer geheimnisvollen Fremden gesehen. Sie saßen im *Nightingale* und wirkten wohl ziemlich vertraut. Und manchmal ruft er eben noch an, um ein bisschen zu reden.«

»Hast du ihm gesagt, dass du beim Anwalt warst?«

»Ja«, sie seufzte gequält auf. »Er war nicht gerade begeistert, aber dann hat er versprochen, dass er sich auch um Rechtsbeistand kümmert.«

Nat brummte etwas, das sie nicht verstehen konnte. Seitdem er sie zuhause besucht hatte, sprach er kaum noch von Jacob und versuchte das Thema zu wechseln, wann auch immer es ging. Nicht, dass Olivia sich daran gestört hätte – sie würde auch am liebsten darüber schweigen, um ihn nicht zu verletzen. Es musste schwer für ihn sein, zu akzeptieren, dass Jacob immer noch eine Rolle in ihrem Leben spielte.

Es war ein ausgesprochen hübsches Haus, in dem Anoki mit Diana lebte. Weiße Schindeln, große Sprossenfenster und ein gepflegter Vorgarten mit verblühten Rosenbüschen.

Vor dem knallroten Briefkasten blieb Olivia stehen und drehte sich zu ihm um.

»Gleich ist es soweit«, flüsterte sie und legte beide Hände auf seine Wangen. »Ich bin wahnsinnig aufgeregt.«

»Das ist also deine Indianerfamilie.«

»Das stimmt. Sollen wir?«

Als er nickte, griff Olivia nach seiner Hand und gemeinsam stiegen sie die Treppe zur Haustür hinauf. Saunders stand auf dem Messingschild über der Klingel und ihr Grinsen wurde noch breiter. Gerade wollte sie den Zeigefinger auf den Knopf legen, als Nat seine Hand auf ihren Unterarm legte.

»Olivia«, flüsterte er und blickte sie aus unergründlichen Augen an. Seine Lippen wurden von einem Lächeln umspielt.

»Hm?«

Anstatt ihr zu antworten, küsste er sie zärtlich, dann löste er sich von ihr und klingelte. Mit erhitzten Gesichtern standen sie vor der Tür, lächelten sich an und lauschten den Schritten, die sich zügig näherten.

»Ah, wie schön. Da seid ihr ja«, Anoki war so groß, dass er den ganzen Türrahmen ausfüllte. »Diana, Liebes, kommst du runter? Olivia und ihr Mann sind da.«

Sie warf ihm einen kurzen Blick zu und stellte entzückt fest, dass er mit einem breiten Grinsen neben ihr stand.

Kurz nachdem Diana in einem blauen Kleid an der Tür erschienen war und sich alle begrüßt hatten, standen sie mit Sektgläsern im Wohnzimmer. Olivia blickte sich neugierig um. Auf dem Kamin standen unzählige Bilderrahmen.

»Sind das alle Saunders?«

»Naja, offensichtlich nicht«, lachte Anoki und deutete auf die Karte, die Olivia ihm vorhin überreicht hatte. »Den kleinen Wynono haben wir ja schon, aber uns fehlen noch Bilder von euch. Ihr könnt uns also gerne eure Urlaubs- oder Hochzeitsbilder zukommen lassen, dann finden wir hier auch noch ein Plätzchen.«

»Ach, das wäre ja schön«, flötete Diana aus der Küche.

Olivia biss sich auf die Unterlippe, als sie Nats amüsierten Blick auffing. Der Irrglaube, sie wären verheiratet, schien ihm zu gefallen.

»Wenn ihr darauf besteht, werden wir euch natürlich sobald wie möglich ein Bild von uns zukommen lassen«, schmunzelte sie und drückte seine Hand noch etwas fester.

»Wir bestehen darauf, denn...«

In diesem Moment klingelte es an der Haustür. Anoki zwinkerte ihnen zu und verschwand im Flur, aus dem kurz darauf aufgeregte Kinderstimmen und die Feuerwehrsirene eines Spielzeugautos ertönten.

»Tja, Indianermädchen, hier bin ich also dein Mann. Wie gefällt dir das?«, flüsterte Nat und legte die Hände auf ihre Hüften. Sein Atem strich über ihre Haut und sie meinte, einen Duft herausriechen zu können, der sie an Süßgräser erinnerte – wie Vanille oder sonnenwarmes Heu.

»So sollte es sein, denke ich«, sie strich ihm behutsam eine Haarsträhne aus dem Gesicht.

»Hast du davon geträumt? Von uns?«, fragte er.

Als Olivia nickte, leuchteten seine Augen hell auf. Er befeuchtete seine Lippen und für einen Moment wünschte sie sich zurück in ihre Hütte, um mit ihm allein zu sein.

»Hey Cousine«, Yepa fiel ihr um den Hals, als wären sie schon seit Jahren eng miteinander befreundet. »Wie schön, dass ihr da seid. Ich habe mir morgen extra freigenommen, damit ich euch alles zeigen kann.«

Mit einem herzlichen Lächeln begrüßte sie Nat, dann tanzte Henry heran und hob stolz sein Feuerwehrauto in die Höhe.

»Sehr cool. Darf ich mal?« Nat ging vor dem Kind in die Hocke und streckte die Hand nach dem Spielzeug aus.

Während alle schon am Tisch saßen und munter miteinander plauderten, krabbelte er über den Boden und spielte irgendwas, das sich nach großflächigem Brand, Einbrecher und Bauernhof anhörte. Olivia hätte sich am liebsten heimlich unter den Tisch gesetzt, um ihn von dort zu beobachten. Ihr Herz quoll über vor Glück, als er Henry, dem kleinen schwarzhaarigen Jungen mit den großen Kulleraugen, etwas ins Ohr flüsterte, woraufhin dieser sich lachend hinter der Couch versteckte.

»Könnt ihr euren Jungs sagen, dass es jetzt Essen gibt?«

Schließlich drückte Nat ihr einen verschwitzten Kuss auf die Wange und setzte sich neben sie an den Tisch. Seine Wangen waren gerötet und er war ziemlich aus der Puste.

»Einen ganz schönen Racker hast du da«, lachte er.

»Das hat er nicht von mir. Das kommt auf jeden Fall von seinem Vater«, Yepa verdrehte die Augen, doch dann stimmte sie in sein Lachen ein.

Diana hatte einen Fischeintopf zubereitet und klärte sie beim Schöpfen darüber auf, dass Anoki den Fisch heute Morgen eigenhändig aus dem Meer gezogen hatte.

»Wir sind eben Menschen des Wassers, wir Mataka«, er hob die Schultern. »Aus dem Wasser kommen wir und vom Wasser leben wir. Ohne das Meer wären wir nichts.«

»Bist du dann mit einem Kanu rausgefahren? So wie man sich das vorstellt?«, erkundigte sich Nat und tunkte ein Stück Weißbrot in den Fischsud.

»Oh, oh«, Diana bedachte ihre Tochter mit einem vielsagenden Blick. »Jetzt geht's gleich los. Wartet nur ab.«

»Er baut mit seinen Schülern jedes Jahr Kanus«, erklärte Yepa und lehnte sich zurück. Erwartungsvoll sah sie ihren Vater an, der sich auch sogleich aufrichtete und tief Luft holte.

»Ich mache es auf die alte Art. Keine Nägel, kein Kleber aus der Tube. Nur Birkenrinde, Harz, Zedernholz und sehr viele Stunden harter Arbeit.«

Ausschweifend erzählte er von seinem ersten Kanu, mit dem er fast untergegangen war, als es das erste Mal zu Wasser gelassen wurde.

»Das Leben hängt von den Händen ab, die das Kanu bauen. Das muss man sich klar machen. Wenn du da draußen bist, kennt das Wasser kein Erbarmen.«

Irgendwann legte Diana ihre Hand auf seinen Unterarm.

»Und bist du heute mit deinem Kanu rausgefahren, Schatz?«

»Naja, nein«, er lachte heiser. »Bin mit dem Motorboot unterwegs gewesen. Zeiten ändern sich eben.«

Eine Weile sprachen sie noch von der Fischerei – vor allem von der Jagd auf Grauwale, bis Yepa sich zu Olivia beugte und auf ihre Brust deutete.

»Ich wollte dich schon das letzte Mal fragen, aber habe mich nicht getraut«, sie räuspert sich verhalten. »Was ist denn das für eine Narbe?«

Olivia spürte, wie sich eine Hand auf ihren Oberschenkel legte. Dankbar griff sie danach und verschränkte ihre Finger mit seinen.

»Ich habe ein neues Herz bekommen«, erklärt sie mit einem leichten Lächeln. »Vor fast vier Jahren wurde es transplantiert.«

»Oh nein«, betroffene Gesichter blickten sie an. Nat streichelte währenddessen mit dem Daumen sanft über ihren Handrücken.

»Mit meinem alten Herzen konnte ich nicht mehr leben. Zu schwach, zu krank. Es war pures Glück, dass es rechtzeitig eine Spenderin für mich gegeben hat.«

Olivia erzählte ihre Geschichte. Inzwischen hatte sie das schon so oft getan, dass sie manchmal das Gefühl hatte, immer die gleichen Sätze zu sagen – als hätte sie den Text einfach auswendig gelernt. Als sie sagte, wie dankbar sie dafür war, am Leben zu sein, spürte sie Nats Blick auf ihrer Haut. Ja, sie war unendlich dankbar. Nicht nur für das Herz, sondern für alle Erfahrungen, die damit zusammenhingen.

»Das klingt vielleicht merkwürdig, aber ich glaube, dass mein Leben dadurch schöner geworden ist. Alles ist so kostbar geworden, selbst völlig Banales ist plötzlich ganz besonders«, sie lächelte. »Dem Tod so nahe gewesen zu sein, hat einfach alles verändert.«

»Wie deine Vorfahren«, sagte Anoki gedankenverloren.

»Wie meinst du das?«

»Man hat mit aller Gewalt versucht, uns auszurotten. Viele sind gestorben, viele haben ihre Wurzeln verloren. Unser Volk hat den Tod gesehen, aber dadurch sind wir gewachsen. Wir sind immer noch hier. So wie du«, Anoki hob sein Weinglas empor, um ihr zuzuprosten, dann wendete er sich zu Nat um. »Und auf dich, Nathaniel. Das muss damals eine unerträgliche Zeit gewesen sein.«

Sie rutschte näher an Nat heran und schob ganz unbemerkt ihre Hand unter sein Shirt, sodass sie die warme Haut und die Härchen auf seinem Rücken spüren konnte.

»Oh, naja, wir haben uns erst viel später kennengelernt. Das Herz ist von...«, er geriet ins Stocken und blickte sie zweifelnd an - sie nickte. »Meine Freundin ist tödlich verunglückt. Olivia hat ihr Herz bekommen und deswegen sitze ich jetzt hier, denke ich.«
»Nein, wirklich?«, hauchte Diana ehrfürchtig. »Und ihr kanntet euch vorher nicht? Ihr habt euch nur kennengelernt, weil Olivia das Herz bekommen hat? Ist das so?«
Zögerlich erzählte Nat von den Schwarznüssen und dem ersten Treffen, von seinem Krankenhausaufenthalt und von ihrer Wanderung - alle lauschten gebannt und Olivia verspürte wieder eine unglaubliche Wärme in sich aufsteigen. Wenn er davon sprach, klang es in ihren Ohren wie ein kleines Märchen. Jacob wurde mit keiner Silbe erwähnt, auch nicht, dass Olivia noch mit ihm verheiratet war. Er war meilenweit entfernt. Mehr noch: alles war meilenweit entfernt und alles fühlte sich so frisch und leicht an.

Nacheinander stolperten sie in die kleine Hütte und wurden von Yukon aufgeregt begrüßt. Auf dem Heimweg hatten sie die ganze Zeit gelacht oder dumme Scherze gemacht. Sie waren glücklich und ziemlich beseelt von dem schönen Abend.
»Jetzt wissen sie, dass ich gar nicht dein Mann bin. Verdammt«, beschwerte sich Nat lachend und hängte seine Jacke an der Garderobe auf. »Für einen Moment hat es sich so angefühlt, als wäre es echt.«
»Was soll das denn heißen? Es ist doch echt!«, Olivia kraulte Yukon, der auf dem Boden lag und ihr seinen Bauch entgegen streckte.
»Kommst du, Squaw?«
Nat ließ sich aufs Bett fallen, streifte seine Stiefel ab und wackelte mit den Füßen. Seit ein paar Wochen war er ziemlich besessen von der Idee, dass sie ihm abends die Füße massierte. Immer wieder fing er davon an, sodass sie sich schon ernsthaft gefragt hatte, ob das ein kleiner Fetisch von ihm war. Gestern hatte sie sich erfolgreich davor gedrückt, aber heute gab es kein Entkommen.
Im Schneidersitz setzte sie sich an das Fußende des Bettes und befreite seine Füße von den Socken. Es roch nicht

unbedingt nach Rosen – Olivia versuchte, nicht darüber nachzudenken.

»Wenn du morgen mit Yepa unterwegs bist, gehe ich mit Yukon wandern. Anoki hat gesagt, an der Küste könnte man noch Steine mit Petroglyphen finden«, überlegte Nat.

»Was? Kommst du nicht mit?«

»Ihr braucht jetzt ein bisschen Zeit für euch. Als Cousinen. Ich glaube, das tut euch gut.«

Olivia runzelte die Stirn.

»Interessiert dich nicht, was Yepa uns zeigen will?«

»Mich interessiert, was du danach erzählst.«

In ihrem Nachttheater hatte es schon lange keine Vorstellungen mehr gegeben. Manchmal glaubte sie, dass der Sinn dieser Traumbilder erfüllt worden war. Sie hatte die Botschaft vernommen. Doch in dieser Nacht träumte sie wieder. Sie saß neben einer Frau auf einem sonnenwarmen Stein inmitten einer Wiese, die sich in alle Richtungen erstreckte und nur den Himmel berührte, der sich wolkenlos über der Erde aufspannte. Die Frau wiegte ihren Oberkörper vor und zurück. Während der Wind durch die Gräser strich, murmelte sie fremde Worte. Das silberne Haar fiel wie ein Schleier vor ihr Gesicht und ihre Stimme klang so versunken, als würde sie mit geschlossenen Augen sprechen. Nur an den knöchernen Händen mit der pergamentartigen Haut und den dunklen Flecken war zu erkennen, wie alt sie war. Irgendwann beugte sie sich hinab, griff nach einem Stock und stocherte damit in der Erde herum. Schließlich hob die Frau eine erdverkrustete Kugel auf und legte sie auf ihre Handfläche. Es war eine Schwarznuss, stellte Olivia fest und sah sie plötzlich im Mund der Frau verschwinden. Sie aß die Nuss. Sie kaute, obwohl die Schale steinhart war. Es krachte so laut, als würden die Zähne der Frau wie Porzellan zerbrechen. Olivia wollte etwas sagen, aber brachte keinen Ton über die Lippen. Der Himmel hatte sich verdunkelt, ein Gewitter grollte heran und dicke Regentropfen fielen aus den Wolken. Auf einmal drehte sich die Frau zu ihr um. Das Haar war nicht silbern, sondern weiß. Die Lippen erdbeerrot. Oliva stockte der Atem, als alle Synapsen sich gleichzeitig entluden und ihren Körper elektrisierten. Ihr Herz pochte.

Sie erkannte das ebenmäßige Gesicht wie ihr eigenes Spiegelbild. Das war Eva. So wunderschön strahlend wie Schnee. Ganz ruhig saß sie da und erwiderte ihren Blick aus blauen Augen, die so tief waren, dass Olivia sich darin verlor. Als ein Blitz den Himmel über ihnen spaltete, blinzelte sie und merkte erst jetzt, dass es nicht der Regen war, der heiß über ihre Wangen strömte. Sie weinte aus einem Gefühl heraus, das zu groß war, um Worte dafür zu finden. Eva streichelte über ihre Wange, lächelte und legte dann eine halbe Nussschale in ihre Hand.

»Wenn du von ganzem Herzen suchst, findest du, was du verloren hast.«

Vielleicht sprach sie vom Lebensmut, vielleicht vom Willen, vom Verstand. Eva legte beide Hände über ihre und fing an, ein Lied zu summen. Es war das gleiche Lied, das Olivia damals für das Baby gesungen hatte. *Row, row, row your boat gently down the stream. Merrily, merrily, merrily. Life is but a dream.* Gemeinsam umschlossen sie die Nuss, das Herz. Alles war gut. Alles war so, wie es sein sollte.

»Sei behütet, Indianermädchen.«

Olivia wachte auf, als sich zwei Arme um sie legten und sie eine tiefe Stimme an ihrem Ohr vernahm.

Es war windig und regnerisch, als Olivia sich mit Yepa vor dem Gemeindezentrum traf. Die Straßen waren wie leergefegt. Die Menschen blieben entweder zuhause oder waren irgendwo bei der Arbeit. Kaum jemand wagte sich nach draußen.

Das Meer rollte grau heran. Möwen segelten darüber hinweg und stießen immer wieder gellende Schreie aus. Eigentlich wäre Olivia auch gerne mit Nat im Bett liegengeblieben. Sie hätte nichts dagegen gehabt, den ganzen Tag zu kuscheln, während der Wind heulte, das Meer rauschte und Regen auf das Dach trommelte. Irgendwann waren sie jedoch aufgestanden und hatten ewig herumgetrödelt, bis sie sich schließlich voneinander verabschiedeten.

Anoki hatte gestern erzählt, dass es einen Trail gab, der entlang der Küste verlief und schließlich zu einer schönen Bucht führte. Hier hatten die Jäger früher ihren Fang an Land gebracht.

»Viel Spaß, Indianermädchen, und merke dir alles, was Yepa erzählt, okay?«, Nat drückte einen Kuss auf ihre Stirn. »Später will ich die Geschichten hören.«

Yepa kam mit dem Kinderwagen angehetzt und winkte ihr schon von weitem zu. Bei ihrem letzten Besuch hatte Olivia erfahren, dass ihr Mann Tom gerade in einer Entzugsklinik war, um endlich vom Alkohol loszukommen. Es war schon sein zweiter Versuch. Obwohl Yepa einen unbekümmerten Eindruck machte und tapfer lächelte, sah man an ihrer fahlen Haut und den Augenringen sehr deutlich, wie anstrengend das Leben für sie sein musste. Es war schwer, mit einem kleinen Kind allein dazustehen und nebenbei noch arbeiten gehen zu müssen, damit das Geld ausreichte.

»Da haben wir uns ja schönes Wetter ausgesucht«, sie wischte sich Regentropfen aus dem Gesicht und nahm Olivia in den Arm. »Mein Vorschlag: Wir drehen eine Runde durch den Ort und danach gehen wir zu Geronimo. Das ist ein kleines Bistro am Hafen. Da gibt es immer etwas Leckeres zu essen.«

Bei Regenwetter sah Mitaquah wirklich sehr trist aus. Die einzigen Farbtupfer waren die Fassaden mancher Häuser, die liebevoll angepinselt worden waren. In den Fahrrinnen der Straßen sammelte sich das Wasser und die Wolken hingen so tief, dass man glaubte, sie mit den Händen berühren zu können, wenn man sich nur genug danach ausstreckte.

Yepa führte sie zunächst zu der Schule, in der Diana und Anoki arbeiteten. Es war ein grauer Kastenbau, an dessen Fenstern bunte Bilder hingen, welche die Kinder gemalt hatten. Ein riesiger Totempfahl mit unzähligen lachenden Gesichtern stand auf dem Schulhof. Auf dem Asphalt erkannte man noch die Spuren einer Kreidemalerei.

»Manche Eltern legen keinen Wert darauf, die Traditionen an die nächste Generation weiterzugeben und deswegen lernen die Kinder hier ganz viel darüber.«

»Wie man Kanus baut zum Beispiel?«

»Und wie man trommelt, wie man die ganzen alten Lieder singt und unsere Geschichten erzählt«, Yepa deutete auf einen Holzschuppen, der hinter zwei großen Zedern hervorblitzte. »Dort drüben ist die Werkstatt. Ich habe auch mal ein Kanu gebaut, aber ich hätte damit wahrscheinlich nicht mal auf einer Regenpfütze fahren können.«
Während sie durch die Straßen schlenderten, erzählte Yepa davon, wie viele Menschen in den Reservaten bitterlich arm waren, sich mit einem Leben am Existenzminimum abgefunden hatten und stattdessen Trost im Alkohol suchten.
»Viele resignieren. Vor allem die Älteren, weil sie dabei zusehen müssen, wie unsere Kultur mehr und mehr verschwindet«, sie seufzte inbrünstig auf. »Und irgendwie scheint sich diese Traurigkeit auch auf die nächsten Generationen zu übertragen. Es gibt so viele perspektivlose Jugendliche in den Reservaten.«
»Und wie fühlst du dich hier?«
»Uns geht es besser als vielen anderen Stämmen, denke ich. Es gibt zwar viel, weswegen man verzweifeln könnte, aber es gibt noch viel mehr, das Hoffnung macht. Ich bin stolz darauf, eine Mataka zu sein. Dieses Gefühl, dass ich zu einem alten Volk gehöre, das schon so viel überstanden hat und so viel Weisheit besitzt, erhebt mich. Das macht mich stark.«
»Das sind deine Wurzeln«, sagte Olivia. Ihre Stimme klang dabei so wehmütig, wie sie sich fühlte.
»Und diese Wurzeln sind sehr tief. Kein Sturm kann sie ausreißen und wenn jemand versucht, daran zu rütteln, stehen unsere Krieger aus ihren Gräbern auf. Darauf kannst du Gift nehmen«, Yepa lachte.
»Oh Mann. Ich wäre wirklich gerne früher hierher gekommen. Wer weiß, wo ich heute stünde, wenn ich mit eurer Kultur aufgewachsen wäre?«
»Vielleicht stündest du genau hier, vielleicht auf der anderen Seite der Erde«, Yepa fummelte eine Maiswaffel aus ihrer Tasche und drückte sie Henry in die Hand.
»Es ist gut so, wie es ist.«
»Und es ist nie zu spät, nach seinen Wurzeln zu graben. Du bist auch eine Mataka. Du trägst alles in dir.«

»Seitdem ich das Herz habe, träume ich«, sagte Olivia, ohne die Worte vorher in Gedanken formuliert zu haben. Yepa runzelte die Stirn.

»Wie meinst du das?«

»Es sind besondere Träume. Manchmal sind es nur verschwommene Bilder. Dann sehe ich alles durch einen Nebel, aber ich spüre, dass es alte Spuren sind. Etwas, das vor mir gelebt hat. Oft habe ich von einem gesichtslosen Mann geträumt. Es war Nat. Er ist es schon immer gewesen. Auch früher, als ich ihn noch gar nicht gekannt habe.«

»Mhm, verstehe«, Yepa nickte langsam. »Du glaubst, die Träume hätten etwas mit dem Herz zu tun.«

»Vielleicht? Ich weiß es nicht«, sagte Olivia unsicher und setzte ihre Kapuze auf, um sich vor dem zunehmenden Wind zu schützen. Plötzlich kam es ihr falsch vor, von den Träumen erzählt zu haben, weil sich die Worte lächerlich anhörten, sobald man sie laut aussprach. »Sorry, ich wollte nicht damit anfangen. Ich weiß, wie sich das anhören muss. Völlig abgedreht.«

Sie gingen ein paar Schritte schweigend nebeneinander die Straße entlang.

»Wenn du die Ältesten frägst, dann würden sie dir wahrscheinlich sagen, dass solche Träume Botschaften aus der Geisterwelt sind«, Yepa wickelte sich den hellblauen Schal noch etwas fester um den Hals. »Aber ich glaube, dass Träume zum Vorschein bringen, was sich in unserem Unterbewusstsein verbirgt. Stell dir vor, in jedem Menschen gäbe es einen großen See, in dem alles ist, was wir sind. Einfach alles. Jede schmerzhafte Erfahrung, jeder Wunsch, den wir uns verboten haben. Unser Verstand hat Angst vor dieser Tiefe und deswegen sieht er nur, was an der Oberfläche schwimmt, aber in unseren Träumen können wir tauchen.«

»Wenn wir träumen, tauchen wir in unser Unterbewusstsein ab«, wiederholte Olivia nachdenklich.

»Ja, ich glaube so ist es. Träume zeigen uns, wer wir wirklich sind, wer wir sein könnten, wenn es keine Grenzen mehr gäbe, was wir uns von ganzem Herzen wünschen und wovor wir uns schützen sollten.«

»Manchmal ist es, als würde ich die Welt aus ihren Augen sehen. Als würde ich nachts in einen Körper schlüpfen, der nicht mehr hier ist.«

»Meinst du Eva?«

»Gestern habe ich sie gesehen. Wir saßen nebeneinander und sie hat mir etwas gegeben.«

Als Olivia schließlich zurück in die Hütte kam, hörte sie das Rauschen der Dusche aus dem Badezimmer. Sie schlüpfte aus ihrem Mantel, warf ihn achtlos über einen Stuhl und kramte dann die Schwarznuss aus ihrer Medikamententasche. Wer sucht, der findet. Irgendwie so. Ohne lange darüber nachzudenken, zupfte sie an Nats Jacke und versteckte die Nuss in der kleinen Innentasche. Kurz kraulte sie Yukon hinter den Ohren, dann zog sie ihre Schuhe aus und schlich auf Zehenspitzen zum Badezimmer. Der Wasserdampf schlug ihr warm ins Gesicht. Hinter dem blassblauen Duschvorhang erkannte sie seine Silhouette, dann vernahm sie einen vergnügten Singsang. Offensichtlich hatte er sie noch nicht bemerkt. Sie riss den Duschvorhang beiseite und grinste in ein entsetztes Gesicht.

»Was zur Hölle?«

Schaum lief aus seinem Haar über seine Stirn und er hob den Arm, um ihn fortzuwischen.

»Ich bin wieder da.«

»Musst du mich so erschrecken, verdammt?«, stieß er verärgert aus. »Ich hätte ausrutschen können.«

»Bist du aber nicht, Bleichgesicht«, Olivia machte einen Kussmund, schmatzte in die Luft und zog dann den Duschvorhang zurück. »Beeil dich, ja? Ich habe dir ganz viele Geschichten mitgebracht.«

Ihre Hand lag schon auf dem Türknopf, als sie es sich anders überlegte. Hastig schlüpfte sie aus ihren Klamotten, dann kletterte sie zu Nat in die Dusche.

»Du?«, er blinzelte. »War da draußen nicht genug Regen?«

»Ich dachte, eine warme Dusche könnte bestimmt nicht schaden, bevor wir uns auf den Weg machen.«

»Welchen Weg?«

## Mitaquah

»Yepa hat gesagt, dass der Tanz irgendwas symbolisiert«, erklärte Olivia ihm, als er neben ihr saß und im Rhythmus der Trommeln mit den Füßen wippte. Vor ihnen wirbelten Frauen in bunten Gewändern über das Parkett. In der gegenüberliegenden Ecke des Raumes saßen einige Männer um eine große Trommel herum – jeder hielt einen Schlägel in der Hand. Sie schlugen den Rhythmus, während sie sangen.

»Aha«, er schmunzelte. »Und was?«

»Tja, also...«, sie blickte auf ihre Fingernägel. »Ich komme nicht mehr drauf. Vögel?«

»Schmetterlinge.« Der alte Mann, der neben ihnen saß, grinste sie zahnlos an. Aus dem Hemd, das ihm viel zu groß war, ragten dürre Arme hervor. Er wirkte so klapprig, dass es den Eindruck machte, er könne sich kaum auf dem Stuhl halten. Sein Gesicht war völlig zerfurcht, seine Augen stumpf und milchig – er blickte an ihnen vorbei ins Leere.

»Sie stellen Schmetterlinge dar?«

»Die Verwandlung. Schmetterlinge, die aus einem Kokon schlüpfen und ihre Schönheit zeigen. Und die Männer singen vom Fliegen.«

»Erzählt jeder Tanz eine Geschichte?«

»Es sind Gebete. Jeder Schritt ist ein Gebet und jedes Gebet ist ein Schritt. Aber jetzt sag mir, woher du kommst. Ich kenne deine Stimme nicht.«

»Ich bin Olivia, eine Verwandte von den Saunders, und neben mir sitzt mein Freund Nat. Wir sind gerade zu Besuch hier.«

Sie streckte ihm die Hand hin, doch er ergriff sie nicht. Er schien die Geste nicht mal zu registrieren.

»Ich habe von dir gehört. Wynono ist dein Vater. Er ist lange nicht mehr hier gewesen.«

»Das stimmt. Er war sehr lange fort«, Olivia warf Nat einen irritierten Blick zu.

»Und wieso bist du hierher gekommen?«

Ihre Hand tastete nach seiner. Sie hielt ihn so fest, dass die Haut über ihren Knöcheln ganz weiß wurde. Nat erwiderte den Druck und beugte sich etwas vor, um dem Mann ins Gesicht blicken zu können.

»Ich möchte mir den Ort ansehen«, antwortete sie verunsichert. »Ich interessiere mich für die Kultur. Irgendwie bin ich ja auch ein Teil davon.«

»Verstehe«, der alte Mann kraulte seinen Bart, der nur spärlich auf seinen Wangen spross und einen ziemlich zerrupften Eindruck machte. »Wenn ein Mataka zum Stamm zurückkehrt, tot oder lebendig, ist es -«

»George, was erzählst du da wieder?« Yepa ließ ein kunterbuntes Tuch flattern, dessen Perlen im schummrigen Licht verführerisch funkelten. »Ich muss meine Cousine jetzt entführen. Olivia muss tanzen.«

»Wie bitte?«

»Nathaniel, du hast doch sicherlich nichts dagegen, wenn du hier wartest?«, sie griff nach Olivias Hand und zog sie auf die Füße. »Jetzt tanzen nämlich nur die Frauen.«

»Tut mir leid. Ich habe wirklich keine -«

»Keine Chance, Olivia«, Nat lachte viel mehr über ihren verzweifelten Gesichtsausdruck als über die Vorstellung, sie tanzen zu sehen.

»Ich weiß doch gar nicht, wie das geht!«

»Das ist so einfach«, Yepa legte ihr das Tuch um die Schultern. »Du wirst darüber lachen, wie einfach es ist.«

Olivia warf ihm einen hilfesuchenden Blick zu, als sie von Yepa auf die Tanzfläche gezogen wurde – er zwinkerte ihr zu und lehnte sich mit verschränkten Armen zurück. Die Frauen drehten sich im Kreis, hüpften im Rhythmus der Trommeln. Zehenspitzen berührten den Boden.

»Es ist schade, dass sie gegangen ist.«

»Wer?«, fragte er geistesabwesend.

»Die erste Frau mit dem Kind.«

Nat blickte erst zu Yepa, die ihren Sohn auf dem Arm trug, dann zu Olivia, die sich um ihre eigene Achse drehte und dabei den bunten Schal schwang. Sie sah so glücklich aus, dass er diesen Moment am liebsten eingefangen und in einer kleinen Dose verwahrt hätte, um ihn ihr später zu zeigen.

»Sie ist doch hier.«

»Nein«, erwiderte der alte Mann ungerührt.

»Nein?«, Nat warf einen irritierten Blick auf die tanzenden Frauen, dann sah er wieder in das alte Gesicht des Mannes. «Äh, sie kommt gleich wieder.«

»Natürlich. Sie kommt mal als Wind über das Meer, als Wellen, mal als Strahlen des Mondes.«

»Und natürlich als Schmetterling.«

Olivia drehte sich im Kreis. Die Arme weit von sich gestreckt, sodass der bunte Schal flatterte und es tatsächlich an den Flügelschlag eines Schmetterlings erinnerte.

»Du weißt, dass der Schmerz dir folgt wie ein Wolf seiner Beute«, sagte der Alte und ließ das Glas sinken, aus dem er gerade getrunken hatte. »Lass ihn kommen und eine Weile bleiben. Ohne Schmerz, keine Heilung.«

Schockiert wendete sich Nat dem Mann zu, der mit milchigen Augen ins Nichts blickte und dessen Gesicht keine Regung zeigte. Nur seine Beine wippten im Takt der Musik.

»Ich glaube, sie verwechseln mich.«

»Und irgendwann fällt der Schmerz von dir ab wie die abgestorbene Haut einer Schlange.«

»Wovon sprechen Sie?«, Nat stand auf, ohne zu wissen, wohin er gehen sollte. »Ich verstehe kein Wort.«

»Ich denke, du kannst ihn jetzt gehen lassen. Der Tag ist vergangen, an dem du ihn gebraucht hast.«

»Wofür sollte ich –«

»Für die Veränderung, mein Sohn«, der Mann hob den Kopf und grinste. »Hast du eine Zigarette?«

Die Tage verflogen. Sie fuhren mit Anoki die Küste entlang, beobachteten Seehunde, spazierten durch die Straßen des Reservats, erkundeten mit Yukon die kleinen Wälder und tauchten einfach in die Tage, wie sie angespült wurden. Das Gespräch mit dem alten Mann hallte nach. Nat verstand die Botschaft, aber konnte sich nicht erklären, wie sie bei ihm gelandet war. Woher wusste der Mann von der ersten Frau mit dem Kind? Oder hatte er vom Schmerz geredet, weil jeder Mensch verletzt war?

Auch wenn Nat nicht von ihr sprach, dachte er in diesen Tagen oft an Eva. Es gab viele ungesagte Worte, die er mit sich herumschleppte. Doch neben dem Schmerz und den Schuldgefühlen empfand er auch eine tiefe Dankbarkeit, die sich nun immer stärker in sein Bewusstsein drängte. Er war dankbar dafür, dass Eva in ihm immer einen guten Menschen gesehen hatte, dankbar für das Leben mit ihr, für ihre Liebe und für ihr Herz, das sie Olivia gegeben hatte. Dort, wo sie jetzt war, brauchte sie es nicht mehr. Sie war überall. Sie war frei.

Und er war dankbar für die Veränderung, die er vollzogen hatte. Das läge an den Lebensgeistern, hätte Olivia gesagt, damit sich selbst gemeint und vermutlich Recht gehabt. Vielleicht würde sie ihn eines Tages nach Irland begleiten, um seine Wurzeln zu erforschen? Vielleicht könnten sie sogar einen Trip durch Europa machen. Es gab so viele Orte, die er ihr zeigen wollte. Insgeheim schmiedete er Pläne und seine Gedanken formten eine Zukunft.

Das Erste, was er wahrnahm, war Yukon, der wie ein Bettvorleger am Boden lag und leise schnarchte, dann wanderte sein Blick zu der kleinen Couch am Fenster. Olivia saß mit langgestreckten Beinen dort und schmökerte in einem Buch. Nat blieb ruhig liegen – sie sollte nicht merken, dass er wach war, damit er sie noch eine Weile beobachten konnte. Es war schön, zu sehen, wie sie die Seiten umblätterte und dabei den kleinen Finger abspreizte, wie Gedanken als Schatten über ihr Gesicht zogen, wie sie ihre Lippen befeuchtete oder immer wieder für einen Moment aus dem Fenster blickte. Sie trug ein altes Shirt und ziemlich knappe Shorts, aber ihre Füße steckten in dicken Wollsocken, die sie fast bis zu den Knien hochgezogen hatte. Jeder Tag sollte so beginnen. Es könnten auch Geräusche aus dem Badezimmer sein oder ein genervtes Stöhnen, wenn sie über seine Schuhe stolperte, die kreuz und quer im Flur herumlagen. Es könnte die Frage sein, ob er endlich den Müll rausbringen könnte oder auch die schnell dahingekritzelte Nachricht auf dem Küchentisch. Es könnte alles sein. Yukon stand auf und trottete langsam zur Couch, um sich von Olivia kraulen zu lassen. Sie lächelte, ohne von ihrem Buch aufzublicken.

»Hey«, seine Stimme war belegt. »Guten Morgen.«

»Oh, hallo. Hast du gut geschlafen?«, sie ließ das Buch sinken. Nat bewegte die Lippen und erntete einen verständnislosen Blick. »Was?«

Er deutete auf sein Ohr, hob die Schultern und formte mit den Lippen irgendwelche Phantasiewörter. Olivia lachte, schnappte sich ein Kissen und warf es nach ihm.

»Ich verstehe kein Wort.«

Er stopfte das Kissen unter seinen Kopf, dann winkte er sie heran, doch Olivia blieb, wo sie war. Erst, als er einladend die Decke anhob, stand sie auf und kroch zu ihm.

»Was hast du gesagt?«

»Ich will mit dir zusammenleben.«

Sein Herz überschlug sich, als er beobachtete, wie Olivia erst lächelte und dann die Augenbrauen zusammenzog, als würde sie seinen Worten nicht trauen.

»Wir leben doch schon zusammen.«

»Du weißt doch, was ich meine.«

»Ich bin mir nicht ganz sicher«, sie ließ ihre Blick aufmerksam über sein Gesicht wandern. »Möchtest du wissen, ob wir zusammen leben können? In einem Haus?«

»Ja, ich glaube, das frage ich gerade.«

In ihren Augen erkannte er, wie Gefühle miteinander kollidierten, dann atmete sie tief durch.

»Ist das nicht –«

»Überstürzt? Kann schon sein«, er fuhr mit den Fingern in ihr Haar. »Ich will es trotzdem.«

»Meinst du wirklich, dass du der Typ dafür bist? Ich dachte immer, du bräuchtest deinen Freiraum und könntest es nicht ertragen, wenn jemand deine Pläne durcheinanderbringt. Hast du nicht immer gesagt –«

»Du bringst alle meine Pläne durcheinander. Ständig. Das ertrage ich sehr gut.«

»Das stimmt«, sie lachte hell auf. »Aber willst du wirklich mit mir zusammen wohnen? Ich dachte, du –«

»Du hast ein neues Herz«, er drückte seinen Zeigefinger auf ihr Brustbein, dann tippte er sich an die Stirn. »Und ich habe einen neuen Geist.«

Ihre Augen fingen an zu glühen und zu glitzern. Es kam ihm vor, als würde das Schwarz von Leuchtfäden durchzogen, als würde das Leben aus ihrem Innersten auflodern.

»Ist das der wahre Grund, weshalb du das Haus renovierst? Soll es etwas Gemeinsames für uns werden?«

»Nein, nein«, er schüttelte den Kopf. »Diese mickrigen Zimmer. Das wäre doch viel zu eng für uns.«

»Hier kommen wir doch auch miteinander klar«, sie blickte sich in der kleinen Hütte um. Es war nur ein einziger Raum, in dem das Bett stand, ein Sofa, ein kleiner Esstisch mit zwei Klappstühlen und eine spartanische Küchenzeile, die nur mit dem Nötigsten ausgestattet war.

»Wir brauchen mehr Platz«, er ließ eine Hand unter ihren Pullover gleiten, um sie zu streicheln. »Wir suchen uns eine andere Bleibe. Es wird ein Neuanfang.«

»Wir könnten auswandern«, schlug sie vor und Nat war sich nicht sicher, ob in ihrem Lachen nicht doch eine gewisse Ernsthaftigkeit mitschwang.

»Wohin willst du denn?«

»Hierher«, antwortete sie wie aus der Pistole geschossen.

»Ins Reservat? Unter einer Auswanderung verstehe ich mindestens einen Länderwechsel.«

»Aber es wäre ein Kulturwechsel. Natürlich ist das Leben hier kein Zuckerschlecken, das weiß ich ja, aber an diesem Ort spüre ich etwas ganz Ursprüngliches, Starkes, Heilsames, das mich wie magisch anzieht.«

»Mhm, verstehe. Das spüre ich auch«, antwortete er und presste seine Lippen auf ihre.

# Blackwater

Nat war todmüde, als er nach einer zähen Nacht im Motel nachhause fuhr. Es war ein Wunder, dass er es schaffte, mit halbgeöffneten Augen den Wagen über die Straßen zu manövrieren. Zuerst würde er etwas essen und danach einfach ins Bett fallen. Vielleicht konnte er Olivia davor noch in ihrer Kaffeepause erreichen? Er wollte ihr erzählen, dass gestern ein Typ mit zwei Ziegen im Motel abgestiegen war. Er war auf dem Weg in die *Coast Mountains*, weil dort – hoch in den Bergen, tief in der Einsamkeit - seine Hütte stand. Olivia würde die Geschichte lieben und vermutlich sofort die Schneeschuhe in den Koffer werfen, wenn er ihr erzählte, dass der Mann ihn sogar eingeladen hatte. »Dann wollen wir mal sehen, ob du das Zeug zum Trapper hast. Meine Trapline umfasst 300.000 Acres, fünfzehn Seen – da kannst du Fische mit den bloßen Händen aus dem Wasser ziehen, das sage ich dir.«

Vermutlich würde Olivia keine Sekunde zögern, weil Abenteuer sie anzogen, als besäßen sie ein eigenes Gravitationsfeld.

Nat setzte den Blinker und bog auf den breiten Forstweg ein, der zu seinem Haus hinabführte. Nun hatte die Müdigkeit auch seine Knochen erreicht. Jede noch so kleine Bewegung war ein Kraftakt. Er gähnte, rieb sich mit dem Ärmel seines Hemdes über die Augen und schüttelte heftig den Kopf, um den Schleier loszuwerden, der sein Bewusstsein trübte.

Schon als Nat die Brombeersträucher passierte, erkannte er die leuchtend grüne Schrift, die auf die hölzerne Fassade gesprüht worden war: *Killer*. Sein Gehirn fing an, in seinem Schädel zu rotieren und ein stechender Schmerz malträtierte seine Eingeweide. *Killer*. Sofort flammte Eva vor seinem inneren Auge auf. Die Schuld wurde zu Säure und breitete sich in Sekundenschnelle in seinem Körper aus. Obwohl er gerade noch eine bleierne Müdigkeit verspürt hatte, war er nun hellwach. Das Adrenalin versetzte ihn in Kampfbereitschaft und ließ ihn mit wachsamen Augen aus dem Fenster spähen. Nichts bewegte sich. Alles war totenstill - nicht mal der Wind schien durch die Bäume zu streichen. Jacob war längst verschwunden, doch er hatte eine eindeutige Botschaft hinterlassen. *Killer* – das Wort war eine Anklage und rüttelte an seinem Fundament. Es gab nur einen Menschen auf der Welt, der Jacob davon erzählt haben konnte, mit welchen Gewissensbissen Nat zu kämpfen hatte. Wahrscheinlich wusste Jacob alles über ihn und seine Vergangenheit. Er wollte ihn damit quälen. Tote Vögel, zerbrochenes Glas, Killer.

Kräftig schlug Nat auf das Lenkrad ein, dann ließ er das Handschuhfach aufspringen und kramte sein Mobiltelefon hervor. Olivia lächelte ihm vom Display entgegen. Sie stand mit Yukon am Hafen und trug eine Regenjacke, in der sie fast zu ertrinken drohte. Im Hintergrund erkannte man Anoki, der auf seinem Boot stand und ein Tau in den Händen hielt. Die Erinnerung an diesen Tag stimmte ihn nicht milder. Angespannt lauschte er dem Freizeichen, starrte auf die giftgrünen Lettern, bis sie vor seinen Augen verschwammen, und nagte währenddessen an seiner Unterlippe.

»Ach, schön, dass du anrufst. Ich habe gerade an dich gedacht«, meldete sich eine fröhliche Stimme. »Meine Mutter wollte nämlich wissen, wann du –«

»Jacob war hier!«

»Wo?«

»Hier. Bei mir.«

»Jacob? Wann denn?«, fragte sie deutlich irritiert.

»Keine Ahnung. Gestern Nacht, vermute ich.«

»Er war gestern Nacht bei dir?«, bemerkte sie nach einigen Sekunden, in denen er sie nicht mal atmen hören konnte. »Und was wollte er?«

»Er hat mein ganzes Haus mit Farbe vollgeschmiert«, stieß er vorwurfsvoll aus und hatte Mühe, seine Wut im Zaum zu halten. »Ich schwöre dir, dass ich ihn fertig mache, sobald ich ihn in die Finger bekomme. Killer, Olivia, er nennt mich einen Killer!«

»Warum sollte er so etwas tun?«

Diese Reaktion feuerte seine Wut an. Er ballte die Hand zur Faust und drückte sie so tief in den Sitz, dass er die Plastikwanne unter dem Polster spüren konnte.

»Warum wohl? Du hast ihm von Eva erzählt. Weiß er auch von der Liste? Wahrscheinlich hast du ihm alles brühwarm erzählt«, er schnaubte auf. »Und jetzt will er sich an mir rächen, weil du dich von ihm getrennt hast. Die Vögel, die Fenster und jetzt diese beschissene Schmiererei.«

»Welche Fenster?«, fragte sie tonlos.

»Bist du wirklich so schwer von Begriff? Erst das Fenster im Hotel, dann meine Fenster zuhause. Er hat jedes einzelne Fenster eingeworfen. Was glaubst du denn, warum ich auf einer Großbaustelle lebe?«

»Wie bitte?«

»Du hast schon richtig gehört. Er ist immer wieder hierher gefahren und hat...«

»Ich versteh das nicht«, sie stöhnte gequält auf. »Du hast doch gesagt, dass du das Haus renovieren willst?«

»Ich wollte nicht, dass du dich aufregst. Deswegen habe ich dir nichts gesagt. Jacob dreht völlig durch. Er hat den Verstand verloren.«

»Deine Fenster wurden eingeworfen?«, fragte sie ungläubig.

»Mit Steinen. Alles kaputt. Er hat alles kaputt gemacht.«

»Wie bitte?«, sie sog scharf die Luft ein. »Und du glaubst, er würde extra nach Blackwater fahren, um deine Fenster einzuwerfen und Killer an deine Wand zu schreiben?«

»Ja, verdammt nochmal!«, herrschte er sie an.

»Nein«, erwiderte sie ebenso heftig. »Das kann nicht sein. Das ist unmöglich.«

»Was ist los mit dir? Natürlich kann das sein. Meinst du, ich bilde mir das ein, oder was? Du kannst gerne kommen und dir –«

»Jacob war gestern Nacht bei mir. Er kann nicht nach Blackwater gefahren sein.«

»Er war bei dir?«, keuchte er und ließ sich zurücksinken. Sein Brustkorb schrumpfte, sodass er das Schlagen seines Herzens als stechenden Schmerz empfand.

»Wir haben Unterlagen gesichtet und geredet. Es war –«

»Wie bitte? Warum hast du mir das nicht gesagt, als wir telefoniert haben?«

»Es war eine spontane Sache. Jacob kam mit dem ganzen Papierkram vorbei. Das war einfacher, als am Telefon darüber zu sprechen.«

»Willst du mich verarschen?«

»Es war überhaupt nichts dabei. Völlig harmloses Geplänkel. Ich hätte dir schon noch davon erzählt, Nat.«

»Er ist danach hierher gefahren!«

»Nein. Wer auch immer das war – Jacob war es nicht.«

»Woher willst du das wissen?«, fragte er scharf und wusste im selben Moment, wie die Antwort lauten würde. Es fühlte sich an, als würde er nicht Speichel, sondern Steine schlucken, die ihn immer tiefer hinabzogen.

»Er hat hier übernachtet«, gestand sie ihm. »Und bevor du dich aufregst: Er hat auf dem Sofa im Wohnzimmer geschlafen. Es war so spät und wir haben Wein getrunken.«

»Ihr habt was?«

»Es war nichts dabei.«

»Das darf ja wohl nicht wahr sein.«

»Nat, ich habe keine Ahnung, wer die Fenster eingeworfen hat und wer –«

»Warum machst du das, Olivia? Warum nimmst du ihn in Schutz?«, kläffte er zornig.

»Weil du ihn zu Unrecht anklagst!«

»Er hat tote Vögel vor meine Tür gelegt, meine Fenster eingeschlagen und –«

»Hör auf, Nathaniel! Du irrst dich.«

Es war ihm nicht möglich, zu sagen, was ihn mehr verletzte: dass Olivia sich mit Jacob solidarisierte, dass er bei ihr geschlafen hatte oder dass es jemand auf Nat abgesehen hatte und dieser Gegner urplötzlich sein Gesicht verloren hatte, wenn Olivia die Wahrheit sprach.

»Wir finden heraus, wer das getan hat, aber Jacob –«

»Dann hat er jemanden beauftragt. Du hast keine Ahnung, wozu dieser Typ fähig ist. Er hat dich mit deinen Medikamenten erpresst. Schon vergessen?«

»Ich kenne ihn. Auch wenn du das nicht hören willst, aber Jacob ist ein guter Mensch«, verteidigte sie ihren Mann. Die Worte sprangen ihm an die Gurgel, drehten ihm den Magen um – Nat war speiübel.

»Das ich nicht lache! Ein guter Mensch, ja? Wenn er so gut ist, dann solltest du vielleicht zu ihm zurückgehen. Zweites Herz, zweite Chance. Oder wie war das?«

Er wusste selbst nicht, woher diese Worte kamen, aber er wusste, dass sie Olivia verletzten und genau das wollte er. Im Moment war er so wütend, dass er einfach blindlings um sich schlug.

»Was redest du für einen Schwachsinn? Hörst du dir eigentlich selbst zu, Nat?«, ihre Stimme klang schrill. »Du bist nicht ganz bei Trost!«

»Dann sag mir doch, wer das war? Wer macht so eine Scheiße? Wer außer deinem Mann hätte einen Grund, das zu tun?«

»Hör auf, ihn meinen Mann zu nennen!«, kreischte sie.

»Aber das ist er! Ihr seid verheiratet und deswegen will er mich fertigmachen.«

»Nein, das stimmt nicht. Er ist nicht mein Mann. Du weißt ganz genau, dass ich –«

»Du kapierst es einfach nicht.«

»Was willst du von mir? Ich sage dir die Wahrheit, aber du verdrehst die Tatsachen, wie es dir gefällt.«

»Wie es mir gefällt, ja«, er lachte tonlos. »Meine Bude wird kurz und klein geschlagen und ich muss mir von dir anhören, dass ich die Tatsachen verdrehe? Glaubst du echt, ich wäre derjenige, der hier verrückt spielt?«

»Bitte beruhige dich«, sie stieß einen inbrünstigen Seufzer aus. »Jacob hat damit nichts zu tun.«

»Das war unser erster richtiger Streit«, stellte sie fest, als er abends auf den Treppenstufen zur Veranda saß und die letzten Sonnenstrahlen einfing. Um ihn herum lagen grün verfärbte Stofffetzen. Er hatte die Fassade wie ein Wahnsinniger geschrubbt, doch man konnte die Buchstaben immer noch erkennen. Die Farbe hatte sich ins Holz gefressen und klebte in den feinen Rillen und Ritzen. Er würde morgen in den Baumarkt fahren, um ein Schleifgerät auszuleihen und um Farbe zu kaufen. Der Killer hatte aufgegeben – er war am Ende seiner Kräfte und sehnte sich nach warmen Worten.

»Tut mir leid, wenn ich aus der Haut gefahren bin. Ich war total übermüdet und irgendwie nicht in der Lage, klar zu denken.«

»Und jetzt hast du die Polizei informiert?«
»Japp. Sie glauben, es wären irgendwelche Jugendliche gewesen, denen langweilig war.«
»Mhm. Das könnte doch sein?«
»Vielleicht. Waschbären oder Jugendliche. Das sind hier draußen sowieso die einzigen Erklärungen, die man gelten lässt. Alles andere sind Hirngespinste«, erwiderte er.

Obwohl ihm diese Interpretation der Geschehnisse keineswegs einleuchtete, schaffte er es nicht, mit Olivia zu diskutieren. Bereits auf der Polizeiwache hatte er versucht, den beiden Beamten klar zu machen, dass dahinter Kalkül steckte. Er hatte von den Vögeln und Fensterscheiben erzählt. Müde Gesichter, Schulterzucken. Es kam oft vor, dass Jugendliche auf ihren Mopeds durch die Gegend fuhren und sich als Vandalen aufführten. Ärgerlich, aber harmlos.

Nat musste immer wieder an den Typen denken, der Olivia im Pub angesprochen hatte. Dieser Riese mit den dunklen Locken und dem dümmlichen Grinsen. Vielleicht war er auf Jacobs Befehl hin nach Blackwater gefahren? Vielleicht war es Jacob bei seinem spontanen Besuch nicht darum gegangen, irgendwelche Dinge zu regeln, sondern darum, sich ein Alibi zu verschaffen? Und vielleicht würde Nat schlussendlich als paranoid dastehen, weil er aller Tatsachen zum Trotz daran festhielt, dass Jacob dahinter steckte.

»Ich komme am Wochenende vorbei, okay? Wir schrubben dein ganzes Haus«, schlug sie vor. »Zusammen bekommen wir das schon wieder hin.«
»Schon erledigt. Jedenfalls fast«, brummte er und betrachtete seine Fingernägel, unter denen giftgrüne Farbe klebte.
»Vielleicht brauchst du einen höheren Zaun? Oder eine Alarmanlage?«
»Ja, vielleicht. Ich werde mich informieren.«
»Bist du noch böse auf mich?«
»Geht so.«
»Ich habe nichts gemacht, das dich verletzen könnte.«
Er dachte daran, dass Jacob bei ihr geschlafen hatte – Wein und Geplänkel. Er rümpfte die Nase.
»Hat er dich angefasst?«

»Nein, hat er nicht. Keine Sorge. Es war so, wie ich es dir gesagt habe. Er kam vorbei, wir haben geredet und dann hat er sich auf die Couch gelegt. Am nächsten Morgen ist er gefahren, noch bevor ich aufgewacht bin.«
»Ich vertraue ihm nicht.«
»Aber mir vertraust du doch, hm?«
»Jaha«, erwiderte er gedehnt.
»Wir finden eine Lösung. Das wird nie wieder vorkommen«, versprach sie. »Ich bin wirklich froh, dass Yukon bei dir ist.«
»Du solltest bei mir sein.«
»Ich bin doch bei dir«, er konnte das Lächeln hören, das ihre Lippen umspannte und ihre Stimme wärmte. »Und am Wochenende besuche ich dich. Es ist schon wieder viel zu lange her.«
»Es ist immer viel zu lange her und du wohnst viel zu weit weg. Telefonieren ist zwar schön, aber so kann es nicht ewig weitergehen. Du fehlst mir hier.«
»Du fehlst mir auch«, sie seufzte «Vielleicht solltest du einfach das Haus verkaufen und zu mir kommen?«
»Das geht nicht, Olivia«, er hielt einen Moment inne, als Jacob seine Gedanken kreuzte. »Zeig irgendwo auf die Landkarte und wir gehen dorthin, aber bitte nicht nach Marblemount.«

## Blackwater

Von der grünen Farbe war kaum noch etwas zu sehen. Olivia hatte sich mit einer Zahnbürste verausgabt und zwei Stunden die Ritzen des Holzes geschrubbt, bis sie Yukon schließlich ein triumphierendes Lächeln zuwarf und sich neben ihm auf den Boden der Veranda plumpsen ließ. Nat war noch nicht zurück und sie beschloss, einfach hier sitzen zu bleiben, bis er wieder nachhause kam. Er war in die Stadt gefahren, um einzukaufen. Seit dem Zwischenfall war er völlig darauf versessen, aus der Hütte ein Hochsicherheitsgefängnis zu machen. Erst hatte sie noch über seine Pläne gelacht, doch dann wurde ihr bewusst, was es bedeutete, wenn Fremde in das eigene Zuhause eindrangen. Zwar verstand sie immer noch nicht, wieso er davon überzeugt war, dass es jemand auf ihn abgesehen hatte, aber sie verstand, dass er sich bedroht fühlte.

»Du musst auf ihn aufpassen«, raunte sie dem Hund zu und kraulte seinen Nacken. Yukon brummte wohlig und drehte sich auf die Seite. Während sie seinen Bauch streichelte, musste sie an den toten Vogel denken, der eines Morgens vor der Tür gelegen war. Vielleicht gab es eine Frau, der Nat eine Abfuhr erteilt hatte und die nun Rache üben wollte? Vielleicht hatte sich Nat hier Feinde gemacht, weil er aus der Stadt kam und keinen Wert darauf legte, sich in die Gemeinschaft zu integrieren? Gerade in kleinen Ortschaften kam es immer wieder vor, dass ein Fremder zum Feind erklärt wurde. Früher war man noch mit Fackeln und Mistgabeln losgezogen oder hatte sich gegenseitig zum Duell aufgefordert, heute warf man vielleicht Fensterscheiben ein. Die Menschen in Blackwater waren keine gruseligen Hinterwäldler, die so isoliert lebten, dass sie über die Jahre hinweg eine eigene Sprache entwickelt hätten, aber es waren

Menschen der Berge, die ihre Angelegenheiten unter sich klärten. Olivia hatte sich in den letzten Wochen viele Gedanken gemacht und war sich nun ganz sicher, dass sich etwas ändern musste.

Schließlich hörte sie das Knattern eines Motors, hörte das Knirschen der Steine unter den Reifen und erblickte schließlich den Wagen, der langsam den Weg hinabrollte. Yukon rappelte sich auf, streckte sich und sprang dann die Treppe hinab, um Nat so überschwänglich zu begrüßen, als wäre er wochenlang fort gewesen.

»Was für eine Begrüßung«, er tätschelte den Hund. »War hier alles in Ordnung?«

»Ich habe so lange geputzt, bis mir fast die Hände abgefallen sind.« Wie zum Beweis hielt sie die grüne Zahnbürste empor.

»Tatsächlich? Deine Zähne haben aber immer noch einen gelben Schleier, wenn du mich fragst.«

»Idiot«, sie schlang lachend die Arme um seinen Hals, als er nahe genug war. »Hast du alles bekommen?«

»Ja, und noch viel mehr. Ich lasse den Kram im Wagen. Morgen ist auch noch ein Tag.«

»Okay«, sie küsste seine Stirn. »Schön, dass du wieder zuhause bist. Wir müssen nämlich etwas besprechen.«

»Hat es etwas mit Alarmanlagen und zähnefletschenden Wachhunden zu tun?«

»Fast«, sie griff nach seiner Hand und zog ihn hinter sich her in die Küche. Während Nat sich über einen Teller mit kalten Nudeln hermachte, die vom Mittagessen übriggeblieben waren, holte Olivia ihren Rucksack aus dem Schlafzimmer.

»Ich habe etwas mitgebracht«, verkündete sie feierlich und legte den Stapel Papier vor ihm auf den Tisch.

»Was ist das?«

»Das sind Häuser.«

»Häuser?«

»Ich will keine Meilen mehr zurücklegen müssen, um dich zu sehen. Wir haben so oft davon gesprochen und ich finde, wir sollten jetzt einfach den nächsten Schritt wagen.«

»Den nächsten Schritt?«, er runzelte die Stirn.

»Worauf sollen wir denn noch warten? Du fühlst dich hier nicht mehr sicher und ich kann nicht länger bei meinen Eltern wohnen«, sie löste das Zopfgummi und kämmte mit den Fingern durch ihr Haar. «Deswegen habe ich einfach mal ein paar Angebote ausgedruckt, die mir gut gefallen haben. Es sind echt wunderschöne –«

Nat griff nach ihrer Hand und zog sie auf seinen Schoß.

»Du hast nach Häusern gesucht, in denen wir zusammen wohnen könnten?«, er funkelte sie an. »Und ich dachte immer, Indianerinnen würden Zelte bevorzugen?«

»Nur, wenn sie auf Reisen sind. Außerdem sind Indianerinnen gut beraten, in einem Haus zu leben, wenn sie sich um ein Bleichgesicht kümmern müssen, das in der Wildnis völlig aufgeschmissen ist, weißt du?«

»So ist das also?«

»So ist das«, sie fuhr mit beiden Händen durch sein Haar, dann lehnte sie ihre Stirn an seine. »Ich trage eine sehr große Verantwortung.«

»Das ist wahr«, Nat küsste sie. »Dann suchen wir uns jetzt ein gemeinsames Zuhause? Bist du dir sicher?«

»Ja, und du?«

»Ich liebe dich.«

»Ist das deine Antwort?«

»Ja«, er küsste sie wieder. »Soweit man einem zerbeulten Herzen wie meinem vertrauen kann, bin ich mir sehr sicher.«

And I will give you a new heart,
and a new spirit I will put within you

# Blackwater

Nat setzte sich auf, wuchtete die Beine aus dem Bett, berührte mit den nackten Füßen die Dielenbretter und wartete, bis sich seine Augen an die Helligkeit gewöhnt hatten. Bis spät in die Nacht hatte er mit Olivia telefoniert. Sie sprachen nicht von Eva, nicht von der Bedrohung, nicht vom Tod, sondern davon, im Sommer wieder gemeinsam wandern zu gehen. Sie würden einfach dort weitermachen, wo sie aufgehört hatten und bis zum *Rainy Pass* wandern. Sie sprachen von einem kleinen Haus am Ende der Straße mit Blick auf einen Tannenwald. Oder von einer Hütte zwischen Granitfelsen an der Pazifikküste mit Blick auf den Ozean. Sie träumten sich an unterschiedliche Orte und stellten sich vor, wie das Leben sein würde. Nat sah Kinder vor seinem inneren Auge. Sie besaßen dunkle Haut, Stupsnasen, schwarze Augen und ulkige Zahnlücken. Ihre Mutter erzählte ihnen Geschichten von Wölfen und Pferden, vom Mond und den Wolken.

»Wir können alles sein«, hatte er in einem Anflug von Sentimentalität gesagt und sich vorgestellt, wie er ihren Bauch streichelte und wie sie dabei glückselig lächelte. Er musste an den Sumpf denken, in dem er früher gelebt hatte. Bewegungslos. Die Fliegen hatten ihn schon umkreist, doch dann war Olivia in sein Leben spaziert.

»Ich liebe dich«, hatte sie geflüstert und mit diesem Versprechen war er in einen traumlosen Schlaf geglitten.

Yukon blieb liegen, während Nat in den Tiefen seines Schranks nach der einzigen Hose suchte, die über den Knien nicht zerrissen war. Er würde später nach Marblemount fahren, weil Olivia ihn darum gebeten hatte. Obwohl es ihm schwerfiel und seine Brust zweigeteilt war, wollte er diesen Tag nicht mehr alleine verbringen.

Er löffelte Kaffeepulver in den Siebträger seiner Espressokanne, schaltete auf dem Weg zum Kühlschrank das Radio an und warf dann einen Blick aus dem Fenster. Lichtflecken tanzten über hellgrüne Gräser, die aus dem Boden sprossen. Die Sonne schien durch das Geäst der Bäume, das vom Wind sanft gewiegt wurde. Alles erwachte aus einem schneebedeckten, bitterkalten Schlaf. Plötzlich wurde sein Blick abgelenkt. Eine Amsel hüpfte über die Veranda, neigte das Köpfchen und blickte ihn aus schwarzen Augen an, als er sanft gegen die Fensterscheibe klopfte, dann hüpfte sie unverdrossen weiter.

Obwohl er Olivia schon in wenigen Stunden sehen würde, verspürte er urplötzlich das Bedürfnis, ihre Stimme zu hören. Kurzentschlossen griff er zum Telefon, das neben der aufgeschlagenen Zeitung auf dem Tisch lag, und wählte ihre Nummer. Es dauerte nicht lange, bis sie abnahm und sich mit belegter Stimme meldete.

»Nat, was ist? Alles okay?«

»Guten Morgen. Ich wollte dir nur sagen, dass ich mich bald auf den Weg zu dir mache.«

»Ich freue mich schon«, sagte sie und gähnte herzhaft.

»Sehr überzeugend«, er lachte. »Eigentlich wollte ich nur kurz deine Stimme hören.«

»Einfach so? Ist alles in Ordnung?«

»Ich habe bis jetzt noch keine toten Vögel gefunden und soweit ich das beurteilen kann, hat auch niemand Feuer gelegt oder —«

»Wegen Eva«, unterbrach sie ihn sanft. »Wie geht es dir? Sie ist heute ganz nah, oder?«

»Naja, ich bin noch nicht so lange auf den Beinen. Ich hatte keine Zeit, um darüber nachzudenken. Jedenfalls nicht so richtig«, druckste er herum und suchte mit den Augen vergeblich nach dem schwarzen Vogel. »Ich weiß nicht, wie ich mich fühle.«

»Besser als sonst?«

Eva würde ihn für den Rest seines Lebens begleiten und trotzdem hatte er irgendwann gespürt, dass es an der Zeit war, sie loszulassen. Es war keine bewusste Entscheidung gewesen, nur eine Notwendigkeit, weil er begonnen hatte, einer Frau zu schreiben, die sich gerne Kreuzworträtsel ausdachte und alles besser machte.

»Viel besser«, sagte er nachdenklich. »Aber es bleibt trotzdem der Tag, an dem sie gestorben ist und das macht es zu einem schweren Tag.«

»So lange es Tage gibt, an denen es leichter wird?«

»Davon gibt es jede Menge. Weißer Wolf, neuer Geist«, er lachte tonlos. »Ich kann mich sehr glücklich schätzen.«

Und das hatte jede Menge mit Olivia zu tun. Sie hatte ihn daran erinnert, dass es mehr gab als Erinnerungen. War es nicht so? Wer ständig Erinnerungen vor sich hertrug, drohte sie mit der Gegenwart zu verwechseln. Aber Erinnerungen standen still und Stillstand war das Gegenteil von Leben.

»Weißt du eigentlich, dass ich nie daran gezweifelt habe, dass Eva uns das alles gönnt? Das, was wir miteinander haben? Dieses Glück?«, fragte Olivia. »Ich war immer felsenfest davon überzeugt, dass sie sich darüber freuen würde. So hat es sich in meinen Träumen angefühlt. Da waren nur warme Gefühle.«

»Ich weiß nicht.«

»Aber ich weiß es«, sagte sie mit einer überraschenden Bestimmtheit. Auch wenn Nat ad hoc einige Gründe einfielen, wegen derer Eva sehr wohl missgünstig sein könnte, schwieg er. Vielleicht irrte er sich.

Der Kaffee blubberte auf dem Herd und verströmte einen würzigen Duft. Nachdem er sich von Olivia verabschiedet hatte, saß er auf der Küchenbank und beobachtete Yukon, der vor ihm auf dem Boden lag und an einem getrockneten Schweineohr nagte.

Eigentlich wollte er nur einen Kaffee trinken und dann sofort nach Marblemount aufbrechen, aber nun entschloss er sich dazu, noch einen kurzen Abstecher zur Schlucht zu machen. Er war lange nicht mehr dort gewesen.

Nat riss die Jacke von der Stuhllehne und schlüpfte hinein, während er nach Yukon rief und die Tür zur Veranda aufstieß. Es war ein milder Tag. Wenn er sich beeilte, würde er in einer Stunde wieder hier sein. Obwohl er in den letzten Monaten ein wenig Gewicht zugelegt hatte, war er gut trainiert. Das musste er auch sein, wenn sie im Sommer wirklich zum *Rainy Pass* wandern wollten. Dabei würden sie nämlich noch tiefer ins Kaskadengebirge vordringen.

Nat stapfte am Sägewerk vorbei und trat schließlich auf den Pfad, der sich zwischen dunklen Stämmen hindurchschlängelte und immer steiler anstieg. Der Boden war weich, fast federnd. Obwohl er längst ins Schwitzen gekommen war, beschleunigte er seine Schritte. Bald schon türmten sich zerklüftete Felsen auf. Er war diesen Weg schon tausendmal gegangen und wusste genau, wohin er den Fuß setzen musste. Das Sprudeln und Plätschern des Wassers war zu hören, noch bevor er die erste Hemlocktanne erreicht hatte. Das Flussbett verjüngte sich hier, ließ das Wasser anschwellen und durch die Felsspalten rauschen.

Schließlich stand er auf dem Plateau und rang nach Luft. Er hob die Augenbrauen, als er einen Blick auf seine Armbanduhr warf. So schnell war ihm der Aufstieg noch nie gelungen. Das letzte Mal war er hier oben gewesen, kurz bevor er nach Snoqualmie gefahren war. Er hatte darüber nachdenken wollen, was Olivia in ihm auslöste und ob er diesen Gefühlen nachgeben sollte. Damals hatte er seine Entscheidung damit gerechtfertigt, dass sie immerhin verheiratet war und seine einzige Aufgabe darin bestand, sie zu begleiten, weil sie mit dem Herz nicht alleine in der Wildnis unterwegs sein durfte. Er hatte sich eingeredet, er wäre nur so eine Art Beschützer, nur so eine Art Schatten. Ein Lächeln schlich sich auf seine Lippen. Der Mann, der damals mit abgründigen Gedanken hier oben gestanden war, hatte sich verändert.

Nat schlüpfte aus der Jacke und warf sie über den Felsen, dann beugte er sich hinab und wollte gerade den Aluminiumkoffer hervorholen, als er ein tiefes Grollen vernahm. Yukon knurrte.

»So sieht man sich wieder.«

Verblüfft wirbelte Nat herum und starrte in ein grinsendes Gesicht. William war deutlich gealtert, doch er war seiner Schwester wie aus dem Gesicht geschnitten. Es waren ihre

Augen, ihre schmale Nase und ihr Mund mit den erdbeerroten Lippen.

»Wie kommst du hierher?«, Nat schüttelte den Kopf.

»Du wirst die Vergangenheit nicht los, Nathaniel. Ist ein guter Tag, um sich darüber zu unterhalten, oder nicht? Und offensichtlich auch ein guter Ort.«

William deutete auf die morschen Holzkreuze, die schief in der Erde steckten und dadurch völlig grotesk aussahen. Nat verkrampfte sich. Die Hitze entwich seinem Körper. Saurer Speichel sammelte sich in seinem Mund.

»Wie hast du mich gefunden?«, fragte er.

»Habe dich schon vor einer Weile aufgespürt. Deine kleine Indianerin hat mir den Weg gezeigt.«

Fassungslos wanderten seine Augen über das verhärmte Gesicht und suchten darin vergebens nach einer Erklärung.

»Meinst du Olivia?«

»Olivia Labelle«, William nickte. »Sehr charmant. Wäre ziemlich schade gewesen, wenn sie damals gestorben wäre, findest du nicht auch?«

»Was willst du von mir?«, presste er hervor und starrte William an, der ungerührt weitersprach.

»Aber sie lebt. Kein Wunder. Immerhin hat sie ein ziemlich gutes Herz bekommen. So'n verdammt gutes Herz.«

»Eva hätte gewollt —«

»Du weißt'n Scheiß von Eva.«

Nat kniff die Augen zusammen und ballte die Hände zu Fäusten. Es würde kein gutes Ende nehmen. Das wusste er.

»Woher kennst du Olivia? Wie hast du sie gefunden?«

»Ich? Sie kam auf den Friedhof. Dort haben wir uns getroffen. War'n Zufall, denke ich«, William lachte tonlos. »Sie hat versucht, mir weiszumachen, sie käme aus New York und wäre mit Eva befreundet gewesen.«

»Sie war auf dem Friedhof? Wann denn?«

»Lange her.«

William erzählte großspurig von seiner Recherche - die Zeitung, bei der Olivia arbeitete, hatte damals einen zweiseitigen Artikel über die geglückte Transplantation veröffentlicht. Mit Foto. Diese Erkenntnis war keine Überraschung. William hatte gespürt, dass sie ihn damals belogen hatte. Erst hatte er noch geglaubt, dass sie nur zu schüchtern gewesen war, um ihm ihre wahre Identität preiszugeben. Irgendwann wurde er jedoch misstrauisch. Woher wusste sie, wo Eva und Mari beerdigt worden waren? Woher wusste sie von New York? Er konnte nicht aufhören, sich diese Fragen zu stellen, obwohl er die Antwort längst kannte. Es war eine glückliche Fügung, dass er Olivia plötzlich an einer Tankstelle mitten im Nirgendwo entdeckt hatte. Er war gerade mit dem Motorrad unterwegs gewesen - eine kleine Spritztour durch die Wälder, bevor der Winter kam und sein Bike in der Garage bleiben musste. William hatte beobachtet, wie Olivia heimlich in einen Truck geklettert war, wie ein Mann nach ihr suchte, wie er mit anschwellender Wut nach ihr rief. Es hatte so ausgesehen, als würde sie in der Klemme stecken. Deswegen war William dem Truck bis nach Snoqualmie gefolgt.

»Und was sehe ich?«, William spuckte schaumigen Speichel auf den Boden. »Da steht doch plötzlich dieser Schweinepriester auf dem Parkplatz. Ich dachte, ich spinne. Du bekommst einfach das Maul nicht voll. Erst nimmst du dir Eva, dann —«

»Was redest du für eine Scheiße?«

»Reicht es nicht, dass Eva tot ist? Musst du jetzt ausgerechnet noch Olivia haben? Macht dich das an?«

»Wie bitte? Ich habe keine Ahnung, wovon du sprichst.«

»Davon, dass du alles kaputt machst.«

Der Schmerz hatte sich in Wut verwandelt und sein Gesicht fratzenhaft verzerrt. William hatte ihn noch nie gemocht und nach dem Unfall angefangen, ihn inbrünstig zu hassen. In zahllosen Briefen hatte er ihn angeklagt, beschimpft, ihm den Tod gewünscht. Schlagartig wurde Nat bewusst, wer ihn die ganze Zeit terrorisiert hatte. Das war der Anfang einer Abrechnung.

»Was willst du?«, fragte er so beherrscht wie möglich und griff nach Yukons Halsband. Vielmehr, um sich festzuhalten, als um den Hund zu zähmen, der nervös auf der Stelle dribbelte.

»Wir reden jetzt.«

»Diese Spielchen müssen aufhören, William. Du demolierst mein Haus, legst tote Tiere vor meine Tür - was bezweckst du damit? Wohin soll das führen?«

»Du verdienst die Luft nicht, die du atmest. Du hast sie umgebracht. Du hast sie schon vor ihrem Tod einfach sterben lassen. Kapierst du das nicht?«

»Es war ein Unfall. Wie oft denn noch? Es war ein schrecklicher Unfall und es tut mir furchtbar leid, dass -«

»Du wolltest sie loswerden.«

»Was?«

»Du hast dir alles genommen. Alles! Und jetzt machst du dir hier ein beschissen schönes Leben mit dieser Indianerin. Ist das fair? Eva ist tot. Meine Eltern kommen fast um vor Schmerz, weißt du das eigentlich? Und ich komme überhaupt nicht mehr klar. Alles geht den Bach runter.«

Früher hatte Eva sich immer aufopferungsvoll um ihren Bruder gekümmert. *Willy* war bei ihr ein- und ausgegangen, lieh sich regelmäßig Geld oder den Wagen, mit dem er dann tagelang verschwand, um irgendwelche Frauen zu treffen, die er im Internet kennengelernt hatte. Eva hatte sogar die Kaution bezahlt, als er ins Gefängnis gekommen war, weil er mit Freunden ein illegales Autorennen veranstaltet hatte. Tausendmal hatte Eva ihm aus der Patsche geholfen. Tausendmal hatte Nat auf sie eingeredet und ihr gesagt, dass ihr Bruder endlich lernen musste, mit den Konsequezen seines Verhaltens alleine klarzukommen.

»Ich glaube, ich weiß, worum es hier eigentlich geht«, er senkte die Stimme. »Jetzt gibt es keine Eva mehr, die dir immer wieder den Arsch rettet, die dich bemuttert und finanziert. Ist es nicht so? Jetzt gibt es keine große Schwester mehr, auf die du -«

»Pass bloß auf, was du sagst.«

»Jetzt musst du dein Leben selbst in die Hand nehmen, William. Und ich auch.«

Ohne ihn anzublicken, wollte er sich an ihm vorbeidrücken, doch William schubste ihn zurück. Yukon fletschte die Zähne, knurrte aus den Tiefen seiner Kehle und stellte das graue Fell auf. Sein ganzer Körper stand unter Strom und Nat tat nichts, um ihn zu beruhigen. Stattdessen starrte er William an, dessen Gesicht feuerrot geworden war. Er straffte die Schultern und wollte sich gerade in Bewegung setzen, als Yukon ihm entgegen sprang. William reagierte blitzschnell. Ein Tritt gegen den Hundekopf, ein klägliches

Aufjaulen, Winseln. Der schwarze Wolf hatte zugebissen. Nat holt aus und schlug blindlings zu. Der blonde Schopf prallte gegen den Felsen, schnellte jedoch sofort zurück. Ersticktes Brüllen. Ein koordinationsloser Schlag, der seine Schulter streifte. Nat wollte einen Schritt zurückweichen, als ihn ein Tritt mit klobigen Motorradstiefeln an der Hüfte erwischte. Er taumelte. Vergangenheit und Zukunft verschwanden. Seine Aufmerksamkeit krallte sich in diesem Moment fest. Er hatte sich vorgestellt, dass es sich wie Fliegen anfühlen würde, aber so war es nicht. Es fühlte sich nach Fallen an. Nach Sekunden, die sich zu einer zähen Ewigkeit ausdehnten. Nach Wind in seinem Haar. Der Himmel war ein gleißendes Licht, nach dem sich die skelettartigen Äste der Bäume ausstreckten. Er fiel mit dem Rücken zum Abgrund. Vierzig Meter freier Fall.

Vor langer Zeit hatte er sich ausgerechnet, dass es bei einer Beschleunigung von $9.81 \text{ m/s}^2$ etwa 3 Sekunden dauern würde. Er wusste, dass es vorbei war, lange bevor er aufschlug.

# Marblemount

Er ging nicht ans Telefon. Inzwischen hatte sie den Backofen ausgestellt, die Weinflasche wieder in den Schrank verfrachtet und stand am Fenster, um auf die Straße zu spähen. In ihrem Magen rumorte es. Nat war kein pünktlicher Mensch, aber er war zuverlässig genug, um sich zu melden, wenn es später wurde. Eigentlich.

Olivia hatte eine böse Ahnung und ließ immer wieder das schwarze Haargummi gegen ihr Handgelenk schnalzen, um sich davon abzulenken. Das Ticken der Uhr war nervtötend. Es bedeutete *zu spät*. Die Sonne senkte sich langsam, berührte beinahe die Wipfel der Bäume. Sie dachte an den Traum der letzten Nacht und versuchte, ihn zu verstehen. Was wollte er ihr sagen? Gab es überhaupt einen Botschaft? Sie legte die Hand über ihre Narbe.

Er stand auf der anderen Seite des Ufers. Sein Oberkörper war nackt, seine Hose nass. Langsam bewegte sie sich auf ihn zu. Seine Augen fanden zu ihren und das erste Mal hatte sie die Gewissheit, dass auch er sie sehen konnte. Schwarze Farbe bedeckte sein Gesicht, weiße Linien zogen von seinen Lippen über das Kinn, zogen über seine Wangen und die breite Stirn. Würde er bleiben? Sie lächelte und wollte gerade etwas sagen, als er seine Hand öffnete und sie vier Schwarznüsse erblickte.

Sie verstand, was das zu bedeuten hatte. Auch wenn sich ihr Innerstes dagegen sträubte, würde sie nichts tun, um ihn aufzuhalten. Erst tauchte sie nur die Zehenspitzen ins Wasser - es war wärmer als sie geglaubt hatte - dann watete sie über glitschige, rundgewaschene Steine, bis sie direkt vor ihm stand. Der Stoff ihres Kleides hatte sich vollgesogen und klebte an ihren Beinen. Seine Mundwinkel zuckten, als seine Augen jeden Zentimeter ihres Gesichts erforschten. Er würde nicht bleiben. Er würde sich nicht mal umdrehen, wenn er ging. Tapfer lächelte sie ihn an. Er sollte nicht das Gefühl haben, dass sie ihn daran hindern wollte. Sie hatte sich verändert und gelernt, dass es nichts auf der Welt gab, das man behalten konnte - noch nicht mal das eigene Leben.

»Das Wasser ist nicht so flach, wie es aussieht«, hörte sie eine fremde Stimme sagen, obwohl es ihre Lippen waren, die sich bewegten. Mit beiden Händen schöpfte sie Wasser aus dem Fluss und fing an, sein Gesicht zu waschen. Sie benetzte seine Haut, rieb mit den Fingerspitzen darüber, bis sich die Farbe auflöste. Graues Wasser tropfte auf seine Brust und floss in dünnen Bächen daran hinab. Langsam kam bleiche Haut zum Vorschein. Sie liebte dieses Gesicht und wollte nicht aufhören, es zu berühren, weswegen ihre Bewegungen langsamer und langsamer wurden. Mit geschlossenen Augen ließ er die Prozedur über sich ergehen, doch dann öffnete er sie plötzlich. Seine Lippen bebten. Sie hatte überhaupt nicht bemerkt, dass er weinte. Gerade wollte sie den letzten Rest der schwarzen Farbe von seinem Gesicht waschen, als er den Kopf schüttelte.

»Noch nicht.«

Er lächelte, aber es war ein trauriges Lächeln. Auch wenn diese Farbspuren immer an ihm haften würden, war es ein gutes Leben.

Olivia wusste, dass der Traum etwas mit dem Tag zu tun hatte, an dem Eva vor vier Jahren gestorben war. Vielleicht war es eine Abschiedszeremonie? Nat wusch die Farbe ab, die ihn gekennzeichnet hatte. So wie ihr Vater es damals am Ende seiner Wacht getan hatte.

Die Zeit der Trauer war vorbei.

Gerade hatte sie wieder vergeblich dem Freizeichen gelauscht, als ihr mit unmittelbarer Gewissheit klar wurde, dass etwas passiert sein musste. Plötzlich blieb ihr Herz stehen, nur um im nächsten Moment wieder gegen ihren

Brustkorb zu schmettern. Es fühlte sich an, wie die verzweifelten Flügelschläge eines Vogels, der versuchte, sich zu befreien. Ein paar Sekunden verharrte sie, dann rief sie die Verkehrsmeldungen auf. Keine Unfälle. Keine umgestürzten Baumstämme, die den Verkehr behinderten. Nichts.

Sie konnte nicht länger warten und wählte Lindas Nummer.

»Du musst mitkommen. Wir müssen nach ihm suchen.«

»Er wird sich bestimmt noch melden. Vielleicht hat er eine Panne? Sein Wagen pfeift doch aus dem letzten Loch.«

»Er hätte mich angerufen, Linda. Selbst, wenn er sein Telefon zuhause vergessen hat - er hätte einen Weg gefunden, um mir Bescheid zu geben.«

»Du willst jetzt wirklich nach Blackwater fahren? Kennst du nicht irgendwen, der bei ihm in der Nähe wohnt und nachsehen kann?«, ihre Freundin lachte. »Natürlich nicht. Ich vergesse immer, dass er wie ein Einsiedler lebt.«

»Kannst du mich abholen?«

»Weißt du, wie weit das ist?«

»Bitte! Ich muss wissen, was los ist. Du musst mir helfen.«

»Wenn wir dort ankommen und ihn betrunken aus einem Pub ziehen müssen, raste ich aus.«

»Lieber ziehe ich ihn aus irgendeinem Pub, als aus einem Autowrack«, erwiderte sie düster.

»Schon klar. Oh Gott. Und was ist, wenn er - du weißt schon?«

»Was?«, Olivia verzog das Gesicht, weil sie genau wusste, worauf ihre Freundin hinauswollte. »Ausgeschlossen. Er würde sich niemals etwas antun. Nicht mehr. Wir haben so viele Pläne.«

»Heute ist ihr Todestag. Könnte es nicht sein, dass er einfach überrollt wurde? Trauer vergeht nicht. Sie verändert sich nur.«

»Nein«, erwiderte sie heftig. »Wir haben vor ein paar Stunden noch telefoniert. Ich hätte es gespürt. Ich kenne ihn.«

»Mhm, tut mir leid. Ich wollte nichts Falsches sagen«, Linda seufzte. »Dann ziehe ich mich jetzt um und komme so schnell es geht bei dir vorbei, okay?«

»Bitte beeil dich.«

Sie schossen in dem pechschwarzen Suburban über die Interstate, dann über die Highways. Während Linda versuchte, möglichst schnell zu fahren, versuchte Olivia immer wieder, Nat zu erreichen.

»Tot«, ächzte sie irgendwann.

»Was?«, Linda warf ihr einen erschrockenen Blick zu.

»Das Telefon ist tot. Entweder hat er kein Netz mehr, oder der Akku hat den Geist aufgegeben. Verdammt. Ich verstehe es nicht. Warum meldet er sich nicht?«

»Mach dir keine Sorgen. Es gibt dafür bestimmt eine ganz harmlose Erklärung«, versuchte Linda sie zu beruhigen. Inzwischen hatte sie längst verstanden, dass Olivia nicht einfach nur hysterisch, sondern ernsthaft besorgt war. Wobei sich ihre Sorgen mittlerweile zu Angst potenziert hatten. Selbst die Möglichkeit, dass er beschlossen haben könnte, selbstbestimmt aus dem Leben zu gehen, erschien ihr plötzlich nicht mehr so abwegig.

«Er ist nicht tot«, sagte sie so überzeugend, dass sie sich selbst glauben konnte. Ihre Arme fühlten sich irgendwie taub an und sie versuchte das Blut zum Zirkulieren zu bringen, indem sie die Hände immer wieder zu Fäusten ballte.

»Bestimmt nicht. Es geht ihm gut.«

Olivia heftete ihren Blick auf den grauen Asphalt, der unter dem Wagen hinwegtauchte und verschwand. Vielleicht war Nat in der Dusche ausgerutscht und lag bewusstlos im Badezimmer? Nachtwächter schliefen für gewöhnlich tagsüber. Vielleicht war er nach ihrem Telefonat versehentlich eingeschlafen? Die Szenarien, die sie sich ausmalte, wurden immer absurder und ein diffuser Schmerz ergriff ihren Körper. Nathaniel. In Gedanken beschwor sie ihn, hoffte auf eine Botschaft.

Die Landschaft flog so schnell an ihnen vorbei, dass man sie durch den schwarzen Schleier aus Wind und Dunkelheit kaum einfangen konnte. Nur wenn man den Blick zum Himmel hob oder die Baumwipfeln in der Ferne fokussierte, fand man irgendwo Halt. Immer mal wieder tauchten gespenstische Gehöfte auf. Aus matten Fenstern starrten sie zur Straße und schienen sagen zu wollen, dass es hier schon lange keinen Trost mehr gab.

Endlich passierten sie das Straßenschild und fuhren erst am Diner vorbei, in dem sie immer gefrühstückt hatten, dann an dem kleinen Gemischtwarenladen.

»Hier leben ja Menschen.« Linda lachte halbherzig.

Olivia hatte sich in ihrem Sitz aufgerichtet und suchte die Straße nach irgendwelchen Anhaltspunkten ab.

Alles sah so trostlos aus wie immer, wenn die Farben schwächer geworden waren.

»Hinter dem Hydranten musst du scharf rechts abbiegen.«

Flankiert von dichten Hecken und hohen Bäumen war es auf dem Waldweg stockfinster. Im Lichtkegel des Autos sah die Welt völlig entstellt und hässlich aus. Olivia knetete ihre Hände. Am liebsten wäre sie ausgestiegen und den Rest des Weges gerannt. Sie wollte hellerleuchtete Fenster sehen, dichten Rauch, der sich aus dem Schornstein schlängelte. Sie wollte seine Stimme hören, Hundegebell. Irgendeine Erklärung – mittlerweile war ihr völlig egal, was er sagen würde.

»Wo ist es?«, fragte Linda mit gesenkter Stimme und starrte angestrengt geradeaus in die Dunkelheit.

»Hier.«

Olivia deutete auf die schwarze Silhouette eines Daches, das vor ihnen auftauchte, als sie die Kuppe des Hügels erreicht hatten. Jetzt ging es nur noch bergab. Kein Rauch aus dem Schornstein. Keine leuchtenden Fenster, kein Hoffnungsschimmer.

»Halt bitte an«, sagte Olivia, als sie das Tor erblickte. Es war verschlossen. Kaum war der Wagen zum Stehen gekommen, sprang sie hinaus. Das Schlagen ihres Herzens war inzwischen zu einem Rauschen angeschwollen.

»Ich gehe zum Haus. Willst du warten?«

Erschrocken schüttelte Linda den Kopf und stieg aus. Ohne sich nach ihrer Freundin umzusehen, eilte Olivia zum Tor und öffnete es. Sie rannte die Einfahrt hinab und erkannte sofort die Umrisse seines Autos.

»Nat!«

Schwarze Fenster glotzten ihr entgegen. Nichts rührte sich.

»Vielleicht ist er nicht zuhause?«, fragte Linda.

Sie schüttelte den Kopf und ging auf das Haus zu. Der Mond hatte einen silbernen Schleier darübergelegt. Wie Spinnweben. Als wäre schon lange niemand mehr hier gewesen. Es war furchtbar still. Nur der Wind säuselte in den Bäumen, nur die Steine knirschten unter ihren Füßen.

»Wir gehen rein«, sagte sie und stieg die Stufen empor, dann öffnete sie die Tür. In der letzten Zeit hatte Nat alles hermetisch verriegelt, wenn er das Haus verließ. Dieses Mal nicht.

»Nathaniel? Bist du hier?«

Ihre Hand suchte nach dem Lichtschalter. Die Küche war verwaist. Auf dem Tisch lag eine aufgeschlagene Zeitung, stand eine halbleere Kaffeetasse, lag sein Telefon.

»Nathaniel?«, rief sie erneut. Dieses Mal lauter. »Yukon?«

Alles blieb still, nur das Blut rauschte in ihren Ohren.

Olivia ging in den Flur, spähte ins Wohnzimmer und öffnete dann die Tür zum Schlafzimmer. Auf dem Bett lag seine Reisetasche. Sie schluckte trocken. Was sie befürchtet hatte, bewahrheitete sich.

Tote Vögel, zerschlagene Fensterscheiben. Killer. Olivia hatte diese Vorfälle immer bagatellisiert. Sie hatte sich geweigert, in ihnen eine reale Gefahr zu sehen.

»Ist er hier?«, fragte eine ängstliche Stimme aus dem Flur.

»Nein.«

Olivia warf einen Blick ins Badezimmer. Seine Zahnbürste lag wie immer mitten im Waschbecken.

»Wo bist du nur?«, fragte sie ihr Spiegelbild und beobachtete, wie sich ihr Gesicht verzerrte und ihre Augen verwässerten. Ihre Atmung war flach und sie spürte Panik in sich aufsteigen. Ihm war nichts zugestoßen. Alles war gut. Dafür gab es eine harmlose Erklärung. Jeden Moment würde die Tür auffliegen und Nat käme hereinspaziert.

Es fühlte sich an, als würde ihr Herz um seine eigene Achse rotieren. Olivia presste die Augen zusammen und legte die Hand auf ihre glühende Narbe. Bilder schossen wie Pfeile durch ihren Kopf. Gespaltene Schwarznüsse, seine dunklen Augen, moosbewachsene Felsen, zwei Zelte, über denen sich Baumkronen aufspannten, zwei Kreuze. *Der Fluss sprang in weißer Gischt über die Steine...* Ihr Herz wechselte den Rhythmus und Olivia wirbelte herum.

»Es gibt noch einen Ort«, erklärte sie Linda, als sie ihr im Flur entgegen eilte. »Wir müssen dorthin.«

»Wohin?«

»Zur Schlucht. An ihrem Todestag geht er immer zur Schlucht. Das ist nicht weit von hier.«

»Zur Schlucht?«, fragte ihre Freundin mit Entsetzen.

Olivia stürmte in die Küche, riss die Tischschublade auf und nahm die Taschenlampe hervor.

»Meine Güte, Olivia. Das kann nicht dein Ernst sein. Wir rufen jetzt die Polizei, aber wir gehen ganz bestimmt nicht da raus. Es ist –«

»Willst du lieber hier warten?«

»Olivia!«

»Ich muss gehen. Wirklich. Ich muss nachsehen, ob er dort ist. Wenn er meine Hilfe braucht, wenn er –«

»Du glaubst doch nicht, dass er mitten in der Nacht an irgendeiner Schlucht herumsitzt? Das ist hirnrissig.«

»Willst du mitkommen oder warten?«

Sie hatte schon einmal den Weg zur Schlucht gefunden. Auch dieses Mal war sie sich sicher, als sie dicht gefolgt von Linda über die Wiese stapfte und sich dann zwischen Hecken hindurch quetschte, um auf den Forstweg zu gelangen. Die Nacht war schwarz und die Luft eisig. Alles, was sie sehen konnten, erschien in einem dünnen Lichtstrahl, der zitternd über den Weg wanderte. Linda redete auf sie ein, doch Olivia hörte nur mit halbem Ohr zu. Ihre Füße bewegten sich und ihre Atmung passte sich diesem Rhythmus automatisch an. Zwei Schritte, einatmen, zwei Schritte ausatmen.

«Das macht doch überhaupt keinen Sinn!«

«Ich muss ihn finden.«

«Wir nehmen uns ein Zimmer und kommen morgen wieder, wenn es hell ist. Bitte, Olivia. Ich will nicht hier sein.«

«Ich muss ihn finden«, wiederholte sie eisern und setzte ihren Weg fort, ohne sich nochmal nach ihrer Freundin umzudrehen.

Sie war am Ende ihrer Kräfte, als sie den letzten Schritt machte und sich umblickte. Sofort erkannte sie auf dem Felsen eine dunkle Decke. Olivia atmete erleichtert auf.

»Bist du hier?«, fragte sie und hätte fast gelacht. Der Fluss toste so laut, dass sie sich nicht sicher war, ob sie eine Stimme vernommen hatte. »Yukon?«

Sie trat um den Felsen herum und richtete den Lichtkegel auf die beiden Kreuze, die Nat dort errichtet hatte. Alles blieb stumm, nur das Wasser sprudelte durch die Schlucht. Stirnrunzelnd blickte Olivia sich um. Der Wind hatte sich verändert, war kälter und schneidender. Als sie nach der Decke griff und einen Knopf spürte, zog sich ihr Magen schmerzhaft zusammen. Das war seine Jacke. Ihr Herz war tonnenschwer und zwang sie in die Knie. Er war ganz nah. Langsam krabbelte sie über den kalten Stein. *Springen. Fühlt sich wie Fliegen an.* Olivia legte sich hin und spähte über den Rand des Felsens in den Abgrund.

Im Mondlicht wurde der Fluss zu einem Silberstreifen und versprach, dass alles gut werden würde. Trotzdem kroch die Kälte des Steins in ihre Knochen und ließ das Blut gefrieren. Sie wollte nicht mit der Taschenlampe hinableuchten und tat es trotzdem. Sie hatte sich geirrt.

Der Fluss war kein Silberstreifen - war pechschwarzes Wasser, das alles Licht in sich aufsog. Der Mond klaffte als schwarzes Loch am Himmel. Ihre Kehle schnürte sich zu, wurde so eng, dass nur ein Ächzen über ihre Lippen drang. Sie hatte dieses Bild in einem Traum gesehen.

Der Körper lag leblos auf einem Felsvorsprung. Ein Bein hing wie ein Stock ins Wasser. Das bleiche Gesicht, das hinauf zum Himmel blickte, war ausdruckslos, war nur ein zerflossener Fleck.

»Olivia?«

Es war ihr unmöglich, sich zu bewegen. Sie konnte nichts sagen, nicht mal denken. Nat hatte ihr ein Versprechen gegeben. Ein Schwur - neues Herz, neuer Geist - nichts als Worte.

Alles gebrochen.

Was dann geschah, nahm sie wie durch einen Nebelschleier wahr. Linda hatte ihr die Jacke um die Schultern gelegt und dann einen verzweifelten Notruf abgesetzt.

»Ich weiß nicht, ob er tot ist. Es ist sehr tief, wissen Sie? Sehr tief. Es ist sehr tief. Ich weiß nicht.«

Schließlich kauerte sie sich neben Olivia und flüsterte tröstende Worte, die sich jedoch sofort in der Nachtluft auflösten. Olivia starrte hinauf zum Mond. Ihr Herz pochte sehr schwach und sie war sich nicht sicher, ob es überhaupt noch schlug. Mit beiden Händen drückte sie seine Jacke an sich und sog ihren Duft tief in sich auf. Offensichtlich hatte noch nicht mal ihre Liebe ausgereicht. Sie hätte ihm alles gegeben. Sie hätten alles sein können. Ihr Körper verkrampfte sich. Nat hatte ihr hoch und heilig versprochen, den weißen Wolf zu füttern.

»Wo ist Yukon?«, fragte sie verstört, als sich Tränen in ihren Augen sammelten.

Das war ein Alptraum. Sie hatte ihn doch gerade erst gefunden. Alles hatte doch gerade erst begonnen. Ihr Glück. Ihre Zukunft. Was sollte sie jetzt mit ihrem Leben anfangen? Wohin sollte sie gehen? Ihre Gedanken verselbstständigten sich, unternahmen Fluchtversuche, klammerten sich an Bildern fest.

Vielleicht würde sie in sein Haus ziehen. Sie würde melancholische Musik hören und Bücher lesen, die er zurückgelassen hatte. Sie würde *When the Night Comes* hören. Er hatte ihr das Lied vorgespielt, als sie von Snoqualmie nach Blackwater gefahren waren, und gesagt, dass es vielleicht kitschig wäre, aber der Gitarrenriff ihn überzeugt hätte. Sie würde in seinem Sessel sitzen, seinen Wollpullover anziehen, seine Spuren pflegen. Warum hatte sie es nicht kommen sehen? Sie hätte es spüren müssen. Sie hätte es verhindert müssen. Aber wie? Wie?

Der Helikopter schwebte über der Schlucht und warf ein gleißendes Licht hinab. Scheinwerfer beleuchteten die Bühne wie in einem finsteren Theater. Quälend langsam seilten sich drei Rettungskräfte zu ihm ab. Die Rotorenblätter erzeugten einen solchen Lärm, dass nicht zu verstehen war, was sie einander zuriefen. Während Linda wie gebannt in die Tiefe starrte, blickte Olivia auf ihre Hände. Die Finger hatten sich wie Spinnenbeine in den Stoff seiner Jacke gekrallt. Ein

Geäst aus blauen Adern. Ihr Geist hatte ihren Körper verlassen und schwebte über dem Geschehen. Es gab zähflüssige Gedanken, die quälend langsam durch ihren Kopf krochen. Und es gab einen stechenden Schmerz in ihrer Brust. Mit jedem Schlag sackte sie innerlich weiter in sich zusammen. Er hatte gesagt, dass er mit ihr leben wollte. Wirklich leben. Sie hätten alles sein können, weil sie alles in sich trugen. Wenn sie in seine Augen geblickt hatte, war es ihr immer so vorgekommen, als wäre der Nachthimmel ein Gewässer. Unter dem Glänzen sah sie alles Leben, das vor diesem Leben gewesen war. Sie sah viele Milliarden Jahre tief.

Es war so hell, dass er fühlen konnte, wie das Licht tief in ihn eindrang. Sein Körper war durchsichtig und grenzenlos. Ebenso wie seine Gedanken. Er verschmolz mit dem Licht, löste sich darin auf. Das war die Abwesenheit von Dunkelheit, nach der er sich immer gesehnt hatte. So hatte er sich die Erlösung vorgestellt. Es war so simpel, zu sterben. So lächerlich einfach.

Er lag in den Armen seiner Mutter, spürte die Hand seines Vaters. Das Lachen seiner Schwester ertönte und ein süßer Geschmack erfüllte ihn. So wie damals die bunten Kaubonbons, die man beim Bäcker kaufen konnte. Erst süß, dann sauer. Ein schriller Pfiff zerriss die Stille. «Nathaniel ist unser schnellster Läufer», sagte der Lehrer mit sonorer Stimme. «Keiner ist so schnell wie er. 444 Sekunden. Bestzeit. Gratulation.» Nochmal kopfüber von einem Baum hängen, nochmal barfuß durch einen Fluss waten, spitze Steine, kaltes Wasser. Nochmal auf der Rückbank sitzen, das Flattern der Luft hören, wenn das Fenster ein wenig heruntergekurbelt war.

*Ich bin so stolz auf dich. Sie haben den Job.*
*Ich verzeihe dir. Von Herzen alles Gute.*
*Du hast alles richtig gemacht. Ich bin schwanger.*
*Gute Arbeit. Pass auf dich auf.*
*Ich liebe dich. Bleichgesicht.*

Das Licht war grenzenlos, doch mit einem Mal riss es wie ein Vorhang auf. Er sah einen türkisblauen Fluss, der tosend an ihm vorbei rauschte. Weiße Pferde galoppierten ins Tal hinab. Oder waren es weiße Wölfe?

Eva saß in ihrem dottergelben Leinenkleid am Ufer des Flusses und summte ein Lied, während sie liebevoll ihren Bauch streichelte. Noch ehe er sich daran erinnern konnte, woher er die Melodie kannte, hob sie den Kopf. Ihre Augen funkelten ihm entgegen wie nasse Strandkiesel. Sie lächelte ihn an. In sich ruhend, friedlich, einladend. Von diesem Moment hatte er immer geträumt. Dieser Ort war immer sein Ziel gewesen. Er musste nur den Fluss überqueren, musste nur noch ein paar Schritte gehen. Langsam stand Eva auf. Er dachte, dass sie ihm die Hand reichen würde, doch sie blieb regungslos vor ihm stehen. Ihre Füße waren nackt und das Gras, auf dem sie standen, sah aus wie Samt.

»Es ist ein weiter Weg von dir zu mir«, sagte eine warme Stimme. »Das Wasser ist nicht so flach, wie es aussieht, Bleichgesicht.«

Er spürte etwas in seiner Hand. Als er sie öffnete, lagen darin vier Schwarznüsse. Plötzlich stand Eva dicht vor ihm und lächelte ihn an. Da war eine Lücke zwischen ihren Schneidezähnen, stellte er verwundert fest. Sommersprossen erblühten auf ihren Wangen und ihre Augen waren so klar, dass er bis auf den Grund sehen konnte. Sie waren voller Leben.

»Ich bin hier«, sagte sie und strich sich eine Haarsträhne aus dem Gesicht. Er brachte keinen Ton über die Lippen.

Sie tauchte beide Hände ins Wasser, dann fing sie an, sein Gesicht zu waschen. Zärtlich streichelte sie über seine Haut und er schloss die Augen, konzentrierte sich auf ihre Berührungen. Der Schmerz quoll aus seinem Innersten hervor, vermischte sich mit dem Wasser des Flusses, löste sich darin auf. Eine Weile wusch sie ihn, doch dann schüttelte er den Kopf. Er wollte nach ihrer Hand greifen, doch sie floss wie Wasser durch seine Finger.

»Noch nicht.«

Das Licht verschwand aus seinem Körper und seine Lider fingen unkontrolliert an, zu zucken. Warm wurde kalt. *Dreh dich nicht um, wenn du gehst.*

Sein Gehirn schwoll an und er spürte einen irrsinnigen Druck in seinem Schädel. Ein Schlag, der seine Gliedmaßen schüttelte. Ein Schlag, der Luft in seine Lungen presste. Ein Schlag, der wie Strom durch seinen Körper jagte. Noch nicht. Er wollte sich in das Licht zurücksinken lassen. Er wollte zerfließen. Ein Schlag aus dem Innern seines Brustkorbs.

»Noch nicht«, hörte er eine Stimme ganz nah an seinem Ohr. Sie kroch in die tiefsten Schichten seines Körpers, durchtränkte das Geflecht seiner Nerven.

»Ich bin hier.«

Olivia stand auf einem Felsvorsprung und warf ihm über die Schulter hinweg ein Lächeln zu. Sie waren meilenweit gewandert. Er war erschöpft und seine Beine schmerzten.

»Willst du nicht zu mir kommen?«, fragte sie und drehte sich zu ihm um. »Der Ausblick ist so wunderschön.«

Seine Lider waren tonnenschwer, aber er schaffte es, die Augen ein wenig zu öffnen. Flatternd drang die Welt in sein Bewusstsein. Sein Kopf dröhnte, seinem Körper schien die schützende Haut zu fehlen und trotzdem leuchtete ihm die Schönheit ein, von der Olivia gesprochen hatte. Lebensgeister tanzten vor seinen Augen.

»Da bist du ja wieder«, flüsterten sie.

»Er kann nicht reden, solange er intubiert ist.«

## Mitaquah

Sie hatte alle Zelte abgebrochen und war hierher gekommen. Das Haus, in dem früher ihre Großmutter gelebt hatte, war ein schmuckloses Gebäude ohne Charme, aber dafür stand es etwas abseits des Ortes direkt am Waldrand. Manchmal verirrten sich Rehe in den Garten, manchmal schlich der Fuchs ums Haus und seit zwei Wochen entdeckte sie immer wieder einen Waschbären, der hinter den aufgeschichteten Brennhölzern herumwuselte.

Die drei großzügigen Zimmer des Hauses verteilten sich auf zwei Stockwerke. Olivia hatte sie mit viel Liebe renoviert. Nun gab es hölzerne Möbel, dicke Vorhänge, Pflanzen und besondere Fundstücke, die ihr auf Flohmärkten in die Hände gefallen waren. Dazu gehörten beispielsweise ein alter Globus, dessen Beleuchtung nicht mehr funktionierte, ein handgeknüpfter Wandteppich, zwei Stühle mit Schnitzereien und eine große Wolfsmaske, die Anoki ihr im Namen aller Bewohner Mitaquahs geschenkt hatte. Neben dem ledernen Sofa befand sich das Schmuckstück des Hauses: Ein schwarzes Klavier, auf dem einige Bilderrahmen standen, aus denen geliebte Gesichter ins Wohnzimmer blickten. Jeden Abend saß Olivia auf dem samtenen Hocker und ließ ihre Finger über Schwarz und Weiß fliegen – melancholische Melodien, die wie Wasser aus ihr hinausflossen, ohne dass sie je darüber nachdenken musste. *Out of the Blue.*

Es war ihr leichtgefallen, sich in die Gemeinschaft Mitaquahs zu integrieren, weil sie mit offenen Armen empfangen worden war. Es kam selten vor, dass jemand hierher zog, der nicht von Kindesbeinen an mit dem Ort vertraut war. Jeden Mittwoch packte sie ihre Sporttasche und fuhr ins Gemeindezentrum, um mit einigen anderen Frauen den *Fancy Dance* zu trainieren. Mittlerweile war sie eine ganz passable Tänzerin geworden – zumindest hatte Yepa ihr das versichert und Yepa tanzte immerhin schon ihr ganzes Leben lang.

Olivia arbeitete von zuhause aus, erfand immer noch Kreuzworträtsel und schrieb eine Kolumne über das Leben im Reservat. Titel: *Nativia*. An den Wochenenden stand sie oft im *Geronimo* hinter der Theke und zapfte Bier. Es war ein kleiner Nebenverdienst, mit dem sie die Medikamente bezahlen konnte, die jeden Monat Löcher in ihr Portemonnaie fraßen. Olivia lebte ein einfaches Leben, aber sie war nie erfüllter gewesen. Es war ein leises Glück, das sich in den Tagen versteckte. Wenn sie morgens ihre Narbe eincremte und aus der Küche leise Musik dudeln hörte, wurde sie daran erinnert. Das Glück versteckte sich in Kaffeetassen, dem Knarren der Dielen und den halbwachen Minuten, bevor sie aus dem Bett kroch.

Es windete aus allen Richtungen, als sie die Arztpraxis verließ und auf die Straße trat. Wolken und Wellen rollten an Land. Heute Morgen hatten sie im Radio einen Sturm angekündigt. Bevor es anfing, wie aus Kübeln zu gießen, wollte sie wieder zuhause sein. Eilig marschierte Olivia die Straße entlang, die parallel zur Küste durch den ganzen Ort verlief, um die Tinktur abzuholen. Yepa hatte einen Balsam angerührt, der zwar einen bestialischen Gestank verströmte, bei dem alle inneren Organe sofort auf mikroskopische Größe zusammenschrumpften, aber angeblich besaß er heilsame Kräfte.

Olivia war erleichtert, dass ihre Cousine gerade am Telefon hing, als sie die Tür öffnete. Obwohl sie es liebte, sich mit ihr zu unterhalten, und regelmäßig mit ihr auf dem Spielplatz saß, während Henry mit der Schaufel im Sand herumwühlte, wollte Olivia ganz schnell zurück in ihre Höhle kriechen. Yepa drückte ihr die braune Flasche in die Hand, gestikulierte wild durch die Luft, winkte und schloss dann die Tür. Olivia steckte die Flasche in ihre Manteltasche und machte sich wieder auf den Weg. Kurz dachte sie darüber nach, noch schnell in den Gemischtwarenladen zu huschen, um einzukaufen, entschied sich allerdings dagegen, als sie die regenschweren Wolken erblickte, die nun über den Dächern am Himmel hingen.

Nachdem sie Yukon gefüttert hatte, ging sie mit der braunen Flasche zum Bett und setzte sich. Vorsichtig schob sie seine Hosenbeine hoch und warf ihm einen vielsagenden Blick zu.
»Halt die Luft an. Gleich stinkt es wieder.«
»Und alle Pflanzen im Umkreis von hundert Meilen gehen ein«, er grinste, verschränkte die Arme im Nacken und lehnte sich zurück. «Ich kann deine Vorfahren jedes Mal vor Empörung schreien hören.«

Behutsam verteilte sie den Balsam auf seinen Narben, die in Kontrast zu seiner bleichen Haut hellrot leuchteten. Allein der Anblick schmerzte sie und bracht die Erinnerungen zurück.

Es waren drei Operationen, zwei Monate in Seattle und ein zerschmetterter Mensch. Olivia war Tag und Nacht an seinem Bett gesessen, hatte jeden Atemzug überwacht, jedes Muskelzucken registriert. Sie hatte die Kissen aufgeschüttelt, Schwüre in sein Ohr geflüstert, ihre Hand schützend über sein Herz gelegt, sein Haar gewaschen und gekämmt. Manchmal hatte sie ihm Musik vorgespielt, manchmal aus einem Buch vorgelesen. Nur wenn sie weinen musste und sie nichts gegen ihre Verzweiflung ausrichten konnte, verließ sie sein Zimmer. Manchmal ging sie hinaus und setzte sich mit einem Kaffee auf die Bank, auf der sie auch damals gesessen waren. Manchmal saß seine Schwester neben ihr. Sie nickten langsam mit den Köpfen und pressten die Lippen aufeinander. Wird schon wieder.

Beim Sturz hatte er sich einen Lendenwirbel gebrochen und das linke Knie zertrümmert. Die Hauptarterie in seinem linken Bein war angerissen, hatte ihn innerlich mit Blut überschwemmt. Wenn sie ihn nicht rechtzeitig gefunden hätten, wäre er verblutet oder in der Nacht erfroren. Es war ein Wunder, dass man den Unterschenkel nicht hatte amputieren müssen und dass er nun sogar wieder gehen konnte. An Krücken zwar, aber immerhin. Es war ein Wunder, dass er lebte.

Sie versuchte, den Gestank auszublenden, als sie sich über ihn beugte und seine Stirn küsste.

»Du darfst erst wieder aufstehen, wenn es angetrocknet ist. Pass auf, dass nichts an deine Hose kommt.«

Nat rückte zur Seite, hob den Arm und blickte sie auffordernd an: »Komm her, Indianermädchen.«

»Oh, weißt du, eigentlich wollte ich staubsaugen und danach einkaufen, damit etwas im Haus ist, wenn —«

Er griff blitzschnell nach ihrer Hand und zog sie zu sich. Lachend kuschelte sie sich an ihn, vermied es jedoch, durch die Nase einzuatmen.

»Ich werde ihm schreiben«, sagte er. »Heute Morgen bin ich aufgewacht und habe mir gedacht, dass ich unbedingt einen Brief schreiben muss.«

»An wen?«

»William.«

Sie hob den Kopf und sah, dass er lächelte.

»Meinst du nicht, dass du damit Öl ins Feuer kippst? Er ist von Hass zerfressen.«

»Ich schreibe ihm, dass man Gerechtigkeit einfordern kann, aber keine Vergebung. Vergebung ist so etwas wie Liebe. Man kann sie nur geschenkt bekommen. Man hat kein Recht darauf, das man einklagen kann, verstehst du?«

»Er soll dir vergeben? Du glaubst doch nicht im Ernst, dass William dir jemals verzeiht.«

»Er vielleicht nicht, aber ich.«

»Er hat versucht, dich umzubringen.«

Der Strafverteidiger hatte das Gesicht eines Haifischs besessen und nach jeder noch so mickrigen Mücke geschnappt, die sich in der aufgewirbelten Luft verirrt hatte. Am Ende der Verhandlung war William mit einer lächerlichen Bewährungsstrafe davon gekommen. *Duty to rescue* - doch er hatte Nat zurückgelassen. Das war in den Augen der Judikative das einzige Vergehen, da auch Nat beteuert hatte, dass es keine Absicht, sondern ein Unglück gewesen sei. Es gab keine Entschuldigung, noch nicht mal einen reumütigen Blick, nur ein Lächeln, das ihren Schmerz verhöhnte. Während Olivia vor Wut kochte und William am liebsten die Augen ausgekratzt hätte, war Nat merkwürdig ruhig. Er tat so, als wäre es ein Unglück gewesen, das so beiläufig passiert war, als hätte William versehentlich ein Glas vom Tisch gestoßen. Es fiel ihr schwer, damit zu leben, dass er nicht härter bestraft worden war. Es machte sie manchmal fast wahnsinnig. Am schlimmsten war die Erinnerung an sein erstarrtes Gesicht - gefrorenes Wasser war nichts dagegen. Getrieben von blinder Wut hatte William einfach in Kauf genommen, dass Nat seinen Verletzungen erlag. Was einen Menschen gefährlich machte, war seine eigene Verletztheit - das wusste sie.

»Es war ein Unfall«, erwiderte Nat mit ruhiger Stimme. »Ich denke nicht, dass er wirklich vorhatte, mich umzubringen. Er hat nur jemanden gesucht, bei dem er seine Wut abladen konnte. Ihm ist überhaupt nicht klar, dass er sich damit selbst zerstört.«

»Er wollte dir das Leben zur Hölle machen, Nat, und dann wollte er dich zerstören, nicht sich selbst.«

»Manche Menschen begreifen nicht, dass sie alles, das sie einem anderen zufügen, im Grunde auch sich selbst antun. Und dann gibt es noch die Menschen, die ihren Hass nach innen richten. Ich habe mir das Leben lange genug selbst zur Hölle gemacht. Ich wollte —«

»Das hast du«, Olivia richtete sich auf. »Aber das ist lange her. Du hast dich verändert.«

»Das stimmt. Viele Monde sind vergangen, würde George jetzt sagen. Und der Mond kann ganze Ozeane bewegen«, Nat zog sie zurück an seine Brust. Vorsichtig schob Olivia den Ärmel seines Pullovers hoch und fing an, seinen Arm zu kraulen. Er bekam sofort eine Gänsehaut. Die feinen Härchen auf seinem Arm stellten sich auf und er quittierte den wohligen Schauer mit einem leisen Seufzen. »Weißt du, da draußen gibt es noch so viel, das auf uns wartet. In mir selbst ist noch so viel. Ich kann es wieder spüren und ich werde mir das nicht mehr wegnehmen lassen. Schon gar nicht von mir selbst.«

Nat wälzte sich herum und fuhr mit dem Zeigefinger langsam über ihre Narbe, die unter seiner Berührung augenblicklich aufloderte, dann hob er den Kopf. Seine Augen funkelten, als lägen in ihnen alte Sterne, die aus der Ferne schimmerten. Olivia hatte den Nachthimmel noch nie so sehr geliebt wie in diesem Moment.

## Mitaquah

Jeden Donnerstag kam George vorbei, um ein wenig Musik zu hören und sich zu unterhalten. Nat mochte den alten Mann, weil er einen trockenen Humor besaß und viel vom Leben verstand. Außerdem hatte er einen guten Musikgeschmack. Er mochte Sinfonien ebenso wie die großen Folklegenden. Auch heute saßen sie wieder im Wohnzimmer und lauschten einer Platte, die George mitgebracht hatte. Leider war sie dermaßen zerkratzt, dass Nat immer wieder an seinen Krücken zum Plattenspieler humpeln musste, um den Tonarm umzusetzen. Sie hörten Vivaldi, aber nur die Stücke in Adagio, weil sie zu dem melancholischen Wetter passten, das durch die Fenster ins Haus blickte und immer wieder an den Läden rüttelte, als würde es hinein ins Warme schlüpfen wollen.

George nickte im Takt der Musik und manchmal, wenn eine Passage ihm besonders gut gefiel, ließ er beide Zeigefinger durch die Luft flattern, als wollte er ein unsichtbares Orchester dirigieren. Irgendwann verstummte die Musik und George brummte zufrieden.

»Weißt du, es gibt nur vier Fragen, die sich ein Mensch im Laufe seines Lebens beantworten muss.«

Er sprach verwaschen, sodass er manchmal kaum zu verstehen war. Das lag womöglich am Alkohol, aber vielleicht auch daran, dass er kaum noch einen Zahn im Mund hatte.

»Welche Fragen?«, wollte Nat wissen und beugte sich vor. Er hatte sich angewöhnt, die Lippen des alten Mannes zu beobachten, wenn er sprach.

»Aus welchem Stoff ist die Seele? Wofür lohnt es sich zu sterben und wofür lohnt es sich zu leben?«

George hustete und tastete mit den Händen über den hölzernen Tisch, bis er das Glas mit seinem hochprozentigen

Tee fand. Er trank, dann seufzte er wohlig auf und lehnte sich zurück.

»Das waren nur drei Fragen«, erinnerte ihn Nat.

»Heilig«, sagte George. »Was ist heilig?«

»Verrätst du mir auch die Antwort?«

»Sie ist einfach. Du kommst bestimmt selbst darauf.«

»Musik?«

»Ah, mein Sohn, die Antwort ist gut«, der alte Mann lachte und legte die flache Hand auf seine Brust. »Aber ich meine etwas anderes. Die Wurzel und der Motor unserer Existenz sozusagen.«

Gerade wollte Nat etwas erwidern, als die Tür aufflog und Olivia in ihrer furchtbaren Gemütlichkeitsjacke ins Wohnzimmer trat. Mit der weißen Gesichtsmaske, die sie aufgetragen hatte, sah sie aus wie ein Geist.

In diesem Moment leuchtete Nat die Antwort unmittelbar ein. Alle Punkte auf seiner Liste waren geschrumpft und zu dieser Antwort geworden. Er selbst war zu dieser Antwort geworden. Seine Brust wurde von einem irrsinnig warmen Gefühl durchströmt, als Olivia ihn zu sich heranwinkte.

»Entschuldige mich einen Moment, George. Ich glaube, ich muss meinen Geist beschwören.«

»Tja. Wer nicht?«

Ungelenk wuchtete Nat sich aus den Polstern und hüpfte auf einem Bein zu Olivia, die mit dem Rücken am Bücherregal lehnte und ihm entgegen lächelte.

»Ich wollte gerade waschen und weißt du, was ich in deiner Jacke gefunden habe?«

»Hundefutter, Aztekengold? Ich habe keine Ahnung.«

Olivia griff in die Tasche ihrer Jacke und hielt ihm eine Schwarznuss unter die Nase. Nat runzelte die Stirn, doch ehe er etwas sagen konnte, legte Olivia die Nuss in seine Hand und sagte: »Sie hat mir gehört und ich habe sie jahrelang mit mir herumgetragen, aber als wir das erste Mal zusammen hier gewesen sind, habe ich sie in deiner Jacke versteckt. Jetzt habe ich sie wiedergefunden.«

»Du hast eine Nuss in meiner Jacke versteckt?«, fragte er und zog die Augenbrauen zusammen. Olivia nickte und streichelte liebevoll durch sein Haar. Es schien sie zu amüsieren, dass er keine Ahnung hatte, wovon sie sprach. Ihre Augen funkelten.

»Du hast die Jacke das letzte Mal getragen, als du zur Schlucht gegangen bist. Es war so verdammt tief. Du hättest tot sein müssen, Nat, aber du bist noch hier.«

»Ganz offensichtlich bin ich das. Und du glaubst, das hätte etwas mit dieser Nuss zu tun, ja?«

Er legte seine Arme um ihre Hüften und zog sie so nah zu sich heran, dass er den Melissenduft der Creme riechen konnte, mit der sie jeden Tag ihre Narbe eincremte.

»Natürlich liegt das nicht an dieser Nuss, sondern an allen Geistern, die dich beschützen«, sagte sie mit einem leichten Grinsen und streichelte dabei über sein Haar. »Du musst noch sehr viel lernen, Bleichgesicht. Das Wasser ist nämlich nicht so flach, wie es aussieht.«

»Das Wasser ist nicht so flach?«, echote er. »Weißt du, wer das zu mir gesagt hat?«

»Mhm. Ich habe davon geträumt.«

Olivia löste sich sanft aus seiner Umarmung und drückte ihre Lippen auf seine, bevor sie das Wohnzimmer verließ. Weiße Farbe war auf seiner Haut zurückgeblieben, stellte er fest, als er sich zum Fenster umwendete und ihm sein eigenes Gesicht entgegen blickte.

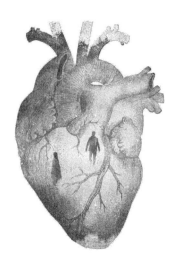

when you know who you are
when your mission is clear and
you burn with the inner fire
of unbreakable will
no cold can touch your heart
no deluge can dampen your purpose.
You know that you are alive.

Chief Seattle
Suquamish & Duwamish

*Olivia hat ein neues Herz erhalten*
*Leben durch Organspende*

Derzeit (Stand März 2020) stehen mehr als 9500 Menschen in Deutschland auf der Warteliste für ein Spenderorgan. Die meisten von ihnen warten auf eine Niere mit einer durchschnittlichen Wartezeit von 5-6 Jahren. Schon viele Menschen haben sich gedanklich mit dem Thema befasst und sich dafür entschieden, ihre Organe im Falle ihres Todes zu spenden. Dennoch stehen den vielen Wartenden nur sehr wenige Menschen gegenüber, die ihre Bereitschaft auch dokumentiert haben. Das Thema Organspende ist sehr persönlich und wirft viele Fragen auf. Ihr könnt euch ergebnisoffen auf folgender Internetseite informieren und dort auch einen Organspendeausweis bestellen, in den ihr eure Entscheidung (auch gegen eine postmortale Spende) eintragen könnt:

https://www.organspende-info.de/
Bundeszentrale für gesundheitliche Aufklärung (BZgA)

```
A N W A L D H O R I N T O N W A L D I S T
Y U L T A N N W T O D E V A R I K I R C H
K O M W A S C H R A E V A R M O T E L E V
H E X Z U W A H E R Z O D I N L I E N A T
K E L L I E B E M A R I K A A I R A U R R
O H L I V E K O M A N O L I M V O L I V I
K O D A M U I Q A Y U N A T B I W A S C H
Y U K O N R I T H E R Z M M U A T O T E M
H O L Z I B H R T A G Y E N U M E E R U N
I N D I A N E R F R E U N A X T R A U E R
S C H U N A R O S A S S I Y R A U S D R I
T A R M I T A Q U A H A B L O T M A R I T
S A L B E I U N D O M I T A I R O L I V U
K W R D A Y P G Z U P I N I S A I N D I A
P A T I N O Q R V D E M E E M U N A T I L
L E N Z A R M U S H K O R A B M U T T E R
L U M Y U K O N M E M D U M W W E L T I N
A R I L E B E N O R Z A A N B E H R L I A
R U N E L T O V O G E L I N N L I E B E T
A N R I T U M G E N A M U T B T O D N N A
K U M R A N L I E S A G O T O S A S S I M
W A L D Z H X E R Z P A T U N A V O G E L
Z A L H E R I T U A L E G A R I W A N D E
H O F F N U N G I N E I N N E U P A Z I F
E S L E B E N G E I M O N A T U W A L D I
R L E N E W S P I R I T W A L Z V I E R N
Z M U S I N A T U R I T U M A S L I E B E
L E B E N S G E I S T O H M I D L E B E N
T R A U M U S I K L A V I E R A B E X T A
M O T P A Z I F I K I R R L I M O T A S U
R A G N O T R E S I L I E N Z O T O M A R
E I N S A M E L A F R I E D M O N D E R G
D A N K B A R K E I T X L H O Y L L O H X
```

### Zum Suchen & Finden

Wald - Traum - Hoffnung - Leben - Mitaquah - Olivia - Indianer - Herz - Motel - Liebe - Tod - Lebensgeist - Ritual - Eva - Yukon - Trauer - Totem - Salbei - Mutter - Natur - Welt - Vier - Vogel - Meer - Musik - Dankbarkeit - Pazifik - Mari - Klavier - Rabe - Einsam - Mond